职业教育·道路运输类专业教材

道路建筑材料

邹艳琴　主　编

焦　华　副主编

人民交通出版社股份有限公司
China Communications Press Co.,Ltd.

内 容 提 要

本书为职业教育·道路运输类专业教材。全书共九章,主要内容包括:绪论,土质材料,岩石材料,石灰、水泥,无机结合料稳定类混合料,水泥混凝土,沥青材料,沥青混合料,建筑钢材,工程高聚物材料。

本书可作为高等职业院校道路桥梁工程技术专业及交通土建类专业教学用书,也可作为相关专业培训用书及工程技术人员的学习参考读物。

本书配有丰富的数字资源,读者可通过扫码免费观看和学习;本书配有教学课件,教师可通过加入"职教路桥教学研讨群"(QQ:561416324)获取。

图书在版编目(CIP)数据

道路建筑材料/邹艳琴主编. — 北京 : 人民交通
出版社股份有限公司, 2019.8(2025.1重印)
职业教育·道路运输类专业教材
ISBN 978-7-114-15494-2

Ⅰ. ①道… Ⅱ. ①邹… Ⅲ. ①道路工程—建筑材料—
高等职业教育—教材 Ⅳ. ①U414

中国版本图书馆 CIP 数据核字(2019)第 078360 号

职业教育·道路运输类专业教材
书　　　名:道路建筑材料
著 作 者:邹艳琴
责任编辑:任雪莲　卢　珊
责任校对:刘　芹
责任印制:张　凯
出版发行:人民交通出版社股份有限公司
地　　　址:(100011)北京市朝阳区安定门外外馆斜街 3 号
网　　　址:http://www.ccpcl.com.cn
销售电话:(010)85285911
总 经 销:人民交通出版社股份有限公司发行部
经　　　销:各地新华书店
印　　　刷:北京虎彩文化传播有限公司
开　　　本:787×1092　1/16
印　　　张:19
字　　　数:465 千
版　　　次:2019 年 8 月　第 1 版
印　　　次:2025 年 1 月　第 6 次印刷
书　　　号:ISBN 978-7-114-15494-2
定　　　价:52.00 元
(有印刷、装订质量问题的图书由本公司负责调换)

编审委员会

序

—— PREFACE ——

建设教育强国是中华民族伟大复兴的基础工程。交通运输是国民经济基础性、先导性、战略性产业。交通高等职业教育鼎力支持交通运输事业,弘扬劳模精神和工匠精神,营造"劳动光荣、技能宝贵、创造伟大"的社会风尚和精益求精的敬业风气,建设知识型、技能型、创新型劳动者大军,培养德智体美全面发展的社会主义建设者和接班人。

习近平总书记明确指出,"十三五"是交通运输基础设施发展、服务水平提高和转型发展的黄金时期,要抓住这一时期,加快发展,不辱使命,为实现中华民族伟大复兴的中国梦发挥更大的作用。当前,在我国经济发展进入新常态后,交通运输作为国民经济重要的基础性、先导性、服务性行业的基础地位没有改变,在经济社会发展中先行官的职责和使命没有改变,在稳增长、促投资、促消费中的重要作用没有改变,由基本适应向适度超前发展的阶段性特征和态势没有改变。我国正由"交通大国"向"交通强国"迈进。交通高等职业教育肩负着交通运输人才培养、科学研究、社会服务、文化传承创新的神圣使命,在实现"两个一百年"奋斗目标的伟大进程中必须有担当、有作为。

陕西交通职业技术学院是国家优质高职院校立项建设单位、陕西省优秀示范性高职院校,被誉为中国西部"交通建设管理人才的摇篮"。学校以全国交通运输示范专业——道路桥梁工程技术专业为核心,构建公路工程专业集群,弘扬"吃苦实干,爱岗敬业,默默奉献,图强创新"的"铺路石"精神,秉持"立足交通,服务交通,引领交通"的发展理念,坚持"校企合作实践育人,提升能力内涵发展"的建设思想,锻造"公在心中,路在脚下,铁肩担当,道存目击"的精神文化,开展"大专业小方向"的专业改革,实施"岗位导向,学训交替,能力递进,分组顶岗"的人才培养模式,紧密对接交通运输行业转型升级,紧紧围绕交通基础设施建设与管理的产业需求,培养热爱交通、扎根基层、吃苦实干的公路交通技术技能人才。

近年来,陕西交通职业技术学院不忘初心、拼搏奋斗,深化教育教学改革,优化专业体系结构,加强师资队伍建设,完善质量保证体系,始终致力于提升内涵建设品质,提高人才培养质量,增强社会服务能力。公路工程专业集群以道路桥梁工程技术专业为引领,先后获得国家级教学团队、全国职业院校交通运输类示范专业、高等职业教育创新发展行动计划骨干专业、陕西高职院校"一流专业"、陕西省重点专业、陕西省示范院校建设重点专业、陕西高职院校综合改革试点专业等重大荣誉和政策支持。"十三五"是交通运输基础设施加速成网的黄金时期,也是我国交通运输基础设施集中建设、扩大规模的重要时期,更是交通运输优化结构、提升服务水平的关键时期。在这样的背景下，陕西交通职业技术学院成立"新时期交通土建类高职高专规划教材"编审委员会，以长期教育教学改革实践为基础，系统总结教学内涵建设经验，编写系列教材，期望以此形式固化、展示、应用、分享改革建设的成果，培养符合新时期交通运输发展需求的高质量技术技能人才。

"新时期交通土建类高职高专规划教材"以提高人才培养质量为根本目标，贯彻高等职业教育教学改革发展新理念，对接交通运输行业最新颁布标准、规范、规程，努力从内容到形式上都有所创新。教材丛书依据专业集群的核心课程而规划，体现产教融合特色。教材突出工匠精神、职业道德、职业技能和就业创业能力教育的完美融合，注重学生全面培养。教材功能基于服务课程教学的基本载体和直观媒介而定位，凸显学生主体地位；教材内容按照职业岗位知识和能力需求而取舍，突出实践能力培养；教学方法遵循高职学生学习特点和认知规律而设计，强调理实一体教学。我们期待这套教材能在新时期交通土建类高职人才培养中起到积极的作用。

向支持交通高职教育教材建设的人民交通出版社表示衷心感谢。向关心、支持、帮助教材编审的合作企业、专家学者、校友致以崇高敬意和诚挚谢意。

2017 年 12 月

前　言
————FOREWORD————

教材编写团队在编写过程中,力求做到结合高职教育特点,围绕交通高等职业教育专业培养目标,理论与实践并重,突出培养学生职业技能,注重学生综合素质的提高。

道路建筑材料是道路桥梁工程技术等专业的一门专业基础课程。主要讲述岩石材料、沥青材料、石灰与水泥、建筑钢材、沥青混合料、水泥混凝土与砂浆、无机结合料稳定类混合料的技术性质、路用性质和试验技能,只有充分了解和掌握材料的基本技术性质,才能合理选择和使用材料,并保证工程结构物的综合力学强度和稳定性,为后期专业课程的学习或今后解决实际工程中有关材料方面的问题打下坚实的基础。同时,以"育人为本、德育为先"的育人理念,培养德才兼备的技能型人才。

道路建筑材料以道路工程建设为载体,以道路桥梁工程技术专业学生的就业为导向,根据行业专家对公路工程技术类专业所涵盖的岗位群进行的任务和职业能力分析,同时遵循高等职业院校学生的认知规律,紧密结合职业资格证书中的相关考核要求,将建筑材料的基本技能,如:原材料的检测、评定,混合材料的设计、验证成为项目化课程教学,围绕完成工作任务的需要进行,选择与工作任务紧密相关的知识、技能形成理论与实践一体化的新课程内容体系,并以项目活动为中心组织教学。项目围绕岩石、集料、沥青、水泥等原材料的检验、判定、选择,水泥混凝土、无机结合料稳定类混合料、沥青混合料的配合比设计、试验验证的内容来安排。按这些项目组织课程内容能使学习过程与工作过程完成无缝对接,达到职业能力培养的最佳效果。

本书采用章节式的教学方案,每一章是一个项目,每一节是一个或几个任务进行设计,全书共九章。每一章开头均有学习目标和知识衔接等提示,使学生能够掌握学习重点,为全面提升学生的综合应用能力精心选配了练习题,同时围绕深化教学改革和"互联网＋职业教育"发展需求,配有教学课件、练习题、教学动画和视频等教学资源,可提高学生的学习兴趣,便于学生自主学习。

本书由陕西交通职业技术学院邹艳琴教授、柴彩萍教授、王亚利副教授、焦华副教授编写,邹艳琴任主编、焦华任副主编,以上编写人员均为"双师型"教师,具有丰富的教学经验和企业工作经历。具体编写情况如下:绪论,第二章,第八章由邹艳琴编写;第一章,第九章由王亚利编写;第三章,第五章,第六章,第七章由焦华编写;第四章由柴彩萍编写。

本书编写过程中参考了大量文献和网络资源,特此向其作者表示感谢。

本教材可作为高等职业院校道路桥梁工程技术及相关专业教材,亦可供道路、桥梁及其他土建部门的技术人员参考。

由于编者水平有限,书中不妥之处在所难免,敬请读者多提意见,以便今后进一步完善和提高。

编 者
2018 年 12 月

本书配套资源索引

序号	资源名称	资源类型	对应书中位置
1	土的液塑限	视频	P26
2	土的击实	视频	P27
3	细集料表观密度	视频	P54
4	细集料筛分试验	视频	P55
5	水泥稠度(1~3)	视频	P88
6	水泥凝结时间(1~3)	视频	P88
7	安定性(1~4)	视频	P88
8	水泥材料组成、试件成型、拆模养护、抗折抗压强度	视频	P88
9	稳定土击实试验	动画	P113
10	水泥混凝土拌和、水泥混凝土-坍落度	视频、动画	P127
11	水泥混凝土-维勃稠度	视频	P127
12	水泥混凝土试件制作、水泥混凝土抗压强度	视频	P129
13	水泥混凝土抗弯拉强度	视频	P130
14	沥青延度	视频	P180
15	沥青软化点	视频	P180
16	沥青混合料马歇尔试件成型试验、沥青混合料马歇尔试验	视频	P215
17	沥青混合料密度试验	视频	P220
18	钢筋的拉伸试验	视频	P245
19	钢筋的弯曲试验	视频	P247

资源使用说明:

1.扫描封面二维码(注意此码只可激活一次);

2.关注"交通教育"微信公众号;

3.公众号弹出"购买成功"通知,点击"查看详情",进入后即可查看资源;

4.也可进入"交通教育"微信公众号,点击下方菜单"用户服务-开始学习",选择已绑定的教材进行观看。

目　录
—— *CONTENTS* ——

绪　　论

道路建筑材料是道路工程中使用的各种材料及其制品的总称。道路建筑材料是构成道路、桥隧结构物的物质基础,它对工程的质量、安全、环保、造价等都有着重要的影响。所以,从事相关专业的工程技术人员应该了解和掌握道路建筑材料的有关知识。

一、道路建筑材料研究内容

道路建筑材料主要研究材料的组成、结构、技术性质以及它们之间的关系,常规建筑材料的试验方法及其评定方法。通过本课程的学习,使学生了解材料的基本性能,能够合理地选择材料和正确地使用材料。

道路建筑材料的主要类型有以下几种:

(一)土质材料

土是岩石经过复杂的地质作用形成的松散堆积物。根据土形成过程和自然环境的不同,其成分、结构和性质各异,工程性质也是千差万别。在进行工程建设时,必须结合土的实际性质进行设计和施工。这类材料主要用于填筑道路的路基和路面基层。

(二)岩石材料

岩石材料包括岩石和集料,是指经人工开采的岩石或轧制的碎石、地壳表层岩石经天然风化而得到的松散粒料及性能稳定的工业冶金矿渣等。这类材料在道路与桥梁工程结构中使用最广,可以直接用于铺筑道路桥梁结构及其附属构造物,也可以作为集料配制沥青混合料和水泥混凝土,用于铺筑沥青路面和水泥混凝土路面,还可以直接铺筑道路基层、垫层。

(三)无机结合料及其制品

在道路与桥梁工程中最常用到的无机结合料主要有石灰、水泥、石膏。它们的作用是将松散的集料颗粒胶结成为具有一定强度和稳定性的整体材料。水泥和集料配制的水泥混凝土,具有较高的强度和刚度,主要用于桥梁结构和高等级路面结构;水泥和细集料组成水泥砂浆,主要用于砌筑和抹面结构物;由石灰、粉煤灰、水泥和土或集料拌制的无机结合料稳定类混合料,具有一定的强度,但耐磨性和耐久性较差,主要用于高等级道路路面基层或低级道路面层结构。

(四)有机结合料及其混合料

有机结合料主要指沥青材料,如石油沥青、煤沥青等,它们的作用同无机结合料。由沥青和矿质混合料组成的沥青混合料,具有较高的强度、柔韧性和耐久性,主要用于高等级公路、城市快速路等面层结构和桥面铺装层。

（五）高分子聚合材料

随着我国化学工业的发展，高分子聚合材料在道路与桥梁工程中的应用越来越广，主要作为改性材料用来改善软土地基、水泥混凝土、沥青混合料的性能，如土工合成材料、高分子聚合物改性水泥混凝土、高分子聚合物改性沥青混合料等。

（六）钢材

钢材是道路与桥梁工程中经常用到的重要材料。钢材主要有两大类：一类是钢筋混凝土用钢，与混凝土共同构成受力构件；另一类是钢结构用钢材，利用其轻质高强的优点，用于大跨径、大空间、超高层建筑工程中。

二、建筑材料对道路桥隧工程的影响

（一）保证工程结构物的质量

道路建筑材料是保证工程结构物质量的重要因素，材料的选择、生产、储存、运输、使用和检验等各个环节中，任何一个环节出现差错，都有可能造成工程结构物的质量缺陷。

（二）影响工程造价

在一般路桥结构物的总造价中，材料的费用占工程总造价的比重较大，一般超过50%，因此合理选择和使用材料，对降低工程造价非常重要。

（三）新材料促进道路与桥梁技术发展

在道路桥梁建设中，工程的设计、工艺的改进都与建筑材料密切相关，新材料的出现和使用，必将推动工程技术的发展。例如，新型沥青混合料的产生和广泛使用，改变了以往的工程设计和施工工艺。因此，对道路建筑材料的研究，是道路桥梁技术发展的重要基础。

三、道路建筑材料的技术性质

道路桥隧结构物所用的建筑材料，在使用过程中受到各种因素的作用，如受到车辆荷载的作用和各种自然因素（风吹、日晒等）的影响。为了保证道路与桥梁结构物所用的建筑材料综合性能的稳定性，建筑材料必须具备一定的技术性质。

（一）物理性质

材料的物理性质指标主要有物理常数、吸水性等。物理常数反映了材料的基本组成和构造，它不仅与材料的吸水性、抗冻性、抗渗性有关，还与材料的力学性质有关。如材料随温度的升高、湿度的增大，强度会降低。由于物理常数与力学性质之间有一定的相关性，可以用物理常数来推断材料的力学性能。

（二）力学性质

力学性质是指材料抵抗车辆荷载等复杂力系综合作用的性能。力学性质的测定，主要是测定材料的各种强度指标及耐磨、抗变形指标，如水泥混凝土的抗压、抗弯拉强度；沥青混合料的稳定度、流值;岩石的磨耗度等。

(三)化学性质

化学性质是指材料抵抗各种周围环境对其化学作用的性能。道路与桥梁结构物受到各种因素的侵蚀作用,如温度的变化、日光中的紫外线、酸碱腐蚀等,引起材料的强度降低或"老化"。

(四)工艺性质

工艺性质是指材料适合于按一定工艺要求加工的性能。在给定的施工条件下,选择材料和确定设计参数,使所用的材料满足预期目标和使用条件,如水泥混凝土拌和物需要一定的和易性,以便浇筑。

四、道路建筑材料的试验检测方法和技术标准

(一)道路建筑材料的试验检测方法

道路建筑材料具有一定的技术性质,这些技术性质需要通过适当的检测手段来确定,检测所得到的试验数据和技术参数能够反映材料的技术特性。通常采用试验室原材料和混合料的性能鉴定、试验室模拟结构物的性能鉴定和现场修筑试验性结构物鉴定等方法。本课程主要讲述试验室原材料和混合料的性能鉴定。

1. 物理性质试验

测定材料的物理常数(密度、孔隙率、空隙率等),除了用于混合料的配合比设计外,还可以间接推断材料的力学性质。

2. 力学性质试验

目前主要是采用各种试验压力机测定静态力学性能,如抗压、抗拉、抗弯、抗剪等强度。另外,考虑到道路建筑材料在不同温度与荷载作用时间条件下动态的弹-黏-塑性能,采用特殊设备或动态三轴仪来测定复杂应力作用下不同频率和间歇时间的沥青混合料的疲劳强度等,使材料的力学性质与其在路上的实际受力状态较为接近。材料的各项力学性能指标是选择材料、进行混合料组成设计和结构分析的重要参数。

3. 化学性质试验

材料的化学性质试验通常只做简单化合物(如 CaO、MgO)含量或有害物质含量的分析,目前进一步发展,可做某些材料(如沥青)的"组分"分析,这样可以初步地了解材料的组成与性能的关系。随着近代测试技术的发展,如核磁共振波谱、红外线光谱、X 射线衍射和扫描电子显微镜等在沥青材料分析中的应用,促进了沥青化学结构与路用性能的相依性的研究,有可能从化学结构上来设计满足要求性能的沥青材料。

4. 工艺性质试验

现代工艺性质试验主要是将一些经验的指标与工艺要求联系起来,尚缺乏科学理论的分析。随着流变力学、断裂力学等的发展,许多材料工艺性质按照流变-断裂学理论来进行分析,并得出不同的方法,如沥青混合料的摊铺性质采用流动性系数等指标来控制。

（二）技术标准

材料的技术标准是有关部门根据材料自身固有的特性,结合研究条件和工程特点,对材料的规格、质量标准、技术指标及相关的试验方法所做出的详尽而明确的规定。要对建筑材料进行现代化的科学管理,必须对材料的各项技术性能制定统一的执行标准。建筑材料的技术标准是检验企业生产的产品质量是否合格的依据,也是供需双方对产品质量验收的依据。

目前我国涉及建筑材料的标准分为国家标准、行业标准、地方标准和企业标准4个等级,各级标准分别由相应的标准化管理部门批准并颁布。国家标准和行业标准是全国通用标准,是国家指令性文件,各级生产、设计、施工部门必须严格遵照执行。对没有国家标准和行业标准,又需在省、自治区、直辖市范围内统一要求的,可以制定地方标准。

国家标准和行业标准的表示方法如下:

1. 国家标准

对需要在全国范围内统一的技术要求,应当制定国家标准。国家标准由国务院标准化行政部门制定。国家标准有强制性标准(代号 GB)和推荐性标准(代号 GB/T)。对强制性国家标准,任何技术(或产品)不得低于规定的要求;对推荐性国家标准,表示也可执行其他标准的要求。例如,《通用硅酸盐水泥》(GB 175—2007),其中,GB 表示国家标准的代号,175 表示编号,2007 表示颁布年代号;《建设用砂》(GB/T 14684—2011),其中,GB 表示国家标准代号,T 表示推荐性标准,14684 表示编号,2011 表示颁布年代号。国家标准修订时标准代号和编号不变,只改变制定和修订年份。

2. 行业标准

对没有国家标准而又需要在全国某行业范围内统一的技术要求,可以制定行业标准。行业标准由国务院有关行政主管部门制定,并报国务院标准化行政主管部门备案。在公布国家标准后,该项行业标准即行作废。行业标准有交通行业标准(代号 JT)、建材行业标准(代号 JC)、建工行业标准(代号 JG)、冶金行业标准(代号 YB)、石油化工行业标准(代号 SH)等。例如,《公路工程沥青及沥青混合料试验规程》(JTG E20—2011),其中,JT 表示交通行业标准,G 表示公路,E20 表示编号,2011 表示颁布年代号。

3. 地方标准

地方标准为地方主管部门发布的地方性技术指导文件,只在该地区使用,代号 DB。

4. 企业标准

由企业制定发布的指导本企业生产的技术性文件,仅适用于本企业。凡没有制定国家标准、行业标准的产品,企业均应制定企业标准,作为组织生产的依据。企业标准所制定的技术要求应不低于类似(或相关)产品的国家标准,代号 QB,其后分别注明企业代号、标准顺序号、颁布年代号。

除上述 4 类标准外,道路桥梁工程中可能采用的国外标准有:国际标准(ISO)、美国材料试验学会标准(ASTM)、日本工业标准(JIS)、英国标准(BS)、法国标准(NF)、美国国家标准(ANS)等。

五、道路建筑材料的试验数据处理

公路工程试验中会取得大量试验数据,对这些试验数据进行科学分析,可以更好地评价材料的性能。下面简要介绍几种常用的数据统计方法和数据处理方法。

(一)数据统计方法

1. 平均值

(1)算术平均值

算术平均值用于了解一批试验数据中的平均水平,计算公式为:

$$\bar{x} = X_1 + X_2 + \cdots + X_n = \frac{\sum X}{n} \tag{0-1}$$

式中:　　　$\bar{x}$——算术平均值;

X_1、X_2、$\cdots$、X_n——各试验数据值;

$\sum X$——各试验数据值的总和;

n——试验数据个数。

(2)均方根平均值

均方根平均值对试验数据的跳动反应较为敏感,计算公式为:

$$S = \sqrt{\frac{X_1^2 + X_2^2 + \cdots + X_n^2}{n}} = \sqrt{\frac{\sum X_n^2}{n}} \tag{0-2}$$

式中:S——各试验数据的均方根平均值;

$\sum X_n^2$——试验数据值平方的总和。

(3)加权平均值

加权平均值是各试验数据和它的对应数乘积的算术平均值,计算公式为:

$$m = \frac{X_1 g_1 + X_2 g_2 + \cdots + X_n g_n}{g_1 + g_2 + \cdots + g_n} = \frac{\sum Xg}{\sum g} \tag{0-3}$$

式中:　　　m——加权平均值;

g_1、g_2、$\cdots$、g_n——和试验数据的对应数;

$\sum Xg$——各试验数据值和它的对应数乘积的总和;

$\sum g$——各对应数的总和。

加权平均值,也可以通过随机的试验数据值与其对应各值权值的乘积之和来计算,计算公式为:

$$m = X_1 g_1 + X_2 g_2 + \cdots + X_n g_n \tag{0-4}$$

2. 误差计算

(1)范围误差

范围误差也叫极差,是试验数据中最大值与最小值之差。它主要用于测定数据的离散程度,也可反映数据的波动范围和波动程度,但容易受数据中异常值的影响,不能表示内部频率的分布情况。

(2)算术平均误差

算术平均误差的计算公式为:

$$\delta = \frac{|X_1 - \bar{X}| + |X_2 - \bar{X}| + \cdots + |X_n - \bar{X}|}{n} = \frac{\sum\limits_{i=1}^{n} |X_i - \bar{X}|}{n} \tag{0-5}$$

式中:δ——算术平均误差。

（3）标准差

每个试验数据与平均值之差的均方根值，称为标准差，也称均方根差或均方差。它是衡量波动性的重要指标，其值越大，说明波动离散越大。标准差的计算公式为：

$$S = \sqrt{\frac{(X_1 - \overline{X})^2 + (X_2 - \overline{X})^2 + \cdots + (X_n - \overline{X})^2}{n-1}} = \sqrt{\frac{\sum\limits_{i=1}^{n} (X_i - \overline{X})^2}{n-1}} \qquad (0\text{-}6)$$

式中：S——标准差。

3. 变异系数

标准差是表示绝对波动大小的指标，当测量较大的量值时，绝对误差一般较大；当测量较小的量值时，绝对误差一般较小。因此，要考虑相对波动的大小，即用平均值的百分率来表示标准差，即为变异系数。变异系数越小，表示测定值离散程度越小；变异系数越大，表示测定值离散程度越大。变异系数计算公式为：

$$C_v = \frac{S}{\overline{X}} \times 100 \qquad (0\text{-}7)$$

式中：C_v——变异系数（%）。

4. 可疑数据的取舍

在一组条件完全相同的重复试验中，当发现有某个过大或过小的可疑数据时，应按数理统计的方法给以鉴别，并决定取舍。常用的方法有三倍标准差法、格拉布斯法和肖维纳法。这三种方法中，三倍标准差法最简单，但要求较宽，几乎绝大部分数据可不舍弃；格拉布斯法适用于样本容量 $n \leq 25$ 的情况；肖维纳法比较古老，已逐渐被格拉布斯法所代替。后两种方法计算比较复杂，因此，试验数据的取舍大都采用三倍标准差法。

三倍标准差法是美国混凝土标准（ACT 214—65 的修改建议）中所采用的方法，它的准则是 $|X_i - \overline{X}| > 3\delta$。另外，还规定当 $|X_i - \overline{X}| > 2\delta$ 时保留，但需存疑，如发现试验数据在获取过程中，有可能因制作、养护、仪器失灵、环境条件、试验过程等因素存在可疑的变异，该试验数据应予以舍弃。

在对试验数据进行数理统计时，对超过三倍标准差的数据应予以舍弃，对其他数据，不得随意取舍。

5. 保证率

在试验数据的统计分析和有关评定标准中，常提到保证率及保证率系数。保证率是指达到设计要求的试验数据数占试验检测总数的比率，即要求合格率必须达到设计要求的概率。

根据正态分布曲线的特征，保证率与保证率系数见表 0-1。

保证率与保证率系数　　　　　　　　表 0-1

保证率系数	0.1	0.2	0.3	0.4	0.5	0.6	0.7	0.8	0.9	1.0
保证率（%）	54.0	57.9	61.8	65.5	69.2	72.6	75.8	78.8	81.6	84.1
保证率系数	1.1	1.2	1.3	1.4	1.5	1.6	1.7	1.8	1.9	2.0
保证率（%）	86.4	88.5	90.3	91.9	93.8	94.5	95.5	96.4	97.1	97.7
保证率系数	2.1	2.2	2.3	2.4	2.5	2.6	2.7	2.8	2.9	3.0
保证率（%）	98.2	98.6	98.9	99.2	99.4	99.5	99.7	99.7	99.8	99.9

当保证率为整数百分率时,保证率系数可用插入法确定。常用的保证率有:保证率为85%,保证率系数为1.04;保证率为90%,保证率系数为1.282;保证率为95%,保证率系数为1.645。

(二)数据处理

1. 有效数字

在测量工作中,表示测量结果的数据,除了表示数值上的大小外,常常还反映测量的精度。例如,23 与 23.00 两个数,从数值来考虑是相等的,而作为表示测量结果的数值,两者相差是很悬殊的,23 表示的测量结果误差可能为 ±0.5,而 23.00 表示的测量结果误差可能是 ±0.005。再如,25.5mm 和 0.0255m 在数值上相差 1000 倍,而作为测量结果,因所用单位不同,所达到的精度却是相同的。

有效数字的概念为:由数字组成的一个数,除最末一位数字是不确切值或可疑值外,其他数字皆为可靠值或确切值,则从组成该数的第一个不是 0 的数字开始的所有数字包括末位数字称为有效数字,而该数的有效数字个数即为其有效数字位数。如 3.1416、2.1173、280.00 均为五位有效数字;0.00134、134、1.34、1.34×10^3 均为三位有效数字。280.00 的后面三个 0 均为有效数字,因为这三个 0 与 280.00 的精确度有关;0.00134 的前面三个 0 均不是有效数字,因为这三个 0 与 0.00134 的精确度无关。

在试验检测过程中,常常需要根据试验要求和实际所能达到的精度保留一定的数字位数进行数据记录,以保证记录的数据,从第一个不是零的数字起,到最末一位数字为止,所有数字均为有效数字。

2. 数字修约规则

在试验检测过程中,由于受到一些主观和客观因素的影响,所得的试验数据必定存在误差,为了能适当地表示试验精度,在试验数据处理过程中需要确定一定的数值修约规则,试验数据修约时按下列规则进行。

(1)修约间隔

修约间隔是指确定修约保留位数的一种方式。修约间隔的数值一经确定,修约值即为该数值的整数倍。如指定修约间隔为 0.1,修约值即应在 0.1 的整数倍中选取,相当于将数值修约到一位小数。0.2 单位修约是指修约间隔为指定数位的 0.2 单位,即修约到指定数位的 0.2 单位。最基本的修约间隔是 10^n(n 为整数),它等同于确定修约到某位数。

(2)数值修约规则

①在拟舍弃的数字中,保留数后面(右边)第一个数小于 5(不包括 5)时则舍去,保留数的末位数字不变。

例如,将 14.3435 修约到保留一位小数,修约后为 14.3。

②在拟舍弃的数字中,保留数后面(右边)第一个数大于 5(不包括 5)时则进一,保留数的末位数字加一。

例如,将 36.4736 修约到保留一位小数,修约后为 36.5。

③在拟舍弃的数字中,保留数后面(右边)第一个数字等于 5,5 后面的数字并非全部为零时,则进一,保留数末位数字加一。

例如,将 2.3502 修约到保留一位小数,修约后为 2.4。

④在拟舍弃的数字中,保留数后面(右边)第一个数字等于5,5后面无数字或全部为零时,保留数的末位数字为奇数(1、3、5、7、9)则进一;为偶数(2、4、6、8、0)则舍弃。

例如,将2.3500修约到保留一位小数,修约后为2.4;将3.6500修约到保留一位小数,修约后为3.6;将4.35修约到保留一位小数,修约后为4.4。

⑤拟舍弃的数字若为两位以上数字,不得连续进行多次(包括)修约,应根据保留数后面(右边)第一个数字大小,按上述规定,一次修约出结果。

例如,将35.535修约到整数,修约后为36。

⑥0.5单位修约时,将拟修约数值乘以2,按指定数位以进舍规则修约,所得数值再除以2。

例如,将45.25修约到"个"数位的0.5单位(或修约间隔为0.5)。

解:拟修约数值　　乘以2　　　　2A修约　　　　　A修约值

　　（A）　　　（2A）　（修约间隔为1）　（修约间隔为0.5）

　　45.25　　90.50　　　90　　　　　45.0

⑦0.2单位修约时,将拟修约数值乘以5,按指定数位以进舍规则修约,所得数值再除以5。

例如,将23.25修约到"个"数位的0.2单位(或修约间隔为0.2)。

解:拟修约数值　　乘以5　　　　5A修约　　　　　A修约值

　　（A）　　　（5A）　（修约间隔为1）　（修约间隔为0.2）

　　23.25　　116.15　　　116　　　　　23.2

第一章 土质材料

1. 了解土的形成、结构和构造；
2. 掌握土的三相组成及粒度成分的分析与表示方法；
3. 掌握土的技术性质及指标的测定方法。

知识衔接

土是一种天然的地质材料，广泛分布于地壳表面，随形成过程和自然环境的不同，其成分、结构和性质各异，工程性质千差万别。因此，在进行工程建设时，必须结合土的实际性质进行设计和施工（图 1-1），否则，会影响工程的经济合理性与安全性。

a)路基压实

b)石灰土基层

图 1-1　土在工程中的应用

第一节　概　　述

一、土的形成

土是岩石经过风化、剥蚀、搬运、沉积作用形成的松散堆积物。不同的风化作用形成不同性质的土。风化作用主要有物理风化、化学风化、生物风化三种。

1. 物理风化

岩石经风、霜、雨、雪的侵蚀，温度和湿度的变化，不均匀膨胀和收缩，使岩石产生裂隙，进而崩解为碎块。这种风化作用，只改变颗粒的大小和形状，不改变矿物成分，称为物理风化。由物理风化生成的为粗颗粒土，如碎石、卵石、砾石、砂土等，呈松散状态，总称为无黏性土。

2. 化学风化

岩石碎屑与水、氧气和二氧化碳等物质接触，使岩石碎屑发生化学变化，改变了原来组成矿物的成分,产生一种新的成分——次生矿物。经过化学风化作用,土的颗粒变得很细,具有黏结力,如黏土、粉质黏土,总称为黏性土。

3. 生物风化

由动、植物作用和人类活动使岩体发生破坏,称为生物风化。例如开山、打隧道等活动形成的土,其矿物成分没有变化。

初期形成的土是松散的,颗粒之间没有任何联系,随着沉积物逐渐增厚,产生上覆土层压力,使得较早沉积的颗粒排列渐趋稳定,颗粒之间由于长期的接触产生了一些胶结,加之沉积区气候干湿循环、冷热交替的持续影响,最终形成了具有某种结构联结的土体。

二、土的结构

土的结构是指土颗粒的大小、形状、表面特征、相互排列及联结关系的综合特征。一般有三种基本类型:单粒结构、蜂窝结构和絮状结构。

1. 单粒结构

单粒结构是无黏性土的基本结构形式,由较粗的碎石类土和砂土在重力作用下沉积形成。因其颗粒较大,土粒的结合水较少,粒间没有黏结力,有时仅有微弱的毛细水联结,土粒排列的紧密程度随其沉降的条件而不同。如果土粒沉积缓慢或受波浪反复冲击推动作用,则形成紧密的单粒结构[图1-2b)]。该结构由于颗粒排列紧密,强度大,压缩性小,是良好的天然地基。

当土粒沉积速度快,如洪水冲击形成的砂层和砾石层,往往形成松散的单粒结构[图1-2a)]。由于土的孔隙大,土粒骨架不稳定,当受到动荷载或其他外力作用时,土粒容易移动或趋于紧密,同时产生很大变形,因此,未经处理的这种土层,一般不宜作为建筑物的地基。

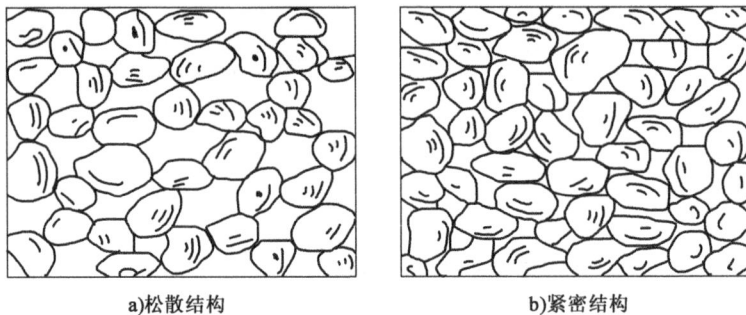

a)松散结构　　　　　　　　　　　b)紧密结构

图1-2　土的单粒结构

2. 蜂窝结构

蜂窝结构是颗粒细小的粉土具有的结构形式,如图1-3所示。当土粒粒径在0.002~0.02mm时,单个土粒在水中下沉,碰到已沉积的土粒,由于土粒之间的分子引力大于土粒自重,则下沉的土粒被吸引不再下沉,逐渐由单个土粒串联成小链状体,边沉积边合围形成内包孔隙的似蜂窝状的结构。这种结构的孔隙一般远大于土粒本身尺寸。具有蜂窝结构的土层若沉积后没有受过比较大的上覆压力,在建筑物的荷载作用下会产生较大沉降。

3. 絮状结构

絮状结构(又称二级蜂窝结构)是颗粒最细小的黏土特有的结构形式,如图1-4所示。当土粒粒径<0.002mm时,土粒能在水中长期悬浮,不会因单个颗粒的自重而下沉。这种土粒

在水中运动,相互碰撞而吸引,逐渐形成小链环状的土集粒,并随质量增大而下沉,当一个链环碰到另一个链环时,相互吸引,不断扩大形成大链环状,称为絮状结构。因小链环中已有孔隙,大链环中又有更大的孔隙,因此,形象地称为二级蜂窝结构。絮状结构比蜂窝状结构具有更大的孔隙率,在荷载作用下可能产生更大的沉降。

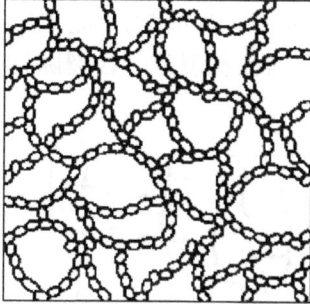

图 1-3　土的蜂窝结构　　　　　　图 1-4　黏性土的絮状结构

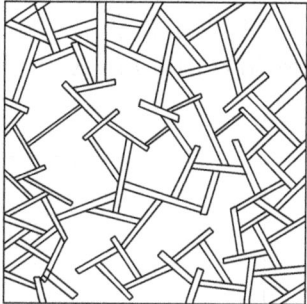

具有蜂窝状结构和絮状结构的土,颗粒间存在大量细微孔隙,其压缩性大、强度低、透水性弱,又因颗粒间的联结较弱且不甚稳定,在受扰力作用下(如施工扰动影响),土粒接触点可能脱离,部分结构遭受破坏,土的强度会迅速降低。但具有蜂窝状结构和絮状结构的土,其土粒间的联结力(结构强度)往往由于长期的压密作用和胶结作用而得到加强。保持原来天然含水率,但天然结构被破坏的重塑土的强度比保持天然结构的原状土的强度低,原状土与其重塑土的无侧限抗压强度之比值,称为灵敏度(S_t),土的灵敏度越高,结构性越强,受扰动后土的强度降低越多。

灵敏度高的土,其触变性也大,软土地基受动荷载后,易产生侧向滑动、沉降或基底面向两侧挤出等现象。所以,进行施工活动时,要十分注意避免对土体的扰动,防止发生过大的变形,特别在边坡附近打桩、爆破时,更要避免因土的强度丧失造成事故。

三、土的构造

土的构造是指同一土层中成分和大小都相近的颗粒或颗粒集合体的组合特征。土的构造是在土的形成过程中,在各种地质因素作用下形成的,所以不同土类和成因类型,其构造特征是不一样的。一般可分为层状结构、分散结构和裂隙结构等。

1. 层状构造

土粒在沉积过程中,由于不同阶段沉积的物质成分、颗粒大小或颜色不同,沿竖向呈层状特征。常见的有水平层理构造[图 1-5a)]和带夹层的交错层理构造[图 1-5b)]。

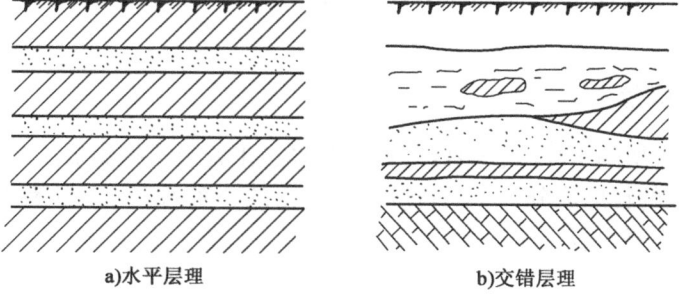

a)水平层理　　　　　　　　　b)交错层理

图 1-5　层状构造

2.分散构造

土层中土粒无明显差别,分布均匀,各部分性质也相近,如砂、卵石层等沉积厚度较大时,无明显层次,都属于分散构造(图1-6)。

3.裂隙构造

土体中有很多不连续的小裂隙,在裂隙中常填充有各种盐类的沉淀物。不少硬塑和坚硬状态的黏土具有此种构造(图1-7)。黄土具有特殊的柱状裂隙。含裂隙构造的土整体性差,渗透性高,工程性质差。

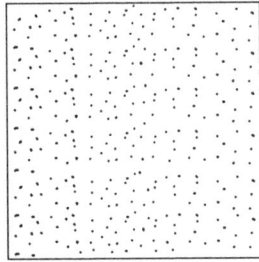

图1-6　分散构造　　　　　　图1-7　裂隙构造

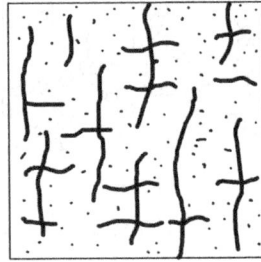

第二节　土 的 组 成

土由固体土粒、液体水和气体三相组成。土中的固体矿物构成土的骨架,骨架之间贯穿着大量孔隙,孔隙中充填着液体水和气体。

随着环境的变化,土的三相比例也发生相应的变化。土体三相比例不同,土的状态和工程性质也随之各异。例如:

固相 + 气相(液相 = 0)为干土。此时,黏土呈干硬状态;砂土呈松散状态。

固相 + 液相 + 气相为湿土。此时,黏土多为可塑状态;砂土具有一定的连接性。

固相 + 液相(气相 = 0)为饱和土。此时,黏土多为流塑状态;砂土仍呈松散状态,但遇强烈地震时可能产生液化,使工程结构物遭到破坏。

由此可见,研究土的各项工程性质,首先需从组成土的三相(固相、液相、气相)开始研究。

一、土的固相

土的固体颗粒是土的三相组成中的主体,因为土的粒度成分、矿物成分决定着土的工程性质。

(一)土的粒度成分

作为土体组成骨架的土粒,大小悬殊,性质各异。工程上常把组成土的各种大小颗粒的相互比例关系,称为土的粒度成分。土的粒度成分对土的一系列工程性质有着决定性的影响,因而它是土质研究的主要内容之一。

1.土的粒度和粒组

自然界中的土是由大小不同的颗粒组成,土颗粒的大小,称为土的粒度,以粒径表示,通常以毫米(mm)为单位。土颗粒的粒径尺寸相差非常悬殊,为了研究方便,工程上一般把大小相近的土粒合并成一组,将土粒由粗到细划分为若干段,每一段一个粒径尺寸范围,称为粒组。粒组间的分界线是人为划定的,每个粒组的区间内,常以其粒径的上、下限给粒组命名,如砾粒、砂粒、粉粒、黏粒等。《公路土工试验规程》(JTG 3430—2020)中粒组划分见表1-1。

粒 组 划 分 表   表 1-1

粒径(mm)	200		60	20		5	2		0.5	0.25		0.075		0.002
巨粒组				粗粒组									细粒组	
漂石(块石)		卵石(小块石)		砾(角砾)			砂						粉粒	黏粒
				粗	中	细	粗		中		细			

土的颗粒形状对土体的密度和稳定性有着显著的影响。大部分砂粒土是浑圆的或棱角状的,而云母颗粒一般是片状的,黏土颗粒则往往是薄片状的。土粒的形状取决于土的矿物成分,它反映土的来源和地质历史。

在描述土粒的形状时,常用两个指标:浑圆度和球度。

2.粒度成分的分析方法

一般天然土都由若干个粒组组成,它所包含的各个粒组在土的全部质量中各自占有的比例,称为粒度成分。

为了准确地测定土的粒度成分,所采用的各种手段统称为粒度成分分析或颗粒分析,其目的在于确定土中各粒组颗粒的相对含量。常用方法有筛析法和静水沉降分析法。对于粒径大于0.075mm的土,用筛析法直接测试,对于粒径小于0.075mm的土,用静水沉降分析法间接测试。当土中粗细粒兼有时,可联合使用上述两种方法。

1)筛析法

将所称取的一定质量风干土样放在一套筛网孔级减小的标准筛上摇振,然后分层测定各筛中土粒的质量,即为不同粒径粒组土的质量,计算出每一粒组占土样总质量的百分数,并可计算小于某一筛孔直径土粒的累计质量及累计百分含量。这样即可把土样的大小颗粒按筛孔大小逐级加以分组和分析。

2)静水沉降分析法

基本原理是粒径小于0.075mm的土在水或液体中靠自重下沉时,应做等速运动,运动的规律符合司笃克斯定律。司笃克斯定律认为土粒越大,在静水中沉降的速度越快,反之,沉降速度越慢。设土粒为圆球形颗粒,在无限大的水中沉降,它在重力作用下产生的稳定沉降速度为 v,则粒径与沉降速度的平方根成正比。

$$d = \sqrt{\frac{1800 \times 10^4 \eta}{(G_s - G_{wt})\rho_{w4}g} \times v} \qquad (1\text{-}1)$$

式中:d——球形颗粒的半径(m);

    v——球形颗粒在液体中的稳定沉降速度(m/s);

    C_s——土颗粒的相对密度;

    G_{wt}——温度t℃时水的相对密度;

    ρ_{w4}——4℃时水的密度(g/cm³);

    η——液体的黏滞系数(Pa·s);

    g——重力加速度。

在进行粒度成分分析时,先把一定质量的干土制成一定体积的悬液,搅拌均匀后,在刚停止搅拌的瞬间各种粒径的土在悬液中分布是均匀的,即各种粒径的土粒在悬液中的浓度在不同深处都是相等的。静置一段时间后悬液中不同粒径的颗粒以不同的速度在水中沉降,较粗颗粒在悬液中沉降较快,细颗粒沉降慢,这样悬液中各段的密度有不同程度的减小,粒度成分发生变化(图1-8),利用这一基本现象可用比重计法(图1-9)和移液管法分别测出各粒级的大小。

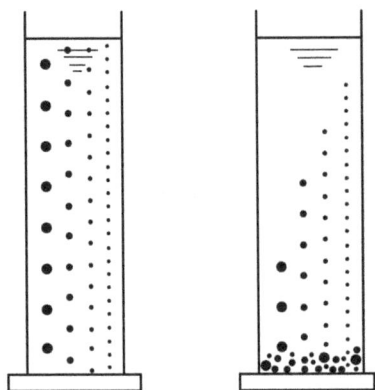

图1-8　土粒沉降示意图　　　　　图1-9　比重计图示

3.粒度成分的表示方法

经过试验分析,知道了土样中各粒组的相对含量之后,就可用一定的方法将它表示出来。常用的粒度成分表示方法有:表格法、累计曲线法、三角坐标法。

1)表格法

表格法是以列表的形式直接表达各粒组的百分含量。它用于粒度成分的分类是十分方便的。表格法有两种不同的表示方法,一种是以粒组表示的,如表1-2所示;另一种是以累计百分含量表示,如表1-3所示。累计百分含量是直接由试验求得的结果,粒组是由相邻两个粒径的累计百分含量之差求得的。

土的粒度成分分析结果　　　　　　　　　　　　　　　　　表1-2

粒组(mm)	粒度成分(以质量计)(%)		
	土样 a	土样 b	土样 c
10 ~ 5		23.0	
5 ~ 2	3.1	22.0	
2 ~ 1	6.0	12.3	
1 ~ 0.5	14.4	8.0	
0.5 ~ 0.25	41.5	6.2	
0.25 ~ 0.10	26.0	4.9	9.0
0.10 ~ 0.05	9.0	4.6	13.4
0.05 ~ 0.01		8.1	37.6
0.01 ~ 0.005		4.2	11.1
0.005 ~ 0.002		5.2	18.9
<0.002		1.5	10.0

粒径(mm)	累计百分含量(%)		
	土样 a	土样 b	土样 c
10		100.0	
5	100.0	77.0	
2	96.9	55.0	
1	90.9	42.7	
0.5	76.5	34.7	
0.25	35.0	28.5	100.0
0.10	9.0	23.6	91.0
0.075		19.0	77.6
0.01		10.9	40.0
0.005		6.7	28.9
0.001		1.5	10.0

2）累计曲线法

累计曲线法是一种比较完善的图示方法。通常用半对数坐标纸绘制，以土粒粒径尺寸的常用对数作为横坐标，小于某一粒径尺寸的粒组累计百分数为纵坐标，将经过筛析法或沉降分析法所得到的粒度成分结果，绘制在这个半对数坐标纸上，就得到了粒度成分的累计曲线（图 1-10）。采用半对数坐标，可以把细粒的含量更好地表达清楚，若采用普通坐标，则不可能做到这一点。

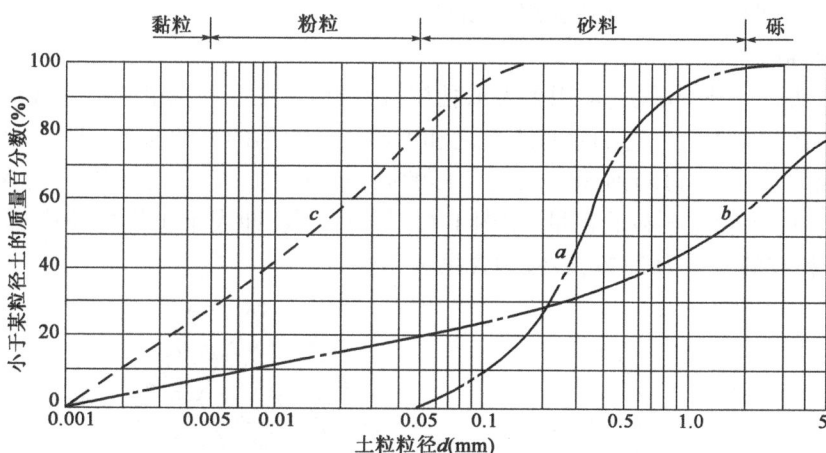

图 1-10　土颗粒成分累计曲线

累计曲线的用途主要有以下几方面：

（1）从累计曲线的形态及分布的粒组区间可判断土的粒度成分的级配特征。

从累计曲线图上可以看出：曲线平缓，表明土的粒度成分混杂，大小粒组都有，各粒组的相对含量差不多；曲线坡度较陡，表明土粒比较均匀，斜率最大线段所包括的粒组在土样中的含量最多，成为具有代表性的粒组。

（2）利用累计曲线可以求得土粒的级配指标——不均匀系数 C_u 和曲率系数 C_c。

①不均匀系数 C_u。

不均匀系数反映不同大小粒组的分布情况,它是限定粒径 d_{60} 与有效粒径 d_{10} 的比值。

$$C_u = \frac{d_{60}}{d_{10}} \qquad (1-2)$$

式中:C_u——土的不均匀系数;

d_{10}——有效粒径,在累计曲线上,累计含量为 10% 所对应在横坐标上的粒径值(mm);

d_{60}——限定粒径,在累计曲线上,累计含量为 60% 所对应在横坐标上的粒径值(mm)。

不均匀系数 C_u 可反映土的粗细情况和级配情况,C_u 值越大,曲线越平缓,表明土粒大小分布范围大,土的级配良好;C_u 值越小,曲线越陡,表明土粒大小相似,土的级配不好。一般认为,$C_u < 5$ 时,属于均粒土,其级配不良;$C_u \geq 5$ 的土为不均粒土,级配良好。

②曲率系数 C_c。

$$C_c = \frac{(d_{30})^2}{d_{10}d_{60}} \qquad (1-3)$$

式中:C_c——累计曲线的曲率系数;

d_{30}——在累计曲线上,累计含量为 30% 所对应在横坐标上的粒径值(mm);

其余符号意义同前。

曲率系数 C_c 描述累计曲线的分布范围,反映累计曲线的整体形状。一般认为 $C_c = 1 \sim 3$,土的级配良好;$C_c < 1$ 或 $C_c > 3$ 时,累计曲线呈明显弯曲。当累计曲线呈阶梯状时,说明粒度不连续,即主要由大颗粒和小颗粒组成,缺少中间颗粒,表明土的级配不好,其工程性也较差。

在工程中,常利用累计曲线法确定的土粒的两个指标来判定土的级配优劣情况。只有同时满足 $C_u \geq 5$ 和 $C_c = 1 \sim 3$ 这两个条件时,土为级配良好的土,否则为级配不良的土。

(3)通过累计曲线可以查知各粒组的相对含量。

3)三角坐标法

三角坐标法是一种图示法,可用来表示黏粒、粉粒和砂粒三种粒组的百分含量。它是利用等边三角形中任意一点至三边的垂直距离之和恒等于三角形的高的原理(即 $H = h_1 + h_2 + h_3$)来表示粒度成分,如图 1-11a)所示。取三角形的高 $H = 100\%$,h_1 为黏土颗粒的含量,h_2 为砂土颗粒的含量,h_3 为粉土颗粒的含量,则图 1-11 中的 m 点,即表示土样的粒度成分中黏粒的含量为 47%,粉粒的含量为 23%,砂粒的含量为 30%。

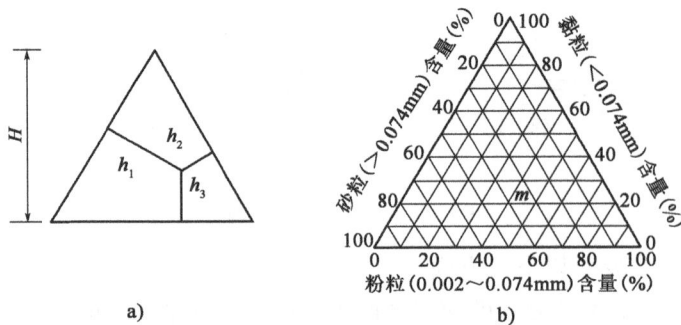

图 1-11　三角坐标法表示粒度成分

上述三种方法各有其特点和适用条件。表格法能很清楚地用数量说明土样的各粒组含量,但对于大量土样之间的比较就显得过于冗长,且无直观概念,使用比较困难。

累计曲线法能用一条曲线表示一种土的粒度成分,而且可以在一张图上同时表示多种土的粒度成分,能直观地比较其级配状况。

三角坐标法的优点很多,能用一点表示一种土的粒度成分,能在同一张坐标图上,用若干点表示若干个土样的粒度成分,供分析比较。三角坐标图中不同的区域表示土的不同组成,因而,还可以用来确定按粒度成分分类的土名。三角坐标法在道路工程、水利工程中比较常用。

(二)土的矿物成分

和岩石一样,土由矿物组成。组成土的矿物主要有原生矿物和次生矿物,不同的矿物成分,对土的物理性质有着不同的影响。

1. 原生矿物

原生矿物是由岩石经物理风化作用,性质未发生改变的矿物,主要是石英,其次是长石、云母等。这类矿物的化学性质稳定,具有较强的抗水和抗风化能力,亲水性差。由这类矿物组成的土粒一般较粗大,是砂类土和粗碎屑土(砾石类土)的主要组成矿物。

2. 次生矿物

次生矿物主要是在通常温度和压力条件下,矿物经受化学风化而形成的新矿物。这类矿物比较复杂,对土的物理性质影响较大。次生矿物可分为可溶性和不溶性。

可溶性次生矿物是由原生矿物遭受化学风化,可溶性物质被水溶走,在别的地方又重新沉淀而成的。根据其溶解的难易程度又可分为易溶的、中溶的和难溶的三类。易溶次生矿物如岩盐;中溶次生矿物如石膏;难溶次生矿物如方解石、白云石等。

不溶性次生矿物多是风化残余物及新生成的黏土矿物,一般颗粒非常细小,是黏性土的主要组成部分。

除上述矿物外,土中还常含有生物形成的腐殖质、泥炭和生物残骸,统称为有机质土。其颗粒很细小,具有很大的比表面积,对土的工程性质影响也很大。

3. 矿物成分和粒度成分的关系

土是地质作用的产物,在其形成的长期过程中,一定的地质作用过程和生成条件生成一定类型的土,使它具有某种粒度成分的同时,也必然具有某种矿物成分。这就使土的矿物成分和粒度成分之间存在着极其密切的内在联系,特别明显地表现在粒组与矿物成分的关系方面。

(1)粒径 >2mm 的砾粒组,包括砾石、卵石等岩石碎屑,它们仍保持为原有矿物的集合体,有时是多矿物的,有时是单矿物的。

(2)粒径为 0.075 ~ 2mm 的砂粒组,其颗粒与岩石中原生矿物的颗粒大小差不多。砂粒多是单矿物,以石英最为常见,有时为长石、云母及其他深色矿物。在某些情况下,还有白云石组成的砂粒,如白云石砂。

(3)粒径为 0.02 ~ 0.075mm 的粉粒组,主要是一些细小的原生矿物和次生矿物,如粉粒状的石英和难溶的方解石、白云石等。

(4)粒径 <0.002mm 的黏粒组,主要是一些不溶性次生矿物,如黏土矿物类、倍半氧化物、难溶盐矿、次生二氧化硅及有机质等。

一定大小的粒组,反映着一定的矿物成分。粗大的颗粒多由原生矿物组成,细小的颗粒多为次生矿物和有机质。因此,土的粒度成分间接反映了矿物成分的特性,它们均是决定土的工程性质的重要指标。

4. 矿物成分对土的工程性质的影响

土的矿物成分和粒度成分是土最重要的物质基础,它们对土的工程性质影响很大。随着组成土的矿物成分不同,其工程性质也有所差异。

1)原生矿物

如石英、长石、云母。

(1)塑性:黑云母最大,石英无。

(2)毛细上升高度:

颗粒>0.1mm时,云母>浑圆石英>长石>尖棱石英;

颗粒<0.1mm时,云母>尖棱石英>长石>浑圆石英。

(3)孔隙度的变化:云母>长石>尖棱石英>浑圆石英。

(4)渗透系数:云母>长石>尖棱石英。

(5)内摩擦角:尖棱石英>浑圆石英>云母。

2)次生矿物

如不溶性黏土矿物。

(1)亲水性:蒙脱石>伊利石>高岭石。

(2)渗透性:伊利石>高岭石>蒙脱石。

(3)压缩性:蒙脱石>高岭石。

(4)内摩擦角:蒙脱石的内摩擦角小,如在石英中加入少量(百分之几)的蒙脱石,则石英的内摩擦角可降低到原来的1/3或更小。

3)次生可溶盐

从存在的状态看,固态的可溶盐起胶结作用,可把土粒胶结起来,使土的孔隙度减小、强度增加。可溶盐分布常常不均匀,有时是结核状的,有时是斑点状的,二者对土的影响不同。液态的可溶盐包围着土的颗粒,在其周围起介质作用。

二、土的液相

土中的水以不同的形式和状态存在,它们对土的工程性质起着不同的作用和影响。土中的水按其工程性质可分为结合水和自由水。

(一)结合水

结合水因离土颗粒表面远近不同,受作用力的大小也不同,所以,结合水又可分为强结合水和弱结合水。

1)强结合水

黏土颗粒与水相互作用,在土颗粒的表面通常是带负电荷的,它会吸附水溶液中的水化阳离子和一些水分子,吸附力极强。土粒表面被强烈吸附的水化阳离子和水分子构成了吸附水层,也称强结合水或吸附水。

在土粒表面,阳离子浓度最大,随着离土粒表面距离增大,阳离子浓度逐渐降低,直至达到孔隙中水溶液的正常浓度为止。从土粒表面直至阳离子浓度正常为止,这个范围称为扩散层。在扩散层内阴离子由于与土粒表面负电荷相排斥,土粒表面浓度较低,随着离土粒表面距离的增加,阴离子浓度逐渐增大,最后也达到水溶液中的正常浓度。土粒表面的负电荷和扩散层合称为双电层(图 1-12)。

土粒表面的负电荷为双电层的内层,扩散层为双电层的外层。扩散层是由水分子、水化阳离子和阴离子所组成,形成土粒表面的弱结合水或称薄膜水。

强结合水紧靠土粒表面,厚度只有几个水分子厚,小于 $0.003\mu m$,受到约 $1000MPa$(1 万个大气压)的静电引力,使水分子紧密而整齐地排列在土粒表面不能自由移动。强结合水的性质与普通水不同,其性质接近于固体,不传递静水压力,$100℃$不蒸发,$-78℃$低温才冻结成冰,密度 $\rho_w = 1.2 \sim 2.4g/cm^3$,平均为 $2.0g/cm^3$,具有很大的黏滞性、弹性和抗剪强度。

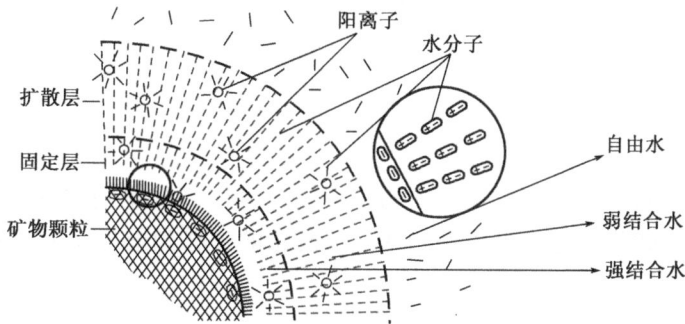

图 1-12 双电层示意图

当黏土只含强结合水时,呈固体坚硬状态;砂土含强结合水时,呈散粒状态。

2)弱结合水

弱结合水在强结合水外侧,呈薄膜状,也是由黏土表面的电分子力吸引的水分子组成,水分子排列较紧密,密度 $\rho_w = 1.3 \sim 1.7g/cm^3$,大于普通液态水。弱结合水也不传递静水压力,呈黏滞体状态,具有较高的黏滞性和抗剪强度,冰点在 $-30 \sim -20℃$。其厚度变化较大,水分子有从厚膜处向较薄处缓慢移动的能力,在其最外围有成为普通液态水的趋势。这部分液态水对黏性土的影响最大。

(二)自由水

自由水是指在土颗粒间可以自由移动的水。这种水离土粒较远,在土粒表面的电场作用以外,水分子自由散乱地排列,主要受重力作用的控制。自由水包括下列两种:

1. 重力水

这种水是位于地下水位以下较粗颗粒的孔隙中的普通液态水,只受重力控制,水分子不受土粒表面吸引力影响。重力水受重力作用由高处向低处流动,具有浮力的作用。重力水能传递静水压力,并具有溶解土中可溶盐的能力。

2. 毛细水

这种水位于地下水位以上土粒细小孔隙中,是介于结合水与重力水之间的一种过渡型水,受毛细作用而上升,见图 1-13。粉土中孔隙小,毛细水上升高。在寒冷地区要注意由于毛细水而引起的路基冻胀问题,尤其要注意毛细水源源不断地上升产生的严重冻胀。

毛细水水分子排列的紧密程度介于结合水和普通液态水之间,其冰点也在普通液态水之下。毛细水还具有极微弱的抗剪强度,在剪应力较小的情况下会立刻发生流动。

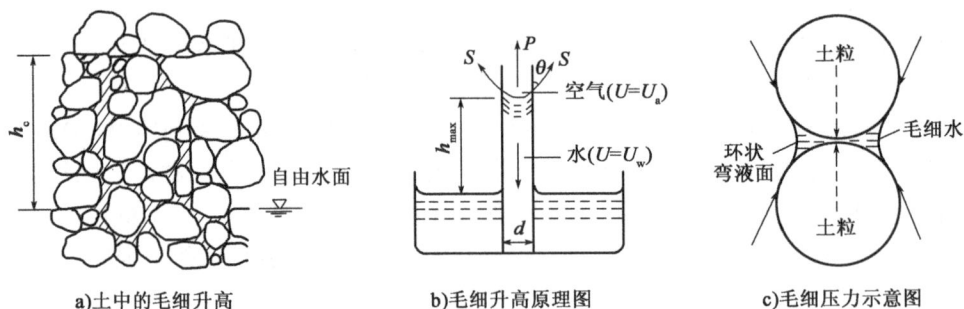

a)土中的毛细升高　　　　　b)毛细升高原理图　　　　　c)毛细压力示意图

图 1-13　毛细水

(三)气态水

这种水是以水气状态存在于土孔隙中的。它能从气压高的空间向气压低的空间移动,并可在土粒表面凝聚转化为其他各种类型的水。气态水的迁移和聚集使土中水和气体的分布状态发生变化,可使土的性质发生改变。

(四)固体水

这种水是当气温降至 0℃ 以下时,由液态的自由水冻结而成。由于水的密度在 4℃ 时为最大,低于 0℃ 的冰,体积不是冷缩,而是膨胀,使基础发生冻胀。因此,寒冷地区基础的埋置深度要考虑冻胀问题。土质学与土力学中将含有固态水的土列为四相体系的特殊土——冻土。

三、土中气体

土中气体指土固体矿物之间的孔隙中,没有被水充填的部分所含的气体。土的含气量与含水率有密切关系。

土中气体的成分与大气成分比较,主要区别在于 CO_2、O_2 及 N_2 的含量不同。一般土中气体含有更多的 CO_2,较少的 O_2,较多的 N_2。土中气体与大气的交换愈困难,两者的差别就愈大。

土中气体可分为自由气体和封闭气泡两类。自由气体与大气相连通,通常在土层受力压缩时即逸出,对土的工程性质影响不大;封闭气泡与大气隔绝,对土的工程性质影响较大,在受外力作用时,随着压力的增大,这种气泡可被压缩或溶解于水中,压力减小时,气泡会恢复原状或重新游离出来。若土中封闭气泡很多时,将使土的压缩性增高,渗透性降低。

第三节　土的技术性质

土是由固相(土颗粒)、液相(水)和气相(空气)组成的三相分散体系。土中三相之间的比例不同,土的工程性质不同。为了导得三相比例指标,把土体中实际上是分散的三相抽象地集合在一起:固相集中于下部,液相居中部,气相集中于上部,构成理想的三相图。在三相图的右边注明各相的体积,左边注明各相的质量,如图 1-14 所示。

土样的总体积 V 可由式(1-4)表示:

$$V = V_s + V_w + V_a \tag{1-4}$$

式中:V_s、V_w、V_a——分别表示土颗粒、水、空气的体积(cm³);

　　　　V——土的体积。

　　土样的总质量 m 可由下式表示:

$$m \approx m_s + m_w + m_a, \quad m_a \approx 0$$

式中:m_s、m_w、m_a——分别表示土颗粒、水、空气的质量(g);

　　　　m——土的质量。

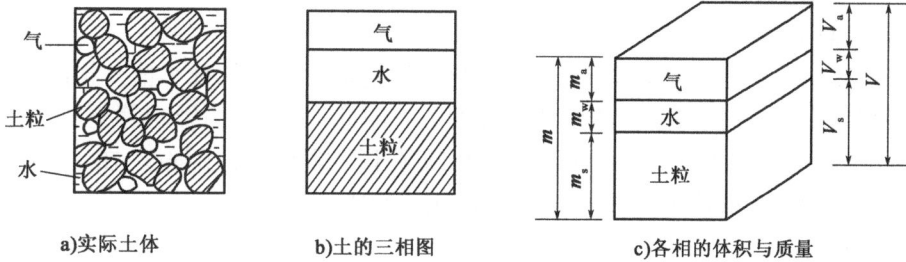

a)实际土体　　　　b)土的三相图　　　　c)各相的体积与质量

图 1-14　土的三相图

一、土的物理性质

1. 物理常数

1)土粒比重(G_s)

土粒比重也称为土粒相对密度,指土颗粒本身的密度与水的密度之比,即土在 105 ~ 110℃下烘至恒重时的质量与同体积4℃蒸馏水质量的比值。

$$G_s = \frac{m_s}{V_s \rho_w} \tag{1-5}$$

式中:G_s——土粒的比重;

　　　　ρ_w——水的密度(g/cm³);

　　　　其余符号意义同前。

土粒相对密度只与组成土粒的矿物成分有关,而与土的孔隙大小及其所含水分多少无关。随着土颗粒的矿物成分不同,其土粒相对密度也不同。砂土的颗粒相对密度较小,一般在 2.65 ~ 2.75 之间,黏土的颗粒相对密度较大,在 2.75 ~ 2.80 之间,当土中含有机质较多时,土粒相对密度就减小。

注:依据《公路土工试验规程》(JTG 3430—2020),土粒比重用比重瓶法测定。

2)天然密度(ρ)

天然密度是指天然状态下土的单位体积的质量,即土的总质量与土的总体积的比值。

$$\rho = \frac{m}{V} = \frac{m_s + m_w}{V} \tag{1-6}$$

式中:ρ——土的天然密度(g/cm³);

　　　　其余符号意义同前。

土的天然密度与土的结构、所含水分多少以及矿物成分有关,在测定土的天然密度时,必须用原状土样(即其结构未受扰动破坏,并且保持其天然结构状态下的天然含水率)。如果土的结构破坏了或水分变化了,则土的密度也就改变了,这样就不能正确测得真实的天然密度。

土的天然密度一般在 $1.6 \sim 2.29 \mathrm{g/cm^3}$ 之间。

注:依据《公路土工试验规程》(JTG 3430—2020),天然密度用环刀法、灌砂法测定。

3)干密度(ρ_{d})

干密度是指干燥状态下单位体积土的质量,即土颗粒的质量与土的总体积的比值。

$$\rho_{\mathrm{d}} = \frac{m_{\mathrm{s}}}{V} \tag{1-7}$$

式中:ρ_{d}——干密度($\mathrm{g/cm^3}$);

其余符号意义同前。

土的干密度实际上是土中完全不含水分的密度,它是土密度的最小值。土的干密度与土结构的紧密程度有关,间接与土粒的矿物成分相关。因此,土的结构影响着土的干密度值,干密度值越大,土越密实。干密度在一定程度上反映了土粒排列的紧密程度,在工程中常用它作为压实的控制指标。一般认为 $\rho_{\mathrm{d}} > 1.6 \mathrm{g/cm^3}$ 的土比较密实。

4)饱和密度(ρ_{f})

饱和密度是指土的孔隙全被水充满的情况下单位体积土的质量,即土颗粒的质量(m_{s})及孔隙中水的质量(m_{w})之和与土的总体积(V)的比值。

$$\rho_{\mathrm{f}} = \frac{m_{\mathrm{s}} + m_{\mathrm{w}}}{V} \tag{1-8a}$$

或

$$\rho_{\mathrm{f}} = \frac{m_{\mathrm{s}} + V_{\mathrm{n}}\rho_{\mathrm{w}}}{V} \tag{1-8b}$$

式中:ρ_{f}——土的饱和密度($\mathrm{g/cm^3}$);

V_{n}——土中孔隙的体积($\mathrm{cm^3}$);

其余符号意义同前。

土饱和密度的大小,与土中孔隙体积和组成土粒矿物成分及其密度有关。土中孔隙体积小,土粒密度大,土的饱和密度就大,反之则小。

5)有效密度(ρ')

有效密度(水下密度)是指地下水位以下,土体受水的浮力作用时,单位体积土的质量。

$$\rho' = \rho_{\mathrm{f}} - \rho_{\mathrm{w}} \tag{1-9}$$

式中:ρ'——土的有效密度($\mathrm{g/cm^3}$);

其余符号意义同前。

6)孔隙比(e)

土不是致密无隙的固体,在土颗粒间存在着较多的孔隙。土的孔隙性是指孔隙的大小、形状、数量及连通情况等特征。土的孔隙性取决于土的粒度成分和土的结构,即土粒排列的松紧程度。

孔隙比是指土中孔隙的体积(V_{n})和土颗粒的体积(V_{s})之比。

$$e = \frac{V_{\mathrm{n}}}{V_{\mathrm{s}}} \tag{1-10}$$

式中:e——土的孔隙比;

其余符号意义同前。

土的孔隙比可直接反映土的密实程度。孔隙比越大,土体越松;孔隙比越小,土体越密实。土的密实程度是决定土体强度的主要指标之一。一般砂土孔隙比在 $0.5 \sim 1.0$ 之间,若 $e < 0.6$,可认为砂土呈密实状态,为良好地基。黏性土孔隙比在 $0.5 \sim 1.2$ 之间,若 $e > 1$,表明土中 $V_n > V_s$,为软弱地基。

7)孔隙度(n)

在天然状态下,土中孔隙的体积与土的总体积的比值,称为孔隙度或孔隙率,用百分数表示。

$$n = \frac{V_n}{V} \times 100\% \qquad (1-11)$$

孔隙度与孔隙比之间存在着下述换算关系:

$$n = \frac{e}{1 + e}$$

土的孔隙度表示土中孔隙大小的程度。

n 与 e 是反映孔隙性的指标,但在应用上有所不同。凡是用于与整个土的体积有关的测试时,一般用 n 较为方便;但若要对比某种土的变化状态时,则用 e 较为准确。由于 V_s 的变化很小,可视为固定值,土在荷载作用下引起的变化主要是 V_n,而 e 的变化直接与 n 的变化成正比,所以 e 能更明显地反映孔隙体积的变化。在工程设计和计算中常用 e 这一指标。

8)土的饱和度(S_r)

土的饱和度是指土中水的体积(V_w)与土的全部孔隙体积(V_n)的比值,用百分数表示:

$$S_r = \frac{V_w}{V_n} \times 100 \qquad (1-12)$$

或者,用天然含水率(w)和饱和含水率(w_{max})❶的比值来表示:

$$S_r = \frac{w}{w_{max}} \times 100 \qquad (1-13)$$

式中:S_r——土的饱和度(%);

其余符号意义同前。

饱和度是用来描述土中水充满孔隙的程度,$S_r = 0$ 为完全干燥土,属二相系;$S_r = 1$ 为完全饱和土属二相系;S_r 介于 $0 \sim 1$ 之间,按照天然砂性土所含水分的多少,可将砂性土划分为三个状态:

完全干燥土 $\qquad\qquad\qquad S_r = 0$

稍湿的 $\qquad\qquad\qquad\qquad 0 < S_r \leqslant 50\%$

很湿的 $\qquad\qquad\qquad\qquad 50\% < S_r \leqslant 80\%$

饱和的 $\qquad\qquad\qquad\qquad 80\% < S_r \leqslant 100\%$

完全饱和土 $\qquad\qquad\qquad S_r = 100\%$

颗粒较粗的砂性土和粉性土,对含水率的变化不敏感,当含水率发生某种改变时,它的物理力学性质变化不大,所以对砂性土和粉性土的物理状态可以用饱和度(S_r)来表示。但对黏性土而言,它对含水率的变化十分敏感,随着含水率增加体积膨胀,结构也发生改变,因此黏性土一般不用 S_r 这一指标。

---

❶ 天然含水率 w 与饱和含水率 w_{max} 的相关内容详见后续"二、土的水理性"部分。

9）砂土的相对密度(D_r)

相对密度是反映砂性土在天然状态下松密程度的指标,数值上它等于砂土在最疏松状态和天然状态下孔隙比之差与最疏松状态和最密实状态下孔隙比之差的比值,即:

$$D_r = \frac{e_{max} - e}{e_{max} - e_{min}} \tag{1-14}$$

式中:D_r——相对密度;

e_{min}——最密实状态的孔隙比;

e_{max}——最疏松状态的孔隙比。

式(1-14)也等价为:

$$D_r = \frac{(\rho_d - \rho_{dmin})\rho_{dmax}}{(\rho_{dmax} - \rho_{dmin})\rho_d} \tag{1-15}$$

式中:ρ_{dmin}——最疏松状态土的干密度;

ρ_{dmax}——最密实状态土的干密度。

根据相对密实度的大小可以判断砂性土的密实状态及其是否有压密的可能性。当$D_r = 1$,即$e = e_{min}$时,砂土处于最密实状态;当$D_r = 0$,即$e = e_{max}$时,砂土处于最疏松状态,在外力作用下,土体的压缩性很大。

《公路桥涵地基与基础设计规范》(JTG 3363—2019)中规定用D_r来判定砂土的密实程度,将砂土分为4种状态,见表1-4。

砂土密实度划分　　　　　　　　　　　　　表1-4

分　级	密　实	中　密	松　散	
			稍松	极松
密实度 D_r	$D_r \geqslant 0.67$	$0.67 > D_r > 0.33$	$0.33 \geqslant D_r \geqslant 0.20$	$D_r < 0.20$

天然砂土的密实度,可按原位标准贯入试验的锤击数N进行评定。天然碎石土的密实度,可按原位重型圆锥动力触探的锤击数$N_{63.5}$进行评定,见表1-5。

动力触探确定无黏性土的密实度划分　　　　　　　　　　　　　表1-5

密实度	松散	稍密	中密	密实
按N评定砂土密实度	$N \leqslant 10$	$10 < N \leqslant 15$	$15 < N \leqslant 30$	$N > 30$
按$N_{63.5}$评定碎石土密实度	$N_{63.5} \leqslant 5$	$5 < N_{63.5} \leqslant 10$	$10 < N_{63.5} \leqslant 20$	$N_{63.5} > 20$

2. 土的物理性质指标间的相互关系

前面介绍的土的物理性质指标中,三个基本指标通过试验测得,其他指标可从基本指标换算得到。换算的方法是:先绘制三相图,然后根据三个已知指标,计算出三相图中各部分的体积和质量,再根据其他指标的定义得出关系公式。因三项之间是相对的比例关系,计算时可令$V = 1$或$V_s = 1$,可使计算简化。

【例题1-1】 某原状土样,经试验测得土的密度$\rho = 1.7\text{g/cm}^3$,土的含水率$w = 25.2\%$,土粒比重$G_s = 2.72$。求其余物理性质指标。

解:(1)$e = \frac{G_s(1+w)}{\rho} - 1 = \frac{2.72 \times (1+0.252)}{1.70} - 1 = 1.003$

(2)$n = \frac{e}{1+e} = \frac{1.003}{1+1.003} = 0.501 = 50.1\%$

$$(3) S_r = \frac{wG_s}{e} = \frac{0.252 \times 2.72}{1.003} = 0.682 = 68.2\%$$

二、土的水理性

（一）土的含水率 w

含水率是指土中所含水的质量与土颗粒质量的比值，用百分数表示：

$$w = \frac{m_w}{m_s} \times 100 \qquad (1\text{-}16)$$

式中：w——土的含水率（%）；

其余符号意义同前。

土的含水率表明土中水和土颗粒的数量关系，不能描述有关土中水的性质，只能反映孔隙中水的绝对值，不能说明其充满程度。砂土的含水率，一般在 $0 \sim 40\%$ 之间，黏性土的含水率在 $20\% \sim 60\%$ 之间，当含水率约为零时，砂土呈松散状态，黏土呈坚硬状态。

注：依据《公路土工试验规程》（JTG 3430—2020），用烘干法或酒精燃烧法直接测定。

（二）土的饱和含水率（w_{max}）

土的饱和含水率是假定土中的孔隙全部被水充满，达到饱和状态时的含水率，即土的孔隙中充满水分的质量与干土颗粒质量的比值，用百分比表示：

$$w_{max} = \frac{V_n \rho_w}{m_s} \times 100 \qquad (1\text{-}17)$$

式中：w_{max}——土的饱和含水率（%）；

其余符号意义同前。

饱和含水率实质上就是用水的多少来表示土中孔隙体积的大小。

（三）土的最佳含水率（w_0）

土的最佳含水率是指土在标准击实试验条件下，能达到最大干密度时的含水率。

注：土的最佳含水率一般通过土的击实曲线得到，或利用相关物理指标导出。

（四）黏性土的稠度

黏性土的颗粒很细，颗粒粒径 $d < 0.002\text{mm}$，土颗粒的表面积大，与水相互作用的能力较强。黏性土随含水率不断增加，土的状态变化依次为：固态→半固态→塑态→液态，相应的地基土的承载力也逐渐降低，因此黏性土的主要状态特征是其软硬程度，即稠度。

黏性土的稠度，反映土粒之间的联结强度随着含水率高低而变化的性质。黏性土在不同的稠度时所呈现的固态、半固态、塑态、液态称为稠度状态。由于含水率的变化，黏性土可从一种稠度状态转变为另一种稠度的界限，称为稠度界限。由于稠度界限是用含水率表示的，又称界限含水率，如图 1-15 所示。各种不同状态之间的界限含水率具有重要意义。

液限 w_L（%）：是指黏性土塑态与液态之间的界限含水率。

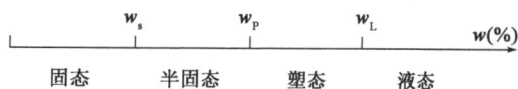

图 1-15　黏性土的稠度

塑限 w_P（%）：是指黏性土塑态与半固态之间的界限含水率。

注：依据《公路土工试验规程》（JTG 3430—2020），通过液限和塑限联合测定法测定（**资源1**）。

缩限 w_s（%）：是指黏性土半固态与固态之间的界限含水率。

注：依据《公路土工试验规程》（JTG 3430—2020），通过缩限试验测定。

塑性指数 I_P：是指液限与塑限之差，去掉百分号，记为 I_P。

$$I_P = (w_L - w_P) \times 100 \tag{1-18}$$

塑性指数是反映黏性土体处于可塑状态下，含水率变化的最大区间，塑性指数大的黏性土，表明该土能吸附结合水多，但仍处于可塑状态，亦即该土黏粒含量高或矿物成分吸水能力强。在工程地质实践中，常用 I_P 值对黏性土进行分类和命名。

液性指数 I_L：土的天然含水率在一定程度上反映土中水的多少，但天然含水率并不能说明土处于什么物理状态，因此还需要一个能够表示天然含水率与界线含水率关系的指标，即液性指数 I_L。黏性土的液性指数为天然含水率与塑限的差值和液限与塑限差值之比，即：

$$I_L = \frac{w - w_P}{I_P} = \frac{w - w_P}{w_L - w_P} \tag{1-19}$$

式中：I_L——土的液性指数；

w_L——土的液限；

w_P——土的塑限。

对于某种黏性土，其液限和塑限都是一定值，土的天然含水率越大，液性指数越大，土越稀软。在工程中黏性土的干、湿程度或软硬程度，可以用液性指数来判断，详见表1-6。

按液性指数（I_L）对土的稠度状态分级 表1-6

液性指数值	$I_L \leq 0$	$0 < I_L \leq 0.25$	$0.25 < I_L \leq 0.75$	$0.75 < I_L \leq 1$	$I_L > 1$
稠度状态	坚硬状态	硬塑状态	可塑状态	软塑状态	流塑状态

为了进一步了解各指标的内容及其相互关系，现将上述各项指标定义、指标来源及对指标的实际应用等方面，归纳为"土的三相组成比例指标换算公式"，供对照参考，见表1-7。

土的三相组成比例指标换算公式 表1-7

指标名称	表达式	指标来源	实际应用
土粒比重 G_s	$G_s = \dfrac{m_s}{V_s \rho_w}$	由试验确定	(1)换算 n、e、ρ_d； (2)工程计算
密度 ρ （g/cm³）	$\rho = \dfrac{m}{V}$	由试验确定	(1)换算 n、e； (2)说明土的密度
干密度 ρ_d （g/cm³）	$\rho_d = \dfrac{m_s}{V}$	$\rho_d = \dfrac{\rho}{1+w}$	(1)换算 n、e； (2)粒度分析、压缩试验资料整理
饱和密度 ρ_f （g/cm³）	$\rho_f = \dfrac{m_s + V_n \rho_w}{V}$	$\rho_f = \dfrac{\rho(G_s - 1)}{G_s(1+w)} + 1$	
有效密度 ρ' （g/cm³）	$\rho' = \rho_f - \rho_w$	$\rho' = \dfrac{\rho(G_s - 1)}{G_s(1+w)}$	(1)计算潜水面以下地基自重应力； (2)分析人工边坡稳定
天然含水率 w （%）	$w = \dfrac{m_w}{m_s} \times 100$	由试验确定	(1)换算 n、e、ρ_d、S_r； (2)计算土的稠度指标
孔隙比 e	$e = \dfrac{V_n}{V_s}$	$e = \dfrac{G_s(1+w)}{\rho} - 1$	(1)说明土中孔隙体积； (2)换算 ρ'、e

三、土的力学性质

土的力学性质是指土在外力作用下所表现出的特性,主要包括在静荷载压力下的压缩性、抗剪性和动荷载作用下的压实性。土的压缩性和抗剪性是土力学中研究的基本理论,放在土力学中讲,这里只讲土的压实性。

路基压实质量是道路工程施工质量管理最重要的内在指标之一,只有对路基结构层进行充分压实,才能保证路基的强度、刚度及平整度,并可以保证及延长路基工程的使用寿命。现场压实质量用压实度表示。

路基是公路组成的重要部分,它与路面共同承受来自行车荷载和自然因素的作用,所以要求路基要有足够的强度和稳定性。

在生产实践中发现,未经压实的土基,在自然因素和外荷载作用下必然产生很大的变形和破坏;而密实的土基,不但可以减少大规模的破坏,还可以显著减小路基变形。所以提高土基的密度是提高路基强度和稳定性的主要措施之一,同时土基的密度变大还可以提高土基的承载能力,减小路面层的厚度,从而降低工程造价。土作为填筑路基的主要建筑材料之一,为了保证填料有足够的强度、较小的压缩性和透水性,提高填土的密实度(工程上用干密度表示)和均匀性,在施工时常采用夯打、振动和碾压等方法使土得到压实,从而保证路基的稳定性。

1. 击实原理

利用标准化的击实仪具模拟现场施工条件,获得土的密度和含水率的关系曲线,确定土的最大干密度和相应的最佳含水率,为选择填土密度、碾压机械和碾压遍数提供依据。

2. 击实试验

击实试验是指用锤击实土样以了解土的压实特性的一种方法。这个方法是用不同的击实功(锤重×落距×锤击次数)分别锤击不同含水率的土样,并测定相应的干密度,从而求得最大干密度(一般是指集料堆积或紧密密度)、最佳含水率,为填土工程的设计、施工提供依据。

《公路土工试验规程》(JTG 3430—2020)规定,对细粒土、细砾土等的标准干密度(最大干密度)采用标准击实试验确定,同时亦可得出相应的最佳含水率。

击实试验(**资源 2**)是在模拟现场施工条件下,利用试验室标准化击实仪具,得到试验材料的密度和相应的含水率之间的关系。分轻型和重型两种击实试验方法。击实筒如图 1-16 所示。击实试验方法种类见表 1-8。

击实试验方法种类 表 1-8

| 试验方法 | 类别 | 锤底直径 (cm) | 锤质量 (kg) | 落高 (cm) | 试筒尺寸 | | 试样尺寸 | | 层数 | 每层击数 | 击实功 (kJ/m³) | 最大粒径 (mm) |
					内径 (cm)	高度 (cm)	高度 (cm)	体积 (cm³)				
轻型	I -1	5	2.5	30	10	12.7	12.7	997	3	27	598.2	20
	I -2	5	2.5	30	15.2	17	12	2177	3	59	598.2	40
重型	II -1	5	4.5	45	10	12.7	12.7	997	5	27	2687.0	20
	II -2	5	4.5	45	15.2	17	12	2177	3	98	2677.2	40

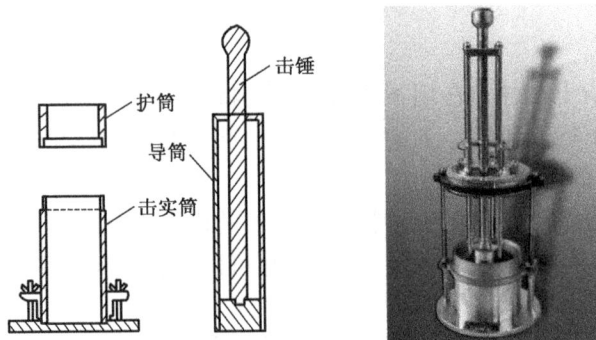

图 1-16　击实筒

试验过程:配制一组不同含水率的试样(不少于 5 个,以天然含水率试样为第一个土样,其余试样含水率按 2% ~ 3% 递增),通过击实试验,将每个试样所得到的含水率(w)与干密度(ρ_d)绘制成击实曲线图(图 1-17)。则曲线峰值所对应的含水率即为最佳含水率(w_0),对应的干密度即是最大干密度(ρ_{dmax})。

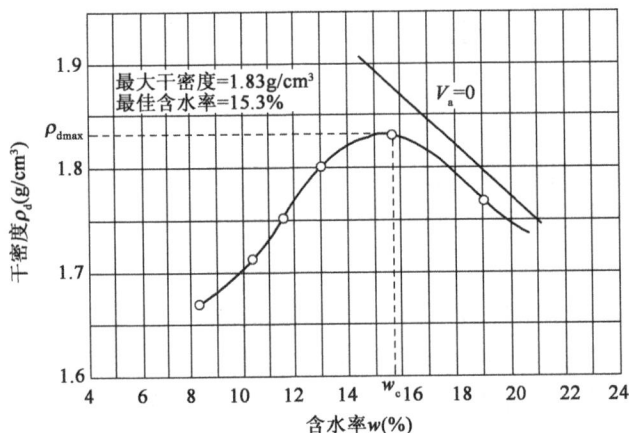

图 1-17　击实曲线

3. 最佳含水率和最大干密度

当含水率很小时,颗粒表面的水膜很薄,要是颗粒相互移动,则需要克服很大的粒间阻力,因而需要消耗很大的能量。随着含水率增加,水膜加厚,粒间阻力必然减小,颗粒容易移动。当含水率超过最佳含水率 w_0 以后,水膜继续增厚所引起的润滑作用已不明显。这时,土中的剩余空气已经不多,并且处于与大气隔绝的封闭状态,封闭气体很难排出,因此,击实土不会达到完全饱和状态,击实曲线也不可能达到饱和曲线。

同一种土,干密度愈大,孔隙比愈小,所以 ρ_{dmax} 相应于试验所达到的最小孔隙比。在某一含水率下,将土压到最密,理论上就是将土中所有的气体都从土中排出,使土达到饱和。将不同含水率所对应的土体达到饱和状态时的干密度绘于图中,得到理论上的最大压实曲线,即 $S_r = 100\%$ 的压实曲线,称为饱和曲线。

实际上,试验的击实曲线在峰值以后逐渐接近于饱和曲线,并且大体上与它平行。在峰值以左,则两个曲线差别较大,而且随着含水率的减小,差值迅速增加。土的最佳含水率的大小随土的性质也发生变化。

4.影响击实效果的因素

1)含水率的影响

土的含水率对压实效果的影响很大,如图1-18所示,无论是路基压实还是沟槽回填,均应控制其含水率。严格控制含水率在最佳含水率±2%的范围内。土在此状态下,土粒间引力较小,保有一定厚度的水膜,起着润滑作用,外部压实功较易使土粒相对移动,压实效果最佳,且碾压完成后土体稳定。当土中含水率过大时,孔隙中出现了自由水,压实时不可能使气体排出,压实功能的一部分被自由水所抵消,减小了有效压力,压实效果反而降低。当土中含水率较小时,土粒间引力较大,虽然干密度较小,但其强度可能比最佳含水率时还要高,可是此时因密实度较低,孔隙多,一经饱水,其强度会急剧下降,进而影响路基的稳定性。在最佳含水率时土处于硬塑状态,较易获得最佳压实效果,压实到最大密实度的土体,水稳定性最好。

2)土质的影响

不同性质土的压实性能是不一样的,就填土压实而言,最适宜的是砂砾土、砂土和砂性土。这些土易压实,有足够的稳定性,沉陷小。最难压实的是黏土,在潮湿状态下这种土不稳定,最佳含水率比其他土类大,而最大干密度却较小,但经压实的黏土仍具有良好的不透水性。

根据压实试验,在相同的压实功作用下,不同的土类具有不同的最佳含水率和最大干密度。在同一压实功能作用下,含粗颗粒较多的土,其最大干密度越大,而最佳含水率越小,即随着粗粒土增多,其击实曲线的峰点越向左上方移动。在道路施工时,应根据不同取土场的不同土类,分别确定其最大干密度和最佳含水率。

3)压实功能

对于同一类土,其最佳含水率随着压实功能的加大而减小,而最大干密度则随压实功能的加大而增大,如图1-19所示。当土偏干时,增加压实功能对提高土的干密度影响较大,偏湿时则收效甚微。故对偏湿的土企图用加大压实功能的办法来提高土的密实度是不经济的,若土的含水率过大,此时增大压实功能就会出现"弹簧"现象。另外,当压实功能加大到一定程度后,对最佳含水率的减小和最大干密度的提高都不明显了,也就是说,单纯用增加压实功能的方法来提高土的密实度是限度的,同时压实功能过大还会破坏土体结构,使效果适得其反。

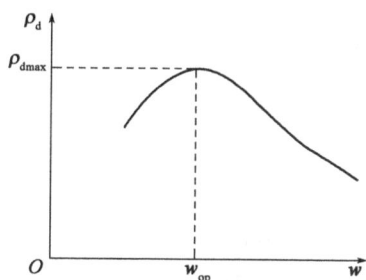

图1-18 最大干密度和含水率的关系曲线

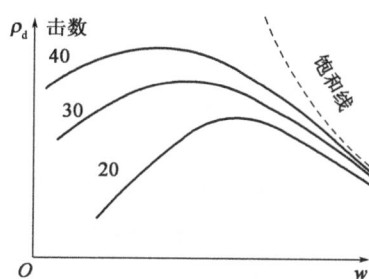

图1-19 击实功和含水率的关系曲线

4)压实工具及压实层厚度

不同的压实工具,其压力传播的有效深度也不同。夯击式机具传播最深,振动式次之,碾压式最浅。一种机具的作用深度,在压实过程中不是固定不变的,土体松软时压力传播较深,随着碾压遍数增加,上部土层逐渐密实,土的强度相应提高,其作用深度也就逐渐减小。当压实机具的质量不大时,荷载作用时间越长,土的压实度越高,则密实度的增长速度随时间而减小;当压实机具很重时,土的密实度随施荷时间增加而迅速增加,超过某一限度后,土的变形急刷增加,甚至达到破坏;当压实机具过重,以至超过土的强度极限时,会立即引起土体结构破坏。

压实过程中,压路机速度的快慢对压实效果也有影响,当对压实度要求较高,以及铺土层较厚时,行驶速度要慢一些。碾压开始宜用慢速,随着土层的逐渐密实,速度逐步提高。开始时,土体较松、强度低,适宜先轻压,随着土体密度的增加,再逐步提高碾压强度。当推运摊铺土料时,要求机械车辆均匀分布行驶在整个路堤宽度内,以便填土得到均匀预压。正式碾压时,若为振动压路机,第一遍应静压,然后振动碾压,且由弱振逐渐过渡至强振。这样的话,既能使整个填土层达到良好、均匀的压实效果,又保证了路基的平整度。

每一压实土层的密实度随深度的增加是呈递减趋势的,在表面5cm范围内的密实度最高,底部最低。路基填土层的压实厚度和压实遍数与压实机械类型、土的种类、压实度要求有关,具体应通过做试验段来确定。如果压实遍数超过10遍仍达不到规定的压实度要求,则继续增加遍数的效果很小,应减小压实层厚度,或考虑更改碾压机械和施工工艺。

5. 路基压实的评定指标

土是由三相体组成的,它们具有各自的特性,相互制约,共同存在于统一的土体中,决定土体的各种物理性质——渗透性、黏滞性、压缩性、弹性、塑性和力学性质等。而土体中三相在体积和质量上的比例关系,既是评价土的工程性质,又是影响土压实性能的重要因素。

一般说土的干密度 ρ_d 越大,土体越密实,土体的强度和承载力越高。而提高土体的干密度则需改变土的三相组成比例,用压实机械对填土路基碾压即可改变土的三相组成比例,增加单位体积内固体颗粒百分含量,减小孔隙率,即通过碾压使土体达到:

(1)通过压实使土重新排列土粒相互靠近,单位质量增加,黏结力增大,土体强度提高。

(2)通过压实使土粒外表的水膜减至更薄,增加内聚力,提高土体抗剪强度。

(3)通过压实将土的孔隙中的空气挤出,减小孔隙率,增大土的密度,提高土体的水稳定性和减少冻胀而引起的不均匀变形。

实践中,常用压实度来表示土基压实的程度。所谓压实度,是指路基土压实后的干密度与该土的标准干密度之比,可用百分数表示。即:

$$K = \frac{\rho_d}{\rho_{max}} \times 100 \qquad (1-20)$$

式中:K——土基压实度(%);

ρ_d——压实后的干密度(g/cm³);

ρ_{max}——最大干密度(或称标准干密度)(g/cm³)。

【例题1-2】 一种低液限黏性土,压实后经现场取样求得土的干密度 $\rho_d = 1.93 \text{g/cm}^3$,试验室求得该土的最大干密度 $\rho_{max} = 2.046 \text{g/cm}^3$,则其压实度为:

$$K = \frac{\rho_d}{\rho_{max}} \times 100 = \frac{1.93}{2.046} \times 100 = 94.3\%$$

说明土在现场压实后获得的干密度,只达到最大干密度的94.3%。

6. 压实质量控制与检测

在路基施工中,土的最佳含水率和最大干密度是两个十分重要的指标。压实前应测定填土的含水率使之接近最佳含水率。土中含水率过大时,应做翻晒处理;当含水率较小时,应适当洒水补充水分,使含水率适宜。石灰稳定土和水泥稳定土等含有无机结合料的土,成型后本身反应还需要一定量的水,在碾压时更应严格控制含水率。

在压实过程中,为保证压实质量,施工现场自检人员应边施工边检查压实度以便及时调整。当压实干密度远远大于要求值时,表明压实度过度或土质发生了变化;当压实干密度小于要求值时,表明压实度不够。针对这些情况,要找出原因并及时采取措施以达到要求的压实度。如改变碾压工艺、增加压实机械的质量或重新做标准击实试验等。每一压实层均应检验压实度,合格后方可填筑下一层。

第四节　土的工程分类

对于土的工程分类法,世界各国、各地区、各部门,根据其传统和经验,都有各自的分类标准。但总体分类原则是:粗粒土按粒度成分及级配特征;细粒土按塑性指数和液限,即塑性图法;有机土和特殊土则分别单独各列为一类。对定出的土名给以明确含义的文字符号,既一目了然,又便于查找,还可为计算机检索土质试验资料提供条件。

因此,在介绍土的工程分类方法之前,应先认识和熟悉国内外通用的表示土类名称的字母代号,具体内容见表1-9。

土的字母代号

表1-9

土的成分代号		土的级配代号	
漂石:B	角砾:Ga	级配良好 W	级配不良 P
块石:Ba	砂:S	土液限高低代号	
卵石:Cb	粉土:M	高液限 H	低液限 L
小块石:Cba	黏土:C	特殊土代号	
砾:G	有机质土:O	黄土:Y	膨胀土:E
细粒土(C 和 M 合称):F		红黏土:R	盐渍土:St
(混合)土(粗、细粒土合称):Sl		冻土:Ft	冻土:Ft

(1)土类名称可用一个基本符号表示。

(2)当由两个基本代号构成时,第一个代号表示土的主成分,第二个代号表示副成分(土的液限或土的级配)。例如:

GM　　粉土质砾

GP　　级配不良砾

ML　　低液限粉土

S-M　　微含粉土砂(两个字母间用短线连接,表示"微含")

(3)当由三个基本代号构成时,第一个代号表示土的主成分,第二代号表示液限高低或级配的好坏,第三个代号表示土中所含次要成分。例如:

GHC　　高液限含黏土砾

CLM　　粉质低液限黏土

SP-M　　微含粉土级配不良砂

一、《土的工程分类标准》（GB/T 50145—2007）中土的分类

该标准适用于土的基本分类,各行业在遵守该标准的基础上可根据需要编制专门分类标准。

首先根据有机质的含量把土分成有机土和无机土两大类。无机土中,再根据土中各粒组的相对含量把土分为巨粒土、含巨粒土、粗粒土和细粒土。

1. 巨粒土和含巨粒土

土体颗粒粒径在 60mm 以上的称巨粒。若土中巨粒含量高于 50%,该土属巨粒土;若土中巨粒含量在 15% ~ 50% 之间,该土属含巨粒土。巨粒土和含巨粒土的分类见表 1-10。

巨粒土和含巨粒土的分类　　　　　　　　　　　表 1-10

代　号	名　　称	类　型	粒组含量	
B	漂石	巨粒土	巨粒含量≥75%	漂石含量 >50%
Cb	卵石			漂石含量≤50%
BSl	混合土漂石		50% <巨粒含量 <75%	漂石含量 >50%
CbSl	混合土卵石			漂石含量≤50%
SlB	漂石混合土	含巨粒土	15%≤巨粒含量≤50%	漂石含量 >卵石含量
ASlCb	卵石混合土			漂石含量≤卵石含量

2. 粗粒土

粗粒土中粒径大于 0.075mm 的粗粒含量在 50% 以上。粗粒土分为砾类土和砂类土两类。若土中粒径大于 2mm 的砾粒含量多于 50%,则该土属砾类土;不足 50%,则属砂类土。砾类土和砂类土再按细粒土(<0.075mm)的含量进一步细分。具体细粒含量和其他相关指标见表 1-11、表 1-12。

砾类土的分类　　　　　　　　　　　表 1-11

名　称	代　号	类　别	细粒含量	级配或塑性图分类
级配良好砾	GW	砾类土	砾	<5%	$C_u≥5,C_c = 1 ~ 3$
级配不良砾	GP			<5%	不能同时满足上述条件
含细粒土砾	GF		含细粒土砾	5% ~ 15%	
黏土质砾	GC		细粒土质砾	>15%	黏土
粉土质砾	GM			≤50%	粉土

砂类土的分类　　　　　　　　　　　表 1-12

名　称	代　号	类　别	细粒含量	级配或塑性图分类
级配良好砂	SW	砂类土	砂	<5%	$C_u≥5,C_c = 1 ~ 3$
级配不良砂	SP			<5%	不能同时满足上述条件
含细粒土砂	SF		含细粒土砂	5% ~ 15%	
黏土砂	SC		细粒土质砂	>15%	黏土
粉土质砂	SM			≤50%	粉土

3.细粒土的分类

细粒土中粒径小于0.075mm的细粒含量在50%以上,且粗粒含量少于25%。细粒土按塑性图分类。塑性图以液限为横坐标,塑性指数为纵坐标,见图1-20,图中用A、B两条线和$I_P = 7$及$I_P = 4$的两段水平线将整张图分成5个区域。若土的液限和塑性指数在图中A线以上,B线以左,$I_P = 7$线之上,则该土属低液限黏土;若土的液限和塑性指数在图中A线以下,B线以右,则该土属高液限粉土。

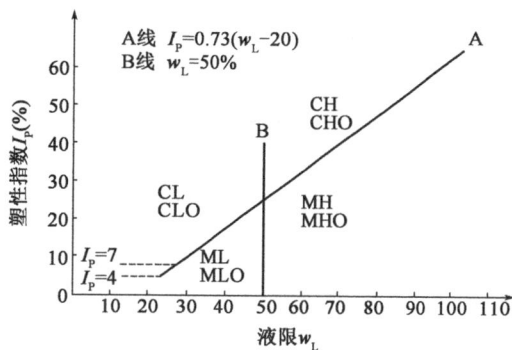

图 1-20 塑性图

二、《公路土工试验规程》(JTG E40—2007)中土的分类

该分类适用于公路工程用土的鉴别、定名和描述,以便对土的性能做出定性的评价。

土的分类依据为:

(1)土颗粒组成特征;

(2)土的塑性指标:液限(w_L)、塑限(w_P)和塑性指数(I_P);

(3)土中有机质含量。

用土的颗粒大小分析试验,确定各粒组的含量;用液、塑限测定仪测定土的液限、塑限,并计算出塑性指数。对土的野外鉴别,可用眼看、手摸、鼻嗅对土进行概略区分,最后将土分类、命名。

1.公路工程中土的分类总体系

巨粒土、粗粒土、细粒土和特殊土的分类标准见图1-21。

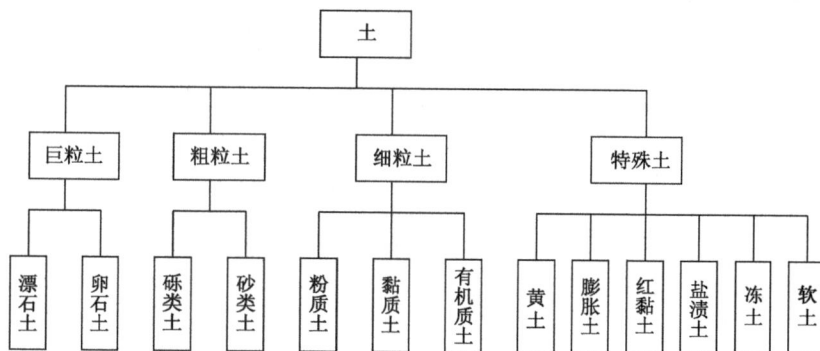

图 1-21 土分类总体系

2.巨粒土分类

试样中巨粒组质量大于总质量50%的土称巨粒土,分类体系见图1-22。

(1)巨粒组质量大于总质量75%的土称漂(卵)石。

(2)巨粒组质量为总质量50%~75%(含75%)的土称漂(卵)石夹土。

(3)巨粒组质量为总质量15%~50%(含50%)的土称漂(卵)石质土。

(4)巨粒组质量小于或等于总质量15%的土,可扣除巨粒,按粗粒土或细粒土的相应规定分类定名。

33

巨粒土

漂(卵)石巨粒含量>75% | 漂(卵)石夹土巨粒含量>50%且≤75% | 漂(卵)石质土巨粒含量>15%且≤50%

漂石粒>卵石粒 | 漂石粒≤卵石粒 | 漂石粒>卵石粒 | 漂石粒≤卵石粒 | 漂石粒>卵石粒 | 漂石粒≤卵石粒

B | Cb | BSl | CbSl | SlB | SlCb

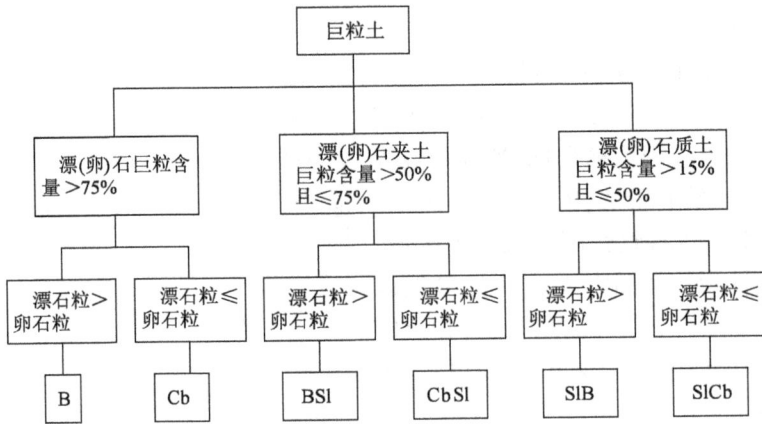

图1-22 巨粒土分类体系

注:1.巨粒土分类体系中的漂石换成块石,B换成Ba,即构成相应的块石分类体系。
　　2.巨粒土分类体系中的卵石换成小块石,Cb换成Cba,即构成相应的小块石分类体系。

3.粗粒土分类

试样中巨粒组土粒质量小于或等于总质量15%,且巨粒组土粒与粗粒组土粒质量之和大于总质量50%的土称为粗粒土,它包括砾类土和砂类土。

粗粒土中砾粒组质量大于砂粒组质量的土称砾类土。砾类土应根据其中细粒含量和类别以及粗粒组级配进行分类。分类体系见图1-23。

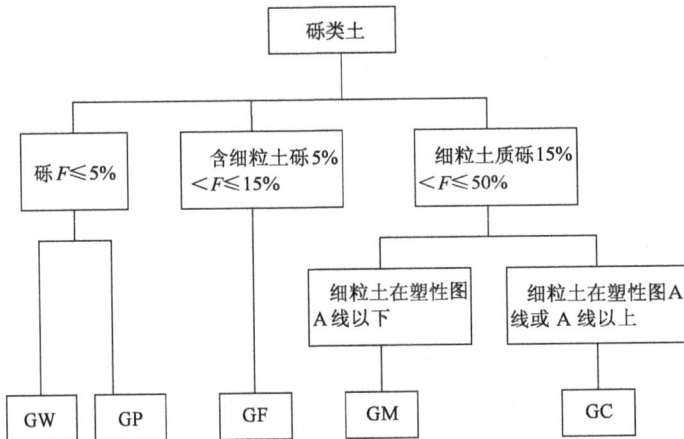

砾类土

砾F≤5% | 含细粒土砾5%<F≤15% | 细粒土质砾15%<F≤50%

细粒土在塑性图A线以下 | 细粒土在塑性图A线或A线以上

GW | GP | GF | GM | GC

图1-23 砾类土分类体系

注:砾类土分类体系中的砾石换成角砾,G换成Ga,即构成相应的角砾土分类体系。

(1)砾类土中细粒组质量小于或等于总质量5%的土称砾,按下列级配指标定名:

①当$C_u \geq 5$,且$C_c = 1 \sim 3$时,称级配良好砾,记为GW。

②不同时满足①条件时,称级配不良砾,记为GP。

(2)砾类土中细粒组质量为总质量5%~15%(含15%)的土称含细粒土砾,记为GF。

(3)砾类土中细粒组质量大于总质量的15%,并小于或等于总质量的50%的土称细粒土质砾,按细粒土在塑性图中的位置定名:

①当细粒土位于塑性图 A 线以下时,称粉土质砾,记为 GM。

②当细粒土位于塑性图 A 线或 A 线以上时,称黏土质砾,记为 GC。

粗粒土中砾粒组质量小于或等于砂粒组质量的土称砂类土。砂类土应根据其中细粒含量和类别以及粗粒组级配进行分类。分类体系见图 1-24。

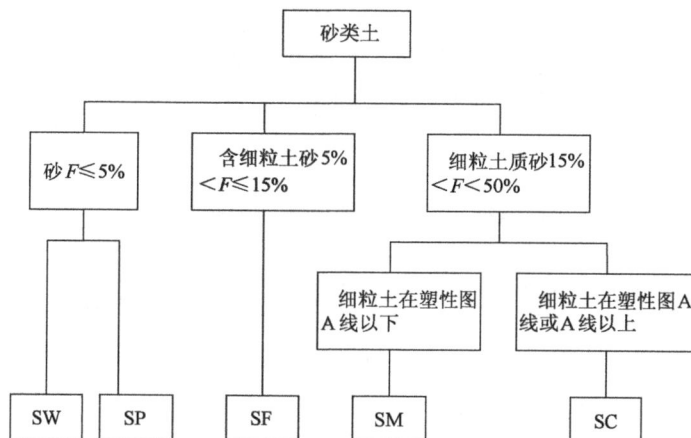

图 1-24　砂类土分类体系

注:需要时,砂可进一步细分为粗砂、中砂和细砂。

　粗砂——粒径大于 0.5mm 颗粒大于总质量的 50%;

　中砂——粒径大于 0.25mm 颗粒大于总质量的 50%;

　细砂——粒径大于 0.075mm 颗粒大于总质量的 75%。

根据粒径分组由大到小,以首先符合者命名。

(1)砂类土中细粒组质量小于或等于总质量 5% 的土称砂,按下列级配指标定名:

①当 $C_u \geq 5$,且 $C_c = 1 \sim 3$ 时,称级配良好砂,记为 SW。

②不同时满足①条件时,称级配不良砂,记为 SP。

(2)砂类土中细粒组质量为总质量 5% ~ 15%(含 15%)的土称含细粒土砂,记为 SF。

(3)砂类土中细粒组质量大于总质量的 15%,并小于或等于总质量的 50% 的土称细粒土质砂,按细粒土在塑性图中的位置定名:

①当细粒土位于塑性图 A 线以下时,称粉土质砂,记为 SM。

②当细粒土位于塑性图 A 线或 A 线以上时,称黏土质砂,记为 SC。

4. 细粒土分类

试样中细粒组土粒质量大于或等于总质量 50% 的土称为细粒土,主要成分是粉粒和黏粒,有时还含有有机质,见图 1-25。

(1)在细粒土中,按下列规定划分:

①细粒土中粗粒组质量小于或等于总质量 25% 的土称粉质土或黏质土。

②细粒土中粗粒组质量为总质量 25% ~ 50%(含 50%)的土称含粗粒的粉质土或含粗粒的黏质土。

③试样中有机质含量大于或等于总质量的 5% 的土称有机质土。试样中有机质含量大于或等于总质量的 10% 的土称有机土。

细粒土分类体系图：

细粒土
- 粉质土
  - 高(低)液限粉土粗粒组含量≤25%
    - MH / ML
  - 含砾(砂)高(低)液限粉土粗粒组含量>25%，≤50%
    - 砾粒≥砂砾 → MHG / MLG
    - 砾粒<砂砾 → MHS / MLS
- 黏质土
  - 高(低)液限黏土粗粒组含量≤25%
    - CHS / CLS
  - 含砾(砂)高(低)液限黏土粗粒组含量>25%，≤50%
    - 砾粒≥砂砾 → CHG / CLG
    - 砾粒<砂砾 → CHS / CLS
- 有机质土
  - A线或A线以上有机物高(低)液限黏土
    - CHO / CLO
  - A线以下有机物高(低)液限黏土
    - MHO / MLO

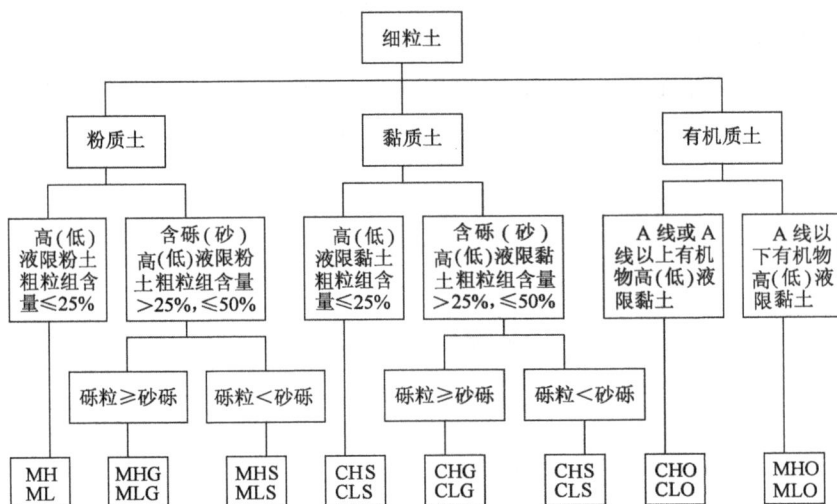

图 1-25　细粒土分类体系

（2）细粒土按塑性图进行液限分区。

低液限：$w_L < 50\%$；

高液限：$w_L \geqslant 50\%$。

（3）细粒土还可按塑性图来命名、分类，见图 1-20。

①当细粒土位于塑性图 A 线或 A 线以上时，按下列规定定名：

在 B 线或 B 线以右，称高液限黏土，计为 CH。

在 B 线以左，在 $I_P = 7$ 线以上，称低液限黏土，计为 CL。

②当细粒土位于塑性图 A 线以下时，按下列规定定名：

在 B 线或 B 线以右，称高液限粉土，计为 MH；

在 B 线以左，在 $I_P = 4$ 线以上，称低液限粉土，计为 ML。

③黏土～粉土过渡区（CL～ML）的土可以按相邻土层类别考虑细分。

（4）含粗粒的细粒土应先按细粒土部分的名称，再按以下规定最终定名：

①当粗粒组中砾粒组质量大于砂粒组质量时，称含砾细粒土，应在细粒土代号后缀以代号"G"。

②当粗粒组中砂粒组质量大于或等于砾粒组质量时，称含砂细粒土，应在细粒土代号后缀以代号"S"。

（5）土中有机质包括未完全分解的动植物残骸和完全分解的无定形物质。后者多呈黑色、青色或暗色，有臭味，有弹性和海绵感，借目测、手摸及嗅感判别。

当不能判定时，可采用下列方法：将试样在 105～110℃ 的烘箱中烘烤，若烘烤 24h 后试样的液限小于烘烤前的四分之三，则该试样为有机质土。

有机质土应按下列规定定名：

①位于塑性图 A 线或 A 线以上时：

在 B 线或 B 线以右，称有机质高液限黏土，计为 CHO。

在 B 线以左，在 $I_P = 7$ 线以上，称有机质低液限黏土，计为 CLO。

②位于塑性图 A 线以下时：

在 B 线或 B 线以右，称有机质高液限粉土，计为 MHO。

在 B 线以左,在 $I_p = 4$ 线以下,称有机质低液限粉土,计为 MLO。

③黏土~粉土过渡区(CL~ML)的土可以按相邻土层类别考虑细分。

5. 特殊土分类

各类特殊土应根据其工程特性进行分类。

三、《铁路桥涵地基和基础设计规范》(TB 10093—2017)中土的分类

该规范适用高速铁路、城际铁路、客货共线Ⅰ级Ⅱ级铁路、重载铁路桥涵结构设计。

首先按粒径大小划分为碎石、砂粒、粉粒和黏粒。

1. 土的颗粒分组

见表 1-13。

土的颗粒分组 表 1-13

颗 粒 名 称				粒径 d(mm)
碎石	漂石(浑圆、圆棱)或块石(尖棱)		大	$d > 800$
			中	$400 < d \leqslant 800$
			小	$200 < d \leqslant 400$
	卵石(浑圆、圆棱)或碎石(尖棱)		大	$100 < d \leqslant 200$
			小	$60 < d \leqslant 100$
	粗圆砾(浑圆、圆棱)或粗角砾(尖棱)		大	$40 < d \leqslant 60$
			小	$20 < d \leqslant 40$
	圆砾(浑圆、圆棱)或细角砾		大	$10 < d \leqslant 20$
			中	$5 < d \leqslant 10$
			小	$2 < d \leqslant 5$
砂粒			粗	$0.5 < d \leqslant 2$
			中	$0.25 < d \leqslant 0.5$
			细	$0.075 < d \leqslant 0.25$
粉粒				$0.005 \leqslant d \leqslant 0.075$
黏粒				$d < 0.005$

2. 碎石土

碎石土为粒径大于 2mm 的颗粒含量超过总质量 50% 的土。碎石土根据颗粒级配及形状按表 1-14 细分。

碎石土的划分 表 1-14

土的名称	颗粒形状	土的颗粒级配
漂石土	浑圆及圆棱状为主	粒径大于 200mm 的颗粒含量超过总质量的 50%
块石土	尖棱状为主	
卵石土	浑圆及圆棱状为主	粒径大于 60mm 的颗粒含量超过总质量的 50%
碎石土	尖棱状为主	

土 的 名 称	颗 粒 形 状	土 的 颗 粒 级 配
粗圆砾土	浑圆及圆棱状为主	粒径大于 20mm 的颗粒含量超过总质量的 50%
粗角砾土	尖棱状为主	
细圆砾土	浑圆及圆棱状为主	粒径大于 2mm 的颗粒含量超过总质量的 50%
细角砾土	尖棱状为主	

注:定名时应根据粒径分组,由大到小,以最先符合者确定。

3. 砂类土

砂类土为粒径大于 2mm 的颗粒含量不超过总质量 50%,粒径大于 0.075mm 的颗粒超过总质量 50% 的土。砂土按表 1-15 分为砾砂、粗砂、中砂、细砂和粉砂 5 类。

砂 土 的 划 分　　　　　　表 1-15

土 的 名 称	土 的 颗 粒 级 配
砾砂	粒径大于 2mm 的颗粒的含量占总质量的 25% ~50%
粗砂	粒径大于 0.5mm 的颗粒的含量超过总质量的 50%
中砂	粒径大于 0.25mm 的颗粒的含量超过总质量的 50%
细砂	粒径大于 0.075mm 的颗粒的含量超过总质量的 95%
粉砂	粒径大于 0.075mm 的颗粒的含量超过总质量的 50%

注:定名时应根据粒径分组,由大到小,以最先符合者确定。

4. 粉土和黏性土的划分(表 1-16)

粉 土 及 黏 性 土 的 划 分　　　　　　表 1-16

土 的 名 称	塑性指数 I_P	土 的 名 称	塑性指数 I_P
粉土	$I_P \leq 10$	黏土	$I_P > 17$
粉质黏土	$10 < I_P \leq 17$		

注:粉土为 $I_P \leq 10$ 且粒径大于 0.075mm 的颗粒少于全重 50% 的土。

四、《公路桥涵地基与基础设计规范》(JTG 3363—2019)中土的分类

该规范适用公路桥涵地基基础设计的需要。

公路桥涵地基的岩土分为岩石、碎石土、砂土、粉土、黏性土、特殊性岩土。各类土的划分标准如下。

1. 岩石

岩石按照坚硬程度、风化程度、软化系数、完整程度、节理发育程度等进行划分。

2. 碎石土

碎石土为粒径大于 2mm 的颗粒含量超过总质量 50% 的土。再根据颗粒级配及形状按表 1-17 细分为漂石、块石、卵石、碎石、圆砾和角砾 6 类。

碎石土的分类

表 1-17

土 的 名 称	颗 粒 形 状	粒 组 含 量
漂石	圆形及亚圆形为主	粒径大于 200mm 的颗粒含量超过总质量的 50%
块石	棱角形为主	
卵石	圆形及亚圆形为主	粒径大于 20mm 的颗粒含量超过总质量的 50%
碎石	棱角形为主	
圆砾	圆形及亚圆形为主	粒径大于 2mm 的颗粒含量超过总质量的 50%
角砾	棱角形为主	

注:碎石土分类时,根据粒组含量从大到小以最先符合者确定。

3. 砂土

砂土为粒径大于 2mm 的颗粒含量不超过总质量 50%,且粒径大于 0.075mm 的颗粒超过总质量 50% 的土。砂土按表 1-18 分为砾砂、粗砂、中砂、细砂和粉砂 5 类。

砂 土 的 分 类

表 1-18

土 的 名 称	粒 组 含 量
砾砂	粒径大于 2mm 的颗粒含量占总质量的 25% ~ 50%
粗砂	粒径大于 0.5mm 的颗粒含量超过总质量的 50%
中砂	粒径大于 0.25mm 的颗粒含量超过总质量的 50%
细砂	粒径大于 0.075mm 的颗粒含量不超过总质量的 85%
粉砂	粒径大于 0.075mm 的颗粒含量超过总质量的 50%

注:砂土分类时,根据粒组含量从大到小以最先符合者确定。

4. 粉土

粉土为塑性指数 $I_P \leq 10$ 且粒径大于 0.075mm 的颗粒含量不超过总质量 50% 的土。

粉土含有较多的粉粒,其工程性质介于黏性土和砂性土之间,但又不完全与黏性土或砂土相同。粉土的性质与其粒径级配、密实度和湿度等有关。

5. 黏性土

黏性土为塑性指数 $I_P > 10$ 且粒径大于 0.075mm 的颗粒含量不超过总质量 50% 的土。

黏性土的工程性质不仅与粒组含量和黏土矿物的亲水性等有关,也与成因类型及沉积环境等因素有关。

黏性土根据塑性指数 I_P 值按表 1-19 分为黏土、粉质黏土。

黏性土的分类

表 1-19

塑性指数 I_P	土 的 名 称	塑性指数 I_P	土 的 名 称
$I_P > 17$	黏土	$10 < I_P \leq 17$	粉质黏土

注:液限和塑限分别按 76g 锥试验确定。

另外,对于黏性土,按其沉积年代分为老黏性土、一般黏性土和新近沉积黏性土。

(1)老黏性土:第四纪晚更新世(Q_3)以及 Q_3 以前的沉积黏性土。

(2)一般黏性土:第四纪全新世(Q_4)沉积的黏性土。

(3)新近沉积黏性土:第四纪全新世(Q_4)以后沉积的黏性土。

6.特殊性岩土

特殊性岩土是具有一些特殊成分、结构和性质的区域性地基土,包括软土、膨胀土、湿陷性土、红黏土、冻土、盐渍土等。

本 章 小 结

土是指地壳表层的物质,在长期环境作用下,形成大小不等、未经胶结的一切松散物质。大致可将土分为砂类土(砾、砂)和黏性土两大类。

土的结构是指土颗粒之间的相互排列和联结形式的综合。土的结构类型有三种:单粒结构、蜂窝结构、絮状结构。土的构造有层状构造、分散构造和裂隙构造,土随着颗粒的大小不同而具有不同的联结关系。土的各组成部分的数量比例、排列方式、含水的数量不同所表现的工程性质也不相同。

土的三相是指土的固相、液相和气相。它们具有各自的特性,相互制约,共同存在于统一的土体中,构成土体的各种物理性质。土体中三相在体积和质量上的比例关系,既是评价土的工程性质,又是影响土压实性能的重要因素。

土的天然密度、土粒比重、土的含水率是土的三个基本物理性质指标,这三个指标可以直接通过试验测定其数值,其他指标是通过三相图推导计算的。黏性土的物理状态指标有液限、塑限、缩限、塑性指数、液性指数。

练习题

一、名词解释

土的含水率;土的粒度成分;塑性指数;土的干密度;压实度

二、填空题

1. 土中水的类型,除土粒矿物内部_____水、孔隙中的_____水、_____水之外,还存在着_____和_____。
2. 干土是由_____相和_____相组成的二相体。
3. 区分砂性土干湿状态的物理指标是_____;反映其松紧状态的指标是_____。
4. 土的结构类型分为_____、_____、_____三种类型。

三、选择题

1. 密度的测试方法有_____。
   A. 环刀法   B. 蜡封法   C. 比重法   D. 灌砂法
2. 酒精燃烧法测定含水率需燃烧试样的次数为_____。
   A. 3 次   B. 5 次   C. 2 次   D. 4 次
3. 含水率为5%的砂220g,将其干燥后的质量为_____。
   A. 209g   B. 209.52g   C. 210g   D. 210.95g
4. 土的三相体比例指标中,可在室内实测出的指标有_____。
   A. 土粒比重   B. 孔隙比

C. 土的天然密度　　　　　　　　　　　　D. 土的含水率

5. 利用灌砂法测定土的密度前,需要标定_____。

    A. 砂的含水率　　　　　　　　　　　　B. 砂子密度及标定罐体积

    C. 灌砂筒锥形体砂重　　　　　　　　　D. 环刀的体积

四、判断题

(　　)1. 同一土体在不同击实功的条件下,其最大干密度不变。

(　　)2. 某黏性土 $w < w_P$ 时,则该土稠度状态为干硬状态。

(　　)3. 土的最佳含水率是指最干燥状态所对应的含水率。

五、问答题

1. 什么是土的三相体系? 土的相系组成对土的状态和性质有何影响?

2. 什么是粒度成分和粒度分析? 简述筛析法和静水沉降分析法的基本原理。

3. 何谓土的颗粒级配? 土的粒度成分累计曲线的纵坐标表示什么? 不均匀系数 $C_u > 10$ 反映土的什么性质?

4. 什么是土的结构? 土粒间联结形式有哪些类型? 它们对土的工程性质有什么影响和意义?

5. 黏性土主要的物理特征指标是什么? 如何测定?

6. 在试验室做标准击实试验时,测的指标是什么? 这些指标对施工有何意义?

六、计算题

1. 某原状土样,用天平称 $50cm^3$ 湿土质量为 $95.15g$,烘干后质量为 $75.05g$,土粒比重为 2.67。计算此土样的天然密度、干密度、饱和密度、有效密度、天然含水率、孔隙比、孔隙度和饱和度。

2. 取得某湿土样 $1955g$,测知其含水率为 15%,若在土样中再加入 $85g$ 水,试问此时该土样的含水率为多少?

3. 从甲、乙两地黏性土中各取出土样进行稠度试验。两土样的液限、塑限都相同,$w_L = 40\%$,$w_P = 25\%$。但甲地的天然含水率 $w = 45\%$,而乙地的 $w = 20\%$。问两地的液性指数 I_L 各为多少? 属何状态? 按 I_P 分类时,该土的定名是什么? 哪一地区的土较适宜于做天然地基?

4. 某二级公路路基压实施工中,用灌砂法测定压实度,现场测得湿土的密度为 $1.93g/cm^3$,含水率为 16.5%,室内击实试验得出最大干密度为 $1.68g/cm^3$,试求该测点压实度。

第二章 岩石材料

学习目标

1. 掌握岩石材料物理性质和力学性质及其常用指标的测定方法；
2. 了解岩石材料的化学性质；
3. 掌握级配理论和组成设计方法；
4. 能进行矿质混合料的配合比设计。

知识衔接

岩石材料是道路与桥梁建筑中用量最大的一种材料,岩石材料分为岩石和集料。它是由岩石风化或加工而成,可直接用于道路与桥梁工程的结构材料,如挡土墙、护坡、涵洞、排水沟、路缘石等,如图 2-1 所示,亦可加工成各种尺寸的集料,作为水泥混凝土和沥青混合料的材料。

a)护坡　　　　　　　　　b)挡土墙　　　　　　　　　c)涵洞

d)排水沟　　　　　　　　e)石质路面　　　　　　　　f)沥青路面

图 2-1　岩石材料在工程中的应用

第一节　岩　　石

岩石是地壳的主要组成部分。它不仅是研究地质构造、矿产、地貌、水文地质、工程地质等的基础,也是人类一切工程建筑物的地基和原材料。岩石是在地质作用下由一种或多种矿物组成、具有一定结构和构造的自然集合体。根据成因和形成过程,岩石可分为三大类,即由岩浆活动所形成的岩浆岩(火成岩)、由外力作用形成的沉积岩(水成岩)和由变质作用形成的变质岩。

42

通常用结构和构造来描述岩石的特征,它们的含义是:①岩石的结构,是指岩石中物的结晶程度、颗粒大小、形状及彼此间的组合方式;②岩石的构造,是指岩石中矿物集合体之间或矿物合体与岩石其他组成部分之间的排列和充填方式。岩浆岩大多具有块状构造;沉积岩是由外力作用将风化的物质搬运后逐层沉积形成,所以具有层状构造;变质岩在变质作用中岩石受到较高的温度和具有一定方向的挤压力作用,其组成矿物依一定方向平行排列,因而具有片理构造。矿物成分和结构、构造特征是识别岩石类型的主要依据。三大岩类主要区别见表2-1,岩石特征描述示例见表2-2。

三大类岩石的主要区别　　　　　　　　　　　　　表2-1

特征	岩　浆　岩	沉　积　岩	变　质　岩
矿物成分及其特征	组成岩浆岩的矿物以硅酸盐矿物为主,其中最多的是长石、石英、黑云母、角闪石、辉石、橄榄石等,其中颜色较浅的称为浅色矿物,因以二氧化硅和钾、钠的铝硅酸盐类为主,又称硅铝矿物,如石英、长石等;其中颜色较深的称为暗色矿物,因以含铁、镁的硅酸盐类为主,又称铁镁矿物,如黑云母、角闪石、辉石、橄榄石等	组成沉积岩的矿物成分有160余种,但比较重要的仅有20余种,如石英、长石、云母、黏土矿物、碳酸盐矿物、卤化物及含水氧化铁、锰、铝矿物等。在一般沉积岩中矿物成分不过1~3种,很少超过5~6种	组成变质岩的矿物成分,按其成因可分为: 1.新生矿物(变晶矿物):在变质作用过程中新生成的矿物。如黏土岩经过变质后生成的红柱石。 2.原生矿物:在变质作用过程中保留下来的原岩中的稳定矿物。如云英岩中的一部分石英就是花岗岩在云英岩化过程中保留下来的原生矿物。 3.残余矿物:在变质作用过程中残留下来的原岩中的不稳定矿物,如花岗岩在云英岩化过程中残留有不稳定的长石
结构构造	1.具有粒状、玻璃、斑状结构,气孔、杏仁、块状等构造; 2.除喷出岩外,没有层状、片状等构造	1.结构复杂,因形成环境而异; 2.具有层理,在层面上有波痕	1.具有片理; 2.板状、片状、片麻状构造,结晶质结构; 3.砾石及晶体因受力可能变形

岩石特征描述示例　　　　　　　　　　　　　表2-2

	颜色	浅红色	深灰色	冰黄色	浅灰色	灰黑色
岩石描述	构造	块状	层状	块状	气孔状	气孔状
	结构　结晶程度	全晶质	—	完全	隐晶质	隐晶质
	结构　矿粒大小	0.2~2.0mm	—	2.0~5.0mm	<1.0mm	<1.0mm
	结构　胶结物	—	碳质	硅质	—	—
	结构　特征结构	花岗状	密致状	—	斑状	密致状
	矿物成分　重要的	正长石、黑云母	方解石	石英	斜长石、角闪石	斜长石、辉石
	矿物成分　次要的	—	—	—	—	—
	矿物成分　次生的	—	—	—	—	—
	风化情况　矿物光泽	光采	—	玻璃光泽	玻璃光泽	玻璃光泽(暗淡)
	风化情况　矿物变化	无显著变化	无变化	—	—	—
	风化情况　风化程度	新鲜	轻度风化	轻度风化	轻度风化	轻度风化
结论		细粒花岗岩	微晶石灰岩	中粒石英砂岩	安山岩	玄武岩

一、岩石技术性质

岩石具有一定的技术性质,主要可从物理性质、力学性质、化学性质三方面进行评价。

(一)岩石的物理性质

岩石的物理性质包括:物理常数(如真实密度、毛体积密度、孔隙率等)、水理性(吸水率、保水率等)和耐候性(抗冻性、坚固性等)。

1.物理常数

岩石的物理常数是反映岩石矿物组成、结构状态和特征的参数。岩石的内部结构主要由矿物实体和孔隙(包括与外界连通的开口孔隙和不与外界连通的闭口孔隙)组成。岩石的质量与体积关系如图 2-2 所示。

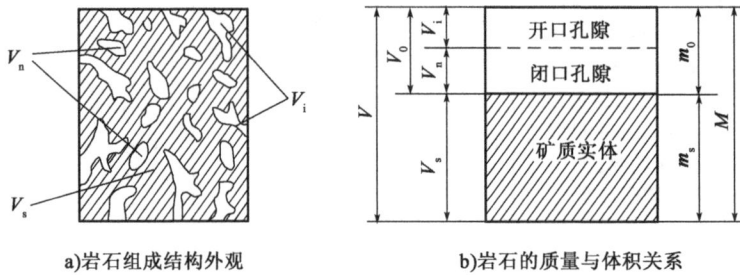

a)岩石组成结构外观   b)岩石的质量与体积关系

图 2-2　岩石组成结构示意图

为了反映岩石的组成结构与物理和力学性质之间的关系,通常采用一些物理常数来表征。最常用的物理常数主要是真实密度、毛体积密度和孔隙率。

1)真实密度

真实密度是岩石在规定条件下(105℃±5℃烘干至恒重,温度 20℃±2℃称量)单位真实体积(不包括开口孔隙与闭口孔隙的体积)的质量,用 ρ_t 表示。

$$\rho_t = \frac{m_s}{V_s} \qquad (2\text{-}1a)$$

式中:ρ_t——岩石的真实密度(g/cm^3);

m_s——岩石矿质实体的质量(g);

V_s——岩石矿质实体的体积(cm^3)。

由于测定岩石密度是在空气中称量的,所以岩石中的空气质量近似为零,矿质实体的质量就等于岩石的质量,即 $m_s = M$,故式(2-1a)可改写成式(2-1b):

$$\rho_t = \frac{M}{V_s} \qquad (2\text{-}1b)$$

式中:M——岩石的质量(g)。

注:依据《公路工程岩石试验规程》(JTG E41—2005),采用密度试验测定。

2)毛体积密度

岩石的毛体积密度是岩石在规定条件下,单位毛体积(包括矿质实体的体积和孔隙体积)的质量,用ρ_h表示。

$$\rho_h = \frac{m_s}{V_s + V_n + V_i} \tag{2-2a}$$

式中:ρ_h——岩石的毛体积密度(g/cm^3);

V_n——岩石中闭口孔隙的体积(cm^3);

V_i——岩石中开口孔隙的体积(cm^3)。

由于$m_s = M$,岩石的矿质实体体积与孔隙的体积之和即为岩石的毛体积,$V_s + V_n + V_i = V$,故式(2-2a)可写成式(2-2b):

$$\rho_h = \frac{M}{V} \tag{2-2b}$$

式中:ρ_h——岩石的毛体积密度(g/cm^3);

V——岩石的毛体积(cm^3)。

注:依据《公路工程岩石试验规程》(JTG E41—2005),采用毛体积密度试验测定。有"蜡封法""量积法""水中称量法"三种方法测定。"量积法"适用于能制成规则试件的各类岩石;"水中称量法"适用于除遇水崩解、溶解和干缩湿胀外的各类岩石;"蜡封法"适用于不能用量积法或直接在水中称量进行试验的岩石。

3)孔隙率

岩石的孔隙率是指岩石中孔隙体积占岩石总体积的百分率,用n表示。

$$n = \frac{V_o}{V} \times 100 \tag{2-3a}$$

式中:n——岩石的孔隙率(%);

V_o——岩石的质量孔隙(包括开口孔隙和闭口孔隙)的体积(cm^3)。

岩石的孔隙率也可以由真实密度和毛体积密度计算求得。由式(2-3a)得:

$$n = \left(1 - \frac{\rho_h}{\rho_t}\right) \times 100 \tag{2-3b}$$

式中:n——岩石的孔隙率(%)。

岩石的物理常数(真实密度、毛体积密度、孔隙率等)不仅能反映岩石的内部组成结构状态,而且能间接地反映岩石的力学性质(如相同矿物组成的岩石,孔隙率越低,其强度越高)。

2.水理性

1)吸水性

岩石的吸水性是指岩石在规定的条件下吸水的能力。由于岩石的孔隙尺寸和分布状态有差异,在不同的试验条件下吸水能力不同,为此《公路工程岩石试验规程》(JTG E41—2005)规定,采用吸水率和饱和吸水率两项指标来表征岩石的吸水性。

(1)吸水率。岩石的吸水率是指在室内室温(20℃±2℃)条件下,岩石试件最大的吸水质量占烘干(105℃±5℃烘干至恒重)岩石试件质量的百分率,用w_a表示。

$$w_a = \frac{m_1 - m}{m} \times 100 \qquad (2\text{-}4a)$$

式中：w_a——岩石的吸水率(%)；

$\quad\quad m$——岩石试件烘干至恒重时的质量(g)；

$\quad\quad m_1$——岩石试件吸水至恒重时的质量(g)。

（2）饱和吸水率。岩石的饱和吸水率是指在试件在强制条件下(沸煮法或真空抽气法)，岩石最大吸水质量占烘干岩石试件质量的百分率，用 w_{sa} 表示。

$$w_{sa} = \frac{m_2 - m}{m} \times 100 \qquad (2\text{-}4b)$$

式中：w_{sa}——岩石的饱和吸水率(%)；

$\quad\quad m_2$——岩石试件强制吸水饱和后的质量(g)。

注：依据《公路工程岩石试验规程》(JTG E41—2005)，采用吸水性试验测定。

2）透水性

岩石能被水透过的性能称为岩石的透水性。它主要取决于岩石空隙的大小、数量、方向及其相互连通的情况。岩石透水性可用渗透系数来衡量。

3）岩石的软化性

岩石受水的浸泡作用后，其力学强度和稳定性趋于降低的性能，称为岩石的软化性。软化性的大小取决于岩石的空隙率、矿物成分及岩石结构、构造等因素。凡孔隙大、含可溶性物质多、吸水率高的岩石，受水浸泡后，岩石内部颗粒间的联结强度降低，导致岩石软化。

现将常见岩石的物理性质和水理性质的有关指标列于表2-3。

常见岩石的物理性质和水理性质指标　　　　　　　　　　表2-3

岩 石 名 称	天然密度(g/cm³)	空隙率(%)	吸水率(%)	软化系数*
花岗岩	2.30～2.80	0.04～2.80	0.10～0.70	0.75～0.97
闪长岩	2.52～2.96	0.25 左右	0.30～0.38	0.60～0.84
辉长岩	2.55～2.98	0.29～1.13		0.44～0.90
辉绿岩	2.53～2.97	0.29～1.13	0.80～5.00	0.44～0.90
玄武岩	2.54～3.10	1.28 左右	0.30 左右	0.71～0.92
砂岩	2.20～2.70	1.60～28.30	0.20～7.00	0.44～0.97
页岩	2.30～2.62	0.40～10.00	0.51～1.44	0.24～0.55
泥灰岩	2.45～2.65	1.00～10.00	1.00～3.00	0.44～0.54
石灰岩	2.30～2.70	0.53～27.00	0.10～4.45	0.58～0.94
片麻岩	2.60～3.00	0.30～2.40	0.10～3.20	0.91～0.97

注：*软化系数指岩石试件在饱和状态下单轴抗压强度与其干燥状态下单轴抗压强度的比值。

3. 耐候性

道路与桥梁都是暴露于大自然中无遮盖的建筑物，经常受到各种自然因素的影响。所以，用于道路与桥梁建筑的岩石必须具有抵抗大气自然因素作用的能力，称为岩石耐候性。

在工程使用中,引起岩石组成结构的破坏而导致力学强度降低的因素,首先是温度的升降引起岩石内部结构的破坏;其次是岩石在潮湿条件下,受到高、低气温的交替冻融作用,引起岩石内部组成结构的破坏。

注:依据《公路工程岩石试验规程》(JTG E41—2005),岩石耐候性采用抗冻性试验和坚固性试验测定。

岩石的抗冻性是指岩石在饱水状态下,抵抗多次冻结和融化作用而不发生显著破坏,同时也不严重降低强度的性质。通常采用直接冻融法测定岩石抗冻性,计算冻融后质量损失率和冻融系数,判断岩石抗冻性能的好坏。

岩石的质量损失按式(2-5)和式(2-6)计算岩石的冻融质量损失率和冻融系数。

$$Q_{冻} = \frac{m_1 - m_2}{m_1} \times 100 \tag{2-5}$$

式中:$Q_{冻}$——冻融循环作用后,岩石的质量损失率(%);

m_1——试验前烘干岩石试件的质量(g);

m_2——冻融循环作用后,烘干岩石试件的质量(g)。

$$K = \frac{R_2}{R_1} \tag{2-6}$$

式中:K——冻融系数;

R_1——试验前岩石试件的饱水抗压强度(MPa);

R_2——冻融循环作用后,岩石试件的饱水抗压强度(MPa)。

如无条件进行冻融试验,也可采用坚固性简易快速测定法,这种方法通过饱和硫酸钠溶液进行多次浸泡与烘干循环后来测定。

(二)岩石的力学性质

在结构工程中,岩石应具有一定的抗压、抗剪、抗折强度,还应具备如抗磨耗、抗冲击和抗磨光等力学性能。在此主要介绍岩石的抗压强度和磨耗率,这两个指标用于评价岩石技术等级。

1.单轴抗压强度

《公路工程岩石试验规程》(JTG E41—2005)规定,岩石被制备成标准试件并经吸水饱和后,单轴受压并按规定的速率加载,达到极限破坏时,单位面积承受的荷载按式(2-7)计算。

$$R = \frac{P}{A} \tag{2-7}$$

式中:R——岩石抗压强度(MPa);

P——试件破坏时的荷载(N);

A——岩石试件的受力截面面积(mm^2)。

岩石的(单轴)抗压强度值,取决于岩石的组成结构(如矿物组成、岩石的结构和构造、裂缝的分布等),同时也取决于试验的条件(如试件几何尺寸、加载速度、温度和湿度等)。含水率对岩石强度也具有显著影响。

常见岩石的抗压、抗剪及抗拉强度指标列于表2-4。

常见岩石的抗压、抗剪及抗拉强度 表2-4

岩 石 名 称	抗压强度（MPa）	抗剪强度（MPa）	抗拉强度（MPa）
花岗岩	100 ~ 250	14 ~ 50	7 ~ 25
闪长岩	150 ~ 300		15 ~ 30
辉长岩	150 ~ 300		15 ~ 30
玄武岩	150 ~ 300	20 ~ 60	10 ~ 30
砂岩	20 ~ 170	8 ~ 40	4 ~ 25
页岩	5 ~ 100	3 ~ 30	2 ~ 10
石灰岩	30 ~ 250	10 ~ 50	5 ~ 25
白云岩	30 ~ 250		15 ~ 25
片麻岩	50 ~ 200		5 ~ 20
板岩	100 ~ 200	15 ~ 30	7 ~ 20
大理岩	100 ~ 250		7 ~ 25
石英岩	150 ~ 300	20 ~ 60	10 ~ 30

2. 磨耗性

磨耗性是指岩石抵抗撞击、剪切和摩擦等综合作用的性能,用磨耗损失表示。

注:《公路工程集料试验规程》(JTG E42—2005)规定,采用粗集料磨耗试验(洛杉矶法)测定。

岩石磨耗损失采用式(2-8)计算。

$$Q = \frac{m_1 - m_2}{m_1} \times 100 \qquad (2-8)$$

式中:Q——岩石的磨耗损失(%);

m_1——装入试验机圆筒中的岩石试样质量(g);

m_2——试验后在1.7mm筛上洗净烘干的岩石试样质量(g)。

(三)岩石的化学性质

在道路工程中,通常按照氧化硅 SiO_2 含量将岩石划分为酸性、中性、碱性。岩石化学组成中 SiO_2 含量大于65%的岩石称为酸性岩石,如花岗岩、石英岩等;SiO_2 含量在52% ~65%的岩石称为中性岩石,如闪长岩、辉绿岩等;SiO_2 含量小于52%的岩石称为碱性岩石,如石灰岩、玄武岩等。

二、岩石的技术标准和技术分级

《公路工程岩石试验规程》(JTG E41—2005)规定,路用岩石材料按其所属岩石类型分为4类,每一类岩石又按其饱水极限抗压强度及磨耗率指标分为4个等级,一级为最坚硬的岩石,二级为坚硬的岩石,三级为中等的岩石,四级为较软的岩石。岩石的技术标准见表2-5。

岩 石 类 别	岩 石 种 类	技 术 等 级	技 术 标 准	
			饱水极限抗压强度（MPa）	磨耗率（洛杉矶法）（%）
岩浆岩类	花岗岩	1	>120	<25
	玄武岩	2	100~120	25~30
	安山岩	3	80~100	30~45
	辉绿岩	4	—	45~60
石灰岩类	石灰岩	1	>100	<30
		2	80~100	30~35
	白云岩	3	60~80	35~50
		4	30~60	50~60
砂岩与片麻岩类	石英岩	1	>100	<30
	砂岩	2	80~100	30~35
	片麻岩	3	50~80	35~45
	石英片麻岩	4	30~50	45~60
砾岩		1		<20
		2		20~30
		3		30~50
		4		50~60

三、岩石的工程应用

（一）道路路面用主要岩石制品

（1）高级铺砌用整齐块石：由高强、硬质、耐磨的岩石，经精凿加工而成，造价很高，只用在特殊要求路面，如特重交通路面，尺寸按要求确定。抗压强度不低于100MPa，洛杉矶磨耗率不大于5%。

（2）路面铺砌用半整齐块石：粗凿成的立方体（又称方石或方头弹石）或长方体（又称条石），要求顶面与底面大致平行。半整齐块石用硬质岩石制成，为修琢方便，常采和花岗岩。半整齐块石通常顶面不进行加工，因此顶面平整性较差，一般只在特殊地段，如土基尚未沉实稳定的桥头引道及干道、铁轮履带车经常通过的地段等。

（3）铺砌用不整齐块石：又称拳石（或称弹街石），是岩石经过粗琢而成，要求顶面为一平面，底面与顶面基本平行，不整齐块石用硬质岩石制成。其优点是造价低，经久耐用；缺点是不平整，行车振动大，故目前应用较少。

（4）锥形块石：又称大块石，用于路面底基层，是由片石进一步加工而成，要求上小下大，接近锥形。其底面积不宜小于$100cm^2$。

（二）桥梁建筑用主要岩石制品

（1）片石：由开采获得，对形状无限制，但薄片者不得使用。一般片石中部最小尺寸不小于15cm,体积不小于0.01m³,每块质量大于30kg。用于圬工工程主体的片石,其极限抗压强度应不小于30MPa,用于附属圬工工程的片石,其极限抗压强度应不小于20MPa。用作镶面的片石,应选择表面较平整、尺寸较大者,并稍加修整。

(2)块石:块石形状大致方正、无尖角,有两个较大的平行面,其厚度不小于20cm,宽度为厚度的1.5~2.0倍,长度为厚度的1.5~3.0倍。极限抗压强度应符合设计文件规定。

(3)方块石:在块石中选择形状比较整齐者稍加修整,厚度不小于20cm,宽为厚度的1.5~2.0倍,长度为厚度的1.5~4.0倍。极限抗压强度应符合设计文件规定。

(4)粗料石:形状尺寸和极限抗压强度应符合设计文件规定,其表面凹凸不大于10mm,砌缝宽度小于20mm。

(5)细料石:形状尺寸和极限抗压强度应符合设计文件规定,其表面凹凸不大于5mm,砌缝宽度小于15mm。

(6)镶面石:镶面石受气候因素的影响,损坏较快,一般应选用质量较好、较坚硬的岩石。

第二节　集　　料

集料是指在混合料中起骨架或填充作用的粒料。不同粒径的集料在水泥(或沥青)混合料中起的作用不同,对它们的技术要求也不同。为此,工程上将集料分为粗集料和细集料两类。在沥青混合料中,粒径大于2.36mm的称为粗集料,粒径小于2.36mm的称为细集料。水泥混凝土中,粒径大于4.75mm的称为粗集料,粒径小于4.75mm的称为细集料。

一、粗集料

工程中常用的粗集料主要是天然形成的砾石(卵石)以及岩石经人工轧制成的各种尺寸的碎石。它具有一定的技术性质,主要从物理性质、力学性质两方面进行分析。如图2-3所示。

a)碎石　　　　　　　　　　　　　　　　b)砾石(卵石)

图2-3　粗集料

(一)粗集料的物理性质

1.物理常数

在计算粗集料的物理常数时,不仅要考虑颗粒中的孔隙(开口孔隙和闭口孔隙),还要考虑颗粒间的空隙。粗集料的体积和质量的关系如图 2-4 所示。

1）表观密度（视密度）

粗集料的表观密度是指在规定条件下（105℃±5℃烘干至恒重），单位表观体积（包括矿质实体和闭口孔隙的体积）的质量，用 ρ_a 表示。

$$\rho_a = \frac{m_s}{V_s + V_n} \tag{2-9}$$

式中：ρ_a——粗集料的表观密度（g/cm³）；

m_s——粗集料矿质实体的质量（g）；

V_s——粗集料矿质实体的体积（cm³）；

V_n——粗集料闭口孔隙的体积（cm³）。

注：依据《公路工程集料试验规程》（JTG E42—2005），采用粗集料密度及吸水率试验（网篮法）测定。

2）毛体积密度

粗集料的毛体积密度是指在规定条件下，单位毛体积（包括矿质实体、闭口孔隙、开口孔隙的体积）的质量，用 ρ_b 表示。

$$\rho_b = \frac{m_s}{V_s + V_n + V_i} \tag{2-10}$$

式中：ρ_b——粗集料的毛体积密度（g/cm³）；

V_s、V_n、V_i——分别为粗集料矿质实体、闭口孔隙和开口孔隙的体积（cm³）；

m_s——粗集料矿质实体的质量（g）。

3）表干密度（饱和面干毛体积密度）

粗集料的表干密度是指在规定的条件下，单位毛体积（包括矿质实体、闭口孔隙和开口孔隙的体积）的饱和面干质量，用 ρ_s 表示。

$$\rho_s = \frac{m_f}{V_s + V_n + V_i} \tag{2-11}$$

式中：ρ_s——粗集料的表干密度（g/cm³）；

m_f——粗集料饱和面干质量（g）；

其余符号意义同前。

4）堆积密度

粗集料的堆积密度是指单位体积（包括矿质实体、闭口孔隙、开口孔隙体积及颗粒间空隙体积）的质量，用 ρ 表示。

$$\rho = \frac{m_s}{V_s + V_n + V_i + V_v} \tag{2-12}$$

式中：ρ——粗集料的堆积密度（g/cm³）；

V_v——集料颗粒间空隙的体积（cm³）；

其余符号意义同前。

粗集料的堆积密度包括自然堆积状态、振实状态和捣实状态下的堆积密度。

注：依据《公路工程集料试验规程》（JTG E42—2005），采用粗集料堆积密度及空隙率试验测定。

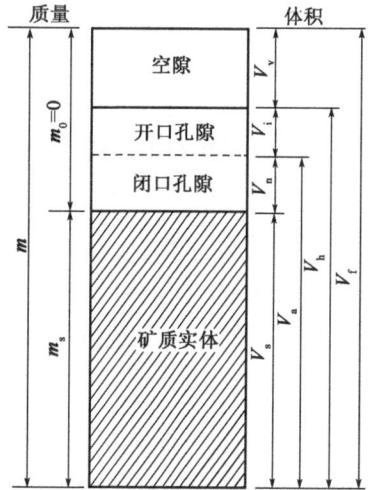

图 2-4 集料的体积和质量的关系

5）空隙率

粗集料的空隙率是指粗集料颗粒之间空隙的体积占集料总体积的百分率,用 n 表示。

$$n = \left(1 - \frac{\rho}{\rho_\mathrm{a}}\right) \times 100 \tag{2-13}$$

式中:n——粗集料的空隙率(%);

其余符号意义同前。

2. 水理性

1）含水率

粗集料的含水率是粗集料在自然状态条件下含水量的大小。粗集料的含水率用 w 表示。

$$w = \frac{m_1 - m_2}{m_2 - m_0} \times 100 \tag{2-14}$$

式中:w——粗集料的含水率(%);

m_1——未烘干试样与容器的总质量(g);

m_2——烘干后试样与容器的总质量(g);

m_0——容器质量(g)。

2）吸水率

吸水率指粗集料吸水能力的大小,用 w_x 表示。

$$w_\mathrm{x} = \frac{m_2 - m_1}{m_1 - m_3} \times 100 \tag{2-15}$$

式中:w_x——粗集料的吸水率(%);

m_1——烘干后试样与容器的总质量(g);

m_2——吸水至恒重的试样与容器的总质量(g);

m_3——容器质量(g)。

3. 集料粒径与筛孔

（1）集料最大粒径指集料100%都要求通过的最小的标准筛筛孔尺寸。

（2）集料公称最大粒径指集料可能全部通过或允许有少量不通过(一般容许筛余量不超过10%)的最小标准筛筛孔尺寸,通常是集料最大粒径的下一级粒径。

（3）标准筛。对颗粒材料进行筛分试验应用符合标准形状和尺寸规格要求的系列样品筛。标准筛(方孔)筛孔尺寸为75mm、63mm、53mm、37.5mm、31.5mm、26.5mm、19mm、16mm、13.2mm、9.5mm、4.75mm、2.36mm、1.18gmm、0.6mm、0.3mm、0.15mm、0.075mm。

4. 级配

粗集料中各组成颗粒的分级和搭配称为级配。级配通过筛分试验确定。筛分试验就是将一定质量粗集料经过一系列规定筛孔尺寸的标准筛,测定出存留在各筛上的集料质量。根据集料试样的质量与存留在各标准筛上的集料质量,可求得一系列与集料级配有关的参数:分计筛余百分率、累计筛余百分率和通过百分率。

注:依据《公路工程集料试验规程》(JTG E42—2005),采用粗集料筛分试验测定。

5. 粗集料针片状颗粒含量

粗集料的颗粒形状以立方体为佳,不宜含有过多的针片状颗粒,否则将显著影响混合料的强度和施工。针状颗粒是指颗粒长度大于平均粒径2.4倍的颗粒,片状颗粒是指颗粒厚度小于平均粒径0.4倍的颗粒(平均粒径指该粒级上、下粒径的平均值)。

注:依据《公路工程集料试验规程》(JTG E42—2005),采用粗集料针片状颗粒含量试验测定(有规准仪法和游标卡尺法两种)。

6. 坚固性

除前述的将原岩加工成规则试块进行抗冻性和坚固性试验外,对已轧制成的碎石或天然卵石,亦可进行坚固性试验。采用规定级配的各粒级集料,按《公路工程集料试验规程》(JTG E42—2005)的规定,选取规定数量的集料,分别装在金属网篮中浸入饱和硫酸钠溶液中进行干湿循环试验,经一定的循环次数后,观察其表面破坏情况,并用质量损失百分率来计算其坚固性。

(二)粗集料的力学性质

道路与桥梁建筑用粗集料的力学性质主要是压碎值和磨耗性(同岩石磨耗性的测定方法),其次是新近发展起来的抗滑表层用集料的三项指标,即磨光值、道瑞磨耗值和冲击值。

1. 压碎值

粗集料压碎值是指集料在连续增加的荷载下,抵抗压碎的能力。粗集料的压碎值是作为衡量粗集料强度的一个相对指标,用以评价水泥混凝土路面基层、底基层及沥青面层的粗集料品质。

《公路工程集料试验规程》(JTG E42—2005)中规定,取9.5~13.2mm的风干集料试样,先用一个容积为1767cm³的金属筒分三层装料并用标准方法捣实,确定试验时所需集料数量。然后按此确定的集料试样,用标准捣实法分三层装入压碎值测定仪中,每层均匀捣实25次,最后加上压头,将压碎值测定仪放入压力机上,均匀加载,在10min左右时间内,加载至400kN,稳压5s,然后卸载,将压碎值测定仪从压力机上取下,取出试样,过2.36mm筛。通过标准筛(2.36mm)的质量占原集料总质量的百分率,即为压碎值,用Q_a表示。如图2-5所示。

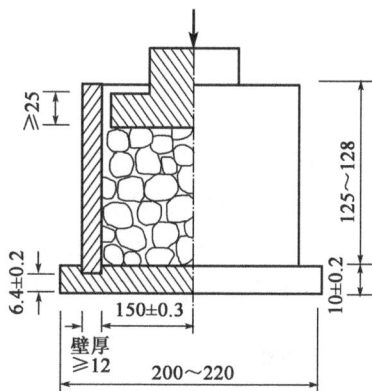

图2-5 集料压碎值试验(尺寸单位:mm)

$$Q_a = \frac{m_1}{m_0} \times 100 \tag{2-16}$$

式中:m_0——试验前试样的质量(g);

　　　m_1——试验后通过2.36mm筛孔的细集料的质量(g)。

粗集料的压碎值越大,表示其抗压碎的能力越差。

2. 磨光值(PSV)

在现代高速行车条件下,路用粗集料在使用过程中不仅要表现出较高的承载能力,还要有较高的耐磨光性,以满足长期使用时高速行驶车辆对路面抗滑性的要求。

集料磨光值是利用加速磨光机磨光集料,用摆式摩擦系数仪(图2-6)测定集料磨光后的摩擦系数,以 PSV 表示。集料磨光值愈高,表示其抗滑性愈好。

3. 道瑞磨耗值(AAV)

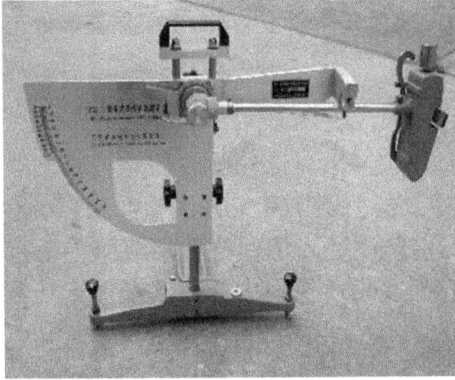

粗集料磨耗值用于评定抗滑表层的粗集料抵抗车轮撞击及磨耗的能力。《公路工程集料试验规程》(JTG E42—2005)规定,采用道瑞磨耗试验机来测定粗集料磨耗值,以 AAV 表示。

$$AAV = \frac{3(m_1 - m_2)}{\rho_s} \qquad (2\text{-}17)$$

式中:AAV——集料磨耗值;

    m_1——磨耗前试件的质量(g);

    m_2——磨耗后试件的质量(g);

    ρ_s——集料的表干密度(g/cm³)。

图2-6 摆式摩擦系数仪

集料磨耗值越高,表示集料的耐磨性越差。

4. 集料冲击值(AIV)

车辆高速行驶过程中紧急制动或车辆产生颠簸时,都可能对路面产生冲击作用,集料抵抗多次连续重复冲击荷载作用的性能称为冲击韧性。集料的冲击韧性可采用冲击试验仪测定,用冲击值(AIV)表示。

$$AIV = \frac{m_1}{m} \times 100 \qquad (2\text{-}18)$$

式中:AIV——集料冲击值(%);

    m——原试样质量;

    m_1——试验后通过 2.36mm 筛的试样质量(g)。

冲击值越小,表示集料的抗冲击性能越好。

二、细集料

工程中用的细集料主要是砂。砂按来源分两类:一类为天然砂,它是由自然风化、水流冲刷、堆积形成的粒径小于 4.75mm 的岩石颗粒,按生存环境分为河砂、山砂、海砂;另一类为人工砂,它是经人为加工处理得到的符合规格要求的集料,常见的石屑、机制砂、矿渣砂、煅烧砂都属于人工砂。人工砂表面多棱角,较洁净,但造价高,如无特殊情况,多不采用。如图2-7所示。

细集料技术性质与粗集料技术性质基本相同,但由于粒径大小的不同,有所区别。

1. 物理常数

细集料的物理常数主要有表观密度(资源3)、毛体积密度、堆积密度和空隙率等,其含义与粗集料完全相同。细集料的物理常数计算方法与粗集料相同,详见"粗集料的物理性质"。

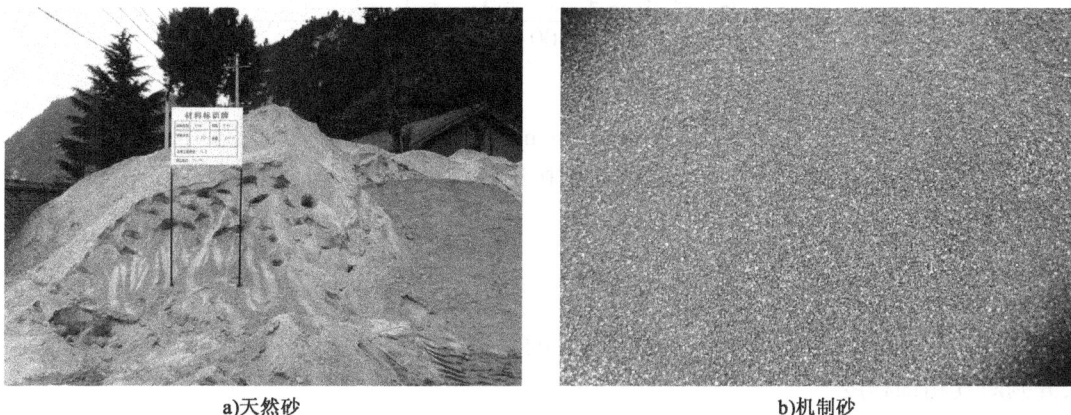

a)天然砂　　　　　　　　　　　　　　　b)机制砂

图 2-7　细集料

2. 颗粒级配

细集料的级配是指细集料各级粒径颗粒的分配情况。

依据《公路工程集料试验规程》(JTG E42—2005),采用细集料筛分试验(**资源 4**)测定。对水泥混凝土用细集料可采用干筛法,如果需要也可采用水筛法;对沥青混合料及基层用细集料,必须用水洗法筛分。

细集料的筛分试验是将预先通过 9.5mm 筛(水泥混凝土用天然砂)或 4.75mm 筛(沥青路面及基层用天然砂、石屑、机制砂等)的试样,称取 500g,置于一套孔径为 4.75mm、2.36mm、1.18mm、0.6mm、0.3mm、0.15mm、0.075mm 的方孔筛上,分别求出试样存留在各筛上的质量,即筛余量,然后计算其有关级配参数。

(1)分计筛余百分率:在某号筛上的筛余质量占试样总质量的百分率。

$$a_i = \frac{m_i}{m} \times 100 \tag{2-19}$$

式中:a_i——某号筛的分计筛余百分率(%);

m_i——存留在某号筛上的试样的质量(g);

m——试样总质量(g)。

(2)累计筛余百分率:某号筛的分计筛余百分率和大于该号筛的各号筛的分计筛余百分率之总和。

$$A_i = a_1 + a_2 + \cdots + a_i \tag{2-20}$$

式中:　　A_i——某号筛的累计筛余百分率(%);

a_1、a_2、$\cdots$、a_i——4.75mm、2.36mm$\cdots$至某号筛的分计筛余百分率(%)。

(3)通过百分率:通过某号筛的质量占试样总质量的百分率,亦即 100 与累计筛余百分率之差。

$$P_i = 100 - A_i \tag{2-21}$$

式中:P_i——某号筛的通过百分率(%)。

3. 粗度

粗度是评价砂粗细程度的一种指标,通常用细度模数 M_x 表示。

$$M_{x} = \frac{(A_{2.36} + A_{1.18} + A_{0.6} + A_{0.3} + A_{0.15}) - 5A_{4.75}}{100 - A_{4.75}} \qquad (2\text{-}22)$$

式中：　　　　　　M_{x}——砂的细度模数；

$A_{0.15}$、$A_{0.3}$、…、$A_{4.75}$——分别为 0.15mm、0.3mm、…、4.75mm 各筛上的累计百分率（%）。

细度模数愈大，表示集料愈粗。砂的粗度按细度模数可分为粗砂、中砂、细砂三级。

粗砂：$M_{x} = 3.7 \sim 3.1$；

中砂：$M_{x} = 3.0 \sim 2.3$；

细砂：$M_{x} = 2.2 \sim 1.6$。

【例题 2-1】　工地有砂 500g，筛分试验后的筛分结果如表 2-6 所示，计算该砂的细度模数，并判断其粗细程度。

砂的筛分试验结果　　　　　　　　　　表 2-6

筛孔尺寸 d_i（mm）	9.5	4.75	2.36	1.18	0.6	0.3	0.15	地盘
筛余量 m_i（g）	0	35	25	125	90	125	75	25

解：按题所给筛分结果，计算见表 2-7。

砂的筛分试验结果　　　　　　　　　　表 2-7

筛孔尺寸（mm）	9.5	4.75	2.36	1.18	0.6	0.3	0.15	底盘
筛余量（g）	0	35	25	125	90	125	75	25
分计筛余百分率（%）	0	7	5	25	18	25	15	5
累计筛余百分率（%）	0	7	12	37	55	80	95	100
通过百分率（%）	100	93	88	63	45	20	5	0

根据式（2-22）计算细度模数：

$$M_{x} = \frac{(A_{0.15} + A_{0.3} + A_{0.6} + A_{1.18} + A_{2.36}) - 5A_{4.75}}{100 - A_{4.75}}$$

$$= \frac{(95 + 80 + 55 + 37 + 12) - 5 \times 7}{100 - 7} = 2.62$$

由于细度模数为 2.62，在 3.0 ~ 2.3 之间，所以，此砂为中砂。

细度模数虽能表示砂的粗细程度，但不能完全反映出砂的颗粒级配情况，因为相同细度模数的砂可有不同的颗粒级配。因此，要全面表征砂的颗粒性质，必须同时使用细度模数和级配。

三、矿粉

(一)概述

近年来，随着我国公路建设的迅速发展，沥青路面得到愈来愈广泛的应用。矿粉作为沥青混合料中的一种主要材料，其掺量虽仅是 7% 左右，但其表面积却占矿质混合料总面积的 80% 以上，因此，矿粉能显著扩大沥青与矿料进行物理—化学作用的表面积，通过交互作用，增加结构沥青的数量，提高沥青混合料的黏结力。

试验表明，沥青与矿粉的交互作用，不仅与沥青的化学性质有关，还与矿粉自身性质有着密切的关系。这些性质主要有矿粉的级配、密度、亲水性、塑性质数及热稳定性等。

（二）矿粉的技术性质

1. 矿粉的级配

矿粉的级配是指矿粉大小颗粒的搭配情况,级配是通过水洗法筛分试验确定的。对于矿粉的级配,要求小于0.075mm粒径的含量不能太少,但同时也不宜太多,否则会因过细而使沥青混合料结成团块,不易施工。因此,矿粉必须具有良好的级配。

注:依据《公路工程集料试验规程》(JTG E42—2005),采用矿粉筛分试验(水洗法)测定。

2. 矿粉的密度

矿粉的密度是指单位体积的质量。密度不仅可以反映矿粉的质量,也是沥青混合料配合比设计的重要参数。

注:依据《公路工程集料试验规程》(JTG E42—2005),采用矿粉密度试验测定。

矿粉的密度按式(2-23)计算。

$$\rho = \frac{m_1 - m_2}{V_2 - V_1} \tag{2-23}$$

式中:ρ——矿粉的密度(g/cm³);

m_1——试验前矿粉的干燥质量(g);

m_2——试验后矿粉的干燥质量(g);

V_1——比重瓶加矿粉以前的初读数(mL);

V_2——比重瓶加矿粉以后的终读数(mL)。

3. 亲水系数

矿粉的亲水系数是指矿粉试样在水中膨胀的体积与同一试样在煤油中膨胀的体积之比。亲水系数大于1的矿粉,表示矿粉对水的亲和力大于对沥青的亲和力,称为憎油矿粉。这种矿粉在水和沥青都存在的情况下,由于矿粉亲水,因此,矿粉容易与水发生反应,而与沥青的黏结力却很弱。相反,当亲水系数小于1时,表明矿粉对沥青有大于水的亲和力,称为憎水矿粉,故与沥青的黏结力很好。因此,在工程中必须选用亲水系数小于1的矿粉。为了鉴别矿粉的亲水性,必须检测矿粉的亲水系数。

注:依据《公路工程集料试验规程》(JTG E42—2005),采用矿粉亲水系数试验测定。

矿粉的亲水系数按式(2-24)计算。

$$\eta = \frac{V_B}{V_H} \tag{2-24}$$

式中:η——亲水系数;

V_B——水中沉淀物体积(mL);

V_H——煤油中沉淀物体积(mL)。

4. 矿粉加热安定性

矿粉的加热安定性是指矿粉在热拌过程中受热而不产生变质的性能。对于热拌沥青混合料,在施工中必须对矿粉进行加热,而有些矿粉在受热后易发生变质,从而影响矿粉的质量,因此,必须检测矿粉的加热安定性。

注:依据《公路工程集料试验规程》(JTG E42—2005),采用矿粉加热安定性试验测定。试

验结束后根据矿粉在受热后的颜色变化,判断矿粉的变质情况。

5. 矿粉塑性指数

矿粉的塑性指数是指矿粉液限与塑限之差。它是评价矿粉中黏性土成分含量的指标。用于热拌沥青混合料中的矿粉大部分是通过 0.075mm 筛的非塑性的矿物质粉末,即石灰石粉。为了增强沥青与酸性岩石的黏结力,有时需掺入适量的消石灰粉或水泥,但这样又会使矿粉的塑性指数增加。由于塑性指数高的矿粉具有较大的吸水性,在水的作用下发生剥离,使沥青混合料的强度降低,最终使沥青路面损坏。因此,用于沥青混合料中的矿粉,其塑性指数不宜过高,按现行规范其最大值必须小于 4。

四、工业废渣

工业废渣包括粉煤灰、煤渣、粒化高炉矿渣、钢渣、冶金矿渣及煤矸石等,其中粉煤灰、粒化高炉矿渣、煤矸石合称为三大工业废渣。目前,公路工程中最常用的是粉煤灰、粒化高炉矿渣、煤矸石、磷石膏等。

(一)粉煤灰

粉煤灰是火力发电厂排放的废渣,磨细的煤粉在温度为 1100 ~ 1500℃ 的锅炉中燃烧后排出的细灰即是粉煤灰。粉煤灰为灰色或浅灰色粉末,属于火山灰质活性材料。它含有较多的活性氧化硅、活性氧化铝,它们与氢氧化钙在常温下起化学反应生成稳定的水化硅酸钙和水化铝酸钙,这些成分有助于混合料的硬化,增加强度。

1. 粉煤灰的物理及力学性质

(1)粒度:粉煤灰各组成颗粒的粗细程度。一般认为,粉煤灰颗粒越小,与水反应的速度越快,越容易发挥粉煤灰的活性,从而提高强度。

(2)相对密度:粉煤灰相对密度比一般相同成分的矿物要小,数值在 1.9 ~ 2.6 之间。

(3)击实特性:未到达最大干密度之前,粉煤灰的含水率的变化对干密度的影响较小,曲线呈平缓上升趋势,粉煤灰的含水率达到最大干密度之后,含水率的变化对干密度的影响较大,曲线迅速下降。粉煤灰的可击实含水率范围较宽,在较宽的范围内能达到较高的压实系数。

(4)抗压强度:由于普通纯粉煤灰的活性太低,因而其无侧限抗压强度很低。

2. 粉煤灰的工程应用

我国目前粉煤灰产量很大,全国年产量达 5000 万 t 以上,利用粉煤灰筑路,既能“变废为宝”减少污染,又能就地取材解决路用材料缺乏,并能提高道路质量,所以粉煤灰在道路工程中得到了广泛利用。

粉煤灰其本身很少或没有黏结性,但它与水和消石灰或水泥混合,可以发生反应形成具有黏结性的化合物,所以石灰粉煤灰可以用来稳定各种粒料和土。粉煤灰主要应用如下:

(1)可以在硅酸盐水泥中加入适量的粉煤灰制成粉煤灰质硅酸盐水泥。

(2)用作水泥混凝土路面的掺合料,节省水泥用量,提高混凝土的工作性。

(3)用作沥青混凝土路面的添加剂。

(4)用粉煤灰加水泥或石灰稳定土做路面基层、底基层以及垫层。

(5)拌制建筑砂浆,代替部分石膏效果较好。

（6）粉煤灰与黏土烧结粉煤灰砖可用于建筑工程中。

（7）适用于受化学侵蚀的水泥混凝土及灌浆、泵送水泥混凝土。

（二）粒化高炉矿渣

粒化高炉矿渣是指在高炉冶金生铁过程中由矿石、燃料及助熔剂中易熔硅酸盐化合而成的副产品，可分为黑色金属冶金矿渣和有色金属冶金矿渣。这些冶金矿渣从熔炉排出后，在空气中自燃冷却，形成一种坚硬的材料。

矿渣的力学强度均较高，其他性能如压碎值、冲击值、磨光值和磨耗值等均符合道路用岩石性能的要求。因此，冶金矿渣是一种很好的路用材料，它可以作为基层材料，又可以作为修筑水泥混凝土或沥青混凝路面用的材料。

（三）煤矸石

煤矸石是采煤过程中产生的废石。我国每年煤矸石排放量在 1 亿 t 以上。煤矸石的成分类似于黏土，常和火山灰材料一起使用，可用于二级及二级以下公路路面的基层或底基层。

（四）磷石膏

磷石膏是合成洗衣粉厂、磷粉厂等制造磷酸时的废渣，全世界每年排放的磷石膏高达 1.5 亿 t 以上。

磷石膏除了可以用于生产建筑石膏及制品外，还可以与石膏、水泥、粉煤灰等结合料共同作用，形成性能更好的稳定土结合料，可用于道路工程的基层。

第三节　矿质混合料组成设计

一、概述

道路与桥梁建筑用材料，大多数是以矿质混合料的形式与各种结合料（如水泥或沥青等）组成混合料使用。欲使水泥混凝土和沥青混合料具备优良的路用性能，除各种矿质集料的技术性质应符合技术要求外，混合料还要满足不同的级配要求。因此，对矿质混合料必须进行组成设计。

矿质混合料组成设计的目的，是选配具有足够密实度（最小空隙率）和最大摩擦力的矿质混合料。

二、矿质混合料级配理论和级配曲线范围

（一）级配曲线

根据矿质集料级配曲线的形状，将其划分为连续级配和间断级配。

1.连续级配

连续级配矿质混合料在标准筛孔配成的套筛中进行筛分时，所得的级配曲线平顺圆滑不

间断,具有连续性。这种由大到小各级粒径的颗粒都有,而且按一定的比例互相搭配的矿质混合料,称为连续级配混合料。

2. 间断级配

间断级配是在矿质混合料中缺少一个粒级或几个粒级,大小颗粒之间有较大的"空当",所绘出的级配曲线是非连续的、中间间断的曲线,这种混合料称为间断级配混合料。

连续级配曲线和间断级配曲线如图 2-8 所示。

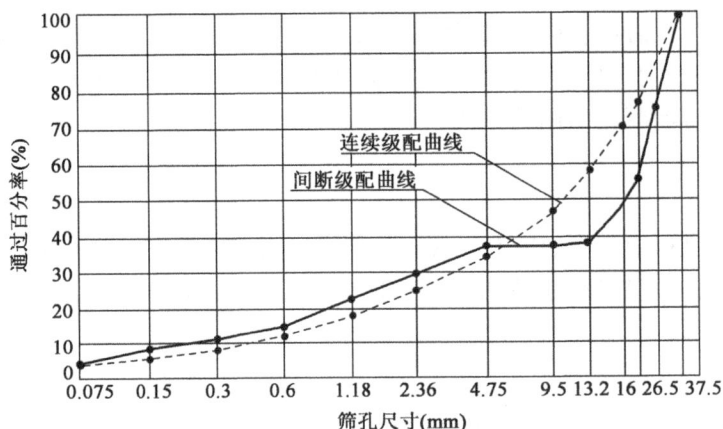

图 2-8　连续级配曲线和间断级配曲线

(二)级配理论

1. 最大密度曲线理论

最大密度曲线是通过试验提出的一种理想曲线(图 2-8)。该理论认为"矿质混合料的颗粒级配曲线愈接近抛物线,则其密度愈大"。因此,当级配曲线为抛物线时,其密实度最大。最大密度理论曲线可用粒径(d)与通过率(p)表示如下:

$$p^2 = kd \tag{2-25}$$

式中:p——各级颗粒粒径集料的通过率(%);

d——矿质混合料各级颗粒粒径(mm);

k——常数。

当颗粒粒径 d 等于最大粒径 D 时,则通过率等于100%,即 $d = D$ 时,$p = 100$。

$$k = 100^2 \times \frac{1}{D} \tag{2-26}$$

故当希望求任一级颗粒粒径 d 的通过率 p 时,将式(2-25)代入式(2-26)得:

$$p = 100\sqrt{\frac{d}{D}} \tag{2-27}$$

式中:p——希望计算的某级集料的通过率(%);

d——希望计算的某级集料粒径(mm);

D——矿质混合料的最大粒径(mm)。

式(2-27)就是最大密度理想曲线的级配组成计算公式。根据这个公式,可以计算出矿质混合料最大密度时各种颗粒粒径(d)的通过率(p)。

2. 最大密度曲线的 n 幂公式

最大密度曲线是一种理想的级配曲线。在实际应用中,允许矿质混合料的级配曲线在一定范围内波动,级配范围 n 幂常在 $0.3 \sim 0.7$ 之间,目前多采用 n 次幂的通式表达如下:

$$p = 100 \times \left(\frac{d}{D}\right)^n \tag{2-28}$$

式中:n——试验指数;

其余符号意义同前。

为计算方便,n 幂公式亦可采用对数形式表示。

$$\lg p = \lg 100 + n \lg d - n \lg D$$

即

$$\lg p = (2 - n \lg D) + n \lg d \tag{2-29}$$

式中符号意义同前。

级配曲线图如图 2-9 所示。

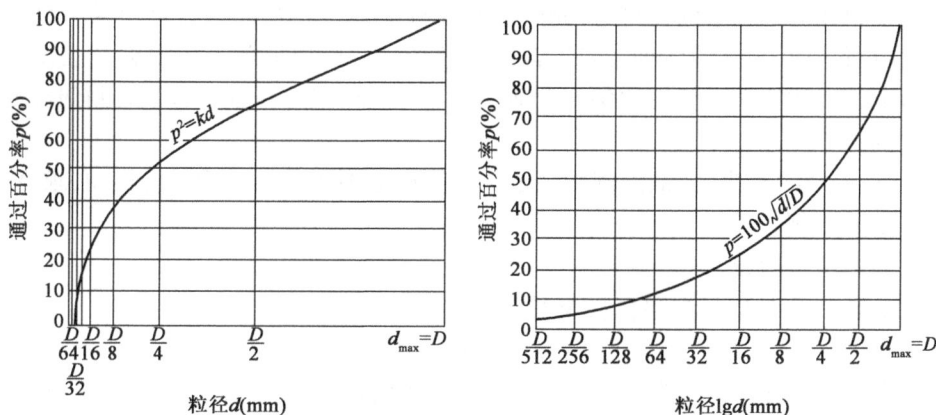

图 2-9　级配曲线

3. 级配曲线范围的绘制

按前述级配理论公式计算各级集料在矿质混合料的通过百分率,以通过百分率为纵坐标轴,粒径为横坐标轴,绘制成曲线,即为理论级配曲线。但由于矿料在轧制过程中的不均匀性,以及混合料配制时的误差等因素影响,使所配制的混合料往往不可能与理论级配完全符合。因此,必须允许配料时的合成级配在适当的范围内波动,这就是"级配范围"。

我国沿用半对数坐标系绘制级配范围曲线的方法,首先要按对数计算出各种颗粒粒径在横坐标轴上的位置,而表示通过百分率的纵坐标则按普通算术坐标绘制。绘制好纵、横坐标后,将计算得到的各颗粒粒径的通过百分率绘制在坐标图上,再将确定的各点连接为光滑的曲线,在两指数之间所包络的范围即为级配范围(通常用加绘阴影表示),如图 2-10 所示。

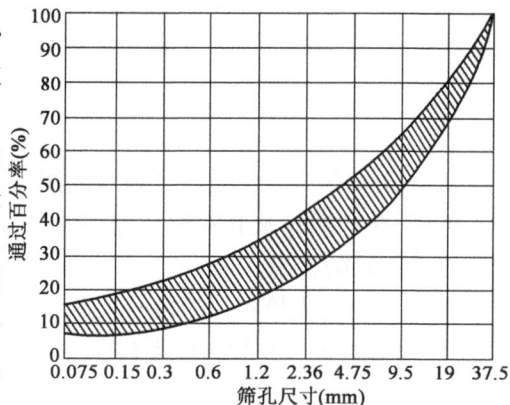

图 2-10　级配范围曲线

三、矿质混合料的组成设计方法

天然和人工轧制的一种集料的级配往往很难完全符合某一级配范围的要求，因此必须将两种或两种以上的集料按一定的比例配合起来才能满足级配范围的要求。矿质混合料组成设计的任务就是确定混合料中各集料的比例关系，以满足级配范围的要求。

确定矿质混合料配合比设计的方法目前最常用的有试算法、图解法和正规方程法。不管采用哪种方法，首先必须具备两项已知条件：

（1）各种集料的筛析结果；

（2）技术规范要求的矿质混合料的级配范围。

（一）试算法

1. 基本原理

试算法的基本原理是：设有几种矿质集料欲配制成符合一定级配要求的矿质混合料。在决定各组成集料在混合料中的比例时，先假定混合料中某种粒径的颗粒是由某一种对该粒径占优势的集料所组成，而其他各种集料不含这种粒径。然后根据各个主要粒径去试算各种集料在混合料中的大致比例。如果比例不合适，再校核调整，最终达到符合混合料级配要求的各集料配合比例。

假设有 A、B、C 三种集料，欲配制成满足一定级配范围要求的矿质混合料 M，求 A、B、C 集料在混合料中的比例。

按题意列出两点假设：

（1）设 A、B、C 三种集料在混合料 M 中的用量比例分别为 X、Y、Z，则：

$$X + Y + Z = 100 \tag{2-30}$$

（2）又设混合料 M 中某一粒径（i）要求的分计筛余百分率为 $a_{M(i)}$，A、B、C 三种集料在原级配中该粒径（i）的含量分别为 $Xa_{A(i)}$、$Ya_{B(i)}$、$Za_{C(i)}$，则：

$$Xa_{A(i)} + Ya_{B(i)} + Za_{C(i)} = 100a_{M(i)} \tag{2-31}$$

2. 计算步骤

1）计算 A 集料在矿质混合料中的用量

假定混合料 M 中某一级粒径主要由 A 集料所提供，而忽略其他集料在此粒径中的含量。

设 A 集料占优势的粒径尺寸为 i，则 B 集料和 C 集料在该粒径的含量 $a_{B(i)}$ 和 $a_{C(i)}$ 均认为等于零。由式（2-32）可得，A 集料在混合料中的用量为：

$$X = \frac{a_{M(i)}}{a_{A(i)}} \times 100 \tag{2-32}$$

2）计算 C 集料在矿质混合料中的用量

同理，在计算 C 集料在混合料中的用量时，按 C 集料占优势的某一粒径计算，而忽略其他集料在此粒径的含量。

设 C 集料占优势粒径的粒径尺寸为 j，则 A 集料和 B 集料在该粒径的含量 $a_{A(j)}$ 和 $a_{B(j)}$ 均等于零。由式（2-33）可得，C 集料在混合料中的用量为：

$$Z = \frac{a_{M(j)}}{a_{C(j)}} \times 100 \tag{2-33}$$

3）计算 B 集料在矿质混合料中的用量

由式（2-32）和式（2-33）求得 A 集料和 C 集料在混合料中的用量 X 和 Z 后，由式（2-34）即可得 B 集料在矿质混合料中的用量：

$$Y = 100 - (X + Z) \tag{2-34}$$

如果混合料由 4 种集料配合时，D 集料仍可按其占优势粒径用试算法确定。

4）校核调整

按上述步骤可以计算混合料中的配合比，经校核如不在要求的级配范围内，应调整配合比重新计算和复核，直到符合要求为止。如经计算确不能满足级配要求时，可调整或增加集料品种。

【例题 2-2】 用试算法确定某矿质混合料配合比

已知条件：

碎石、砂和矿粉三种集料组成矿质混合料，各集料的筛分结果和矿质混合料要求的级配范围列于表 2-8。

原有集料的分计筛余及混合料要求的级配范围

表 2-8

筛孔尺寸 d_i （mm）	碎石分计筛余 $a_{A(i)}$ （%）	砂分计筛余 $a_{B(i)}$ （%）	矿粉分计筛余 $a_{C(i)}$ （%）	混合料级配范围 $p_{(i)}$ （%）
13.2	0			100
9.5	8			90～100
4.75	80	2		40～60
2.36	7	33		24～42
1.18	5	18		15～30
0.6		18		9～22
0.3		13	2	6～15
0.15		9	6	4～10
0.075		6	10	2～6
<0.075		1	82	—

计算要求：

（1）按试算法确定碎石、砂和矿粉在混合料中所占的比例。

（2）按规范要求校核矿质混合料计算结果，确定其是否符合级配范围。

计算步骤：

（1）先将矿质混合料所要求级配范围的通过百分率换算成累计筛余百分率，然后再换算为各筛号的分计筛余百分率。计算结果列于表 2-9 中，并设碎石、砂、矿粉在混合料中的用量分别为 X、Y、Z。

（2）由表 2-9 可知，碎石中粒径为 4.75mm 的颗粒含量占优势，假设混合料中粒径为 4.75mm 的颗粒全部由碎石提供，忽略砂和矿粉中该粒径颗粒的含量，即 $a_{B(4.75)}$ 和 $a_{C(4.75)}$ 均等于零。那么碎石在混合料中的用量为：

$$X = \frac{a_{M(4.75)}}{a_{A(4.75)}} \times 100 = \frac{45}{80} \times 100 = 56(\%)$$

原有集料和要求级配范围的分计筛余 表 2-9

筛孔尺寸 d_i（mm）	碎石分计筛余 $a_{A(i)}$（%）	砂分计筛余 $a_{B(i)}$（%）	矿粉分计筛余 $a_{C(i)}$（%）	要求级配范围通过率的中值 $p_{(i)}$（%）	要求级配范围累计筛余中值 $A_{(i)}$（%）	要求级配范围分计筛余中值 $a_{M(i)}$（%）
13.2	0			100	0	0
9.5	8			95	5	5
4.75	80	2		50	50	45
2.36	7	33		33	67	17
1.18	5	18		23	77	10
0.6		18		16	84	7
0.3		13	2	11	89	5
0.15		9	6	7	93	4
0.075		6	10	4	96	3
<0.075		1	82	0	100	4

（3）同理，由表 2-9 可知矿粉中粒径 <0.075mm 颗粒含量占优势，忽略碎石和砂中该粒径颗粒的含量，即 $a_{A(<0.075)}$ 和 $a_{B(<0.075)}$ 均等于零。那么矿粉在混合料中的用量为：

$$Z = \frac{a_{M(<0.075)}}{a_{C(<0.075)}} \times 100 = \frac{4}{82} \times 100 = 5(\%)$$

（4）由式（2-34）可得砂在矿质混合料中的用量比例：

$$Y = 100 - (X + Z) = 100 - (56 + 5) = 39(\%)$$

（5）校核。根据计算的配合比，碎石：砂：矿粉 $= X : Y : Z = 56\% : 39\% : 5\%$，按表 2-10 进行校核，结果符合级配范围要求。

矿质混合料配合组成计算和校核 表 2-10

筛孔尺寸 d_i（mm）	碎石 原来级配分计筛余 $a_{A(i)}$（%）	碎石 用量比例（%）	碎石 占混合料百分率（%）	砂 原来级配分计筛余 $a_{B(i)}$（%）	砂 用量比例（%）	砂 占混合料百分率 $a_{BM(i)}$（%）	矿粉 原来级配分计筛余 $a_{B(i)}$（%）	矿粉 用量比例（%）	矿粉 占混合料百分率 $a_{CM(i)}$（%）	矿质混合料 分计筛余 $a_{M(i)}$（%）	矿质混合料 累计筛余 $A_{M(i)}$（%）	矿质混合料 通过百分率 $p_{M(i)}$（%）	规范要求级配范围通过率 $p_{(i)}$（%）
13.2	0		0							0	0	100	100
9.5	8		4.5							4.5	4.5	95	90~100
4.75	80		44.8	2		0.8				45.6	50.1	50	40~60
2.36	7		3.9	33		12.9				16.8	66.9	33	24~42
1.18	5	59	2.8	18	39	7		5		9.8	76.7	23	15~30
0.6				18		7				7	83.7	16	9~22
0.3				13		5.1	2		0.1	5.2	88.9	11	6~15
0.15				9		3.5	6		0.3	3.8	92.7	7	4~10
0.075				6		2.3	10		0.5	2.8	95.5	4	2~6
<0.075				1		0.4	82		4.1	4.5	100	0	—

（二）图解法

用图解法来确定矿质混合料的组成时，常采用"平衡面积法"。该法是采用一条直线来代替集料的级配曲线，这条直线使曲线左右两边的面积平衡（即相等），这样就简化了曲线的复杂性。

1. 绘制级配曲线图

（1）计算要求级配范围通过率的中值，作为设计依据。表2-11为矿质混合料要求的级配范围及中值。

矿质混合料要求的级配范围及中值   表2-11

级配类型	筛孔尺寸(mm)									
	16.0	13.2	9.5	4.75	2.36	1.18	0.6	0.3	0.15	0.075
	通过百分率(%)									
级配范围	100	95~100	70~88	48~68	36~53	24~41	18~30	12~22	8~16	4~8
级配中值	100	98	79	58	45	33	24	17	12	6

（2）根据级配范围中值，确定相应的横坐标的位置。

先绘制一长方形图框，通常纵坐标通过百分率取10cm，横坐标筛孔尺寸取15cm。连接对角线，如图2-11所示，作为要求的级配范围的中值线。纵坐标按算术坐标，标出通过百分率（0~100%）。根据级配范围中值，将各筛孔通过百分率标于纵坐标上，从纵坐标上各点引水平线与对角线相交，再从交点作垂线与横坐标相交，其各点即为各相应筛孔尺寸的位置。

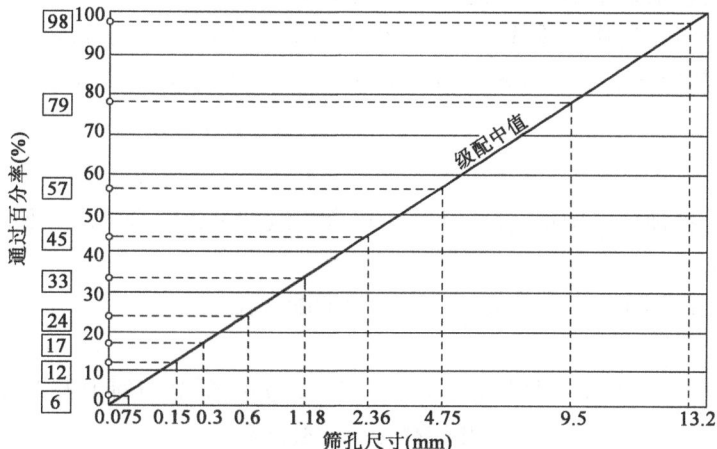

图2-11　图解法用级配曲线坐标

（3）在坐标图上绘制各种集料的级配曲线（图2-12）。

2. 确定各种集料用量比例

根据相邻集料级配曲线之间的位置关系，可能出现的情况有重叠、相接、相离三种情况（图2-12），根据不同的情况，按照下列方法确定各种集料用量。

（1）两相邻级配曲线重叠（如A集料级配曲线的下部与B集料级配曲线上部重叠）时，在两级配曲线重叠的部分中引一条垂直于横坐标的垂线AA'（即$a=a'$），该线与对角线OO'交于点M，通过点M作一水平线与纵坐标交于点P，OP即为A集料的用量。

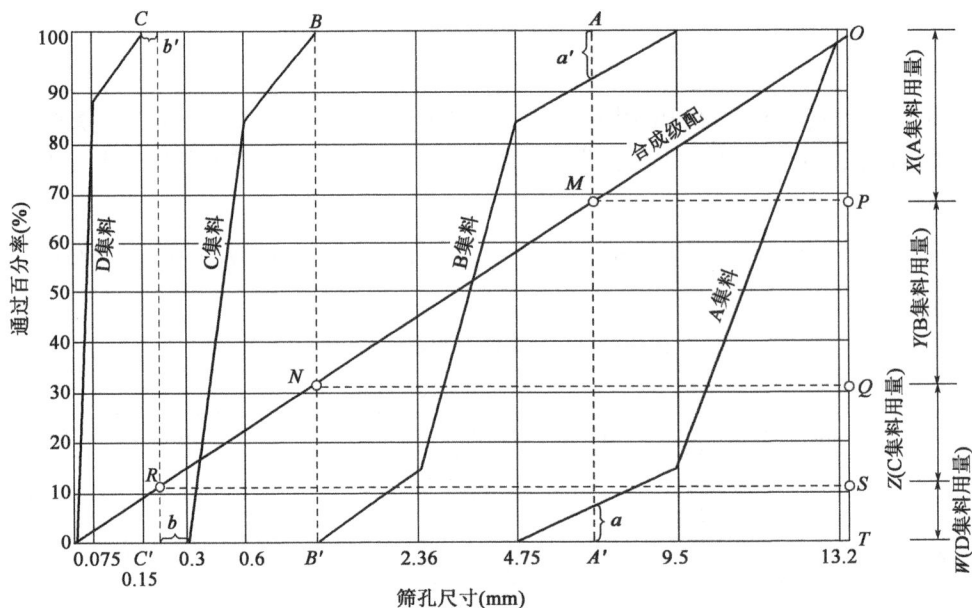

图 2-12 组成集料级配曲线和要求合成级配曲线

（2）两相邻级配曲线首尾相接（如 B 集料的级配曲线末端与 C 集料的级配曲线首端正好在一垂直线上）时，将前一集料曲线末端与后一集料曲线首端垂线相连，垂线 BB' 与对角线 OO' 相交于点 N，通过点 N 作出一水平线与纵坐标交于点 Q，PQ 即为 B 集料的用量。

（3）两相邻级配曲线相离（如 C 集料的级配曲线末端与 D 集料的级配曲线首端在水平方向彼此离开一段距离）时，作一垂线 CC' 平分相离的距离（即 $b = b'$），垂线 CC' 与对角线 OO' 相交于点 R，通过点 R 作一水平线与纵坐标交于点 S，QS 即为 C 集料的用量。剩余 ST 即为 D 集料的用量。

3. 校核

按图解所得的各种集料用量，校核计算所得合成级配是否符合要求。如不能符合要求，应调整各集料的用量。

【例题 2-3】 试用图解法确定某矿质混合料的配合比

已知条件：

现有碎石、石屑、砂、矿粉 4 种集料，筛分试验结果和级配范围列于表 2-12。

组成材料筛析试验结果 表 2-12

材料名称	筛孔尺寸（mm）									
	16.0	13.2	9.5	4.75	2.36	1.18	0.6	0.3	0.15	0.075
	通过百分率（%）									
碎石	100	94	26	0						
石屑	100	100	100	80	40	17	0	0		
砂	100	100	100	100	94	90	76	38	17	0
矿粉	100	100	100	100	100	100	100	100	100	83
级配范围	100	90~100	68~85	38~68	24~50	15~38	10~28	7~20	5~15	4~8
级配中值	100	95	76.5	53	37	26.5	19	13.5	10	6

设计要求：

（1）用规范要求的级配中值确定出各粒径在横坐标上的位置。

（2）根据原材料的筛分结果在图上绘出各集料的级配曲线，按图解法求出各集料在混合料中的用量，按规范要求校核矿质混合料计算结果。

计算步骤：

（1）建立坐标。纵坐标表示通过百分率，横坐标表示筛孔尺寸。绘制一长方形图框，对角线 OO' 表示级配范围的中值线。确定出筛孔在横坐标上的位置。

（2）将碎石、石屑、砂、矿粉的级配曲线绘制在图 2-13 上。

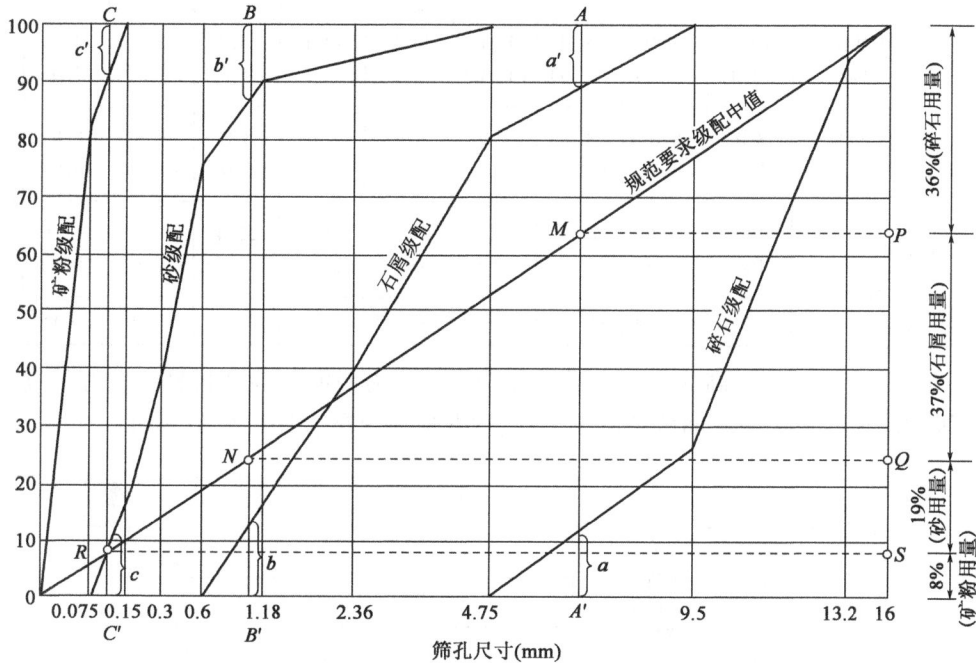

图 2-13　级配曲线图

（3）在碎石和石屑级配曲线相重叠部分作垂线 AA'，使垂线截取两条级配曲线的纵坐标值相等（即 $a=a'$），自 AA' 与对角线 OO' 的交点 M 引一水平线交纵坐标于点 P。OP 的长度 $X=36\%$，即为碎石的用量。

同理，求出石屑的用量比例 $Y=37\%$，砂的用量比例 $Z=19\%$，矿粉的用量 $W=8\%$。

（4）根据图解法求得的各集料的用量百分率，列于表 2-13 进行校核计算。

矿质混合料组成设计计算　　　　　　　　　　　　　　　　　表 2-13

材料组成		筛孔尺寸（mm）									
		16.0	13.2	9.5	4.75	2.36	1.18	0.6	0.3	0.15	0.075
		通过百分率（%）									
原材料级配	碎石 100%	100	94	26	0						
	石屑 100%	100	100	100	80	40	17	0	0		
	砂 100%	100	100	100	100	94	90	76	38	17	0
	矿粉 100%	100	100	100	100	100	100	100	100	100	83

材料组成		筛孔尺寸(mm)									
		16.0	13.2	9.5	4.75	2.36	1.18	0.6	0.3	0.15	0.075
		通过百分率(%)									
各种材料在混合料中的级配	碎石36% (41%)	36.0 (41.0)	33.8 (38.5)	9.4 (10.7)	0 (0)	0 (0)	0 (0)	0 (0)	0 (0)	0 (0)	0 (0)
	石屑37% (41%)	37.0 (41)	37.0 (41)	37.0 (41)	29.6 (32.8)	14.8 (16.4)	6.3 (7.0)	0 (0)	0 (0)	0 (0)	0 (0)
	砂19% (12%)	19.0 (12.0)	19.0 (12.0)	19.0 (12.0)	19.0 (12.0)	17.9 (11.3)	17.1 (10.8)	14.4 (9.1)	7.2 (4.6)	3.2 (2.0)	0 (0)
	矿粉8% (6%)	8.0 (6.0)	8.0 (6.0)	8.0 (6.0)	8.0 (6.0)	8.0 (6.0)	8.0 (6.0)	8.0 (6.0)	8.0 (6.0)	8.0 (6.0)	6.6 (5.0)
合成级配		100 (100)	97.8 (97.5)	73.4 (69.7)	56.6 (50.8)	40.7 (33.7)	31.4 (23.8)	22.4 (15.1)	15.2 (10.6)	11.2 (8.0)	6.6 (5.0)
级配范围		100	90~100	68~85	38~68	24~50	15~38	10~28	7~20	5~15	4~8

（5）调整配合比。由于高速公路交通量大、轴载重,为使沥青混合料具有较好的高温稳定性,合成级配曲线应偏向级配曲线范围的下线,因此应调整配合比。见图2-14。

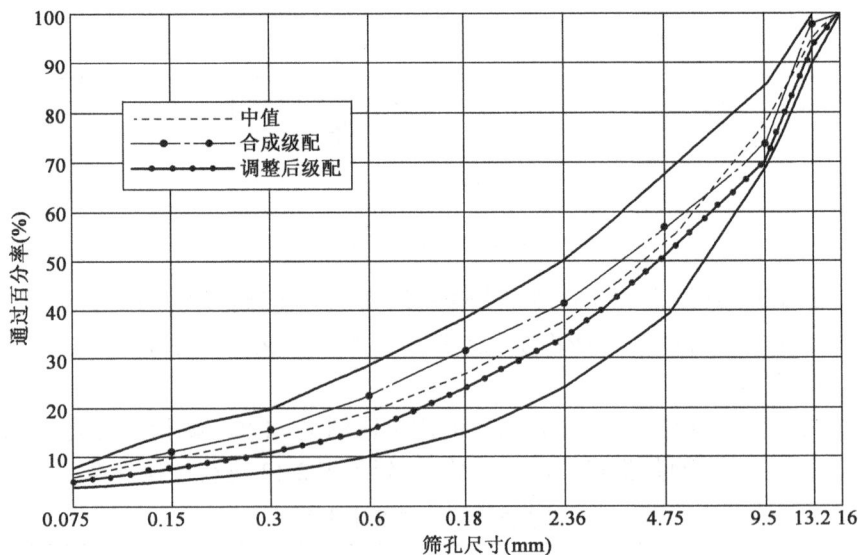

图2-14 矿质混合料级配范围和合成级配图

（三）正规方程法（新视窗软件）

【例题2-4】 试用正规方程法确定某矿质混合料的配合比

已知条件:

AC-13型密级配沥青混凝土中矿质混合料各集料的筛分结果分别列于表2-14。

组成材料筛分试验结果

表 2-14

材料名称	筛孔尺寸(mm)									
	16.0	13.2	9.5	4.75	2.36	1.18	0.6	0.3	0.15	0.075
	通过百分率(%)									
碎石	100	93	17	0						
石屑	100	100	100	84	14	8	4	0		
砂	100	100	100	100	92	82	42	21	11	4
矿粉	100	100	100	100	100	100	100	100	96	87

设计要求:

通过新视窗软件中的正规方程法,确定出符合级配范围要求的矿质混合料配合比。

计算步骤:

(1)打开新视窗软件《试验管理系统》——数据处理系统,将出现如图 2-15 所示界面。

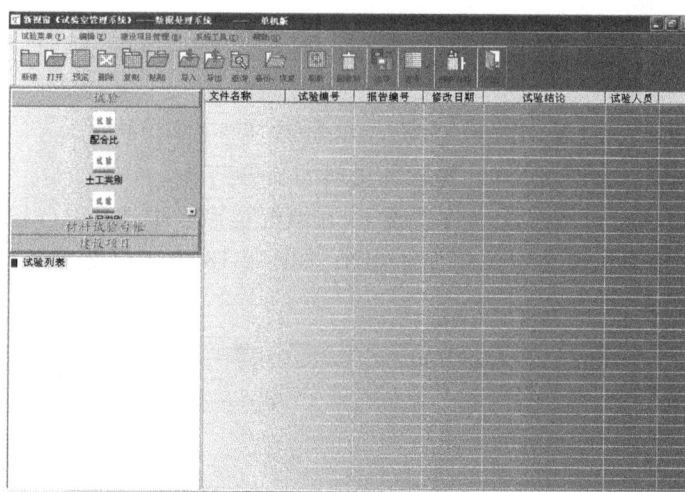

图 2-15　新视窗软件界面

点击图中的"配合比"按钮,在试验列表栏会出现普通水泥混凝土设计试验、矿质混合料配合组成试验(正规方程法)、沥青混合料最佳沥青用量(JTG F40—2004)、砂浆配合比设计试验等 10 项,如图 2-16 所示。

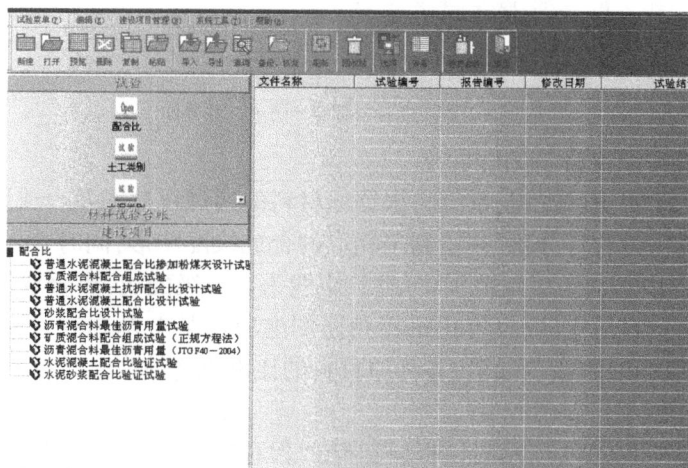

图 2-16　配合比设计试验界面

选定矿质混合料配合组成试验(正规方程法)后点击"新建"或单击右键选择"新建"。将出现如图 2-17 所示界面。

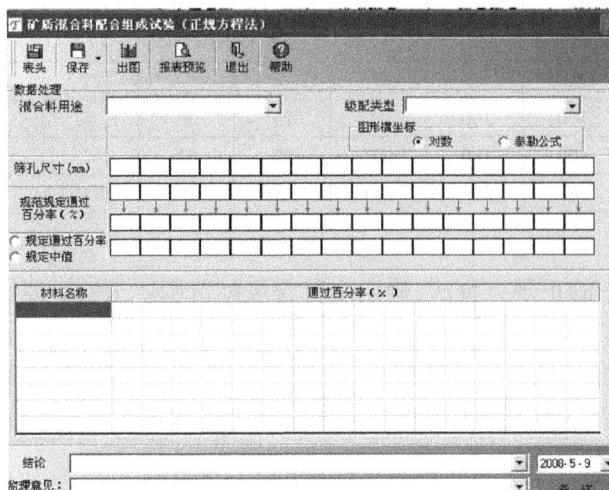

图 2-17　矿质混合料配合比组成试验(正规方程法)界面

（2）选择混合料用途和级配类型,输入各集料的筛分结果。

在混合料用途栏中选择密级配沥青混凝土,在级配类型栏中选择 AC-13,该级配对应的筛孔尺寸、规定通过百分率及规定中值将显示出来,如图 2-18 中灰色部分。在白色部分输入各集料的名称及筛分结果,如图 2-18 所示。

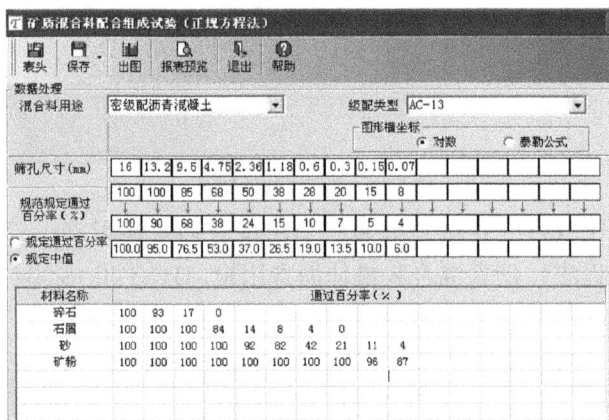

图 2-18　矿质混合料配合比组成试验界面

（3）按要求调整矿质混合料的配合比。

点击图 2-18 中的"出图"按钮,系统将根据原材料的通过百分率及合成级配要求通过百分率,计算出各种集料所占的百分比,并绘制出相应的合成级配图形,同时合成级配将自动得出。如图 2-19 所示,图形中虚线为级配范围中值线,实线为合成级配线,当合成级配不能满足要求时,可以通过调整各材料的比例,也可用鼠标指向图上所示某个基本点,待其变为"十字"时,按住左键拖动合成级配线来改变线形,各种原材料的比例也将改变。

（4）预览及打印结果。

调整结束后,关掉图 2-19 所示对话框,将弹出"保存"对话框,如图 2-20 所示。点击"是"按钮,将重新弹出图 2-20。点击图 2-20 中的"报表预览"按钮,将出现矿质混合料配合组成试验记录表和报告表,如图 2-21、图 2-22 所示。此图中有显示范围、转至页、页边距设置、字体设置、打印、用 Word 编辑报表、记录报告互换、退出 8 个按钮,可以根据需要选择。

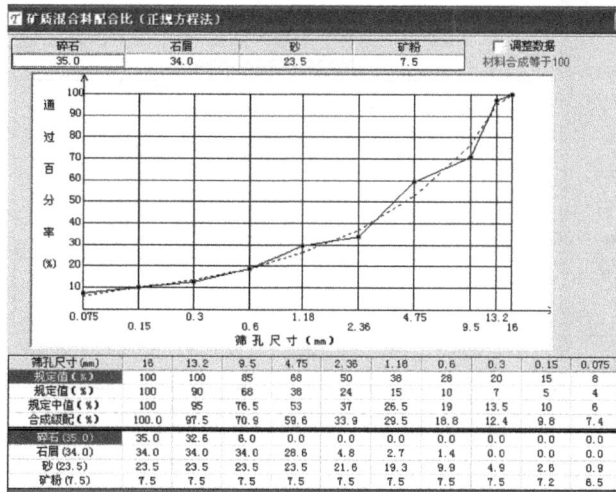

图 2-19 调整矿质混合料的配合比界面

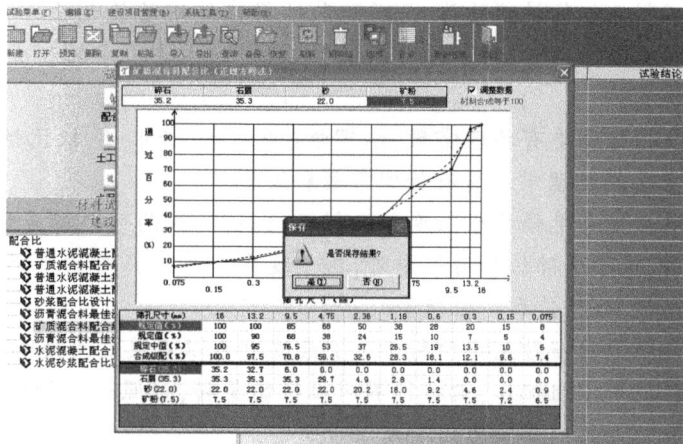

图 2-20 矿质混合料的配合比界面

图 2-21 矿质混合料配合比组成试验记录

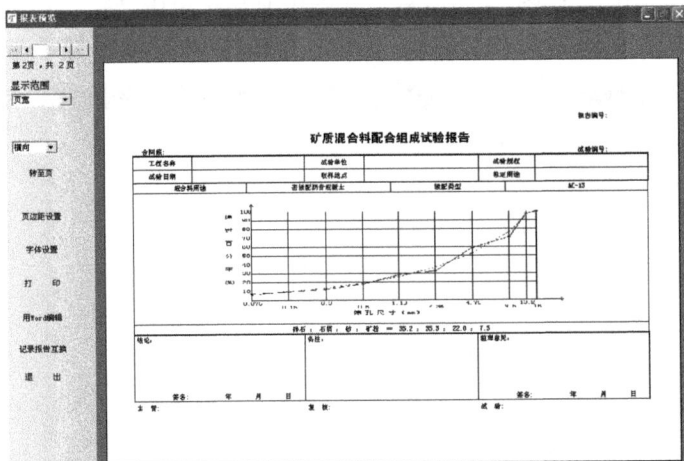

图2-22 矿质混合料配合比组成试验报告

本 章 小 结

岩石材料是岩石制品与集料的总称,是道路与桥梁建筑用量最大的一种建筑材料。岩石可以直接加工为各种岩石制品,应用于道路和桥梁工程,但主要用于轧制成集料,作为水泥混凝土和沥青混合料的集料。

岩石的物理性质指标主要有物理常数、水理性(吸水性、透水性、软化性)和耐候性(抗冻性、坚固性)。集料主要的物理学性质有物理常数和级配。

岩石的力学性质主要有单轴抗压强度和洛杉矶磨耗值,这两项指标是评定岩石等级的依据。集料的力学性质,除了压碎值和磨耗率外,由于现代高等级公路的要求,对路面抗滑层用集料还要求考虑磨光值、磨耗值和冲击值等。

矿粉是沥青混合料中的一种主要材料。工业废渣也可以直接或间接地用作建筑材料。

矿质混合料是经过科学组配后,由各种不同粒径的集料,按照一定的比例搭配起来,可以达到更大的密实度和较大的内摩擦力的矿质混合料。

根据矿质混合料级配曲线的形状,可分为连续级配和间断级配两种。

矿质混合料组成设计的任务就是确定满足矿质混合料级配范围要求的各集料的用量比例。

确定矿质混合料配合比设计的方法目前最常用的有试算法、图解法和正规方程法。正规方程法是通过计算机软件确定出处矿质混合料中各集料的用量比例。

练习题

一、名词解释

孔隙率;单轴抗压强度;集料;级配;压碎值;亲水系数;连续级配;间断级配

二、填空题

1.岩石的毛体积密度越大,其孔隙率_____,吸水性_____,抗冻性_____,

抗压强度_____。

2.岩石的抗压强度是以标准试件在_____状态下,单轴受压时的_____来表示。

3.在沥青混合料中,粗细集料的划分界限是_____,在水泥混凝土中,粗细集料划分的界限是_____。

4.集料的级配通过_____方法确定。

5.矿质混合料级配类型有_____和_____。

三、单选题

1.岩石经受一定冻融循环后,不能用_____来衡量抗冻性能。
   A.外观　　　　　　　　　　　　　　B.抗压强度
   C.抗拉强度　　　　　　　　　　　　D.抗冻质量损失百分率

2.一批砂的细度模数为2.9,应属_____砂。
   A.细　　　　　B.粗　　　　　C.中　　　　　D.特细

3.集料强度性能用_____指标表征。
   A.磨耗值　　　　B.冲击值　　　　C.压碎值　　　　D.磨光值

4.为保证沥青混合料中沥青与集料的黏附性,应优先选用_____集料。
   A.酸性　　　　B.碱性　　　　C.中性　　　　D.无要求

5.粗集料在混合料中起_____作用。
   A.骨架　　　　B.填充　　　　C.堆积　　　　D.分散

四、多选题

1.岩石在规定条件下的吸水能力,工程上常采用_____指标表征。
   A.含水率　　　　B.吸水率　　　　C.饱水率　　　　D.软化系数

2.集料的表观密度是指单位表观体积集料的质量,表观体积包括_____。
   A.矿料实体　　　　B.开口孔隙　　　　C.闭口孔隙　　　　D.颗粒间空隙

3.矿质混合料组成设计方法有_____。
   A.试算法　　　　B.图解法　　　　C.新视窗软件　　　　D.计算法

4.集料级配参数有_____。
   A.分计筛余百分率　　　　　　　　　B.累计筛余百分率
   C.通过百分率　　　　　　　　　　　D.细度模数

5.采用网篮法可以同时测出试件的_____。
   A.表观密度　　　B.毛体积密度　　　C.表干密度　　　D.吸水率

五、判断题

(　　)1.岩石在进行抗压强度试验时,加载速度小者,试验结果偏大。

(　　)2.两种砂子的细度模数相同,它们的级配不一定相同。

(　　)3.在通过量表示的级配范围中,靠近级配范围下限的矿料颗粒总体偏粗,靠近上限总体偏细。

(　　)4.粗集料中针片状含量的多少对混合料的强度影响不大。

(　　)5.级配好的集料,其空隙率小,表面积大。

六、简答题

1. 试论述影响岩石抗压强度的主要因素(内因和外因)。
2. 岩石孔隙率和集料空隙率有什么区别?
3. 矿质混合料设计的目的是什么?设计时已知的条件有哪些?
4. 什么是粗集料的针状和片状?用什么方法进行检测?
5. 简述图解法进行矿质混合料级配设计的步骤。

七、计算题

1. 已知岩石密度为 $2.7g/cm^3$,浸水饱和状态下的毛体积密度为 $2462kg/m^3$,经烘干至恒重,质量损失为 $100kg/m^3$,试求此岩石干燥状态下的毛体积密度和孔隙率。

2. 某工地现有一批砂样,按取样方法选取样品筛析结果如表 2-15 所示。试计算其分计筛余百分率、累计筛余百分率、通过百分率和细度模数,并判断砂的粗细程度及其级配是否符合要求。

砂样的筛分试验结果　　　　表 2-15

筛孔尺寸 d_i(mm)	4.75	2.36	1.18	0.6	0.3	0.15	<0.15
存留量 m_i(g)	25	35	90	125	125	75	25
要求通过范围 p_i(%)	100~90	100~75	90~50	59~30	30~8	10~0	—

3. 有一份残缺的砂样筛分记录如表 2-16 所示,根据现有的资料补全。

砂的筛分试验结果　　　　表 2-16

筛孔尺寸 d_i(mm)	4.75	2.36	1.18	0.6	0.3	0.15	<0.15
存留量 m_i(g)			95				15
a_i(%)	3						
A_i(%)		9			76		
p_i(%)			66			3	

4. 现有碎石、砂和矿粉三种集料组成的矿质混合料,各集料的筛分结果和矿质混合料要求的级配范围列于表 2-17,用试算法确定矿质混合料中各集料的用量。

集料的分计筛余及混合料要求的级配范围　　　　表 2-17

筛孔尺寸 d_i (mm)	碎石分计筛余 $a_{A(i)}$ (%)	砂分计筛余 $a_{B(i)}$ (%)	矿粉分计筛余 $a_{C(i)}$ (%)	混合料要求级配范围 $p_{(i)}$ (%)
9.5	0.8			100
4.75	60.0			63~78
2.36	23.5	10.5		40~63
1.18	14.4	22.1		30~53
0.6	1.3	19.4	4.0	22~45
0.3		36.0	4.0	15~35
0.15		7.0	5.5	12~30
0.075		3.0	3.2	10~25
<0.075		2.0	83.3	—

5. 某矿质混合料级配范围如表 2-18 所示,试用图解法确定标准级配筛孔尺寸在横坐标上的位置。

矿质混合料要求级配范围 表 2-18

级配类型	筛孔尺寸(mm)									
	16.0	13.2	9.5	4.75	2.36	1.18	0.6	0.3	0.15	0.075
	通过百分率(%)									
级配范围	100	90~100	68~85	38~68	24~50	15~38	10~28	7~20	5~15	4~8
级配中值	100	95	76.5	53	37	26.5	19	13.5	10	6

6. 4 种集料筛分结果及矿质混合料级配范围如表 2-19 所示,用图解法计算矿质混合料的配合比。

组成材料筛析试验结果及矿质混合料级配范围 表 2-19

材料名称	筛孔尺寸(mm)									
	16.0	13.2	9.5	4.75	2.36	1.18	0.6	0.3	0.15	0.075
	通过百分率(%)									
碎石	100	92	16	0						
石屑	100	100	100	82	16	6	6	0		
砂	100	100	100	100	90	80	41	20	10	6
矿粉	100	100	100	100	100	100	100	100	95	84
级配范围	100	90~100	68~85	38~68	24~50	15~38	10~28	7~20	5~15	4~8

第三章　石灰、水泥

📖 **学习目标**

1. 重点掌握石灰的消化和硬化过程、质量检定指标和保存运输方式；

2. 重点掌握硅酸盐水泥的熟料矿物组成、检验测定方法，并能根据工程情况合理选择水泥；

3. 了解混合材水泥和其他品种水泥的技术性质及应用。

📖 **知识衔接**

石灰(图3-1)、水泥(图3-2)是道路与桥梁建筑中最常用的胶凝材料。石灰广泛用于道路与桥梁工程的稳定土基层、垫层及地基处理。水泥是水泥混凝土的重要组成材料，也可以用于砂浆和稳定土。

图 3-1　生石灰

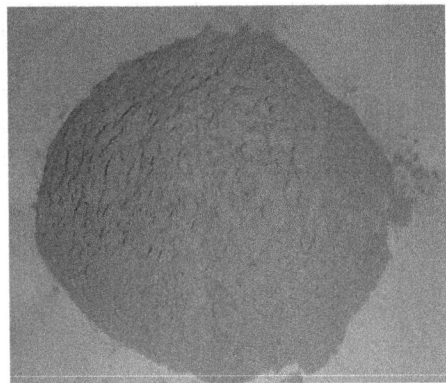

图 3-2　水泥

第一节　石　　灰

在建筑工程中，能以自身的物理化学作用将松散材料(如砂、石)胶结成为具有一定强度的整体结构的材料，统称为结合材料。

结合材料按其化学成分不同分为有机结合材料(如各种沥青和树脂)和无机结合材料(石灰和水泥)两大类。

无机结合材料根据其硬化条件不同，可分为水硬性结合材料和气硬性结合材料。

气硬性结合材料只能在空气中硬化，保持或继续提高强度(如石灰、石膏、菱苦土和水玻璃等)；水硬性结合材料则不仅能在空气中硬化，而且能更好地在水中硬化，且可在水中或适宜的环境中保持并继续提高强度(各种水泥都属于水硬性结合材料)。

一、石灰的分类

石灰俗称白灰,根据成品加工方法的不同,可分为以下4种。

(1)块状生石灰:由原料煅烧而成的原产品,主要成分为氧化钙(CaO)。

(2)生石灰粉:由块状生石灰磨细而得到的细粉,其主要成分亦为氧化钙。

(3)消石灰:将生石灰用适量的水消化而得到的粉末,亦称熟石灰,其主要成分为氢氧化钙[Ca(OH)$_2$]。

(4)石灰浆:将生石灰与大量的水(为石灰体积的3~4倍)消化而得可塑性浆体,称为石灰膏,主要成分为氢氧化钙和水。如果水加得更多,则呈白色悬浮液,称为石灰乳。

二、石灰的生产工艺

主要成分为碳酸钙(CaCO$_3$)和碳酸镁(MgCO$_3$)的岩石经过高温煅烧(加热至900℃以上),逸出二氧化碳(CO$_2$)气体,得到白色或灰白色的块状材料即为生石灰,其主要化学成分为氧化钙(CaO)和氧化镁(MgO)。化学反应式如下:

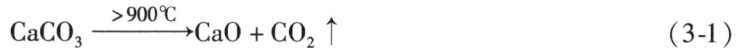

$$CaCO_3 \xrightarrow{>900℃} CaO + CO_2 \uparrow \qquad (3-1)$$

优质的石灰,色质洁白或略带灰色,质量较轻,其堆积密度为800~1000kg/m³。石灰在烧制过程中,如果原材料尺寸或温度控制不好,常会出现"过火石灰"或"欠火石灰"。如果石灰岩原料尺寸过大或窑中温度不匀等原因,使得石灰中含有未烧透的内核,这种石灰称为"欠火石灰"。"欠火石灰"的颜色发青且未消化残渣含量高,有效氧化钙和氧化镁含量低,使用时缺少黏结力。若煅烧温度过高、时间过长,使石灰表面出现裂缝或玻璃状的外壳,体积收缩明显,颜色呈灰黑色,块体密度大,消化缓慢,这种石灰称"过火石灰"。"过火石灰"使用时消解缓慢,甚至在建筑结构物中仍能继续消化,引起体积膨胀,导致灰层表面剥落或产生裂缝等破坏现象,故危害极大。

三、石灰的消化和硬化

(一)石灰的消化

生石灰在使用前一般都需加水消解,这一过程称为"消化"或"熟化",消化后的石灰称为"消石灰"或"熟石灰"。其化学反应式如下:

$$CaO + H_2O \longrightarrow Ca(OH)_2 + 64.9kJ \qquad (3-2)$$

由于生石灰结构多孔,水分子容易进入,所以与水接触的面积大,水化速度快,放热量大,消化过程中体积增大1~2.5倍。消化石灰的理论加水量为石灰质量的32%,但由于消化过程中水分的损失,实际加水量需达70%以上,应以能充分消解而又不过湿为准。在石灰的消化期间应严格控制加水量和加水速度。对消化速度快、活性大的石灰,消解时加水要快,水量要足,并加速搅拌,避免已消化的石灰颗粒包围于未消化颗粒周围,使内部石灰不易消化。对消化速度慢的石灰,则应采用相反措施,使生石灰充分消化,尽量减少未消化颗粒含量。石灰在消化时,为了消除"过火石灰"的危害,可在消化后"陈伏"半个月左右再使用。石灰浆在陈伏期间,在其表面应有一层水分,使之与空气隔绝,以防止碳化。

（二）石灰的硬化

石灰的硬化过程包括干燥硬化和碳酸硬化两部分。

1. 石灰浆的干燥硬化（结晶作用）

石灰浆在干燥过程中游离水逐渐蒸发，或被周围砌体吸收，氢氧化钙从饱和溶液中结晶析出，固体颗粒互相靠拢粘紧，强度也随之提高。

2. 石灰浆的碳酸硬化（碳化作用）

氢氧化钙与空气中的二氧化碳作用生成不溶于水的碳酸钙晶体。其反应式为：

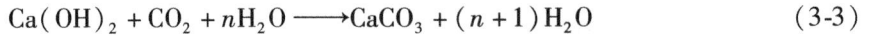

$$Ca(OH)_2 + CO_2 + nH_2O \longrightarrow CaCO_3 + (n+1)H_2O \qquad (3\text{-}3)$$

石灰浆体硬化的两个过程同时进行，表面以碳化为主，内部以结晶为主。

四、石灰的技术要求和技术标准

（一）技术要求

1. 有效氧化钙和氧化镁含量

石灰中产生黏结性的是有效氧化钙和氧化镁。有效氧化钙是指石灰中能够和水发生反应的物质，是评价石灰质量的主要指标，其含量愈多，活性愈高，质量也愈好。《公路工程无机结合料稳定材料试验规程》（JTG E51—2009）规定，有效氧化钙含量用中和滴定法测定，有效氧化镁含量用络合滴定法测定。

2. 生石灰产浆量和未消化残渣含量

产浆量是指单位质量（1kg）的生石灰经消化后所产石灰浆体的体积（L）。石灰产浆量越高，表示其质量越好。

未消化残渣含量是指生石灰消化后，未能消化而存留在5mm圆孔筛上的残渣占试样的百分率。其含量愈多，石灰质量愈差，须加以限制。

3. 二氧化碳含量

控制生石灰或生石灰粉中二氧化碳的含量，是为了检测石灰岩在煅烧时"欠火"造成产品中未分解完成的碳酸盐的含量。二氧化碳含量越高，即表示未分解完全的碳酸盐含量越高，则氧化钙和氧化镁含量相对降低，导致石灰的胶结性能的下降。

4. 消石灰游离水含量

游离水含量是指化学结合水以外的含水量。生石灰在消化过程中加入的水是理论需水量的2~3倍，除部分水被石灰消化过程中放出的热蒸发掉外，多加的水分残留于氢氧化钙（除结合水外）中。残余水分蒸发后，留下孔隙会加剧消石灰粉的碳化作用，以致影响石灰的质量，因此对消石灰粉中游离水含量需加以限制。

5. 细度

细度与石灰的质量有密切关系，石灰越细，石灰的活性越大。现行标准以0.9mm和0.125mm筛余百分率控制。

（二）技术标准

1. 分类与标记

根据《建筑生石灰》（JC/T 479—2013），按生石灰的加工情况分为建筑生石灰和建筑生石灰粉，按生石灰的化学成分分为钙质石灰和镁质石灰两类。根据化学成分的含量每类分成各个等级，具体分类见表3-1。生石灰的识别标志由产品名称、加工情况和产品依据标准编号组成。生石灰块在代号后加Q，生石灰粉在代号后加QP。

建筑生石灰的分类　　　　　　　　　　　　　　　　　　表3-1

类　　别	名　　称	代　　号
钙质石灰	钙质石灰90	CL90
	钙质石灰85	CL85
	钙质石灰75	CL75
镁质生石灰	镁质石灰85	ML85
	镁质石灰80	ML80

示例：符合《建筑生石灰》（JC/T 479—2013）的钙质生石灰粉90标记如下：

CL90-QP　　JC/T 479—2013

说明：　　　CL——钙质石灰；

　　　　　　90——氧化钙和氧化镁百分含量；

　　　　　　QP——粉状；

JC/T 479—2013——产品依据标准。

2. 技术要求

（1）建筑生石灰的化学成分应符合表3-2的要求，建筑生石灰的物理性质应符合表3-3的要求，建筑消石灰的使用需要满足《建筑生石灰》（JC/T 479—2013）的规定。

建筑生石灰的化学成分（单位:%）　　　　　　　　　　表3-2

名　　称	$CaO + MgO$ 含量	MgO	CO_2	SO_3
CL90-Q CL90-QP	≥90	≤5	≤4	≤2
CL85-Q CL85-QP	≥85	≤5	≤7	≤2
CL75-Q CL75-QP	≥75	≤5	≤12	≤2
ML85-Q ML85-QP	≥85	>5	≤7	≤2
ML80-Q ML80-QP	≥80	>5	≤7	≤2

建筑生石灰的物理性质 表3-3

名　　称	产浆量(dm³/10kg)	细　度	
		0.2mm 筛筛余量(%)	90μm 筛筛余量(%)
CL90-Q	≥26	—	—
CL90-QP	—	≤2	≤7
CL85-Q	≥26	—	—
CL85-QP	—	≤2	≤7
CL75-Q	≥26	—	—
CL75-QP	—	≤2	≤7
ML85-Q		—	—
ML85-QP		≤2	≤7
ML80-Q		—	—
ML80-QP		≤7	≤2

(2)依据《公路路面基层施工技术细则》(JTG/T F20—2015),生石灰和消石灰的技术要求应符合表3-4和表3-5的规定。

生石灰技术要求 表3-4

指　　标	钙质生石灰			镁质生石灰		
	Ⅰ	Ⅱ	Ⅲ	Ⅰ	Ⅱ	Ⅲ
有效氧化钙加氧化镁含量(%)	≥85	≥80	≥70	≥80	≥75	≥65
未消化残渣含量(%)	≤7	≤11	≤17	≤10	≤14	≤20
钙镁石灰的分类界限,氧化镁含量(%)	≤5			>5		

消石灰技术要求 表3-5

指　　标		钙质消石灰			镁质消石灰		
		Ⅰ	Ⅱ	Ⅲ	Ⅰ	Ⅱ	Ⅲ
有效氧化钙加氧化镁含量(%)		≥65	≥60	≥55	≥60	≥55	≥50
含水率(%)		≤4	≤4	≤4	≤4	≤4	≤4
细度	0.60mm 方孔筛的筛余量(%)	0	≤1	≤1	0	≤1	≤1
	0.15mm 方孔筛的筛余量(%)	≤13	≤20	—	≤13	≤20	—
钙镁石灰的分类界限,氧化镁含量(%)		≤4			>4		

五、石灰的特性

1. 保水性、可塑性好

生石灰熟化后生成的氢氧化钙颗粒极其细小,比表面积大,使得氢氧化钙颗粒表面吸附一层较厚水膜,故石灰的保水性好;由于颗粒间的水膜较厚,颗粒间的滑移较易进行,故石灰的可塑性较好。在实际应用中,利用石灰这一性质可改善砂浆的保水性,以克服水泥砂浆保水性差的缺点。

2. 凝结硬化慢、强度低

石灰的凝结硬化慢,且硬化后强度低,这一点在使用石灰时要予以充分考虑。

3. 耐水性差

石灰浆体的主要成分是氢氧化钙，氢氧化钙可溶于水，所以石灰的耐水性很差，因此，不能把石灰用于潮湿环境和水中工程，只能用于地面上的干燥环境中。

4. 干燥收缩大

氢氧化钙颗粒吸附大量水分，在凝结硬化过程中不断蒸发，使石灰浆体产生很大的收缩而开裂，因此，除非是粉刷，否则不能单独使用石灰。

六、石灰的应用和储存、运输

(一)石灰的应用

(1)石灰砂浆：主要用于地面以上部分的砌筑工程，并可用于抹面等装饰工程。

(2)加固软土地基：在软土地基中打入生石灰桩，可利用生石灰吸水产生膨胀对桩周围土壤起挤密作用，利用生石灰和黏土矿物间产生的胶凝反应使周围的土固结，从而达到提高地基承载力的目的。

(3)石灰和黏土按一定比例拌和制成石灰土，或与黏土、粗细集料、炉渣制成三合土，用于道路工程的垫层。

(4)半刚性材料的结合料：在道路工程中，随着半刚性基层在高等级路面中的应用，石灰稳定土、石灰粉煤灰稳定土及其稳定碎石等广泛用于路面基层。在桥梁工程中，石灰砂浆、石灰水泥砂浆、石灰粉煤灰砂浆广泛用于圬工砌体。

(二)石灰的储存、运输

(1)磨细的生石灰粉应储存于干燥仓库内，采取严格防水措施，不宜长期储存。

(2)如需较长时间储存生石灰，最好将其消解成石灰浆，并使表面隔绝空气，以防碳化。

(3)石灰能侵蚀人的呼吸系统及皮肤，因此在装卸石灰和施工的过程中，相关工作人员应佩戴必要的防护用品。

第二节　水　泥

水泥是一种水硬性结合材料，是制造各种形式的混凝土结构物最基本的组成材料。与水拌和后成为可塑性浆体，既能在空气中硬化，又能在水中硬化，并能将各种岩石材料胶结成具有一定强度的整体。

水泥的品种很多，按化学成分可分为硅酸盐、铝酸盐、硫酸盐等多种系列水泥，本节主要介绍硅酸盐系列水泥。

硅酸盐系列水泥按其性能和用途，分为常用水泥和特种水泥。常用水泥是指大量用于一般土木建筑工程中的水泥，包括硅酸盐水泥、普通水泥、矿渣水泥、火山灰水泥、粉煤灰水泥、复合水泥等；特种水泥是指具有独特的性能，用于各类有特殊要求的工程中的水泥。

一、常用水泥的生产

(一)硅酸盐水泥生产

硅酸盐水泥的原料主要是石灰质原料和黏土质原料。石灰质原料主要提供 CaO，如石灰岩、白垩、石灰质凝灰岩等物质。黏土质原料主要提供 SiO_2、Al_2O_3 及少量 Fe_2O_3，如黏土、黄土、页岩、泥岩及河泥等。为了弥补黏土中 Fe_2O_3 含量之不足，需加入铁矿粉、黄铁矿渣等。将上述几种原材料按适当比例混合后磨细，制成生料，再将生料煅烧，即制成黑色球状的水泥熟料。

硅酸盐水泥生产工艺可概括为"两磨一烧"，即原材料按比例配合磨细而得到生料，生料煅烧成为熟料，熟料加石膏、混合材料经磨细而制成。见图3-3。

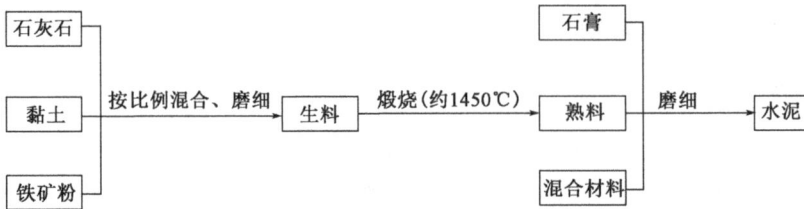

图3-3　硅酸盐水泥生产的主要工艺流程

(二)磨制水泥成品

磨制水泥成品时的原材料包括水泥熟料、石膏和混合材料。

用于水泥中的混合材料分为活性材料和非活性材料两大类。

活性混合材料是指常温下能与氢氧化钙和水发生水化反应，生成水硬性的水化物，并能够逐渐凝结硬化产生强度的混合材料。常用的活性混合材料有粒化高炉矿渣、火山灰质混合材料和粉煤灰混合材料等。

常温下不能与氢氧化钙和水发生水化反应或反应很弱，也不能产生凝结硬化的混合材料称为非活性混合材料。磨细的石英砂、石灰岩、黏土、慢冷矿渣及各种废渣等属于非活性混合材料。

把水泥熟料、适量石膏分别和不同种类、数量的混合材料在一起磨细，即可制成六大种常用水泥。各种常用水泥的组成见表3-6。

常用水泥品种与组成　　　　　　　　　　　　　　表3-6

水泥品种	水泥代号	水泥组成		
		熟料	石膏	混合材料
Ⅰ型硅酸盐水泥	P·Ⅰ	硅酸盐水泥熟料95%~98%	天然石膏或工业副产石膏适量(控制 SO_3 含量小于3.5%)	不掺
Ⅱ型硅酸盐水泥	P·Ⅱ	硅酸盐水泥熟料90%~97%		掺加不超过水泥质量5%的石灰岩或粒化高炉矿渣混合材料
普通硅酸盐水泥	P·O	硅酸盐水泥熟料80%~92%		按质量比掺6%~15%混合材料。掺活性混合材料时，最大掺量不得超过15%，其中允许用不超过水泥。质量5%的窑灰或不超过水泥质量10%的非活性混合材料代替，非活性混合材料不得超过水泥质量的10%
矿渣硅酸盐水泥	P·S	硅酸盐水泥熟料25%~78%	天然石膏或工业副产石膏适量(控制 SO_3 含量小于4.0%)	粒化高炉矿渣掺量按质量比为20%~70%，允许用石灰岩、窑灰和火山灰混合料中的一种材料代替矿渣，代替数量不得超过水泥质量的8%，替代后水泥中粒化高炉矿渣不得少于20%

水泥品种	水泥代号	水泥组成		
		熟料	石膏	混合材料
火山灰硅酸盐水泥	P·P	硅酸盐水泥熟料 45%～78%	天然石膏或工业副产石膏适量（控制 SO₃ 含量小于 3.5%）	火山灰混合材料掺加量按质量百分比计为 20%～50%
粉煤灰硅酸盐水泥	P·F	硅酸盐水泥熟料 55%～78%		粉煤灰掺量按质量百分比计为 20%～40%
复合硅酸盐水泥	P·C	硅酸盐水泥熟料 45%～83%		掺两种或两种以上混合材料,总掺量按质量百分比为 15%～50%,允许用不超过 8% 的窑灰代替部分混合材料,掺矿渣时,混合材料量不得与矿渣水泥重复

二、常用水泥的特性

（一）硅酸盐水泥

凡由硅酸盐水泥熟料、不超过水泥质量 5% 石灰岩或粒化高炉矿渣及适量石膏磨细制成的水硬性结合材料,称为硅酸盐水泥。

1.硅酸盐水泥熟料的主要矿物成分

硅酸盐水泥熟料 4 种主要矿物成分与含量列于表 3-7。

硅酸盐水泥熟料的矿物组成 表 3-7

矿物组成	化学组成	常用缩写	大致含量(%)
硅酸三钙	$3CaO \cdot SiO_2$	C_3S	35～65
硅酸二钙	$2CaO \cdot SiO_2$	C_2S	10～40
铝酸三钙	$3CaO \cdot Al_2O_3$	C_3A	0～15
铁铝酸四钙	$4CaO \cdot Al_2O_3 \cdot Fe_2O_3$	C_4AF	5～15

2.硅酸盐水泥熟料主要矿物成分的特性

1）硅酸三钙

硅酸三钙是硅酸盐水泥中最主要的矿物成分,其含量通常在 50% 左右,它对硅酸盐水泥性质有重要的影响。硅酸三钙水化速度较快,水化热高,且早期强度高,28d 强度可达到一年强度的 70%～80%。

2）硅酸二钙

硅酸二钙在硅酸盐水泥中的含量为 10%～40%,亦为主要矿物成分,遇水时对水化反应较慢,水化热很低。硅酸二钙的早期强度较低而后期强度高,耐化学侵蚀性和干缩性较好。

3）铝酸三钙

铝酸三钙在硅酸盐水泥中含量通常在 15% 以下。它是 4 种成分中遇水反应速度最快,水化热最高的成分。铝酸三钙的含量决定水泥的凝结速度和释热量,耐化学侵蚀性差,干缩性大。

4)铁铝酸四钙

铁铝酸四钙在硅酸盐水泥中,含量通常在 5% ~ 15%。其遇水反应速度较快,水化热较高,强度较低,但对水泥抗折强度起重要作用,耐化学侵蚀性好,干缩性小。

水泥 4 种矿物成分的主要特性见表 3-8 的规定。

硅酸盐水泥熟料中矿物成分的主要特性 表 3-8

矿物组成	C_3S	C_2S	C_3A	C_4AF
水化速度	快	慢	最快	快
水化热	多	少	最多	中
强度	高	早期低、后期高	低	低
收缩	中	中	大	小
抗硫酸盐腐蚀性	中	最好	差	好
含量范围(%)	37 ~ 60	15 ~ 37	7 ~ 15	10 ~ 18

水泥中矿物成分水化后抗压强度和释热量随龄期的增长见图 3-4 和图 3-5。

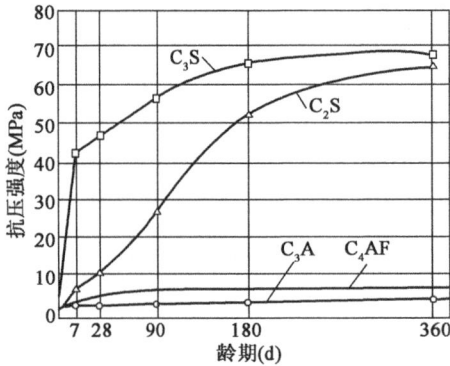
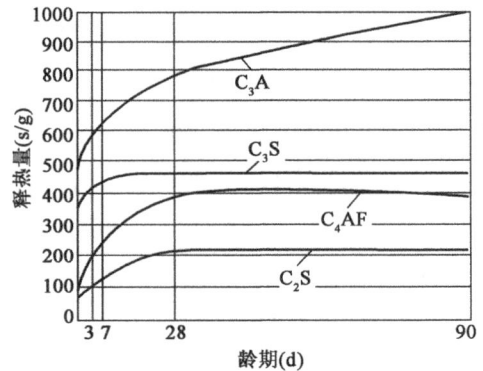

图 3-4 水泥熟料矿物在不同龄期的抗压强度　　图 3-5 水泥熟料矿物在不同龄期的释热量

水泥是由几种矿物组成的混合物,改变矿物组成相对比例,水泥的性能即发生相应的变化。例如提高硅酸三钙的含量可制得高强水泥;降低铝酸三钙和硅酸三钙含量,提高硅酸二钙含量则可制得中热硅酸盐水泥;提高铁铝酸四钙和硅酸三钙含量则可制得较高抗折强度的道路水泥。

3.硅酸盐水泥的凝结和硬化

水泥加水拌和后,成为具有良好可塑性的水泥浆,水泥浆逐渐变稠失去可塑性,但尚不具有强度的过程,称为水泥的"凝结"。随后水泥浆的可塑性完全失去,开始产生明显的强度并逐渐发展而成为坚硬的人造石材——水泥石,这一过程称为水泥的"硬化"。凝结硬化是人为划分的,实际上是一个连续、复杂的物理化学变化的过程。

1)水泥的水化

水泥遇水后,发生下列水化反应:

(1)硅酸三钙

$$2(3CaO \cdot SiO_2) + 6H_2O \longrightarrow 3CaO \cdot 2SiO_2 \cdot 3H_2O + 3Ca(OH)_2 \qquad (3-4)$$

　　　　　　　　　　　　　　　水化硅酸钙　　　氢氧化钙

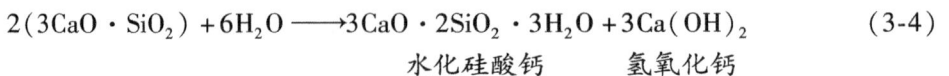

（2）硅酸二钙

$$2(2CaO \cdot SiO_2) + 4H_2O \longrightarrow 3CaO \cdot 2SiO_2 \cdot 3H_2O + Ca(OH)_2 \qquad (3-5)$$

（3）铝酸三钙

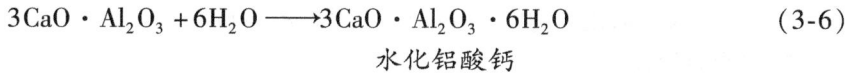

$$3CaO \cdot Al_2O_3 + 6H_2O \longrightarrow 3CaO \cdot Al_2O_3 \cdot 6H_2O \qquad (3-6)$$
$$\text{水化铝酸钙}$$

铝酸三钙在水中反应可生成水化铝酸钙,但这些水化产物不稳定,会和水泥中的石膏发生反应生成三硫型水化铝酸钙(钙矾石),当石膏消耗完毕后,水泥中尚未水化的铝酸三钙与钙矾石生成单硫型水化铝酸钙。

（4）铁铝酸四钙

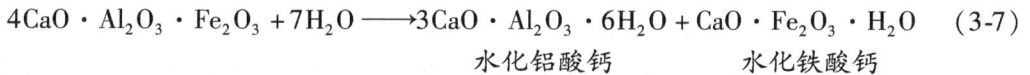

$$4CaO \cdot Al_2O_3 \cdot Fe_2O_3 + 7H_2O \longrightarrow 3CaO \cdot Al_2O_3 \cdot 6H_2O + CaO \cdot Fe_2O_3 \cdot H_2O \qquad (3-7)$$
$$\text{水化铝酸钙} \qquad\qquad \text{水化铁酸钙}$$

硅酸盐水泥与水反应后,生成的主要水化产物为:水化硅酸钙和水化铁铝酸钙凝胶,约占70%,氢氧化钙、水化铝酸钙和水化硫铝酸钙结晶,约占20%,钙矾石和单硫型水合硫铝酸钙约占7%,其余是未水化的水泥和次要成分。

2）水泥的凝结和硬化

水和水泥接触后,水泥颗粒表面的水泥熟料先溶解于水,然后与水反应,或水泥熟料在固态直接与水反应,生成相应的水化产物,水化产物先溶解于水。在水化初期,水化产物不多,水泥颗粒之间还是分离着的,水泥浆具有可塑性。随着时间的推移,水泥颗粒不断水化,新生水化产物不断增多,使水泥颗粒间的空隙逐渐缩小,并逐渐接近,以至相互接触,形成凝聚结构。凝聚结构的形成,使水泥浆开始失去可塑性,这就是水泥的"初凝"。

随着以上过程的不断进行,固态的水化产物不断增多,颗粒间的接触点数目增加,结晶体和凝胶体互相贯穿形成的凝聚-结晶网状结构不断加强。而固相颗粒之间的空隙(毛细孔)不断减小,结构逐渐紧密,使水泥浆体完全失去可塑性,水泥表现为"终凝"。之后水泥石进入硬化阶段。进入硬化阶段后,水泥的水化速度逐渐减慢,水化产物随时间的增长而逐渐增加,扩展到毛细孔中,使结构更趋致密,强度逐渐提高。

（二）普通硅酸盐水泥

普通硅酸盐水泥中混合材料的掺加量较少,其矿物组成的比例与硅酸盐水泥相似,所以普通水泥的性能、应用范围与同强度等级的硅酸盐水泥相近。由于普通水泥中掺入少量混合材料的主要作用是调节水泥的强度等级,它的强度等级少了 62.5 和 62.5R 两个等级。与硅酸盐水泥相比,普通水泥的早期凝结硬化速度略微慢些,3d 强度稍低,其他如抗冻性及耐磨性等也稍差些。

（三）矿渣硅酸盐水泥

矿渣硅酸盐水泥中熟料的含量比硅酸盐水泥少,掺入的粒化高炉渣量比较多,因此,与硅酸盐水泥相比有以下几个方面的特点:

（1）矿渣水泥加水后的水化分两步进行:首先是水泥熟料颗粒水化,接着矿渣受熟料水化时析出的 Ca(OH) 及外掺石膏反应生成新的水化硅酸钙和水化铝酸钙。由于矿渣水泥中熟料的含量相对减少,而且水化分两步进行,因此凝结硬化慢,早期(3d、7d)强度低。但二次反应后生成的水化硅酸钙凝胶逐渐增多,所以其后期(28d 后)强度发展较快,将赶上甚至超过硅酸盐水泥。

（2）矿渣水泥中熟料的减少，使水化时发热量高的 C_3S 和 C_3A 含量相对减少，故水化热较低，可在大体积混凝土工程中优先选用。

（3）矿渣水泥水化产物中 $Ca(OH)_2$ 含量少，抗碳化能力较差，但抗溶出性侵蚀及抗硫酸盐侵蚀的能力较强。

（4）矿渣颗粒亲水性较小，故矿渣水泥保水性较差，泌水性较大，容易在水泥石内部形成毛细通道，增加水分蒸发。因此，矿渣水泥干缩性较大，抗渗性、抗冻性和抗干湿交替作用性能均较差，不宜用于有抗渗要求的混凝土工程中。

（5）矿渣水泥的水化产物中 $Ca(OH)_2$ 含量低，而且矿渣本身是水泥的耐火掺料，因此其耐热性较好，可用于耐热混凝土工程中。

（6）矿渣水泥水化硬化过程中，对环境的温度、湿度条件较为敏感。低温下凝结硬化缓慢，但在湿热条件下强度发展很快，故适于采用蒸汽养护。

（四）火山灰硅酸盐水泥

火山灰水泥和矿渣水泥在性能方面有许多共同点，如水化反应分两步进行、早期强度低、后期强度增长率较大、水化热低、耐蚀性强、抗冻性差、易碳化等。

由于火山灰水泥在硬化过程中的干缩较矿渣水泥更为显著，在干热环境中易产生干缩裂缝。因此，使用时须加强养护，使其在较长时间内保持潮湿状态。由于水化硅酸钙抗碳力差，易使水泥石表面产生"起粉"现象，因此火山灰水泥不宜用于干燥环境中的工程。

火山灰水泥颗粒较细，泌水性小，故具有较高抗渗性，宜用于有抗渗要求的混凝土工程中。

（五）粉煤灰硅酸盐水泥

粉煤灰本身就是一种火山灰质混合材料，因此，粉煤灰水泥实质上就是一种火山灰水泥，其水化硬化过程及其他诸方面性能与火山灰水泥极为相似。

粉煤灰水泥的主要特点是干缩性较小，甚至比硅酸盐水泥和普通水泥还小，因而抗裂性较好。

另外，粉煤灰颗粒较致密，且呈球形，故吸水少，所以粉煤灰水泥的需水量小，配制成的混凝土和易性较好。

（六）复合硅酸盐水泥

复合水泥中含有两种或两种以上规定的混合材料，因此复合水泥的特性与其所掺混合材料的种类、掺量及相对比例有密切关系。其特性与矿渣水泥、火山灰水泥、粉煤灰水泥有不同程度的相似之处。

硅酸盐水泥、普通硅酸盐水泥、矿渣硅酸盐水泥、粉煤灰硅酸盐水泥、火山灰硅酸盐水泥 5 种水泥在工程中应用最广。此 5 种水泥的特性及使用范围列于表 3-9。

5 种水泥的主要特性及适用范围　　　　　　　　　　表 3-9

名　　称	硅酸盐水泥		普通硅酸盐水泥	矿渣硅酸盐水泥	火山灰硅酸盐水泥	粉煤灰硅酸盐水泥
简称	Ⅰ型	Ⅱ型	普通水泥	矿渣水泥	火山灰水泥	粉煤灰水泥

名　称	硅酸盐水泥	普通硅酸盐水泥	矿渣硅酸盐水泥	火山灰硅酸盐水泥	粉煤灰硅酸盐水泥
密度(g/m³)	3.00~3.15	3.00~3.15	2.80~3.10	2.80~3.10	2.80~3.10
硬化	快	较快	慢	慢	慢
早期强度	高	较高	低	低	低
水化热	高	高	低	低	低
抗冻性	好	好	差	差	差
耐热性	差	较差	好	较差	较差
干缩性			较大	较大	较小
抗渗性	较好	较好	差	较好	较好
泌水性	较小	较小	明显	小	小
适用条件	(1)一般地上工程,无腐蚀、无压力水用的工程; (2)要求早期强度较高和低温施工无蒸汽养护的工程; (3)有抗冻性要求的工程		(1)一般地上、地下和水中工程; (2)有硫酸盐侵蚀的工程; (3)大体积混凝土工程; (4)有耐热性要求的工程; (5)有蒸汽养护工程	除不适于有耐久性要求的工程外,其他与矿渣水泥相同	同火山灰水泥相同
不适用条件	(1)大体积混凝土工程; (2)有腐蚀作用和压力水作用的工程		(1)要求早强高的工程; (2)有耐冻性要求的工程	(1)与矿渣水泥各项相同; (2)干热地区和耐磨性要求较高的工程	(1)与矿渣水泥各项相同; (2)有抗碳化要求的工程

三、常用水泥的技术性质

根据《通用硅酸盐水泥》(GB 175—2007),对硅酸盐水泥的技术性质要求如下:

1. 细度(选择性指标)

细度是指水泥颗粒的粗细程度。未经磨细的水泥熟料是不具备活性的,一般水泥颗粒越细,与水发生反应的表面积越大,水化反应速度较快,而且较完全,早期强度也越高,但在空气中硬化收缩性较大,成本也较高。如水泥颗粒过粗则不利于水泥活性的发挥,一般认为水泥颗粒小于40μm(0.04mm)时,才具有较高的活性,大于100μm(0.1mm)活性就很小了。

根据我国现行标准规定,水泥的细度采用筛析法和比表面积法检测。

(1)筛析法:以80μm方孔筛上的筛余百分率表示。筛析法有负压筛法和水筛法两种。当有争议时,以负压筛法为准。普通水泥、矿渣水泥、火山灰水泥、粉煤灰水泥及道路水泥的细度用筛析法检验,要求在80μm方孔筛上的筛余量不大于10%。

(2)比表面积:以每千克水泥总表面积(m²)表示。硅酸盐水泥的细度采用勃压透气法进行检验,要求比表面积应大于300m²/kg。

2. 标准稠度(资源5)和标准稠度用水量

《通用硅酸盐水泥》(GB 175—2007)规定:水泥净浆标准稠度的标准测定方法为试杆法,以标准试杆沉入净浆,并距离底板 6mm ± 1mm 时的水泥净浆为标准稠度净浆。水泥净浆达到标准稠度时的用水量就是水泥标准稠度用水量。在凝结时间和安定性检测试验中均采用标准稠度的水泥净浆。

3. 凝结时间(资源6)

水泥的凝结时间是指从加水开始到水泥净浆失去可塑性的所需的时间,分为初凝时间和终凝时间。

《通用硅酸盐水泥》(GB 175—2007)规定:采用维卡仪测定水泥的凝结状态。初凝状态是指试针自由沉入标准稠度的水泥净浆,试针沉至距底板 4mm ± 1mm 时的稠度状态。水泥全部加入水中至初凝状态所经历的时间为初凝时间,用 min 计。终凝状态是指试针沉入试体 0.5mm 时的稠度状态。水泥全部加入水中至终凝状态所经历的时间为终凝时间,用"min"计。

水泥的凝结时间对水泥混凝土的施工有重要的意义。水泥初凝时间太短,将影响混凝土和砂浆的搅拌、运输和浇筑;终凝时间过长,则影响混凝土工程的施工进度。《通用硅酸盐水泥》(GB 175—2007)规定:硅酸盐水泥初凝不小于45min,终凝不大于390min。普通硅酸盐水泥初凝不小于45min,终凝不大于600min。

4. 体积安定性(资源7)

水泥体积安定性是指水泥浆在凝结硬化过程中体积变化的均匀性。如果水泥硬化后产生不均匀的体积变化,则为体积安定性不良。安定性不良会使水泥制品或混凝土构件产生膨胀性裂缝,降低建筑物质量,甚至引起严重事故。

影响水泥安定性不良的因素主要为:熟料中氧化镁含量、水泥中三氧化硫含量。

按照规定:检验水泥体积安定性的方法有:标准方法(雷氏法)、试饼法(代用法),有矛盾时以标准法为准。

(1)雷氏法是将标准稠度的水泥净浆装于雷氏夹的环形试模中,经湿养24h后,在沸煮箱中加热 30min ± 5min 至沸,继续恒沸 3h ± 5min。测定试件两指针尖端距离,当两个试件在沸煮后,针尖端增加的距离平均值不大于 5.0mm 时,即认为该水泥安定性合格。

(2)试饼法是将水泥拌制成标准稠度的水泥净浆,制成直径 70 ~ 80mm、中心厚 10mm 的试饼,在湿汽养护箱中养护24h,然后在沸煮箱中加热 30min ± 5min 至沸,恒沸 3h ± 5min,最后根据试饼有无弯曲、裂缝等外观变化,判断其安定性。

5. 水泥的强度(资源8)

《通用硅酸盐水泥》(GB 175—2007)规定,用水泥胶砂强度法作为水泥强度的标准检验方法。此方法中水泥、ISO 标准砂及水按规定比例(水泥:标准砂:水 =1:3:0.5)制成 40mm × 40mm × 160mm 的标准试件,在标准条件下养护,达到规定龄期(3d 和 28d)时,测其抗压强度和抗折强度,按《通用硅酸盐水泥》(GB 175—2007)规定的最低强度值来评定水泥的强度等级。

在进行水泥胶砂强度试验时,用 ISO 标准砂。粒径为 0.08 ~ 2.0mm,分粗、中、细三级,各占三分之一。其中粗砂为 1.0 ~ 2.0mm,中砂为 0.5 ~ 1.0mm,细砂为 0.08 ~ 0.5mm。ISO 标准砂颗粒分布见表3-10。

表3-10

方孔边长（mm）	累计筛余（%）	方孔边长（mm）	累计筛余（%）
2.0	0	0.5	67±5
1.6	7±5	0.16	87±5
1.0	33±5	0.08	99±1

1）水泥强度等级

按规定龄期抗压强度和抗折强度来划分，硅酸盐水泥各龄期强度不低于表3-11数值。在规定各龄期的抗压强度和抗折强度均符合某一强度等级的最低强度值要求时，以28d抗压强度值（MPa）作为水泥的强度等级。

硅酸盐水泥按强度等级划分为42.5、42.5R、52.5、52.5R、62.5、62.5R 六个强度等级。

硅酸盐水泥的强度要求 表3-11

强 度 等 级	抗压强度（MPa）		抗折强度（MPa）	
	3d	28d	3d	28d
42.5	≥17.0	≥42.5	≥3.5	≥6.5
42.5R	≥22.0	≥42.5	≥4.0	≥6.5
52.5	≥23.0	≥52.5	≥4.0	≥7.0
52.5R	≥27.0	≥52.5	≥5.0	≥7.0
62.5	≥28.0	≥62.5	≥5.0	≥8.0
62.5R	≥32.0	≥62.5	≥5.5	≥8.0

2）水泥型号

为提高水泥早期强度，《通用硅酸盐水泥》（GB 175—2007）将水泥分为普通型和早强型（或称 R 型）两个型号。早强型水泥 3d 的抗压强度较同强度等级的普通型强度提高 10% ~ 24%；早强型水泥的 3d 抗压强度可达到 28d 抗压强度的 50%。

6. 不溶物含量

水泥中不溶物是指水泥经酸和碱处理后，不能被溶解的残余物。它是水泥中非活性组分的反映，主要由生料、混合材料和石膏中的杂质产生。《通用硅酸盐水泥》（GB 175—2007）规定：Ⅰ型硅酸盐水泥中不溶物不得超过 0.75%，Ⅱ型硅酸盐水泥中不溶物不得超过 1.50%。

7. 烧失量

烧失量是指水泥在一定灼烧温度和时间内，损失的量占水泥原质量的百分数。《通用硅酸盐水泥》（GB 175—2007）规定：Ⅰ型硅酸盐水泥中烧失量不得大于 3.0%，Ⅱ型硅酸盐水泥中烧失量不得大于 3.5%。

8. 氧化镁含量

在水泥熟料中，常含有少量未与其他矿物结合的游离氧化镁，这种多余的氧化镁是高温时形成的方镁石，它水化为氢氧化镁速度很慢，常在水泥硬化以后才开始水化，产生体积膨胀，可导至水泥石结构产生裂缝甚至破坏，因此它是引起水泥安定性不良的原因之一。

《通用硅酸盐水泥》（GB 175—2007）规定，水泥中氧化镁的含量不宜超过 5.0%。如果水泥经压蒸安定性试验合格，则水泥中氧化镁的含量允许放宽到 6.0%。

9. 三氧化硫含量

水泥中的三氧化硫主要是在生产时为调节凝结时间加入石膏而产生的。石膏超过一定限量后，水泥性能会变差，甚至引起硬化后水泥石体积膨胀，导致结构物破坏。

《通用硅酸盐水泥》(GB 175—2007)规定，水泥中三氧化硫的含量不得超过3.5%。

10. 水化热

水泥在水化过程中放出的热称为水泥的水化热。水化热放热量和放热速度不仅取决于水泥的矿物成分，而且还与水泥细度、水泥中掺混合材料及外加剂的品种、数量有关。水泥矿物进行水化时，铝酸三钙放热量最大，水化速度快，硅酸三钙放热量稍低，硅酸二钙放热量最低，速度也慢。水泥越细，水化反应比较容易进行，因此，水化放热量越大，放热速度也越快。水泥水化放热大部分在早期(3~7d)放出，以后逐渐减少。

大型基础、水坝、桥墩等大体积混凝土构筑物，由于水化热聚集在内部不易散热，内部温度常上升到50~60℃以上，内外温度差引起的应力，可使混凝土产生裂缝，因此水化热对大体积混凝土是有害因素。在大体积混凝土工程中，不宜采用硅酸盐水泥这类水化热较高的水泥品种。

11. 实际密度、堆积密度

在进行混凝土配合比计算和储运水泥时，需要知道水泥的密度和堆积密度。硅酸盐水泥的实际密度主要取决于其熟料矿物组成，一般为$3.05~3.20\text{g/cm}^3$。硅酸盐水泥的堆积密度除与矿物组成及细度有关，主要取决于水泥堆积时的紧密程度，一般为$1000~1600\text{kg/m}^3$。

四、常用水泥的技术标准

按照《通用硅酸盐水泥》(GB 175—2007)中的规定，常用水泥的主要技术标准见表3-12。

常用水泥的主要技术标准　　　　　　　　　　　　　表3-12

水泥品种		硅酸盐水泥		普通硅酸盐水泥		矿渣水泥、火山灰水泥、粉煤灰水泥		复合水泥	
		P·Ⅰ	P·Ⅱ						
细度		比表面积>300m²/kg		比表面积>300m²/kg		80μm方孔筛筛余量≤10%或45μm方孔筛筛余量≤30%			
凝结时间（min）	初凝	≥45		≥45		≥45		≥45	
	终凝	≤390		≤600		≤600		≤600	
安定性（沸煮法）（%）	MgO	≤5.0		≤5.0		≤5.0		≤5.0	
	SiO₂	≤3.5		≤3.5(矿渣水泥中含量≤4.0)				≤3.5	
强度等级	龄期（d）	抗压强度（MPa）	抗折强度（MPa）	抗压强度（MPa）	抗折强度（MPa）	抗压强度（MPa）	抗折强度（MPa）	抗压强度（MPa）	抗折强度（MPa）
32.5	3					10.0	2.5	10.0	2.5
	28					32.5	5.5	32.5	5.5
32.5R	3					15.0	3.5	15.0	3.5
	28					32.5	5.5	32.5	5.5
42.5	3	17.0	3.5	16.0	3.5	15.0	3.5	16.0	3.5
	28	42.5	6.5	42.5	6.5	42.5	6.5	42.5	6.5
42.5R	3	22.0	4.0	21.0	4.0	19.0	4.0	21.0	4.0
	28	42.5	6.5	42.5	6.5	42.5	6.5	42.5	6.5
52.5	3	23.0	4.0	22.0	4.0	21.0	4.0	21.0	4.0
	28	52.5	7.0	52.5	7.0	52.5	7.0	52.5	7.0

强度等级	龄期(d)	抗压强度(MPa)	抗折强度(MPa)	抗压强度(MPa)	抗折强度(MPa)	抗压强度(MPa)	抗折强度(MPa)	抗压强度(MPa)	抗折强度(MPa)
52.5R	3 28	27.0 52.5	5.0 7.0	26.0 52.5	5.0 7.0	23.0 52.5	4.5 7.0	23.0 52.5	4.5 7.0
62.5	3 28	28.0 62.5	5.0 8.0						
62.5R	3 28	32.0 62.5	5.5 8.0						

《通用硅酸盐水泥》(GB 175—2007)规定：凡氧化镁、三氧化硫、氯离子、初凝时间、安定性中任一项不符合标准规定，凝结时间、不溶物和烧失量、强度低于规定的指标时，称为不合格品。

五、硅酸盐水泥石的腐蚀与防止

(一)水泥石的腐蚀

硅酸盐水泥硬化后，在通常使用条件下具有较好的耐久性。但在某些腐蚀性液体或气体介质中，会逐渐受到腐蚀而导致破坏，强度下降以致全部崩溃，这种现象称为水泥石的腐蚀。

1. 软水侵蚀（溶出性侵蚀）

软水是不含或含少量钙、镁可溶性盐的水，如雨水、雪水、蒸馏水以及含重碳酸盐很少的河水和湖水等。当水泥石长期处于软水中，最先溶出的是氢氧化钙。在静水及无水压的情况下，由于周围的水易被溶出的氢氧化钙所饱和，使溶解作用中止，所以用于表层，影响不大。但在流水及压力水作用下，氢氧化钙会不断溶解流失，而且，由于氢氧化钙浓度的继续降低，还会引起其他水化产物的分解溶蚀，使水泥石结构遭受进一步的破坏。

2. 盐类腐蚀

1）硫酸盐腐蚀

在海水、湖水、沼泽水、地下水、某些工业污水中常含钠、钾、铵等硫酸盐，它们与水泥石中的氢氧化钙起化学反应生成硫酸钙，硫酸钙又继续与水泥石中的水化铝酸钙作用，生成比原来体积增加 1.5 倍的高硫型水化硫铝酸钙（即钙矾石），而产生较大体积膨胀，对水泥石起极大的破坏作用。

当水中硫酸盐浓度较高时，硫酸钙会在毛细孔中直接结晶成二水石膏，体积增大，同样会引起水泥石的破坏。

2）镁盐腐蚀

在海水及地下水中，常含大量的镁盐，主要是硫酸镁和氯化镁。它们与水泥石中的氢氧化钙发生化学反应，生成的氢氧化镁松软而且无胶结能力，氯化钙易溶于水，二水石膏则引起硫酸盐的破坏作用。

3. 酸类腐蚀

1) 碳酸腐蚀

在工业污水、地下水中常溶解有较多的二氧化碳,对水泥石会产生腐蚀作用,二氧化碳与水泥石中的氢氧化钙作用生成碳酸钙;碳酸钙再与含碳酸的水作用转变成易溶于水的碳酸钙,其可溶性使水泥石强度下降。

2) 一般酸性腐蚀

在工业废水、地下水、沼泽水中常含无机酸和有机酸,工业窑炉中的烟气常含有氧化硫,遇水后即生成亚硫酸。各种酸类对水泥石都有不同程度的腐蚀作用。它们与水泥石中的氢氧化钙作用后生成的化合物,或者易溶于水,或者体积膨胀,导致水泥石破坏。腐蚀作用最快的是无机酸中的盐酸、氢氟酸、硝酸、硫酸和有机酸中的醋酸、蚁酸和乳酸。

4. 强碱腐蚀

碱类溶液如浓度不大时一般对水泥石是无害的。但铝酸盐含量较高的硅酸盐水泥遇到强碱(如氢氧化钠)作用后也会破坏。氢氧化钠与水泥熟料中未水化的铝酸盐作用,生成易溶的铝酸钠。当水泥石被氢氧化钠浸透后又在空气中干燥,与空气中的二氧化碳作用而生成碳酸钠,碳酸钠在水泥石毛细孔中结晶沉积,而使水泥石胀裂。

除上述腐蚀类型外,对水泥石有腐蚀作用的还有一些其他物质,如糖、氨盐、动物脂肪、含环烷酸的石油产品等。

(二)水泥石腐蚀的防止措施

根据以上对腐蚀原因的分析,在工程中要防止水泥石的腐蚀,可采用下列措施:

1. 根据所处环境的侵蚀性介质的特点,合理选用水泥品种

对处于软水中的建筑部位,应选用水化产物中氢氧化钙含量较少的水泥,这样可提高其对软水等侵蚀作用的抵抗能力;而对处于有硫酸盐腐蚀的建筑部位,则应选用铝酸三钙含量低于5%的抗硫酸盐水泥。水泥中掺入活性混合材料,可大大提高其对多种腐蚀性介质的抵抗作用。

2. 提高水泥石的密实程度

提高水泥石的密实程度,可大大减少侵蚀性介质渗入内部。在实际工程中,提高混凝土或砂浆密实度的措施很多,如合理设计混凝土配合比,降低水灰比,选择质量符合要求的集料或掺入外加剂,以及改善施工方法等。另外,在混凝土或砂浆表面进行碳化或氟硅酸处理,生成难溶的碳酸钙外壳,或氟化钙及硅胶薄膜,也可以起到减少腐蚀性介质渗入,提高水泥石抵抗腐蚀能力的作用。

3. 加作保护层

当侵蚀作用较强时,可在混凝土及砂浆表面加做耐腐蚀性高且不透水的保护层,一般可用耐酸石料、耐酸陶瓷、玻璃、塑料、沥青等材料,以避免腐蚀性介质与水泥石直接接触。

六、水泥的储存与保管

(一)水泥的保存

保管水泥时,应按不同生产厂、不同品种强度等级和出厂日期分开堆放,严禁混杂;在运输

和保管水泥时,要注意防潮和防止空气流动,先存先用,不可储存过久。若水泥保管不当,会使水泥因风化而影响水泥质量。

(二)水泥的存放

水泥一般应入库存放,水泥仓库应保持干燥,库房地面应高出室外地面30cm,离开窗户和墙壁30cm以上,袋装水泥堆垛不宜过高,一般为10袋,以免下部水泥受压结块,如存放时间短,库房紧张,也不宜超过15袋。临时储存袋装水泥,应选择地势高、排水条件好的场地,并认真做好上盖下垫,以防止水泥受潮。

七、其他品种水泥

(一)道路硅酸盐水泥

以硅酸钙为主要成分和较多量的铁铝酸钙的硅酸盐水泥熟料称为道路硅酸盐水泥熟料。由道路硅酸盐水泥熟料、0~10%活性混合材料和适量石膏磨细制成的水硬性结合材料,称为道路硅酸盐水泥(简称道路水泥)。

1. 技术性质

道路硅酸盐水泥的技术性质应符合表3-13的规定。

各种水泥的技术标准   表3-13

名　　称		道路硅酸盐水泥	中热硅酸盐水泥	低热硅酸盐水泥	快硬硅酸盐水泥	抗硫酸盐水泥
氧化镁		≤5	≤5	≤5	≤5	≤5
三氧化硫		≤3.5	≤3.5	≤3.5	≤4	≤2.5
铝酸三钙		≤5	≤6	≤8		<5
硅酸三钙				≤55		<50
铁铝酸四钙	%	≥16				<22
烧失量		≤3				≤1.5
28d 干缩率		≤0.1				
游离氧化钙		旋窑1.0 立窑1.8	≤1	≤1.2		≤1
细度	80μm 方孔筛筛余量(%)	≤10	≤12	≤12	≤10	≤10
	比表面积(m²/g)					
	耐磨性(kg/m²)	≤3.6				
凝结时间	初凝不早于(min)	60	60	60	45	45
	终凝不迟于(h)	10	12	12	10	12
安定性		合格				

2. 工程应用

道路水泥是一种强度高,特别是抗折强度高,耐磨性能好,干缩性小,抗冲击性好,抗冻性和抗硫酸盐性比较好,雨天不打滑的专用水泥,适用于修筑道路路面和机场跑道、城市广场等工程。道路水泥可减少水泥混凝土路面的裂缝和磨耗等病害,减少维修、延长路面使用年限,因而,随着我国公路建设的迅速发展,道路水泥的需要与日俱增。

(二)快硬硅酸盐水泥

凡以硅酸盐水泥熟料和适量石膏,经磨细制成的具有早期强度高的水硬性胶结合材料,称为快硬硅酸盐水泥,简称快硬水泥。快硬硅酸盐水泥的主要矿物成分是铝酸三钙和硅酸三钙。通常硅酸三钙为50%~60%,铝酸三钙为8%~14%,铝酸三钙和硅酸三钙的总量应不少于60%~65%。为加快硬化速度,可适量增加石膏的掺量和提高水泥的粉磨细度。快硬水泥以3d强度确定其强度等级。

1.技术性质

快硬道路硅酸盐水泥的技术性能指标应符合表3-13的规定。

2.工程应用

快硬水泥主要用于配制早强混凝土,适用于紧急抢修工程和冬季施工工程,不宜用于大体积工程。快硬水泥易受潮变质,在运输和储存时,必须注意防潮,存放期一般不超过一个月。

(三)中热硅酸盐水泥和低热矿渣硅酸盐水泥(原名大坝水泥)

以适当成分的硅酸盐水泥熟料,加入适量石膏,磨细制成的具有中等水化热的水硬性结合材料,称为中热硅酸盐水泥,简称中热水泥。以适当成分的硅酸盐水泥熟料,加入矿渣和适量石膏磨细制成的具有低水化热的水硬性结合材料,称为低热矿渣硅酸盐水泥,简称低热矿渣水泥。水泥中矿渣的掺入量为20%~60%。

1.技术性质

中热水泥与低热水泥通过限制水泥熟料中水化热大的铝酸三钙与硅酸三钙的含量,从而降低水化热。各项技术性能指标应符合表3-13的规定。

2.工程应用

中热水泥和低热矿渣水泥主要适用于要求水化热较低的大坝和大体积混凝土工程。

(四)抗硫酸盐硅酸盐水泥

以适当成分的硅酸盐水泥熟料,加入适量石膏,磨细制成的具有抵抗硫酸根离子侵蚀的水硬性结合材料,称为抗硫酸盐硅酸盐水泥。

1.技术性质

抗硫酸盐硅酸盐水泥又根据抵抗硫酸盐浓度的不同分为中抗硫酸盐硅酸盐水泥和高抗硫酸盐硅酸盐水泥。中抗硫水泥一般能抵抗浓度不超过2500mg/L的纯硫酸盐的腐蚀,而高抗硫水泥一般可抵抗浓度不超过8000mg/L的纯硫酸盐的腐蚀。

抗硫酸盐硅酸盐水泥各项技术性能指标应符合表3-11的规定。

2.工程应用

抗硫酸盐硅酸盐水泥主要用于受到硫酸盐侵蚀的海港、水利、隧道、地下、引水、道路和桥梁基础等工程部位。

（五）铝酸盐水泥

铝酸盐水泥是以铝酸钙为主要成分的铝酸盐水泥熟料,磨细制成的水硬性胶凝材料,代号CA。铝酸盐水泥常为黄或褐色,也有呈灰色的。

1. 技术性质

铝酸盐水泥细度、凝结时间、强度等各项指标均应符合规范规定。

2. 工程应用

铝酸盐水泥早期强度增长快,强度高,主要用于紧急抢修和早期强度要求高的工程、冬季施工的工程。同时铝酸盐水泥具有较高的抵抗矿物水和硫酸盐的侵蚀性,也具有较高的耐热性,因而也适用于处于海水或其他侵蚀介质作用的重要工程,以及制作耐热混凝土、制造膨胀水泥。

另外,铝酸盐水泥与硅酸盐水泥或石灰相混不但会产生闪凝,而且由于生成高碱性的水化铝酸钙,会使混凝土开裂,甚至破坏。因此,施工时除不得将铝酸盐水泥与石灰或硅酸盐水泥混合外,也不得与未硬化的硅酸盐水泥接触使用。

（六）白色及彩色硅酸盐水泥

白色硅酸盐水泥简称白色水泥,是采用含极少量着色物质(如氧化铁、氧化锰、氧化钛、氧化铬等)的原料,如纯净的高岭土、纯石英砂、纯石灰石或白垩等,在较高的温度下煅烧成熟料,然后加入适量石膏磨细而成。

1. 技术性质

白色水泥熟料矿物成分主要是硅酸盐,所以其基本性质与硅酸盐水泥相同。

彩色硅酸盐水泥简称彩色水泥,按生产方式分为两大类:一类是在白色水泥的生料中加入少量金属氧化物直接烧成彩色水泥熟料,然后再加入适量石膏磨细而成;另一类是将白色水泥熟料、石膏和颜料共同粉磨而成。

2. 工程应用

白色水泥和彩色水泥主要用于建筑装饰材料,现也用于彩色道路铺筑。

本 章 小 结

石灰是一种气硬性结合材料,是修筑现代半刚性路面基层的重要材料,它的强度主要来源于氢氧化钙的碳化形成碳酸钙和氢氧化钙的晶化。氢氧化钙是由于活性氧化钙消化得来的。石灰遇水会溶解溃散,强度会降低,因此石灰不宜在长期潮湿的环境中或有水环境中使用。

硅酸盐水泥是一种水硬性胶凝材料,其基本成分是硅酸盐熟料。它由硅酸三钙、硅酸二钙、铝酸三钙、铁铝酸四钙4种矿物组分所组成。其中,硅酸三钙和硅酸二钙对水泥的强度起主要作用;硅酸三钙和铝酸三钙对水泥的水化热作用大;铁铝酸四钙有助于提高水泥的抗折强度。这4种矿物组分水化产物有:水化硅酸钙、氢氧化钙、钙矾石、单硫盐和水化铁铝酸钙等。水泥凝结、硬化是一个复杂的物化过程,水泥水化后由可塑性的水泥浆体逐渐凝结硬化成具有一定强度的水泥石。

水泥的技术性质,主要为凝结时间、体积安定性和强度。为提高水泥早期强度,我国水泥型号分为普通型和早强型。

为了改善水泥某些性能,同时达到增加产量和降低成本的目的,在硅酸盐熟料中掺加适量的各种混合料,并与石膏共同磨细制成各种掺加混合材水泥,如矿渣水泥、火山灰水泥、粉煤灰水泥和复合水泥等。

目前通常使用的水泥是硅酸盐水泥、普通水泥、矿渣水泥、火山灰水泥、粉煤灰水泥和复合硅酸盐水泥六种,称为六大品种水泥。

专供道路路面和机场跑道面使用的道路水泥也是一种硅酸盐水泥,但在矿物组成比例上要求较高的硅酸三钙和铁铝酸四钙含量、较低的铝酸三钙含量。

在道路和桥梁工程中,经常使用的其他水泥是高铝水泥、膨胀水泥和自应力水泥。

练习题

一、名词解释

生石灰;熟石灰;消化;两磨一烧;体积安定性

二、填空题

1. 石灰石的主要成分是_____,生石灰的主要成分是_____,消石灰的主要成分是_____,在石灰的消解过程中,"陈伏"的作用是为了防止_____石灰的危害。

2. 划分石灰种类的主要指标是_____含量。

3. 石灰在空气中硬化的原因是由于_____和_____两种作用。

4. 无机胶凝材料,按照硬化环境分为_____和_____。

5. 硅酸盐水泥的主要矿物成分是_____、_____、_____、_____。

6. 在水泥中掺入适量石膏的目的是_____。

7. 用沸煮法检验水泥体积安定性时,若试件表面有_____、_____或_____,则为不合格。

8. 测定水泥凝结时间是以_____用水量制成的水泥净浆,从_____起至试针沉入净浆,距底板 4mm ±1mm 时所需时间为_____,至试针沉入净浆 0.5mm 时所需的时间为_____。

三、选择题

1. 气硬性胶凝材料只能在_____中硬化,增长强度。
   A. 空气   B. 蒸汽   C. 水   D. 蒸压

2. 硅酸盐水泥胶砂强度实验时,水灰比为_____。
   A. 0.44   B. 0.46   C. 0.50   D. 0.55

3. 袋装水泥的取样应以同一水泥厂、同期到达、同品种、同强度等级的不超过_____t 为一个取样单位,随机从_____个以上不同部位的袋中取等样品水泥经混拌均匀后称取不少于_____kg。
   A. 300,10,20   B. 100,10,12   C. 200,20,12   D. 200,30,12

4. 石灰中有效氧化钙含量的测定是采用_____。

A. 络合滴定法   B. 中和滴定法

C. 筛分法   D. 直镏分解法

四、判断题

( )1. 在硅酸盐水泥中,C_3S 支配水泥的后期强度。

( )2. 在硅酸盐水泥中,C_2S 支配水泥的早期强度。

( )3. 普通硅酸盐水泥比掺混合料水泥早期强度低。

( )4. 水泥石产生腐蚀的原因是水化物中含有氧化钙。

( )5. 欠火石灰因熟化缓慢,所以石灰使用时必须提前消解。

( )6. 普通水泥耐腐蚀性好,宜用于各类水泥混凝土工程。

( )7. 硅酸盐水泥强度高,适用于水库大坝水泥混凝土工程。

( )8. 沸煮法主要检验水泥中因氧化钙引起的体积不安定。

( )9. 水泥中掺入石膏量愈大,缓凝效果愈明显。

五、问答题

1. 试述石灰的煅烧、消化和硬化的化学反应,并说明其强度形成原理。

2. 什么是过火石灰和欠火石灰？它们对石灰质量有何影响？

3. 制造硅酸盐水泥时为什么必须掺入适量石膏？

4. 什么是水泥的凝结时间？它对道路及桥梁施工有哪些影响？

5. 什么是水泥的标准稠度用水量？测定它的目的是什么？

6. 水泥的安定性对道路与桥梁工程混凝土有什么意义？按现行国家标准用什么方法来评价水泥安定性？

六、计算题

某单位购买一批强度等级为 42.5MPa 普通水泥,因存放期超过 3 个月,需试验室重新检验强度等级。已测得该水泥试件 3d、7d 的抗折、抗压强度均符合 42.5 强度等级的规定指标,又测得 28d 的抗折、抗压破坏荷载如表 3-14 所示,求该水泥实际强度。

水泥胶砂强度试验破坏荷载   表 3-14

编号	I		II		III	
抗折破坏荷载(N)	2.80×10^3		2.78×10^3		2.76×10^3	
抗压坏荷载(N)	1.05×10^5	1.10×10^5	1.12×10^5	1.13×10^5	1.06×10^5	1.08×10^5

第四章　无机结合料稳定类混合料

📖 学习目标

1. 了解无机结合料稳定类混合料的分类和材料组成；
2. 理解无机结合料稳定类混合料的强度形成机理；
3. 掌握无机结合料稳定类混合料主要技术性质、影响因素及测定方法；
4. 了解现行无机结合料稳定类混合料配合比设计方法。

📖 知识衔接

无机结合料稳定类混合料是指在各种粉碎或原来松散的土或矿质碎(砾)石中,掺入一定数量的无机结合料(如石灰、水泥、工业废渣等)和水,经拌和得到的混合料。这类稳定类混合料经过拌和、摊铺、压实及养护后,可形成具有一定的强度和稳定性的板体结构,因其耐磨性差,常用作路面结构的基层、底基层,图4-1为水稳基层的施工情况,图4-2为强度检测时钻取的芯样;又因其具有较大的抗变形能力,刚度介于柔性路面材料和刚性路面材料之间,故常将这类材料称为半刚性材料,以此修筑的基层或底基层亦称半刚性基层或底基层。

图4-1　水稳碎石芯样

图4-2　水稳基层施工

第一节　概　　述

一、无机结合料稳定类混合料的分类

(一)按无机胶结材料的种类分类

按无机胶结材料的种类可分为以下四大类:

(1)石灰稳定类:用石灰作为胶结料稳定材料得到的混合料称为石灰稳定材料类。

（2）水泥稳定类：用水泥作为胶结料稳定材料得到的混合料称为水泥稳定材料类。

（3）综合稳定类：同时用石灰和水泥作为胶结料稳定材料得到的混合料称为综合稳定材料类。

（4）石灰工业废渣稳定类：用一定量的石灰和工业废渣（主要为粉煤灰）作为胶结料共同稳定材料得到的混合料称为石灰工业废渣稳定材料类。

（二）按土中单颗粒粒径大小分类

（1）细粒土：细粒土是指颗粒的最大粒径小于 9.5mm，且其中小于 2.36mm 的颗粒含量不少于 90%。

（2）中粒土：中粒土是指颗粒的最大粒径小于 26.5mm，且其中小于 19mm 的颗粒含量不少于 90%。

（3）粗粒土：粗粒土是指颗粒的最大粒径小于 37.5mm，且其中小于 31.5mm 的颗粒含量不少于 90%。

（三）按结合料和颗粒组成分类

（1）稳定土：在粉碎或原状松散的土中掺入一定量的无机结合材料形成的混合料称为稳定土类。

（2）稳定粒料：在松散的碎石或砂砾中掺入一定量的无机结合材料形成的混合料称为稳定粒料类。稳定粒料类按照矿质粒料含量又可分为悬浮式稳定粒料和骨架密实式稳定粒料，悬浮式粒料中含砂砾或碎石不超过 50%，骨架密实式粒料中含砂砾或碎石在 80% 以上。

二、无机结合料稳定类混合料的优缺点

1. 无机结合料稳定类混合料的优点

（1）抗压强度较高，耐久性好，耐火性好，养护费用少。

（2）易于实现机械化施工。

（3）材料来源广泛，便于就地取材，价格便宜。

2. 无机结合料稳定类混合料的缺点

（1）抗拉强度低。

（2）由于干缩或低温收缩，易出现裂缝。

（3）耐磨性差。

第二节 无机结合料稳定类混合料组成材料及技术要求

一、土与集料

土的矿物成分对无机结合料稳定土性质有着重要的影响。试验表明，除有机质或硫酸盐含量高的土以外，各类砂砾土、砂土、粉土和黏土都可以用作无机结合稳定材料。黏土颗粒含量超过 60%、塑性指数大于 25 的黏土，不易粉碎、拌和，用石灰稳定时，容易使路面造成缩裂；

用水泥稳定时,同样因不易粉碎、拌和,会造成水泥用量过高而不经济。粉质黏土的稳定效果最佳。

一般规定,用于稳定土的素土的液限不大于40,塑性指数不大于20。用作稳定粒料的粗集料宜采用各种硬质岩石或砾石加工成的碎石,也可直接采用天然砾石,并应符合表4-1中Ⅰ类规定,用作级配碎石的粗集料应符合Ⅱ类规定。细集料应洁净、干燥、无风化、无杂质,并有适当的颗粒级配,高速公路和一级公路用细集料技术要求应符合表4-2的规定。

粗集料技术要求　　　　　　　　表4-1

指　　标	层　位	高速公路和一级公路				二级及二级以下公路	
		极重、特重交通		重、中、轻交通			
		Ⅰ类	Ⅱ类	Ⅰ类	Ⅱ类	Ⅰ类	Ⅱ类
压碎值(%)	基层	≤22*	≤22	≤26	≤26	≤35	≤30
	底基层	≤30	≤26	≤30	≤26	≤40	≤35
针片状颗粒含量(%)	基层	≤18	≤18	≤22	≤18	—	≤20
	底基层	—	≤20	—	≤20	—	≤20
粒径在0.075mm以下粉尘含量(%)	基层	≤1.2	≤1.2	≤2	≤2	—	—
	底基层	—	—	—	—	—	—
软石含量(%)	基层	≤3	≤3	≤5	≤5	—	—
	底基层	—	—	—	—	—	—

注:＊对花岗岩石料,压碎值可放宽至25%。

细集料技术要求　　　　　　　　表4-2

项　目	水泥稳定①	石灰稳定	石灰粉煤灰综合稳定	水泥粉煤灰综合稳定
颗粒分析	满足级配要求			
塑性指数②	≤17	适宜范围15~20	适宜范围12~20	—
有机质含量(%)	<2	≤10	≤10	<2
硫酸盐含量(%)	≤0.25	≤0.8	—	≤0.25

注:①水泥稳定包含水泥石灰综合稳定。
　　②应测定粒径在0.075mm以下材料的塑性指数。

级配良好的土用作无机结合稳定材料时,既可以节约无机结合料的用量,又可以取得满意的稳定效果。在稳定类混合料中,可以采用级配碎石、未筛分碎石、砂砾、碎石土、砂砾土等混合料。集料的最大粒径是影响稳定类混合料质量最为关键的因素之一。最大粒径愈大,拌和机、平地机和摊铺机等施工机械愈容易损坏,混合料愈容易产生粗细集料离析现象,铺筑层也愈难达到较高的平整度要求。集料的最大粒径太小,则稳定性不足,且增加集料的加工量。基层、底基层的粗集料规格宜符合表4-3的规定,细集料规格宜符合表4-4的规定。

粗集料规格要求　　　　　　　　表4-3

规格名称	工程粒径(mm)	通过下列筛孔(mm)的质量百分率(%)								
		53	37.5	31.5	26.5	19.0	13.2	9.5	4.75	2.36
G1	20~40	100	90~100	—	—	0~10	0~5	—	—	—
G2	20~30	—	100	90~100	—	0~10	0~5	—	—	—
G3	20~25	—	—	100	90~100	0~10	0~5	—	—	—

规格 名称	工程粒径 （mm）	通过下列筛孔(mm)的质量百分率(%)								
		53	37.5	31.5	26.5	19.0	13.2	9.5	4.75	2.36
G4	15 ~ 25	—	—	100	90 ~ 100	—	0 ~ 10	0 ~ 5	—	—
G5	15 ~ 20	—	—	—	100	90 ~ 100	0 ~ 10	0 ~ 5	—	—
G6	10 ~ 30	—	100	90 ~ 100	—	—	—	0 ~ 10	0 ~ 5	—
G7	10 ~ 25	—	—	100	90 ~ 100	—	—	0 ~ 10	0 ~ 5	—
G8	10 ~ 20	—	—	—	100	90 ~ 100	—	0 ~ 10	0 ~ 5	—
G9	10 ~ 15	—	—	—	—	100	90 ~ 100	0 ~ 10	0 ~ 5	—
G10	5 ~ 15	—	—	—	—	100	90 ~ 100	40 ~ 70	0 ~ 10	0 ~ 5
G11	5 ~ 10	—	—	—	—	—	100	90 ~ 100	0 ~ 10	0 ~ 5

细集料规格要求　　　　　　　　　　　　　　　　表 4-4

规格名称	工程粒径 （mm）	通过下列筛孔(mm)的质量百分率(%)							
		9.5	4.75	2.36	1.18	0.6	0.3	0.15	0.075
XG1	3 ~ 5	100	90 ~ 100	0 ~ 15	0 ~ 5	—	—	—	—
XG2	0 ~ 3	—	100	90 ~ 100	—	—	—	—	0 ~ 15
XG3	0 ~ 5	100	90 ~ 100	—	—	—	—	—	0 ~ 20

二、无机结合料

1. 石灰

石灰中产生黏结性的有效成分是活性氧化钙和氧化镁。它们的含量是评价石灰质量的主要指标，其含量越多，活性越高，稳定效果也越好。有效氧化钙和氧化镁含量的测定方法，按《公路工程无机结合料稳定材料试验规程》(JTG E51—2009)规定，有效氧化钙含量采用中和滴定法测定，氧化镁含量采用络合滴定法测定。在剂量不大的情况下，钙质石灰比镁质石灰稳定土的初期强度高，镁质石灰稳定土在剂量大时后期强度优于钙质石灰稳定土。

各种化学成分的石灰均可用于稳定土，但石灰质量应符合Ⅲ级以上消石灰或生石灰的技术要求，具体见表 3-4 和表 3-5。高速公路和一级公路用石灰应不低于Ⅱ级技术要求，二级及以下公路用石灰应不低于Ⅲ级技术要求。对于高速公路和一级公路的基层，宜采用磨细消石灰。

石灰剂量对石灰土强度影响显著。石灰的最佳剂量：对黏性土和粉性土，为干土质量的 8% ~ 16%；对砂性土，为干土质量的 10% ~ 18%。剂量的确定应根据结构层技术要求进行混合料组成设计。

2. 水泥

各类水泥都可以用于稳定土，水泥的矿物成分和分散度对其稳定效果有明显影响。对同一种土，硅酸盐水泥比铝酸盐水泥稳定效果好。在水泥矿物成分相同、硬化条件相似的情况下，其强度随水泥比表面积和活性的增大而提高。应选用初凝时间大于 3h、终凝时间大于 6h 且小于 10h、强度等级为 32.5 或 42.5 的水泥。

稳定土的强度还与水泥用量有关，一般来说：水泥剂量越大，稳定土的强度越高，但过多的水泥用量，虽获得了较高的强度，但在经济上不一定合理，在效果上也不明显，而且容易开裂。

所以关于水泥用量不存在最佳水泥用量,而存在一个经济用量。通常在保证土的性质能起根本变化,且能保证稳定土达到所规定的强度和稳定性的前提下,取尽可能低的水泥用量。

3. 粉煤灰

粉煤灰是火力发电厂排出的废渣,属硅质或硅铝质材料,其本身不具有或有很小的黏结性,但它以细分散状态与水和消石灰或水泥混合,可以发生反应形成具有黏结性的化合物。所以石灰粉煤灰可用来稳定各种粒料和土,又称二灰土。干排或湿排的硅铝粉煤灰和高钙粉煤灰等均可用作基层或底基层的结合料,其技术要求应符合《公路路面基层施工技术细则》(JTG/T F20—2015)的规定,具体见表4-5。湿粉煤灰的含水率不宜超过35%,干粉煤灰如堆积在空地上应洒水,防止扬尘造成污染。使用时,应将凝固的粉煤灰块打碎或过筛,同时清除有害杂质。

粉煤灰技术要求 表4-5

检 测 项 目	技术要求	检 测 项 目	技术要求
SiO_2、Al_2O_3和Fe_2O_3总含量(%)	>70	0.3mm筛筛孔通过率(%)	≥90
烧失量(%)	≤20	0.075mm筛筛孔通过率(%)	≥70
比表面积(cm^2/g)	>2500	湿粉煤灰含水率(%)	≤35

三、水

水分是稳定土的一个重要组成部分,符合现行《生活饮用水卫生标准》(GB 5749—2006)饮用水可直接作为基层、底基层材料拌和与养护用水,拌和使用的非饮用水应进行水质检验,技术要求应符合表4-6的规定,养护用水可不检验不溶物含量。水分是满足稳定土形成强度的需要,同时使稳定土在压实时具有一定的塑性,以达到所需的压实度。水分还可以使稳定土在养护时具有一定的湿度。最佳含水率用标准击实试验确定。

非饮用水技术要求 表4-6

项 次	项 目	技 术 要 求
1	pH 值	≥4.5
2	Cl^-含量(mg/L)	≤3500
3	SiO_4^{2-}含量(mg/L)	≤2700
4	碱含量(mg/L)	≤1500
5	可溶物含量(mg/L)	≤10000
6	不溶物含量(mg/L)	≤5000
7	其他杂质	不应有漂浮的油脂和泡沫及明显的颜色和异味

第三节　无机结合料稳定类混合料技术性质

一、无机结合料稳定类混合料的强度

1. 无机结合料稳定类混合料强度的形成机理

在土中掺入适量的石灰或水泥,并在最佳含水率下经拌和、压实,使无机结合料和土之间

102

发生一系列复杂、交织的物理—化学作用,从而逐渐具有一定强度。

1)离子交换反应

离子交换反应是指无机结合料在溶液中电离出来的高价阳离子(Ca^{2+})与黏土矿物中的低价阳离子(Na^+、K^+、H^+)发生离子交换,从而减薄黏土颗粒吸附水膜厚度,促使土粒凝集和凝聚,并形成稳定团粒结构,从而改变土的塑性,提高了土的强度和水稳性。离子交换反应是稳定土获得初期强度的主要原因。

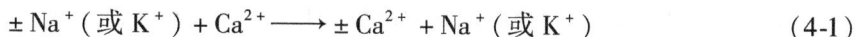

$$\pm Na^+(或 K^+) + Ca^{2+} \longrightarrow \pm Ca^{2+} + Na^+(或 K^+) \tag{4-1}$$

2)结晶作用

当土中 $Ca(OH)_2$ 浓度达到一定值时,绝大部分饱和的 $Ca(OH)_2$ 自行结晶,形成晶体。

$$Ca(OH)_2 + nH_2O \longrightarrow Ca(OH)_2 \cdot nH_2O \tag{4-2}$$

由于结晶作用,把土粒胶结成整体,使稳定土的整体强度和稳定性得到提高。

3)火山灰反应

火山灰反应指黏土颗粒表面少量的活性氧化硅、氧化铝在 $Ca(OH)_2$ 的碱性激发作用下,发生火山灰反应生成不溶于水的水化硅酸钙和水化铝酸钙等。这些物质遍布于黏土颗粒之间,形成凝胶、棒状晶体结构,在土的团粒外围形成一层稳定保护膜,并填充颗粒空隙,减少了颗粒间的空隙与透水性,提高了土的密实度,这是稳定土获得强度和水稳定性的基本原因。由于火山灰反应是在不断吸收水分的情况下发生的,速度较慢,所以火山灰反应是稳定土后期强度增长的主要原因。

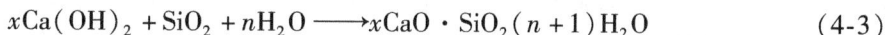

$$xCa(OH)_2 + SiO_2 + nH_2O \longrightarrow xCaO \cdot SiO_2(n+1)H_2O \tag{4-3}$$

$$xCa(OH)_2 + Al_2O_3 + nH_2O \longrightarrow xCaO \cdot Al_2O_3(n+1)H_2O \tag{4-4}$$

4)碳酸化反应

消解石灰或水泥水化产物 $Ca(OH)_2$ 与空气中的 CO_2 反应,生成 $CaCO_3$ 结晶,其化学反应式为:

$$Ca(OH)_2 + CO_2 + nH_2O \longrightarrow CaCO_3(n+1)H_2O \tag{4-5}$$

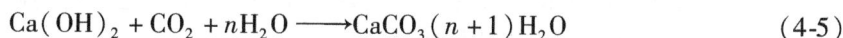

$CaCO_3$ 是坚硬的结晶体,和生成的其他复杂盐类把土粒胶结起来,从而大大提高了土的强度和整体性。由于碳酸化反应缓慢且过程较长,所以碳酸化反应是稳定土后期强度增长的主要原因。

5)硬凝反应

硬凝反应也是水泥的水化反应。水泥经水化反应生成具有胶结能力的水化产物,如水化硅酸钙、水化铝酸钙等,这些物质在土的孔隙中相互交织搭接,将土颗粒包覆连接起来,使土逐渐丧失了原有的塑性等性质,并且随着水化产物的增加,混合料也逐渐坚固起来。硬凝反应是水泥稳定土强度的主要来源。

综上所述,无机结合料稳定土的强度形成取决于结合料与土中黏土矿物的相互作用,从而使土的工程性质产生变化。初期表现为土的结团、塑性降低,后期则主要表现为水化物晶体和凝胶结构的形成,从而提高土的强度和稳定性。

2.无机结合料稳定类混合料强度的影响因素

1)稳定剂的品种和剂量

当采用石灰作稳定剂时,必须测定石灰的有效氧化钙和氧化镁含量,宜用技术等级Ⅲ级以上的石灰,以提高石灰稳定土的强度。随着石灰剂量的增加,石灰土的强度和稳定性提高,但超过一定剂量后,强度的增长就不明显了,石灰剂量存在一最佳值。图 4-3 给出了几种土用石灰稳定后强度与石灰剂量的关系。另外,石灰细度越大,在相同剂量下与土粒的作用越充分,反应进行得越快,稳定效果越好。直接使用磨细生石灰粉可利用其在消解时放出的热能,促进石灰与土之间物理化学反应的进行,加速石灰土的硬化。

用水泥稳定土时,硅酸盐水泥要比铝酸盐水泥效果好一些,且不宜采用快硬水泥、早强水泥及已受潮变质的水泥。水泥稳定土的强度随水泥剂量的增加而增长,然而水泥剂量过高,虽可提高稳定土的强度,可能会增加其收缩性,且在经济上不甚合理,所以存在一经济用量。

在二灰土中,粉煤灰的品质和用量将决定其强度。当粉煤灰中粒径小于 0.045mm 颗粒含量以及 SiO_2、$SiO_2 + RO$(R 指 Ca^{2+} 或 Mg^{2+})、$SiO_2 + Al_2O_3$ 含量、碱含量较多,烧失量又较低时,火山灰反应较强。另外,若二灰土中石灰与粉煤灰的比例在 $1:2 \sim 1:4$ 之间时,二灰土的强度较高。

2)土质

石灰的稳定效果与土中的黏土矿物含量及土的塑性指数有显著关系。一般来说,石灰土的强度随土中黏土矿物含量的增多和塑性指数的增大而提高。图 4-3 中几种石灰稳定土的强度曲线表明:石灰对粉质黏土稳定效果明显优于对砂质黏土的稳定效果,而石灰对均质砂的稳定效果较差。工程实践表明:塑性指数 $15 \sim 20$ 的黏土,易于粉碎和拌和,便于碾压成型,施工和使用效果都较好。塑性指数更大的重黏土虽然含黏土矿物较多,但由于不易破碎和拌和,稳定效果反而不佳。塑性指数小于 12 的土则不宜用石灰稳定,最好用水泥来稳定。对于无黏性或无塑性指数的集料,单纯用石灰稳定的效果远不如用水泥稳定的效果。

除有机质或硫酸盐含量较高的土以外,各种砂砾土、砂土、粉土和黏土均可用水泥稳定,但是稳定效果不尽相同,级配良好的粗、中粒土比单纯的细粒土稳定效果要好。为了改善水泥在黏性土中的硬化条件,提高稳定效果,可以在水泥土中掺加少量添加剂,石灰是水泥稳定土中最常用的添加剂之一。在用水泥稳定之前,先掺入少量石灰,使之与土粒进行离子交换和化学反应,为水泥在土中的水化和硬化创造良好的条件,从而加速水泥的硬化过程,并可减少水泥用量。塑性较大的重黏土不宜用水泥稳定。

3)含水率和密度

稳定土的压实密度对其强度和抗变形能力影响较大,而稳定土的压实效果与压实时的含水率有关,存在着最佳含水率,在此含水率时进行压实,可以获得较为经济的压实效果,即达到最大密实度,如图 4-4 所示。最佳含水率取决于压实功的大小、稳定土的类型以及稳定剂含量。通常,所施加的压实功越大,稳定土中的细料含量越少,最佳含水率越小,最大密实度越高。

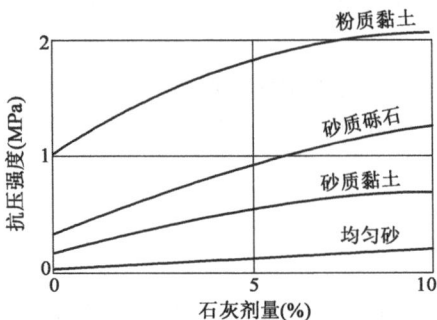

图 4-3 土质对石灰稳定土抗压强度的影响

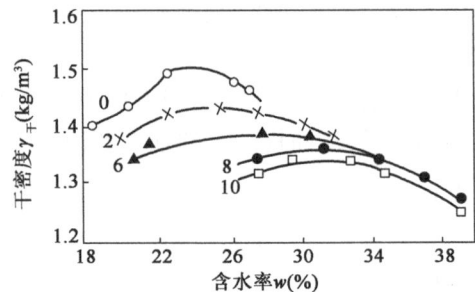

图 4-4 石灰土的压实曲线(曲线上的数值为石灰剂量)

为了保证施工质量,应在略大于最佳含水率时对稳定土进行碾压,以弥补碾压过程中水分的损失。含水率过大,既会影响其可能达到的密实度和强度,又会明显增大稳定土的干缩性,导致结构层的干缩裂缝。

4)延迟时间

延迟时间主要对水泥稳定土的强度有显著影响。延迟时间是指水泥稳定土施工过程中,从加水拌和开始至碾压结束所经历的时间,图4-5为延迟时间与水泥稳定砂砾强度、干密度的关系。由图可见,延迟时间越长,水泥稳定砂砾的强度和密度的损失就越大。

延迟时间对稳定土强度的影响取决于两个因素,即水泥品种和土质。在土质不变的情况下,用终凝时间短的水泥时,延迟时间对混合料强度损失的影响大。在水泥不变的情况下,延迟时间为2h时,用黏土或砾质砂等制得的水泥稳定土强度损失为60%,而用一些原状砂砾或粗石灰石等制得的混合料的强度损失可能只有20%左右,而水泥稳定中砂的强度甚至没有损失。为此,应根据水泥品种、土质特征来控制水泥稳定土的施工速度。

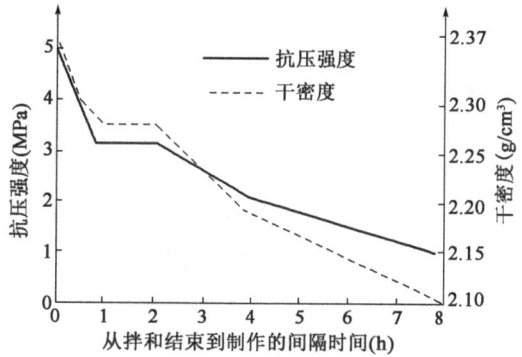

图4-5 延迟时间与水泥稳定砂砾强度、
干密度的关系曲线

5)养护条件和龄期

稳定土的强度是在一系列复杂的物理-化学反应过程中逐渐形成的,而这些反应需要一定的温度和湿度条件。当养护温度较高时,可使各种反应过程加快,对稳定土的强度形成是有利的。表4-7为两组二灰稳定碎石混合料抗压强度测试值,当养护温度由20℃提高至40℃时,抗压强度可提高3倍以上。而当气温低于4℃时,二灰混合料的抗压强度几乎停止增长。

二灰碎石的 7d 抗压强度与养护温度   表4-7

养护温度(℃)		20	30	40
抗压强度(MPa)	悬浮式二灰粒料	1.35	—	5.58
	密实式二灰粒料	1.60	3.03	6.78

稳定土中的火山灰反应进程缓慢,其强度随着龄期的增大而增长,甚至到180d时,稳定土的强度还会继续增长。所以,7d或28d龄期的强度试验结果并不能代表稳定土的最终强度,稳定土的强度随龄期的增长大体符合指数规律。

3.无机结合料稳定类混合料的强度标准

无机结合料稳定材料的抗压强度是材料组成设计的主要依据,由于无机结合料稳定材料的抗拉强度远小于其抗压强度,路面结构设计时以抗拉强度作为控制指标。

无机结合料稳定材料的抗压强度采用7d饱水状态下的无侧限抗压强度。强度试验时先根据土的颗粒大小选择试模尺寸,试模均为高:径=1:1的圆柱体,在最佳含水率下通过击实法成型试件;然后在规定温、湿度下养护6d,浸水24h后,按《公路工程无机结合料稳定材料试验规程》(JTG E51—2009)进行无侧限抗压强度试验。不同的公路等级、结构层位和稳定剂类型下,无机结合料稳定类材料的抗压强度标准不同,详见表4-10。

无机结合料稳定材料的抗拉强度采用间接抗拉试验(劈裂试验)测定。

二、无机结合料稳定类混合料的变形性能

无机结合料稳定材料的体积收缩主要表现为因温度变化而造成的温缩和因含水率变化而造成的干缩,当收缩量达到一定程度时,会在结构中出现收缩裂缝。如果将这类材料用于道路的基层结构,而上面的沥青面层较薄,在温度变化与车辆荷载的综合作用下,基层结构中裂缝会扩展至面层,形成反射裂缝,导致路面结构的损坏。

1. 缩裂特性

1)干缩

无机结合料稳定材料经拌和压实后,随着无机结合料稳定材料强度的形成,由于水分挥发和混合料内部的水化作用,使混合料的水分不断减少,引起无机结合料稳定材料体积的收缩,称为干缩。

描述材料干缩特性的指标主要有干缩应变、干缩系数、干缩量、失水量、失水率和平均干缩系数。干缩应变(ε_d)是指水分损失引起的试件单位长度的收缩量($\times 10^{-6}$);干缩系数(α_d)是指失水时,试件单位失水率的干缩应变($\times 10^{-6}$);失水量是指试件失去水分的质量(g);失水率是指试件单位质量的失水量(%);干缩量是指水分损失时试件的收缩量(10^{-3}mm)。

$$\varepsilon_d = \frac{\Delta l}{l} \tag{4-6}$$

$$\alpha_d = \frac{\varepsilon_d}{\Delta w} \tag{4-7}$$

式中:Δl——含水率损失 Δw 时,试件的整体收缩量;

l——试件的长度。

无机结合料稳定材料的干缩特性与结合料的类型和剂量、细粒土含量及养护条件有关。图4-6为石灰稳定砂砾干缩系数与砂砾体积率之间的关系曲线,随着砂砾含量的增多,石灰稳定砂砾的干缩系数将降低。图4-7为水泥稳定土干缩系数与水泥剂量的关系曲线,当水泥剂量降低时,水泥稳定砂砾的干缩系数减小。试验表明,最佳含水率状态下各种无机结合料稳定土的干缩系数按由大到小排序为石灰土、石灰砂砾、二灰土、二灰砂砾、水泥砂砾。石灰稳定土比水泥稳定土容易产生干缩裂缝。对于含细粒土较多的无机结合料稳定土,常以干缩为主,故应加强初期养护,保证稳定土表面潮湿,减轻其干缩裂缝。

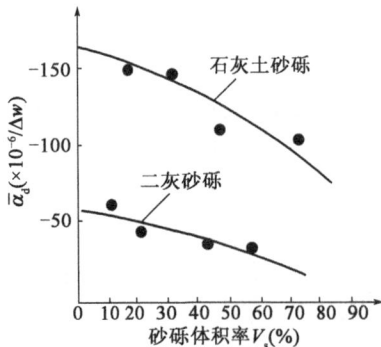

图4-6 干缩系数与砂砾含量关系

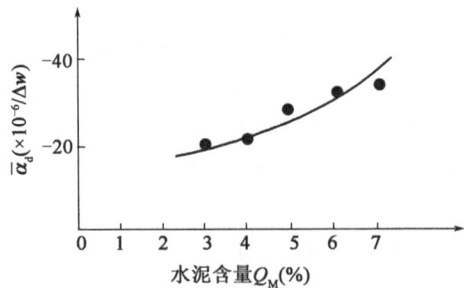

图4-7 水泥土干缩系数与水泥剂量的关系曲线

2）温缩

无机结合料稳定材料具有热胀冷缩的性质,随着气温的降低,稳定土因冷却产生的收缩变形称为温缩。无机结合料稳定材料的温缩特性与结合料的种类和用量、土的粗细程度和成分以及养护条件有关。试验表明,最佳含水率状态下各种无机结合料稳定土的温缩系数按由大到小排序为石灰土、石灰砂砾、二灰土、水泥砂砾、二灰砂砾。石灰稳定土比水泥稳定土容易产生温缩裂缝,稳定细粒土比稳定粗粒土容易产生温缩裂缝,掺入一定量的粉煤灰可以降低温缩系数。早期养护良好的无机结合料稳定土易于成形,早期强度高,可以减少裂缝的产生。

2. 裂缝防治措施

1）改善土质

稳定土用土愈黏,则缩裂愈严重。所以采用黏性较小的土,或在黏性土中掺入砂土、粉煤灰等,以降低土的塑性指数。

2）控制含水率及压实度

稳定土因含水率过多产生的干缩裂缝显著,压实度小时产生的干缩比压实度大时严重。因此,稳定土压实时含水率比最佳含水率略小为好,并尽可能达到最佳压实效果。

3）掺加粗粒料

掺入一定数量(掺入量 60% ~70%)的粗粒料,如砂、碎石、砾石等,使混合料满足最佳组成要求,可以提高其强度和稳定性,减少裂缝产生,同时可以节约结合料和改善碾压时的拥挤现象。

三、无机结合料稳定类混合料的水稳和抗冻性能

稳定类基层材料除具有适当的强度,能承受设计荷载以外,还应具备一定的水稳定性和冰冻稳定性,否则,稳定类基层由于面层开裂、渗水或者两侧路肩渗水将使稳定土含水率增加,强度降低,从而使路面过早破坏。在冰冻地区,聚冰现象将加剧这种破坏。

评价材料的水稳定性和抗冻性可用浸水强度和冻融循环试验。

影响水稳定性和冰冻稳定性的主要因素如下:

(1)土类

细粒土含量多,塑性指数大的土,水稳定性、抗冻性能差。

(2)稳定剂种类和剂量

当稳定剂剂量不足时,胶结作用弱,透水性大,强度达不到要求,其稳定性也差。

(3)密实度

密实度大时,透水能力降低,水稳定性增强。

(4)龄期

由于某些稳定土的强度形成需要一定的时间,因此这类稳定土其水稳定性随龄期的增长而增长。

四、无机结合料稳定类混合料的疲劳性能

在重复荷载作用下,材料的强度与其静力极限强度相比则有所下降。荷载重复作用的次数越多,这种强度下降越大,即疲劳强度越小。材料从加荷开始至出现疲劳破坏的荷载作用

次数称为材料的疲劳寿命。通过试验表明,石灰粉煤灰稳定材料的抗疲劳性能优于水泥砂砾。

常用弯拉疲劳试验测定疲劳寿命。无机结合料稳定材料的疲劳寿命主要取决于受拉应力与极限弯拉应力之比 σ_f/σ_s,即通常所说的应力水平。原则上,当 σ_f/σ_s 小于50%,无机结合料稳定材料可经受无限次重复加荷而无疲劳破坏,但是,由于材料的变异性,实际试验时其疲劳寿命要小得多。在一定应力条件下,材料的疲劳寿命取决于材料的强度和刚度。强度愈大刚度愈小,其疲劳寿命就愈长。

第四节　无机结合料稳定类混合料组成设计

无机结合料稳定材料组成设计的主要目的是:根据强度指标和使用性能要求,选择合适的原材料、掺配用料(需要时),确定各组成材料的比例和混合料的最大干密度和最佳含水率,作为工地现场进行质量控制的参考数据。所配制稳定材料的各项使用性能应符合路面结构的设计要求,并能够准确地进行生产质量控制,易于摊铺与压实,比较经济。

一、无机结合料稳定类混合料的组成设计方法

无机结合料稳定材料组成设计应包括原材料检验、混合料的目标配合比设计、混合料的生产配合比设计和施工参数确定4部分,具体流程见图4-8。

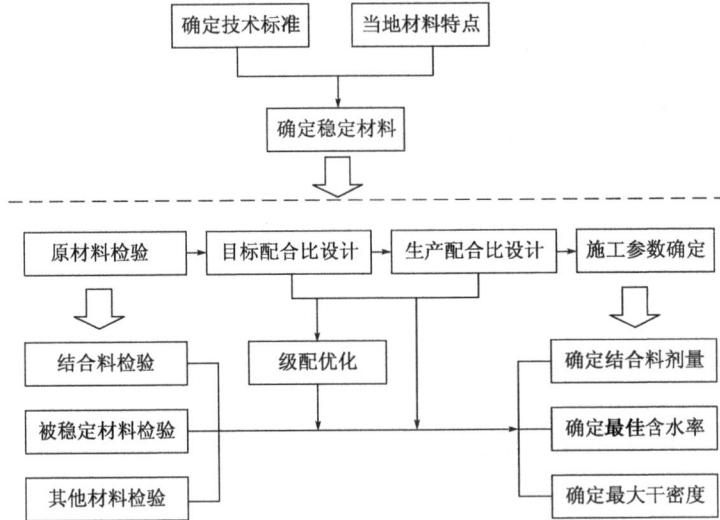

图4-8　无机结合料稳定材料设计流程

1. 设计依据与标准

目前稳定土设计的依据有强度和耐久性。

关于耐久性标准,鉴于现行冻融试验方法所建立的试验条件与稳定层在路面结构中所能遇到的环境条件相比更为恶劣,因此,《公路路面基层施工技术细则》(JTG/T F20—2015)规定:混合料进行设计时,仅采用一个设计标准,即无侧限抗压强度。各种混合料的强度标准(7d)建议值见表4-8~表4-11。

水泥稳定材料的 7d 无侧限抗压强度标准 R_d（MPa） 表 4-8

结 构 层	公 路 等 级	极重、特重交通	重交通	中、轻交通
基层	高速公路和一级公路	5.0 ~ 7.0	4.0 ~ 6.0	3.0 ~ 5.0
	二级及二级以下公路	4.0 ~ 6.0	3.0 ~ 5.0	2.0 ~ 4.0
底基层	高速公路和一级公路	3.0 ~ 5.0	2.5 ~ 4.5	2.0 ~ 4.0
	二级及二级以下公路	2.5 ~ 4.5	2.0 ~ 4.0	1.0 ~ 3.0

注:1.公路等级高或交通荷载等级高或结构安全性要求高时,推荐取上限强度标准。

2.表中强度标准指的是 7d 龄期无侧限抗压强度的代表值,表 4-9 ~ 表 4-11 意义相同。

石灰粉煤灰稳定材料的 7d 无侧限抗压强度标准 R_d（MPa） 表 4-9

结 构 层	公 路 等 级	极重、特重交通	重交通	中、轻交通
基层	高速公路和一级公路	≥1.1	≥1.0	≥0.9
	二级及二级以下公路	≥0.9	≥0.8	≥0.7
底基层	高速公路和一级公路	≥0.8	≥0.7	≥0.6
	二级及二级以下公路	≥0.7	≥0.6	≥0.5

注:石灰粉煤灰稳定材料强度不满足表 4-9 的要求时,可外加混合料质量 1% ~ 2% 的水泥。

水泥粉煤灰稳定材料的 7d 无侧限抗压强度标准 R_d（MPa） 表 4-10

结 构 层	公 路 等 级	极重、特重交通	重交通	中、轻交通
基层	高速公路和一级公路	4.0 ~ 5.0	3.5 ~ 4.5	3.0 ~ 4.0
	二级及二级以下公路	3.5 ~ 4.5	3.0 ~ 4.0	2.5 ~ 3.5
底基层	高速公路和一级公路	2.5 ~ 3.5	2.0 ~ 3.0	1.5 ~ 2.5
	二级及二级以下公路	2.0 ~ 3.0	1.5 ~ 2.5	1.0 ~ 2.0

石灰稳定材料的 7d 无侧限抗压强度标准 R_d（MPa） 表 4-11

结 构 层	高速公路和一级公路	二级及二级以下公路
基层	—	≥0.8[①]
底基层	≥0.8	0.5 ~ 0.7[②]

注:石灰土强度达不到表 4-11 规定的抗压强度标准时,可添加部分水泥,或改用另一种土。塑性指数过小的土,不宜用石灰稳定,宜改用水泥稳定。

①在低塑性材料(塑性指数小于 7)地区,石灰稳定砾石土和碎石土的 7d 龄期无侧限抗压强度应大于 0.5MPa(100g平衡锥测液限)。

②低限用于塑性指数小于 7 的黏性土,且低限值宜仅用于二级以下公路;高限用于塑性指数大于 7 的黏性土。

2.原材料试验

1)土

取所定料场有代表性土样按《公路工程土工试验规程》(JTG 3430—2020)或《公路工程集料试验规程》(JTG E42—2005)进行试验,包括颗粒分析、液塑限和塑性指数、相对密度、击实试验、碎石或砾石的压碎值、有机质含量(必要时做)、硫酸盐含量(必要时做),并符合表 4-1 ~ 表 4-4 的规定。集料的级配应符合表 4-12 ~ 表 4-15 的规定,对级配不良的碎石、碎石土、砂砾土等,应采取必要的措施改善其级配。《公路路面基层施工技术细则》(JTG/T F20—2015)规定,可以采用几种料掺配来达到其级配要求。

水泥稳定材料的推荐级配范围（%）　　　　　　　　　　　　　　　　　　　　　　　表 4-12

筛孔尺寸（mm）	高速公路和一级公路的底基层或二级公路的基层	高速公路和一级公路的底基层	二级以下公路的基层	二级及二级以下公路的底基层
	C-A-1	C-A-2	C-A-3	C-A-4
53	—	—	100	100
37.5	100	100	90~100	—
31.5	90~100	—	—	—
26.5	—	—	66~100	—
19	67~90	—	54~100	—
9.5	45~68	—	39~100	—
4.75	29~50	50~100	28~84	50~100
2.36	18~38	—	20~70	—
1.18	—	—	14~57	—
0.6	8~22	17~100	8~47	17~100
0.075	0~7	0~30	0~30	0~50

注:表中水泥稳定材料不包括水泥稳定级配碎石或砾石。

水泥稳定级配碎石或砾石的推荐级配范围（%）　　　　　　　　　　　　　　　　　表 4-13

筛孔尺寸（mm）	高速公路和一级公路			二级及二级以下公路		
	C-B-1	C-B-2	C-B-3	C-C-1	C-C-2	C-C-3
37.5	—	—	—	100	—	—
31.5	—	—	100	100~90	100	—
26.5	100	—	—	94~81	100~90	100
19	86~82	100	68~86	83~67	87~73	100~90
16	79~73	93~88	—	78~61	82~65	92~79
13.2	72~65	86~76	—	73~54	75~58	83~67
9.5	62~53	72~59	38~58	64~45	66~47	71~52
4.75	45~35	45~35	22~32	50~30	50~30	50~30
2.36	31~22	31~22	16~28	36~19	36~19	36~19
1.18	22~13	22~13	—	26~12	26~12	26~12
0.6	15~8	15~8	8~15	19~8	19~8	19~8
0.3	10~5	10~5	—	14~5	14~5	14~5
0.15	7~3	7~3	—	10~3	10~3	10~3
0.075	5~2	5~2	0~3	7~2	7~2	7~2

筛孔尺寸 (mm)	高速公路和一级公路				二级及二级以下公路			
	稳定碎石		稳定砾石		稳定碎石		稳定砾石	
	CF-A-1S	CF-A-2S	CF-A-1L	CF-A-2L	CF-B-1S	CF-B-2S	CF-B-1L	CF-B-2L
37.5	—		—		100		100	
31.5	100	—	100	—	100~90	100	100~90	100
26.5	95~90	100	95~91	100	93~80	100~90	94~81	100~90
19	84~72	88~79	85~76	89~82	81~64	86~70	83~67	87~73
16	79~65	82~70	80~69	84~73	75~57	79~62	78~61	82~65
13.2	72~57	76~61	75~62	78~65	69~50	72~54	73~54	75~58
9.5	62~47	64~49	65~51	67~53	60~40	62~42	64~45	66~47
4.75	40~30	40~30	45~35	45~35	45~25	45~25	50~30	50~30
2.36	28~19	28~19	33~22	33~22	31~16	31~16	36~19	36~19
1.18	20~12	20~12	24~13	24~13	22~11	22~11	26~12	26~12
0.6	14~8	14~8	18~8	18~8	15~7	15~7	19~8	19~8
0.3	10~5	10~5	13~5	13~5	—	—	—	—
0.15	7~3	7~3	10~3	10~3	—	—	—	—
0.075	5~2	5~2	7~2	7~2	5~2	5~2	7~2	7~2

筛孔尺寸 (mm)	高速公路和一级公路				二级及二级以下公路			
	稳定碎石		稳定砾石		稳定碎石		稳定砾石	
	LF-A-1S	LF-A-2S	LF-A-1L	LF-A-2L	LF-B-1S	LF-B-2S	LF-B-1L	LF-B-2L
37.5	—		—		100		100	
31.5	100	—	100	—	100~90	100	100~90	100
26.5	95~91	100	96~93	100	94~81	100~90	95~84	100~90
19	85~76	89~82	88~81	91~86	83~67	87~73	87~72	91~77
16	80~69	84~73	84~75	87~79	78~61	82~65	83~67	86~71
13.2	75~62	78~65	79~69	82~72	73~54	75~58	79~62	81~65
9.5	65~51	67~53	71~60	73~62	64~45	66~47	72~54	74~55
4.75	45~35	45~35	55~45	55~45	50~30	50~30	60~40	60~40
2.36	31~22	31~22	39~27	39~27	36~19	36~19	44~24	44~24
1.18	22~13	22~13	28~16	28~16	26~12	26~12	33~15	33~15
0.6	15~8	15~8	20~10	20~10	19~8	19~8	25~9	25~9
0.3	10~5	10~5	14~6	14~6	—	—	—	—
0.15	7~3	7~3	10~3	10~3	—	—	—	—
0.075	5~2	5~2	7~2	7~2	7~2	7~2	10~2	10~2

2)稳定剂

应检验水泥的强度等级和初终凝时间,石灰的有效氧化钙和氧化镁含量等技术指标,并符合表 3-4 和表 3-5 的规定。

3. 混合料目标配合比设计

目标配合比设计包含选择级配范围、确定结合料类型及掺配比例及验证混合料相关的设计及施工技术指标三项内容。

（1）选定不同的结合料剂量，制备同一种土样的混合料试件若干。

石灰剂量 = 石灰质量/干土质量，水泥剂量 = 水泥质量/干土质量，规范建议各种结合料剂量如表4-16和表4-17所示。

石灰粉煤灰稳定材料和石灰煤渣稳定材料推荐比例 　　　　　　　　　　表4-16

材料类型	材料名称	使用层位	结合料间比例	结合料与被稳定材料间比例
石灰粉煤灰	硅铝粉煤灰的石灰粉煤灰类①	基层或底基层	石灰：粉煤灰 = 1:2 ~ 1:9	—
	石灰粉煤灰土	基层或底基层	石灰：粉煤灰 = 1:2 ~ 1:4②	石灰粉煤灰：细粒材料 = 30:70③ ~ 10:90
	石灰粉煤灰稳定级配碎石或砾石	基层	石灰：粉煤灰 = 1:2 ~ 1:4	石灰粉煤灰：被稳定材料 = 20:80 ~ 15:85④
石灰煤渣	石灰煤渣稳定材料	基层或底基层	石灰：煤渣 = 20:80 ~ 15:85	—
	石灰煤渣土	基层或底基层	石灰：煤渣 = 1:1 ~ 1:4	石灰煤渣：细粒材料 = 1:1 ~ 1:4⑤
	石灰煤渣稳定材料	基层或底基层	石灰：煤渣：被稳定材料 = (7 ~ 9):(26 ~ 33):(67 ~ 58)	

注：①CaO含量为2% ~ 6%的硅铝粉煤灰。
　　②粉土以1:2为宜。
　　③采用此比例时，石灰与粉煤灰之比宜为1:2 ~ 1:3。
　　④石灰粉煤灰与粒料之比为15:85 ~ 20:80时，在混合料中，粒料形成骨架，石灰粉煤灰起填充孔隙和胶结作用。这种混合料称骨架密实式石灰粉煤灰粒料。
　　⑤混合料中石灰应不少于10%，可通过试验选取强度较高的配合比。

水泥粉煤灰稳定材料和水泥煤渣稳定材料推荐比例 　　　　　　　　　　表4-17

材料类型	材料名称	使用层位	结合料间比例	结合料与被稳定材料间比例
水泥粉煤灰	硅铝粉煤灰的水泥粉煤灰类①	基层或底基层	水泥：粉煤灰 = 1:3 ~ 1:9	—
	水泥粉煤灰土	基层或底基层	水泥：粉煤灰 = 1:3 ~ 1:5	水泥粉煤灰：细粒材料 = 30:70② ~ 10:90
	水泥粉煤灰稳定级配碎石或砾石	基层	水泥：粉煤灰 = 1:3 ~ 1:5	水泥粉煤灰：被稳定材料 = 20:80 ~ 15:85③
水泥煤渣	水泥煤渣稳定材料	基层或底基层	水泥：煤渣 = 5:95 ~ 15:85	—
	水泥煤渣土	基层或底基层	水泥：煤渣 = 1:2 ~ 1:5	水泥煤渣：细粒材料 = 1:2 ~ 1:5④
	水泥煤渣稳定材料	基层或底基层	水泥：煤渣：被稳定材料 = (3 ~ 5):(26 ~ 33):(71 ~ 62)	

注：①CaO含量为2% ~ 6%的硅铝粉煤灰。
　　②采用此比例时，水泥与粉煤灰之比宜为1:2 ~ 1:3。
　　③水泥粉煤灰与粒料之比为15:85 ~ 20:80时，在混合料中，粒料形成骨架，水泥粉煤灰起填充孔隙和胶结作用。
　　④混合料中水泥应不少于4%，可通过试验选取强度较高的配合比。

水泥、石灰综合稳定时，水泥用量占结合料总量不小于30%时，应按水泥稳定材料的技术要求进行组成设计，水泥和石灰的比例宜取60：40、50：50或40：60。水泥用量占结合料总量小于30%，应按石灰稳定材料设计。

（2）确定各种结合料剂量下混合料的最佳含水率和最大干（压实）密度。

根据表4-18～表4-20建议的结合料剂量，选择不少于5个结合料剂量，对于每一个结合料剂量，应在不同含水率状态下进行击实试验(**资源9**)，以确定混合料的最佳含水率和最大干密度。

水泥稳定材料配合比试验推荐水泥试验剂量表　　　　　　表4-18

被稳定材料	条　件		推荐试验剂量（%）
有级配的碎石或砾石	基层	$R_d \geqslant 5.0\text{MPa}$	5、6、7、8、9
		$R_d < 5.0\text{MPa}$	3、4、5、6、7
土、砂、石屑等		塑性指数<12	5、7、9、11、13
		塑性指数≥12	8、10、12、14、16
有级配的碎石或砾石	底基层	—	3、4、5、6、7
土、砂、石屑等		塑性指数<12	4、5、6、7、8
		塑性指数≥12	6、8、10、12、14
碾压贫混凝土	基层	—	7、8.5、10、11.5、13

（3）按规定压实度（压实度为现场实测干密度与室内击实最大干密度的比值，以%计）分别按式（4-8）计算不同结合料剂量的试件应有的干密度。

$$\text{试件计算干密度} = \text{最大干密度}(\gamma_{\text{max}}) \times \text{压实度}(K) \qquad (4\text{-}8)$$

（4）按最佳含水率和计算得到的干密度制备试件。试件的径高比应为1：1，无机结合料稳定细粒材料的试件直径应为100mm，无机结合料稳定中、粗粒材料的试件直径应为150mm。进行强度试验时，作为平行试验的最少试件数量应不小于表4-19的规定。如果试验结果的偏差系数大于表中规定的值，则应重做试验，并找出原因，加以解决；如果不能降低偏差系数，则应增加试件数量。

最少试件数量　　　　　　表4-19

土　类	偏差系数（%）		
	<10	10～15	15～20
	试件数量		
细粒土	6	9	—
中粒土	6	9	13
粗粒土	—	9	13

（5）试件在规定温度下保温养护6d，浸水24h后，按《公路工程无机结合料稳定材料试验规程》（JTG E51—2009）进行无侧限抗压强度试验。根据试验结果按式（4-9）～式（4-11）分别计算试件强度的平均值、偏差系数和代表值。

$$\overline{R} = \frac{\sum R_i}{n} \qquad (4\text{-}9)$$

$$C_v = \frac{\sqrt{\dfrac{\sum (R_i - \overline{R})^2}{n-1}}}{\overline{R}} \qquad (4\text{-}10)$$

$$R_d^0 = \overline{R} \cdot (1 - Z_a C_v) \tag{4-11}$$

式中：n——每一结合料剂量下稳定土试件的个数；

　　　$\overline{R}$——试件抗压强度平均值(MPa)；

　　　R_i——试件抗压强度测试结果(MPa)；

　　　C_v——强度偏差系数(%)；

　　　R_d^0——强度代表值。

（6）选定结合料的剂量

结合料剂量根据设计抗压强度标准确定，在此结合料剂量下，应满足 $R_d^0 \geqslant R_d$ 的要求。同时验证不同结合料剂量下混合料的技术性能，选择实际工程中结合料剂量的合理范围，确定满足设计要求的最佳剂量。

（7）工地实际采用石灰或水泥剂量应比室内试验确定的剂量多 0.5% ~ 1.0%，二灰土多 2% ~ 3%。采用集中厂拌法施工时，可只增加 0.5%；采用路拌法施工时，宜增加 1%。水泥的最小剂量应符合表 4-20 的规定，材料组成设计所得水泥剂量少于表 4-20 中的最小剂量时，应按表 4-20 采用最小剂量。

水泥的最小剂量 表 4-20

土类 ＼ 拌和方法	路拌法	集中厂拌法
中粒土和粗粒土	4%	3%
细粒土	5%	4%

4. 混合料生产配合比设计

混合料生产配合比设计包括确定料仓供料比例、确定水泥稳定材料的容许延迟时间、确定结合料剂量的标定曲线及确定混合料的最佳含水率、最大干密度。

5. 混合料施工参数确定

混合料施工参数包含施工中结合料的剂量、施工合理含水率及最大干密度、验证混合料强度技术指标。

二、无机结合料稳定类混合料的组成设计实例

【例题 4-1】 设计某高速公路基层用二灰砂砾的配合比。

设计资料：

（1）二灰砂砾基层结构设计厚度为 24cm，设计要求二灰砂砾混合料的 7d 无侧限抗压强度值为 0.8MPa。

（2）石灰材料要求采用Ⅲ级以上的生石灰或Ⅱ级以上消石灰；要求粉煤灰材料的活性氧化物(SiO_2、Al_2O_3 和 Fe_2O_3)的总含量应大于 70%，烧失量不应超过 20%；混合料中的砂砾材料数量建议控制在(80 ± 2)% 范围之内，砂砾料的最大粒径不应超过 31.5mm，其颗粒组成应符合二灰稳定集料 LF-A-1L 级配要求，砂砾集料的压碎值不大于 30%。

（3）二灰砂砾混合料采用场拌法，现场采用摊铺机铺筑，24cm 厚的基层一次铺筑成型，施工现场压实质量按 98% 的压实度控制。

设计步骤：

1）原材料质量检测

（1）石灰：当地可供应钙质石灰，经抽样检测，CaO + MgO 的含量为 69.5%，未消解残渣含量为 8.9%，其主要技术指标均能满足现行技术规范基本要求。

（2）粉煤灰：某热电厂可供应湿排粉煤灰，该厂的粉煤灰经抽样测试，活性氧化物总含量为 74.6%，烧失量为 9.8%。

（3）砂砾：采用河滩砂砾，其集料压碎值为 12.4%，砂砾材料筛分试验结果列入表 4-21。砂砾材料各项技术指标均能满足有关技术要求。

砂砾材料筛分试验结果 表 4-21

筛孔尺寸（mm）	31.5	26.5	19	16	13.2	9.5	4.75	2.36	1.18	0.6	0.3	0.15	0.075
实测值（%）	100	94.6	85.1	80.0	74.8	66.7	51.2	34.6	22.3	16.5	10.4	6.3	4.5
级配范围（%）	100	96~93	88~81	84~75	79~69	71~60	55~45	39~27	28~16	20~10	14~6	10~3	7~2

2）确定二灰材料掺配范围

采用二灰砂砾混合料作基层，设计文件要求集料的比例控制在（80±2）%之内，取 80%，而石灰与粉煤灰的比例通常在 1:2~1:4 范围之内。结合设计要求和技术规范，二灰砂砾目标配合比按如下比例进行。

石灰:粉煤灰:砂砾的重量配合比分别为 6:14:80、7:13:80、8:12:80 和 10:10:80。

3）二灰砂砾标准击实试验结果

对 4 种不同比例的二灰砂砾混合料分别进行标准击实试验，结果列入表 4-24。

4）无侧限饱水抗压强度试验结果

（1）制备试件：试件制备方法按《公路工程无机结合料稳定材料试验规程》（JTG E51—2009）中 T 0843—2009 方法（静压法制件）进行，试件尺寸为 150mm×150mm 的圆柱体，试件数量按 13 个一组制件。

（2）试件养护：把试件按技术规范要求进行标准养护，试件养护温度为（20±2）℃，相对湿度为 95%。在标准状态下养护 6d，在水中浸水（24±1）h 后进行无侧限抗压强度试验。

（3）强度测试：把浸水完成后的合格试件进行无侧限抗压强度试验，试验结果列入表 4-22。

二灰砂砾击实试验及强度检验结果 表 4-22

石灰:粉煤灰:砂砾	6:14:80	7:13:80	8:12:80	10:10:80
最佳含水率（%）	8.6	9.3	10.3	11.0
最大干密度（g/cm³）	1.913	1.924	1.932	1.940
强度平均值（MPa）	0.68	0.82	0.99	1.19
偏差系数（%）	13.2	11.7	10.8	12.1
$R_d^0 = \bar{R} \cdot (1 - Z_a C_v)$	1.02	0.99	0.97	1.00

在计算中取 $Z_a = 1.645$，$R_{c,d} = 0.8$MPa。

5）确定目标配合比

根据试验结果可以看出：8:22:70 和 10:20:70 两组配合比均能满足 $R_d^0 = \bar{R} \cdot (1 - Z_a C_v)$ 的

要求,但以技术经济观点分析,建议目标配合比为石灰:粉煤灰:砂砾 = 8:12:80,但所选原材料必须满足下列基本参数要求,石灰材料的 $CaO + MgO$ 含量≥69.5%,粉煤灰活性氧化物总含量≥74.6%,砂砾应满足级配范围要求,集料压碎值≤12.4%。施工压实质量控制参数取 $w_0 = 10.5\% \pm 0.5\%$,$\rho_0 = 1.932 g/cm^3$。

本 章 小 结

无机结合料稳定类混合料具有承载力高、刚度大、稳定性好、抗冻性能强、结构本身自成板体的优点,但耐磨性差,因此被广泛用于路面结构的基层和底基层。目前,我国的水泥混凝土路面和沥青混合料路面95%以上采用无机结合料稳定材料作为基层和底基层。

无机结合料稳定类混合料所用结合料主要为水泥、石灰、粉煤灰等。按照结合料品种可分为水泥稳定土、石灰稳定土及石灰工业废渣稳定土;按照稳定类混合料中单颗粒的粒径大小分为稳定细粒土、稳定中粒土和稳定粗粒土;按照结合料和颗粒组成分为稳定土和稳定粒料,后者按矿质粒料含量又有悬浮式粒料和密实式粒料之分。

稳定类混合料的主要技术要求为强度、抗裂性及水稳定性,这些性质取决于结合料质量与掺量、稳定土种类、含水率、养护温度与龄期等。由于各类稳定细粒土的干缩性、温缩性较大,水稳定性较差,不宜用作高等级道路路面基层,但可以用于底基层。

稳定类混合料的配合比设计内容包括:根据强度指标和使用性能要求,选择合适的原材料、确定组成材料的用量比例、确定稳定类混合料的最佳含水率和最大干密度。现行规范中规定的配合比设计方法是以击实试验为基础,以抗压强度试验为标准来确定稳定混合料中的结合料剂量。稳定类材料组成设计是路面结构设计的重要组成部分。

练习题

一、名词解释

石灰剂量;延迟时间;经济用量;干缩;温缩

二、填空题

1. 半刚性基层常用的无机胶结材料有_____、_____、_____。
2. 石灰中产生黏结性的有效成分是_____、_____。
3. 无机结合料稳定类混合料强度的形成过程中,无机结合料和土之间发生一系列复杂、交织的物理—化学作用,分别是_____、_____、_____、_____。
4. 无机结合料稳定类材料基层养护时应满足一定的_____和_____条件。
5. 无机结合料稳定材料的抗压强度采用_____。
6. 评价无机结合料稳定材料的水稳定性和抗冻性可用浸水强度和冻融循环试验。
7. 目标配合比设计包含_____、_____、_____。

三、判断题

(   )1. 随着石灰剂量的增加,石灰土的强度和稳定性持续提高。
(   )2. 无机结合料稳定材料的抗压强度试验时先根据土的颗粒大小选择试模尺寸,试模均为高：径=1:1的圆柱体。

（　　）3. 无机结合料稳定材料的抗拉强度采用间接抗拉试验(劈裂试验)测定。

（　　）4. 评价无机结合料稳定材料的水稳定性和抗冻性可用浸水强度和冻融循环试验。

四、简答题

1. 稳定土中集料的最大粒径对其技术性质和施工性质有何影响？为什么要限制集料的最大粒径？

2. 稳定细粒土(如石灰土、二灰土和水泥土)为什么不宜用作高等级道路的基层？

3. 简述水泥土中水泥剂量的确定方法。

五、计算题

1. 某道路基层用石灰稳定土的重型击实试验结果见表4-23，试确定该稳定土的最大干密度和最佳含水率。

石灰土的干密度与含水率测定值　　　　　　　　表4-23

石灰土干密度(g/cm³)	1.45	1.54	1.69	1.56	1.36
石灰土含水率(%)	15.5	17.0	18.5	20.0	21.5

2. 根据表4-24的试验结果，确定某一级公路底基层用石灰土中的石灰剂量，以及在该剂量下石灰土的最大干密度和最佳含水率。石灰土的7d设计抗压强度为0.8MPa。

石灰稳定细粒土抗压强度与石灰剂量　　　　　　　表4-24

石灰剂量（%）	石灰土最大干密度 γ_{max}（g/cm³）	石灰土最佳含水率 w_0（%）	7d抗压强度 $\overline{R}_c$（MPa）	强度偏差系数
8	1.701	18.9	0.31	0.122
10	1.67	20.1	0.81	0.121
11	1.64	20.8	1.29	0.123
12	1.61	21.6	1.84	0.122
14	1.57	22.5	2.36	0.121

第五章　水泥混凝土

1. 了解水泥混凝土的定义及分类;
2. 了解普通混凝土的特点;
3. 掌握普通混凝土的组成材料及对各组成材料的要求;
4. 掌握普通混凝土的主要性质及其影响因素;
5. 掌握普通混凝土配合比设计方法和质量评定;
6. 了解其他混凝土的特性。

水泥混凝土是一种非常重要的现代建筑材料,广泛用于土木工程。水泥混凝土自问世以来一直是建筑工程最重要的结构材料,得到广泛的应用。随着科学技术的进步和发展以及人们认识水平的提高,水泥混凝土的用途愈加广泛。

第一节　概　　述

水泥混凝土是以水泥和水组成的水泥浆体为黏结介质,将分散在其中的不同粒径的粗、细集料胶结起来,在一定条件下,硬化成为具有一定力学性能的一种人造石材。

一、水泥混凝土的分类

（一）水泥混凝土按表观密度分类

（1）普通混凝土:表观密度约为 2400kg/m³,是道路路面和桥梁结构中最常用的混凝土。

（2）轻混凝土:表观密度可达 1900kg/m³。现代大跨径钢筋混凝土桥梁为减轻结构自重,往往采用各种轻集料配制成轻集料结构混凝土,达到轻质高强,以增大桥梁的跨度。

（3）重混凝土:表观密度可达 3200kg/m³,是为了屏蔽各种射线的辐射,采用高密度集料配制的混凝土。

（二）水泥混凝土按抗压强度分类

（1）低强度混凝土:抗压强度小于 30MPa。
（2）中强度混凝土:抗压强度为 30 ~ 60MPa。
（3）高强度混凝土:抗压强度大于 60MPa。

二、混凝土的优缺点

（一）混凝土的优点

(1)抗压强度较高,耐久性好,耐火性好,养护费用极少。

(2)新拌混凝土具有良好塑性,可加工成任何形状。

(3)材料来源广泛,便于就地取材,价格便宜。

(4)可以根据工程要求改变材料配合比来满足需要。

（二）混凝土的缺点

(1)抗拉强度低。

(2)由于干缩,易出现裂缝。

(3)施工日期长。

(4)自重较大。

(5)结构拆除比较困难。

第二节　普通水泥混凝土

一、普通水泥混凝土组成材料

普通水泥混凝土是由水泥、水、砂、集料按适当比例配合、经拌和成型、养护而得到的人造石材。其中粗集料起骨架作用,细集料填充在粗集料的空隙,水泥和水形成的水泥浆起胶结作用,将粗细集料颗粒黏结成整体,使混凝土具有一定的强度。此外,常在混凝土中加入各种外加剂以改善混凝土性能,但用量一般只占水泥质量的 1% ~2% ,最多不超过 5% 。混凝土的各组成材料的大致比例见表5-1。

混凝土各组成材料绝对体积比　　　　　　　表 5-1

组成材料	水泥	水	砂	石	空气
占混凝土总体积的百分数(%)	10 ~15	15 ~20	20 ~33	35 ~48	1 ~3
	22 ~35		66 ~78		1 ~3

普通水泥混凝土的技术性质与原材料的性质及其相对含量有着密切的关系。要得到优质的混凝土,首先要正确选用原材料。

（一）水泥

水泥是混凝土的胶结材料,混凝土的性能很大程度上取决于水泥的质量和数量。混凝土组成材料中水泥所耗费的费用最高。所以在选择混凝土组成材料时,对水泥的品种和强度等级的选择必须慎重。

1. 水泥品种选择

应根据混凝土工程特点和所处的环境条件、气候条件等因素,正确选择水泥的品种。配制普通水泥混凝土用水泥,通常采用硅酸盐水泥、普通硅酸盐水泥、矿渣硅酸盐水泥、火山灰硅酸盐水泥和粉煤灰硅酸盐水泥(参照表5-2选用),必要时可以采用其他水泥。

常用水泥的选用   表5-2

混凝土工程特点及所处环境条件		优 先 选 择	可 以 选 用	不 得 选 用
普通混凝土	在普通气候环境下的混凝土	普通硅酸盐水泥	矿渣硅酸盐水泥 粉煤灰硅酸盐水泥 火山灰硅酸盐水泥	
	在干燥环境下的混凝土	普通硅酸盐水泥	矿渣硅酸盐水泥	粉煤灰硅酸盐水泥 火山灰硅酸盐水泥
	在高温环境或永远处在水下的混凝土	矿渣硅酸盐水泥	普通硅酸盐水泥 粉煤灰硅酸盐水泥 火山灰硅酸盐水泥	
	厚度大、体积大的混凝土	矿渣硅酸盐水泥 粉煤灰硅酸盐水泥 火山灰硅酸盐水泥	普通硅酸盐水泥	硅酸盐水泥 快硬硅酸盐水泥
有特殊要求的混凝土	要求快硬的混凝土	硅酸盐水泥 快硬硅酸盐水泥	普通硅酸盐水泥	矿渣硅酸盐水泥 粉煤灰硅酸盐水泥 火山灰硅酸盐水泥
	高强(大于C40)混凝土	硅酸盐水泥	普通硅酸盐水泥 矿渣硅酸盐水泥	粉煤灰硅酸盐水泥 火山灰硅酸盐水泥
	严寒地区的露天混凝土、寒冷地区处于水位变化区的混凝土	普通硅酸盐水泥	矿渣硅酸盐水泥	粉煤灰硅酸盐水泥 火山灰硅酸盐水泥
	严寒地区处于水位变化区的混凝土	普通硅酸盐水泥(42.5以上)		矿渣硅酸盐水泥 粉煤灰硅酸盐水泥 火山灰硅酸盐水泥
	有抗渗要求的混凝土	普通硅酸盐水泥 火山灰硅酸盐水泥		矿渣硅酸盐水泥
	有耐磨要求的混凝土	硅酸盐水泥 普通硅酸盐水泥	矿渣硅酸盐水泥	粉煤灰硅酸盐水泥 火山灰硅酸盐水泥

2. 水泥强度等级的选择

水泥的强度等级应与要求配制的混凝土强度等级相适应。如水泥强度等级选用过高,则混凝土中水泥用量过低,影响混凝土的和易性和耐久性。反之,如水泥强度等级选用过低,则混凝土中水泥用量太多,非但不经济,而且降低混凝土的某些技术性质,如造成收缩率增大。通常,配制一般混凝土时,水泥强度等级为混凝土强度等级的 1.1 ~ 1.6 倍;配制高强度混凝土时,水泥强度等级为混凝土强度等级的 0.7 ~ 1.2 倍。但是,随着混凝土要求的强度等级不断提高,配制高强混凝土时一般并不受此比例的约束。

(二)细集料

水泥混凝土用细集料一般应采用粒径小于 4.75mm 的级配良好、质地坚硬、颗粒洁净的天然砂,也可使用加工的机制砂。主要的技术要求如下:

1. 砂的颗粒级配和粗细程度

砂的颗粒级配和粗细程度应使所配制的混凝土有适宜的工作性,硬化后达到设计强度等级的要求,并能节约水泥。

水泥混凝土用细集料的级配划分为三个级配区,细集料的级配应符合表5-3或图5-1任何一个级配区所规定的级配范围。

砂的分区及级配范围　　　　　　　　　表5-3

方孔筛尺寸(mm)	级 配 区		
	I	II	III
	累计筛余百分率(%)		
9.50	0	0	0
4.75	10 ~ 0	10 ~ 0	10 ~ 0
2.36	35 ~ 5	25 ~ 0	15 ~ 0
1.18	65 ~ 35	50 ~ 10	25 ~ 0
0.6	85 ~ 71	70 ~ 41	40 ~ 16
0.3	95 ~ 80	92 ~ 70	85 ~ 55
0.15	100 ~ 90	100 ~ 90	100 ~ 90

I区砂属粗砂范畴,拌制混凝土时其内摩阻力较大,保水性差,不易捣实成型,适宜配制水泥用量多的富混凝土或低流动混凝土;II区砂是由中砂和一部分偏粗的细砂组成,可以配制不同等级混凝土;III区砂细砂颗粒多,配制的混凝土黏性较大,保水性能好,易插捣成型,但因其比表面积大,对新拌混凝土的工作性影响比较敏感,使用时宜降低砂率。

细度模数只反映全部颗粒的粗细程度,而不能完全反映出颗粒级配情况,因为细度模数相同而级配不同的砂,可以配制出性质不同的混凝土,因此,要全面表征砂的颗粒性质,必须同时使用细度模数和级配。

2. 有害杂质含量

集料中含有的妨碍水泥水化或降低集料与水泥石黏附性,以及能与水泥水化物产生不良化学反应的各种物质,称为有害杂质。

砂中所含有害杂质主要有泥和泥块、云母、轻质物、有机质及硫化物和硫酸盐等,混凝土用砂的有害杂质含量限值见表5-4。

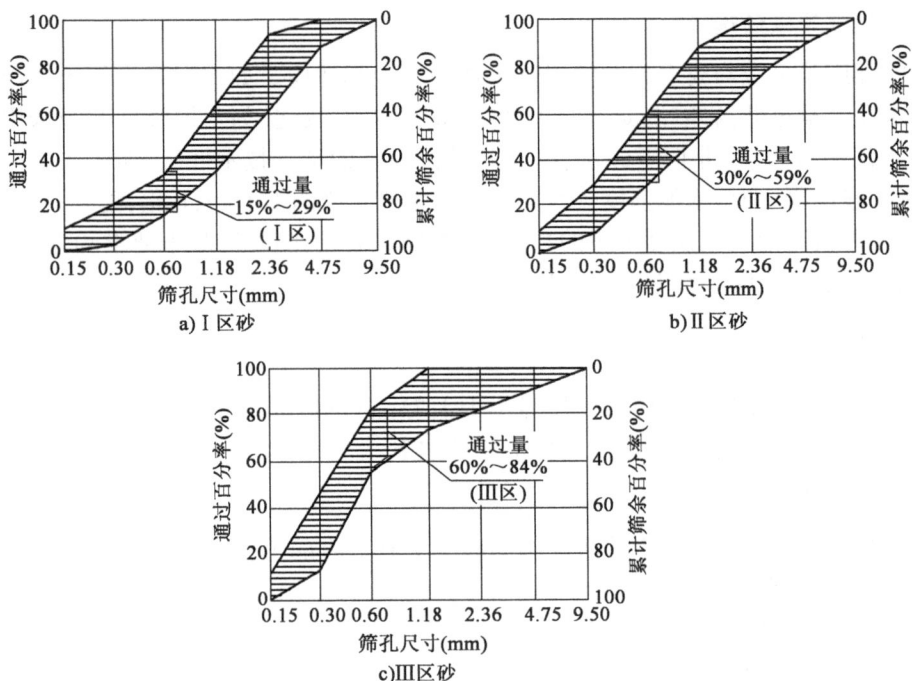

图 5-1 水泥混凝土用砂级配范围曲线

混凝土砂的有害物质含量限值   表 5-4

项　　目	指　　标		
	Ⅰ	Ⅱ	Ⅲ
云母(%)	<1.0	<2.0	<2.0
轻物质(%)	<1.0	<1.0	<1.0
有机质(比色法)	合格	合格	合格
硫化物及硫酸盐(%)	<1.0	<0.5	<0.5
氯化物(%)	<0.5	<0.02	<0.06
含泥量(%)	<1.0	<3.0	<5.0
泥块含量(%)	<0	<1.0	<2.0

　　含泥量是指天然砂中粒径小于 0.075mm 的颗粒含量;石粉含量是指人工砂中粒径小于 0.075mm 的颗粒含量;泥块含量是指原颗粒粒径大于 1.18mm,经水洗、手搓后可破碎成小于 0.6mm 的颗粒含量。这些颗粒的存在影响混凝土的强度和耐久性。云母呈薄片状,表面光滑,与水泥石的黏附性差,对混凝土拌和物的和易性和硬化后混凝土的抗冻性和抗渗性都有不利影响。有机质将延缓水泥的硬化过程,并降低混凝土的强度。硫化物与硫酸盐将在已经硬化的混凝土中与水化产物发生反应,使混凝土的体积膨胀,甚至破坏。

　　3. 压碎值和坚固性

　　人工砂采用压碎指标法进行试验检测,压碎指标值应符合表 5-5 的规定;天然砂采用硫酸钠溶液法进行坚固性试验检测,砂样经 5 次循环后其质量损失应符合表 5-5 的规定。

压碎值和坚固性指标 表 5-5

项 目	指 标		
	I	II	III
质量损失(%)	<8	<8	<10
单级最大压碎值	<20	<25	<30

(三)粗集料

普通混凝土常用的粗集料是粒径大于 4.75mm 的卵石和碎石。粗集料的技术要求如下：

1. 强度

为保证混凝土的强度,要求粗集料必须具备足够的强度。碎石或卵石的强度,可用岩石立方体强度和压碎值指标两种方法检验。具体要求见表 5-6。

碎石或卵石压碎值及坚固性指标 表 5-6

项 目	指 标		
	I	II	III
碎石压碎值(%)	<10	<20	<30
卵石压碎值(%)	<12	<16	<16
坚固性(质量损失)(%)	<5	<8	<12
岩石抗压强度(MPa)	在饱水状态下,火成岩应不小于 80;变质岩不小于 60;水成岩应不小于 30		

2. 坚固性

为保证混凝土的耐久性,用作混凝土的粗集料应具有足够的坚固性,以抵抗冻融和自然因素的风化作用。混凝土用粗集料坚固性用硫酸钠溶液法检验,试样经过 5 次循环后,其质量损失应符合表 5-6 规定。

3. 最大粒径及颗粒级配

1)最大粒径的选择

《混凝土结构工程施工质量验收规范》(GB 50204—2015)规定:混凝土用粗集料最大粒径不得超过结构截面最小尺寸的 1/4,且不得超过钢筋间最小净距的 3/4,对混凝土实心板,集料的最大粒径不宜超过板厚的 1/4,且不得超过 40mm。

2)颗粒级配

粗集料颗粒级配直接影响混凝土的技术性质和经济效果。混凝土用粗集料的级配应符合表 5-7 的规定。当连续粒级不能配制成满意的混合料时,可采用连续粒级与单粒级配合使用。

4. 表面特征及形状

表面粗糙且棱角多的碎石与表面光滑和圆形的卵石相比较,碎石配制的混凝土,由于碎石对水泥石的黏附性好,故强度提高了 10%,但是在相同单位用水量(即相同水泥浆用量)的情况下,卵石配制的新拌混凝土具有较好的和易性。

碎石和卵石的颗粒级配范围 表5-7

级配情况	序号	公称粒径(mm)	2.36	4.75	9.5	16.0	19.0	26.5	31.5	37.5	53.0	63.0	75.0	90.0
			累计筛余百分率(按质量分数计)(%)											
连续粒级	1	5~10	95~100	80~100	0~15	0								
	2	5~16	95~100	85~100	30~60	0~10								
	3	5~20	95~100	90~100	40~80	—	0~10	0						
	4	5~25	95~100	90~100	—	30~70	—	0~5	0					
	5	5~31.5	95~100	90~100	70~90	—	15~45	—	0~5	0				
	6	5~40	95~100	95~100	75~90	—	30~65	—	—	0~5	0			
单粒级	1	10~20		95~100	85~100		0~15							
	2	16~31.5			95~00	85~100			0~10	0				
	3	20~40			95~100	80~100				0~10	0			
	4	31.5~63				95~100			75~100	45~75		0~10	0	
	5	40~80					95~100			70~100		30~60	0~10	0

粗集料的比较理想的颗粒形状是接近立方体,不宜含有过多的针状、片状颗粒,否则会使新拌混凝土的和易性变差,而且会使混凝土的强度降低。针状颗粒是指颗粒长度大于平均粒径2.4倍的颗粒,片状颗粒是指颗粒厚度小于平均粒径0.4倍的颗粒(平均粒径指该粒级上、下粒径的平均值)。混凝土用粗集料的针、片状颗粒含量应符合表5-8中的规定。

粗集料的有害杂质含量限值 表5-8

项 目	指 标		
	Ⅰ	Ⅱ	Ⅲ
针、片状颗粒含量(%)	<5	<15	<25
有机物含量(比色法)	合格	合格	合格
硫化物及硫酸盐含量(%)	<0.5	<1.0	<1.0
含泥量(%)	<0.5	<1.0	<1.5
泥块含量(%)	<0	<0.5	<0.7

5.有害物质含量

粗集料中常含有一些有害物质,如泥、泥块、云母、硫酸盐、硫化物和有机质。它们的危害与在细集料中相同。其含量不能超过表5-8的要求。

6.密度和孔隙率

粗集料的表观密度、松散堆积密度、孔隙率应符合如下规定:
表观密度大于2500kg/m³,松散堆积密度大于1350kg/m³,孔隙率小于47%。

7.碱-集料反应

碱-集料反应是指水泥中碱性氧化物水解后的氢氧化钠和氢氧化钾与集料中活性二氧化硅发生化学反应,引起水泥混凝土产生膨胀、开裂,甚至破坏的过程。碱-集料反应会导致路面或桥梁墩台的开裂和破坏,并且这种破坏会继续发展下去,维修困难。

为了防止碱-集料反应的危害,应采用含碱量小于0.6%的水泥,不宜采用含有活性二氧化硅和硅酸盐的石料,同时,在粗集料中严禁混入煅烧过的石灰石或石灰石块。

(四)混凝土拌和用水

混凝土拌和用水的水源,可分为饮用水、地下水、海水以及经适当处理或处置后的工业废水,符合国家标准的生活用水,都可以用来拌制混凝土,不需再进行检验。地表水或地下水,首次使用,必须进行适用性检验,合格后才能使用。海水只允许用来拌制素混凝土,但不得用于拌制钢筋混凝土和预应力混凝土。

按照《混凝土用水标准》(JGJ 63—2006)的规定,对混凝土拌和用水的具体要求见表5-9。

混凝土拌和用水质量要求 表5-9

项　　目	素 混 凝 土	钢 筋 混 凝 土	预应力混凝土
pH 值	≥4.5	≥4.5	≥5.0
不溶物含量(mg/L)	≤5000	≤2000	≤2000
可溶物含量(mg/L)	≤10000	≤5000	≤2000
氯化物含量(mg/L)	≤3500	≤1000	≤500
硫酸盐含量(mg/L)	≤2700	≤2000	≤600
碱含量(rag/L)	≤1500	≤1500	≤1500

1. 水中有害物质含量控制

在混凝土拌和用水中不得含有影响水泥正常凝结与硬化的有害杂质,如油脂、糖类等。有害杂质的含量应符合表5-9的规定。

2. 水质对混凝土凝结时间的影响

用待检验水与蒸馏水(或符合国家标准生活用水)进行水泥凝结时间试验,两者的初凝时间差及终凝时间差均不得大于30min。待检验水拌制的水泥浆的凝结时间尚应符合国家标准的规定。

3. 水质对混凝土强度的影响

用待检验水配制水泥混凝土或砂浆,并测定28d抗压强度,其强度值不应低于蒸馏水拌制的相应混凝土或砂浆抗压强度的90%,则该水可用于拌制混凝土。

(五)混凝土外加剂

混凝土外加剂是在拌制混凝土过程中掺入量不大于水泥质量5%,用以改善混凝土性能的材料,称为混凝土外加剂。

1. 混凝土外加剂分类

混凝土外加剂按其主要功能分类情况见表5-10。

混凝土外加剂分类 表5-10

外加剂功能	外加剂类型
改善混凝土拌和物流变性能	减水剂、引气剂和泵送剂等
调节混凝土凝结时间、硬化速度	缓凝剂、早强剂和速凝剂等
改善混凝土耐久性	引气剂、防水剂和阻锈剂等
改善混凝土其他性能	防冻剂、膨胀剂、着色剂等

2.常用外加剂的主要功能

目前,在工程中常用的外加剂主要有减水剂、引气剂、早强剂、缓凝剂、防冻剂等。

1)减水剂

减水剂是指在混凝土坍落度基本相同的条件下,能减少拌和用水的外加剂。

根据使用减水剂目的的不同,在混凝土中加入减水剂后,一般可得到以下效果:

(1)增加流动性。在保持混凝土用水量及水泥用量不变的条件下,可增大混凝土流动性,且不影响混凝土强度。

(2)提高混凝土强度。在保证混凝土工作性及水泥用量不变的条件下,可减少用水量,从而降低水灰比,使混凝土强度提高。

(3)节约水泥。在混凝土工作性及强度不变的条件下,可节省水泥。

2)引气剂

引气剂是指在混凝土搅拌过程中,能引入大量分布均匀的、稳定且封闭的微小气泡,以减少混凝土拌和物泌水离析现象,改善工作性,并能显著提高混凝土抗冻性的外加剂。

引气剂对新拌混凝土,可提高混凝土拌和物工作性,减少混凝土泌水离析现象;对硬化后的混凝土,可提高混凝土抗冻性、抗渗性和抗腐蚀性。

3)早强剂

早强剂是指能提高混凝土的早期强度,并对后期强度无显著影响的外加剂。

混凝土中掺入早强剂,可缩短混凝土的凝结时间,提高早期强度,常用于混凝土的快速低温施工。

4)缓凝剂

缓凝剂能延缓混凝土凝结时间,是对混凝土后期强度发展无不利影响的外加剂。

缓凝剂可用于大体积混凝土、炎热气候条件下施工的混凝土以及需要长时间停放或长距离运输的混凝土。

5)防冻剂

防冻剂是指在规定温度下,能显著降低混凝土的冰点,使混凝土不冻结或仅部分冻结,以保证水泥的水化作用,并在一定时间内获得预期强度的外加剂。防冻剂用于在温度低于0℃条件下施工的工程。

3.混凝土外加剂的选择

根据混凝土工程的不同,可参照表5-11选择外加剂。

各种混凝土工程外加剂的选择　　　　　　　　　　　　表5-11

工 程 项 目	选 用 目 的	选 用 剂 型
自然条件下的混凝土工程和构件	改善工作性、提高早期强度,节约水泥	各种减水剂,常用木质素系
太阳直射下工程	缓凝	缓凝减水剂,常用糖蜜类
大体积混凝土	减少水化热	缓凝剂、缓凝减水剂
冬季施工	早强、防寒、抗冻	早强减水剂、早强剂、抗冻剂
流态混凝土	提高流动度	非引气型减水剂,常用 FDN、UNF
泵送混凝土	减少坍落损失	泵送剂、引气剂、缓凝减水剂,常用 FDNP UNF-5

工 程 项 目	选 用 目 的	选 用 剂 型
高强混凝土(C60以上混凝土)	提高强度	高效减水剂、非引气减水剂、密实剂
灌浆、补强、填缝	防止混凝土收缩	膨胀剂
蒸养混凝土	缩短蒸养时间	非引气高效减水剂、早强减水剂
预制构件	缩短生产周期,提高模具周转率	高效减水剂、早强减水剂
滑模工程	夏季宜缓凝	普通减水剂,木质素系类或糖蜜类
滑模工程	冬季宜早强	高效减水剂或早强减水剂
大模板工程	提高和易性,1d强度能拆模	高效减水剂或早强减水剂
钢筋密实的构筑物	提高和易性,利于浇筑	普通减水剂、高效减水剂
耐冻融混凝土	提高耐久性	引气高效减水剂
灌注桩基础	改善和易性	普通减水剂、高效减水剂
商品混凝土	节约水泥,保证运输后的混凝土和易性	普通减水剂、缓凝型减水剂

二、普通水泥混凝土的主要技术性质

普通水泥混凝土的主要技术性质包括:新拌混凝土的工作性、硬化后混凝土的力学性质和耐久性。

(一)新拌水泥混凝土的工作性(和易性)

水泥混凝土在尚未凝结硬化以前,称为新拌混凝土或混凝土拌和物。新拌混凝土具有良好的工艺性质,称为工作性(或和易性)。

1. 新拌混凝土工作性的含义

混凝土拌和物的工作性是一项综合技术性质,包括流动性、黏聚性、保水性三个方面的含义。流动性是指混凝土拌和物在自身或机械振捣下,能产生流动并能均匀密实地填满模板的性能。黏聚性是指混凝土各组成材料之间有一定的黏聚力,不致产生分层和离析的现象。保水性是指混凝土拌和物在施工过程中具有一定保水能力,不致产生严重泌水现象。

2. 新拌混凝土工作性的测定方法

按照《公路工程水泥及水泥混凝土试验规程》(JTG E30—2005)的规定,测定混凝土拌和物工作性的试验方法有坍落度法和维勃稠度法。

1)坍落度试验(**资源10**)

如图5-2所示,将新拌混凝土按规定方法分三层装入标准坍落度筒内,每层装料高度为筒高的1/3,每层用捣棒均匀捣实25次,装满刮平后,立即将筒垂直提起,新拌混凝土会出现一定程度的下沉量(mm),即为坍落度。在试验的同时,还需观察棍度、含砂情况、黏聚性、保水性,以评定新拌混凝土的工作性。坍落度试验只适用于集料公称最大粒径不大于31.5mm、坍落度不小于10mm的新拌混凝土。

2)维勃稠度试验(**资源11**)

如图5-3所示,将坍落度筒放在规定尺寸的圆筒中,圆筒安装在专用的振动台上,按坍落度试验方法将新拌混凝土装满后再拔去坍落度筒,并在新拌混凝土顶面上放置一透明圆盘。

开动振动台并记录时间,从开始振动至透明圆盘底面被水泥浆布满的瞬间为止,所经历的时间,以秒(s)计,即为新拌混凝土的维勃稠度值。

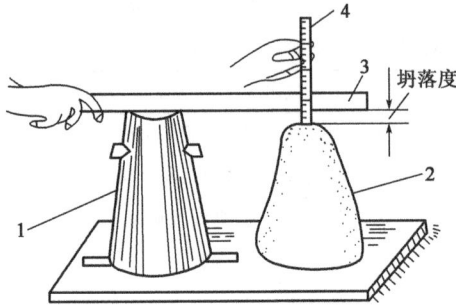

图 5-2 混凝土坍落度试验
1-坍落度筒;2-拌和物试体;3-木尺;4-钢尺

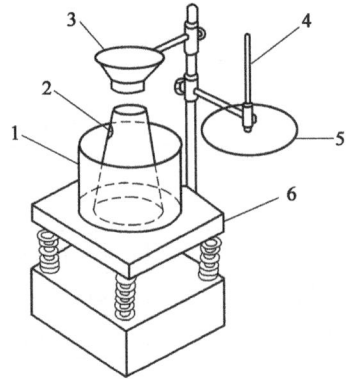

图 5-3 维勃稠度仪
1-圆柱形容器;2-坍落度试验;3-漏斗;4-测杆;
5-透明圆盘;6-振动台

维勃稠度试验适用于集料公称最大粒径不超过 31.5mm、维勃稠度值在 5～30s 之间的干硬性混凝土的稠度测定。

3. 影响新混凝土工作性的因素

1)组成材料质量及用量(内因)

(1)水泥浆的数量。在水灰比一定的条件下,水泥浆愈多,流动性愈大,但水泥浆过多,集料则相对减少,将出现流浆现象,拌和物的稳定性变差,不仅浪费水泥,而且会使拌和物的强度和耐久性降低;若水泥浆用量过少,则无法很好包裹集料表面及填充其空隙,拌和物易产生崩塌现象,失去稳定性。因此,拌和物中水泥浆的数量应以满足流动性为宜。

(2)水胶比。水胶比直接影响水泥浆的稠度。在固定用水量的条件下,水胶比小时,会使水泥浆变稠,拌和物流动性减小;若加大水胶比,可使水泥浆变稀,流动性增大,拌和物会出现流浆、离析现象,严重影响混凝土的强度和耐久性。因此,应合理地选用水胶比。

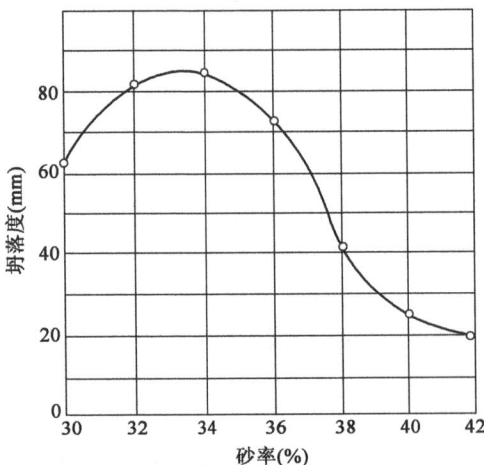

图 5-4 混凝土拌和物流动性与砂率的关系

(3)砂率。砂率是指混凝土中砂的质量占砂石总质量的百分率。当水泥浆用量一定时,砂率过大,集料的总表面积随之增大,包裹集料的水泥浆层变薄,颗粒之间的摩阻力加大,拌和物流动性降低;砂率过小,虽然表面积减小,但由于水泥砂浆数量不足,混凝土拌和物的流动性还是变小,同时由于砂量不足,会使混凝土拌和物的黏聚性和保水性降低,产生离析和流浆现象,影响工作性。混凝土拌和物坍落度与砂率的关系如图 5-4 所示。当用水量和水泥用量一定时,能使混凝土获得最大流动性,且不离析、不泌水时的砂率,称为合理砂率。

(4)组成材料的性质。由于不同品种的水泥达到标准稠度的需水量不同,所以不同品种水泥配

128

制成的混凝土拌和物的流动性也不同,在其他条件相同的情况下,标准稠度用水量小的水泥,其混凝土拌和物流动性较好。此外,水泥的细度对拌和物的和易性也有很大的影响,提高水泥的细度可改善混凝土拌和物的黏聚性和保水性,减少拌和物泌水、离析现象,但其流动性变差。

集料对混凝土拌和物工作性也有很大的影响,在相同用水量的条件下,级配好的集料,其流动性较大,黏聚性与保水性较好;表面光滑的集料,其流动性较大;集料棱角较少者,其流动性较大。

外加剂对混凝土拌和物的影响较大,在混凝土拌和物中加入少量的外加剂,可在不增加用水量和水泥用量的情况下,有效地改善混凝土拌和物的工作性。

2)环境条件与搅拌时间(外因)

对混凝土拌和物工作性有影响的环境因素主要有湿度、温度、风速等。在组成材料性质和配合比例一定的条件下,混凝土拌和物流动性随着温度的升高而减小。搅拌时间长短,也会影响混凝土拌和物的工作性,如搅拌时间不足,拌和物的工作性就差,质量也不均匀。

4.改善新拌混凝土工作性的主要措施

1)调节材料组成

在保证混凝土强度、耐久性和经济性的前提下,适当调整混凝土的配合比,以提高混凝土的工作性。

2)掺加外加剂

合理地掺加外加剂,可以改善混凝土的工作性。

3)提高振捣机械的效能

振捣机械效能的提高,可以降低施工条件对混凝土拌和物工作性的要求,改善混凝土拌和物的工作性。

(二)硬化后混凝土的力学性质

强度是混凝土硬化后的主要力学性质,《公路工程水泥及水泥混凝土试验规程》(JTG E30—2005)规定,混凝土硬化后的主要力学性质有立方体抗压强度、轴心抗压强度、圆柱体抗压强度、劈裂抗拉强度、抗弯拉强度等。

1.混凝土的抗压强度标准值和强度等级

1)立方体抗压强度(f_{cu})(资源12)

按照标准的制作方法制成边长为150mm的立方体试件,在标准养护条件(温度为20℃ ±2℃,相对湿度在95%以上)下,养护28d,按标准方法测定出的抗压强度值,称为混凝土立方体抗压强度,以f_{cu}表示,可按式(5-1)计算。

$$f_{cu} = \frac{F}{A} \qquad (5-1)$$

式中:f_{cu}——混凝土的立方体抗压强度(MPa);

F——试件破坏荷载(N);

A——试件承压面积(mm)。

2)立方体抗压强度标准值($f_{cu,k}$)(资源12)

按照标准制作方法制成边长为150mm的立方体试件,在标准养护条件下,养护28d,用标准试验方法测得具有95%保证率的抗压强度,将该值作为立方体抗压强度标准值,以$f_{cu,k}$

表示。

立方体抗压强度只是一组混凝土试件抗压强度的算术平均值,而立方体抗压强度标准值是具有不低于95%保证率的立方体抗压强度。

3)强度等级

混凝土强度等级是根据立方体抗压强度标准值来确定的。强度等级用符号"C"和"立方体抗压强度标准值"两项内容来表示。例如,C40即表示混凝土立方体抗压强度标准值$f_{cu,k} = 40MPa$。

普通混凝土按立方体抗压强度标准值划分为 C15、C20、C25、C30、C35、C40、C45、C50、C55、C60、C65、C70、C75、C80 共 14 个等级。

2. 混凝土的轴心抗压强度(f_{cp})

在实际工程中,钢筋混凝土结构形式大部分是棱柱体或圆柱体,为了使测得的混凝土强度接近混凝土结构的实际情况,在钢筋混凝土结构计算中,计算轴心受压构件时,都采用混凝土的轴心抗压强度作为依据。

按照标准制作方法制成 150mm × 150mm × 300mm 的棱柱体,在标准养护条件下,养护 28d,用标准的方法测定其轴心抗压强度。计算公式同立方体抗压强度。

3. 混凝土的抗弯拉强度(f_c)(**资源 13**)

道路路面或机场跑道道面用水泥混凝土,以抗弯拉强度为主要强度指标,抗压强度作为参考指标。按照《公路工程水泥及水泥混凝土试验规程》(JTG E30—2005)的规定,水泥混凝土的抗弯拉强度是以标准方法制备成 150mm × 150mm × 550mm 的梁形试件,在标准条件下,养护 28d 后,按三分点加荷方式测定其抗弯拉强度,可按式(5-2)计算。抗弯拉试验装置见图5-5。

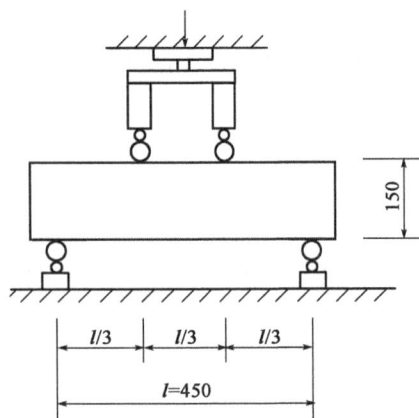

图 5-5 抗弯拉试验装置(尺寸单位:mm)

$$f_c = \frac{FL}{bh^2} \tag{5-2}$$

式中:f_c——混凝土的抗弯拉强度(MPa);

　　L——支座间距(mm);

　　b——试件宽度(mm);

　　h——试件高度(mm)。

4. 混凝土的劈裂抗拉强度(f_{ts})

混凝土在直接受拉时,很小的变形就会开裂。因此,混凝土在工作时一般不依靠其抗拉强度,但抗拉强度是确定混凝土抗裂度的重要指标。《公路工程水泥及水泥混凝土试验规程》(JTG E30—2005)规定,采用 150mm × 150mm × 150mm 的立方体作为标准试件,在标准养护条件下,养护 28d,用标准的方法测定其劈裂抗拉强度,可按式(5-3)计算。

$$f_{ts} = \frac{0.637P}{A} \tag{5-3}$$

式中:f_{ts}——混凝土的劈裂抗拉强度(MPa);

　　A——试件劈裂面面积(mm)。

5.影响混凝土强度的因素

1)材料组成对混凝土强度的影响

(1)水泥强度等级和水胶比。水泥混凝土的强度主要取决于水泥的强度等级和水灰比。在混凝土配合比相同的条下,水泥强度等级越高,制成的混凝土强度越高。当采用同一种水泥(品种和强度等级都相同)时,混凝土强度主要取决于水胶比的大小。在水泥强度等级相同的情况下,水胶比愈小,与集料的黏结能力愈大,混凝土的强度愈高。但是,如果水灰比太小,拌和物过于干稠,在一定的捣实成型条件下,混凝土拌和物将出现较多的孔洞,导致混凝土的强度下降。

根据混凝土研究和工程实践经验,认为水胶比、水泥实际强度与混凝土28d立方体抗压强度的关系公式为:

$$f_{cu,28} = \alpha_a f_b \left(\frac{B}{W} - \alpha_b \right) \tag{5-4}$$

式中:$f_{cu,28}$——混凝土的抗压强度(MPa);

B/W——胶水比;

f_b——胶凝材料28d的胶砂强度(MPa),亦可用式(5-5)、式(5-6)计算;

α_a、α_b——粗集料回归系数,与集料的品种有关,《普通混凝土配合比设计规程》(JGJ 55—2011)规定,α_a、α_b可按表5-12选用。

回归系数 α_a、α_b 表5-12

集料类别	回归系数	
	α_a	α_b
碎石	0.53	0.20
卵石	0.49	0.13

$$f_b = \gamma_f \gamma_s f_{ce} \tag{5-5}$$

式中:f_{ce}——水泥28d胶砂抗压强度(MPa);

γ_f、γ_s——粉煤灰影响系数和粒化高炉矿渣影响系数。

$$f_{ce} = \gamma_c f_{ce,g} \tag{5-6}$$

式中:$f_{ce,g}$——水泥强度等级值(MPa);

γ_c——水泥强度等级值的富余系数,见表5-13。

水泥富余系数 γ_c 选用表 表5-13

水泥强度等级	32.5	42.5	52.5
富余系数	1.12	1.16	1.10

(2)集料形状及表面特征。集料对混凝土的强度有明显的影响,特别是粗集料的形状与表面特征对强度有着直接的影响。粗集料颗粒形状最好接近立方体,如使用扁平或细长颗粒,会使混凝土的孔隙率增加,对施工带来不利影响,导致混凝土强度降低。

(3)浆集比。浆集比是混凝土中水泥浆的体积与集料的体积的比值,对混凝土的强度有一定的影响。在水灰比相同的条件下,在达到最优浆集比后,混凝土的强度随着浆集比的增加而降低。

2)养护温度和湿度

混凝土拌和物搅捣完毕后,必须保持适当的温度和湿度,使水泥充分水化,以保证混凝土强度不断提高。

养护温度对混凝土强度发展有很大影响。在相同湿度的养护条件下,低温养护强度发展较慢,为了达到一定强度,低温养护较高温养护需要更长的龄期。养护温度条件对混凝土强度的影响如图5-6所示。

混凝土浇筑后,必须有较长时间在潮湿环境中养护,只有湿度适当,水泥水化方能得以顺利进行,从而使混凝土强度得到充分发展;如果湿度不够,混凝土会失水干燥,影响水泥水化的正常进行,甚至停止水化,这不仅严重影响混凝土的强度,而且影响混凝土的耐久性。养护湿度条件对混凝土强度的影响如图5-7所示。

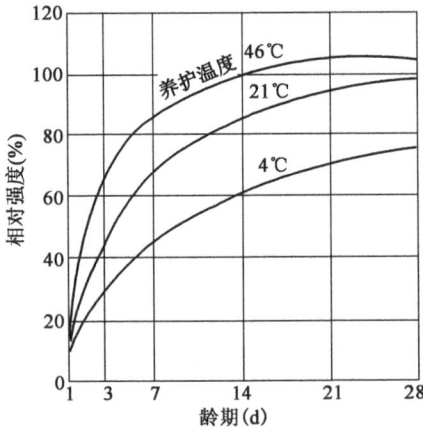

图5-6　养护温度条件对混凝土强度的影响

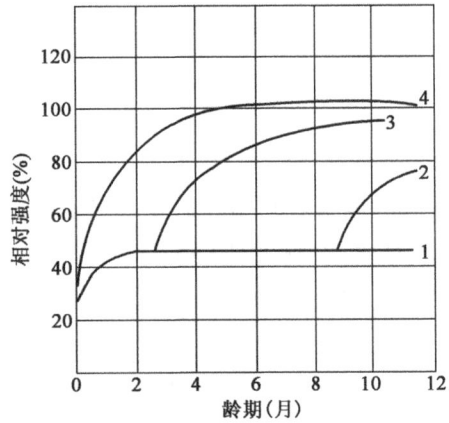

图5-7　养护湿度条件对混凝土强度的影响
1-空气养护;2-9个月后水中养护;3-3个月后水中养护;4-标准条件下养护

3)龄期

混凝土在正常养护条件下(保证一定的温度和湿度),强度随龄期的增长而提高,初期增长较快,后期增长较缓慢,甚至可以持续百年左右,但在空气中养护时,其强度后期有所下降。在相同养护条件下,其增长规律如图5-8所示。

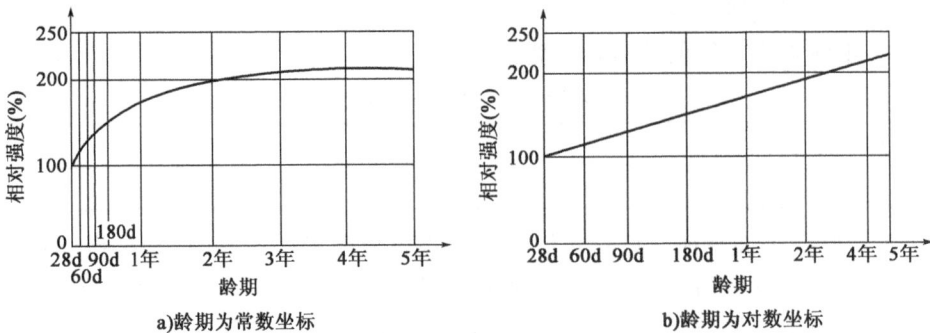

a)龄期为常数坐标

b)龄期为对数坐标

图5-8　水泥混凝土强度增长规律

4)试验条件

相同材料组成、制备条件和养护条件制成的混凝土试件,其力学强度还取决于试验条件。

影响混凝土力学强度的试验条件主要有试件形状与尺寸、试件湿度、试件温度、支承条件和加载速度等。

6. 提高混凝土强度的技术措施

1）采用高强度水泥和早强型水泥

为了提高混凝土强度，可采用高强度等级水泥，对于抢修工程、桥梁拼装接头、严寒的冬季施工以及其他要求早强的结构物，可采用早强型水泥配制的混凝土。

2）采用低水胶比和浆集比

采用低的水胶比，可以减少混凝土中的游离水，从而减少混凝土中的孔隙，提高混凝土的密实度和强度。降低浆集比，减薄水泥浆层的厚度，充分发挥集料的骨架作用，对提高混凝土的强度也有一定帮助。

3）掺加外加剂

在混凝土中掺加外加剂，可改善混凝土的技术性质。掺加早强剂，可提高混凝土的早期强度；掺加减水剂，在不改变流动性的条件下，可减小水胶比，从而提高混凝土的强度。

4）采用湿热处理方法

（1）蒸汽养护。使浇筑好的混凝土构件经 1～3h 预养后，在 90% 以上的相对湿度、60℃ 以上的饱和水蒸气中进行养护，以加速混凝土强度的发展。蒸汽养护方法主要是用来提高混凝土的早期强度。

（2）蒸压养护。将浇筑成型的混凝土构件静置 8～10h，放入蒸压釜内，通过高压（不小于 8 个标准大气压❶）、高温（不低于 175℃）饱和蒸汽进行养护，加速水泥的水化、硬化，提高混凝土的强度。

5）采用机械搅拌和振捣

混凝土拌和物在强力搅拌和振捣作用下，水泥浆的凝聚结构暂时受到破坏，从而降低了水泥浆的黏度及集料间的摩擦阻力，提高了拌和物的流动性，使拌和物能更好地充满模型并均匀密实，混凝土强度得到提高。

（三）混凝土的变形

混凝土的变形，主要有温度变形、收缩变形、干湿变形和荷载作用下的变形等。

1. 温度变形

混凝土具有热胀冷缩的性质。温度变化引起的热胀冷缩对大体积及大面积混凝土工程极为不利，因此对大体积混凝土工程，应设法降低混凝土的发热量，如采用低热水泥，减少水泥用量，采用人工降温等措施。对于纵长的钢筋混凝土结构物，应每隔一段长度设置伸缩缝，在结构物内配置温度钢筋。

2. 收缩变形

混凝土拌和物由于水化产物的体积比反应前物质的总体积要小，因而产生收缩，称为化学收缩。这种收缩随龄期增长而增加，40d 以后渐趋稳定，化学收缩是不能恢复的，一般对结构没有什么影响。

---

❶ 1 标准大气压 = 101.325kPa。

3. 干湿变形

这种变形主要表现为湿胀干缩。混凝土在干燥空气中硬化时,随着水分的逐渐蒸发,体积也将逐渐发生收缩,如果在水中或潮湿条件下养护,则混凝土的干缩将随之减少或略产生膨胀。混凝土收缩值较膨胀值大,混凝土干缩往往是表面较大,常在表面产生细微裂缝。当干缩变形受到约束时,常会引起构件的翘曲或开裂,影响混凝土的耐久性。因此,通过调节集料级配、增大粗集料的粒径,降低水泥浆用量,选择合适的水泥品种,以及采用振动捣实,早期养护等措施来减少混凝土的干缩。

4. 荷载作用下的变形

1)短期荷载作用下的变形

混凝土在短期荷载作用下的变形可分为 4 个阶段:

(1)混凝土承受的压应力低于 30% 的极限应力时,非荷载作用形成的微裂缝基本保持稳定,没有扩展趋势。

(2)混凝土承受的压应力为 30% ~ 50% 的极限应力时,微裂缝无论在长度、宽度和数量上均随应力水平的逐步提高而增加。

(3)混凝土承受的压应力为 50% ~ 75% 的极限应力时,裂缝变得不稳定,逐渐延伸到砂浆基体中,同时砂浆基体也开始形成裂缝,裂缝逐渐开始搭接,此时的应力称为临界应力。

(4)混凝土承受的压应力超过 75% 的极限应力时,裂缝迅速扩展成为连续的裂缝体系,混凝土产生非常大的应变,此时的应力为极限应力。

2)长期荷载作用下的变形

混凝土在持续荷载的作用下随时间增长的变形称为徐变,也称蠕变。混凝土的徐变在早期增长很快,然后逐渐减慢,一般要 2 ~ 3 年才可能基本趋于稳定。混凝土的徐变与许多因素有关,混凝土水灰比大,龄期短,徐变量大;荷载作用时大气湿度小,徐变大;荷载应力大,徐变大;混凝土中水泥用量多时,徐变大。混凝土中无论是受压、受拉或受弯时,均有徐变现象。

(四)混凝土的耐久性

道路与桥梁用混凝土除了要满足工作性和强度要求外,还应具有优良的耐久性。

1. 抗冻性

混凝土的抗冻性是指混凝土在饱和水状态下,抵抗多次冻融循环作用而不破坏的能力。冻融破坏的原因是混凝土中的水结冰后发生体积膨胀,使混凝土产生微细裂缝,反复冻融使裂缝不断扩大,导致混凝土强度降低直至破坏。混凝土的抗冻性一般以抗冻等级表示。抗冻等级分为 F10、F15、F25、F50、F100、F150、F200、F250、F300 等。

2. 混凝土的耐磨性

耐磨性是道路路面和桥梁工程用混凝土的最重要的性能之一。作为高级路面的水泥混凝土,必须具有抵抗车辆轮胎磨耗和磨光的性能。

混凝土的耐磨性评价,按《公路工程水泥及水泥混凝土试验规程》(JTG E30—2005)进行测试。

3. 碱-集料反应

水泥混凝土中水泥中的碱与某些碱活性集料发生化学反应,可使混凝土产生膨胀、开裂,甚至破坏,这种化学反应称为碱-集料反应。

碱-集料反应一般可分为碱-硅酸(集料)反应、碱-硅酸盐反应、碱-碳酸盐反应。

为防止碱-集料反应所产生的危害:①应使用含碱量小于0.6%的水泥或采用抑制碱-集料反应的掺合料;②当使用含钾离子、钠离子的混凝土外加剂时,必须进行专门试验,符合要求才能使用。

4.混凝土的碳化

混凝土的碳化作用是指大气中的二氧化碳在有水的条件下与水泥水化产物氢氧化钙发生反应,生成碳酸钙和水。

碳化主要对混凝土的强度和收缩产生影响。混凝土的碳化深度随着龄期的延长而增加,碳化的速度受许多因素影响,主要有水泥品种和用量、水灰比、环境条件、外加剂、集料种类等。提高混凝土抗碳化性能的主要措施有降低水灰比、使用减水剂、在混凝土表面刷涂料或水泥砂浆抹面等。

5.混凝土的抗侵蚀性

桥梁墩台用混凝土要求具有抵抗海水、污水侵蚀的能力,隧道用混凝土必须具有抵抗空气腐蚀的能力,所以混凝土工程中必须对侵蚀问题予以重视。提高混凝土的抗侵蚀性的主要方法为选用合适的水泥品种和提高混凝土密实度。密实性好及具有封闭孔隙的混凝土,环境水不易侵入混凝土内部,故其抗侵蚀性好。

《混凝土结构工程施工质量验收规范》(GB 50204—2015)规定,对水泥混凝土耐久性的控制,主要用"最大水胶比"和"最小胶凝材料用量"两项指标来进行限制。

三、普通水泥混凝土配合比设计

(一)概述

混凝土的配合比是指混凝土中各组成材料的用量之比。混凝土配合比设计是根据原材料的性能和设计中对混凝土的技术要求,通过计算和试配调整,确定出满足各项要求的混凝土各组成材料的用量。本节阐述水泥、水、细集料和粗集料4种材料的组成设计。

1.混凝土配合比表示方法

混凝土配合比表示方法有下列两种:

(1)单位用量表示法:以1m³混凝土中各组成材料的用量表示(如水泥:水:细集料:粗集料=360kg:180kg:730kg:1360kg)。

(2)相对用量表示法:以水泥的质量为1,并按"水泥:细集料:粗集料;水胶比"的顺序排列表示(如1:2.03:378;$W/B=0.5$)。

2.混凝土配合比设计基本要求

对于道路与桥梁工程用水泥混凝土的配合比设计,应满足下列4项基本要求:

1)结构物强度要求

无论是混凝土路面还是桥梁,在设计时都会对不同的结构部位提出不同的"设计强度"要求。为了保证结构物的可靠性,在确定混凝土配合比时,必须考虑到施工单位的施工水平、施工环境等因素,应采用一个比设计强度高的"配制强度",才能满足设计强度的要求。

2)施工工作性的要求

按照结构物断面尺寸和形状、钢筋的疏密情况、施工方法及设备等,合理确定混凝土拌和物的工作性(坍落度或维勃稠度)。

3)环境耐久性要求

根据结构物所处的环境条件,如严寒地区的路面、桥梁墩台在水位升降范围内,受到水中一些物质的侵蚀,为保证结构的耐久性,在设计混凝土配合比时,应考虑允许的"最大水胶比"和"最小胶凝材料用量"。

4)经济性的要求

在满足混凝土设计强度、工作性和耐久性的前提下,在配合比设计中应尽量降低高价材料的用量,合理使用材料,以降低成本。

3.混凝土配合比设计的步骤

1)计算初步配合比

根据原始资料,按我国现行的配合比设计方法,计算初步配合比,即水泥:水:细集料:粗集料 $= m_{c0} : m_{w0} : m_{s0} : m_{g0}$

2)提出基准配合比

根据初步配合比,采用施工实际材料,进行试拌,测定混凝土拌和物的工作性,调整材料用量,提出一个满足工作性要求的"基准配合比",即水泥:水:细集料:粗集料 $= m_{ca} : m_{wa} : m_{sa} : m_{ga}$。

3)确定试验室配合比

以基准配合比为基础,增加和减少水灰比,拟定几组适合工作性要求的配合比,通过制备试样、测定强度,确定既符合强度和工作性要求,又较经济的试验室配合比,即水泥:水:细集料:粗集料 $= m_{cb} : m_{wb} : m_{sb} : m_{gb}$。

4)换算施工配合比

根据工地现场材料的实际含水率,将试验室配合比换算为施工配合比,即水泥:水:细集料:粗集料 $= m_c : m_w : m_s : m_g$ 或 $1 : m_s/m_c : m_g/m_c$; W/B。

(二)普通混凝土配合比设计方法(以抗压强度为指标)

1.初步配合比计算

1)确定试配强度 $f_{cu,0}$

首先应根据设计要求的混凝土强度等级和施工单位质量管理水平,按式(5-7)计算。

$$f_{cu,0} = f_{cu,k} + 1.645\sigma \quad (设计强度等级 < C60)$$

$$f_{cu,0} \geq 1.15 f_{cu,k} \quad (设计强度等级 \geq C60) \tag{5-7}$$

式中: $f_{cu,0}$——混凝土配制强度(MPa);

$f_{cu,k}$——混凝土立方体抗压强度标准值(MPa);

σ——混凝土强度标准差(MPa)。

混凝土强度标准差(σ)可根据近期同类混凝土强度资料求得,当无历史统计资料时,强度标准差可根据强度等级按表5-14规定取用。

混凝土强度标准差 σ 值

表5-14

强度等级	< C20	C25 ~ C45	C50 ~ C55
强度标准差(MPa)	4.0	5.0	6.0

2)确定水胶比(W/B)

(1)根据已确定的混凝土配制强度,按式(5-8)计算水胶比。

$$\frac{W}{B} = \frac{\alpha_a f_b}{f_{cu,0} + \alpha_a \alpha_b f_b} \tag{5-8}$$

式中:α_a、α_b——粗集料回归系数;

f_b——胶凝材料28d抗压强度实测值(MPa),无实测强度时,按式(5-9)计算。

$$f_b = \gamma_f \gamma_s f_{ce} \tag{5-9}$$

式中:γ_f、γ_s——粉煤灰影响系数和粒化高炉矿渣粉影响系数,见表5-15。

粉煤灰影响系数和粒化高炉矿渣粉影响系数　　　　　表5-15

掺量(%)＼种类	粉煤灰影响系数 γ_f	粒化高炉矿渣粉影响系数 γ_s
0	1.00	1.00
10	0.85～0.95	1.00
20	0.75～0.85	0.95～1.00
30	0.65～0.75	0.90～1.00
40	0.55～0.65	0.80～0.90
50	—	0.75～0.85

注:1. 采用Ⅰ级、Ⅱ级粉煤灰宜取上限值。

2. 采用S75级粒化高炉矿渣粉取下限值,采用S95级粒化高炉矿渣粉宜取上限值,采用S105级粒化高炉矿系数渣粉可取上限值加0.05。

3. 当超出表中的掺量时,粉煤灰和粒化高炉矿渣粉影响应经试验确定。

当f_{ce}(水泥28d胶砂抗压强度)无实测值时,按式(5-6)计算。

(2)按耐久性校核水胶比。在确定采用的水胶比时,还应根据混凝土所处环境条件、耐久性要求的允许最大水胶比进行校核(表5-16、表5-17)。

混凝土结构的环境类别　　　　　表5-16

环　境　类　别	条　　件
一	室内环境干燥; 无侵蚀性静水侵没环境;
二(a)	室内潮湿环境; 非严寒和非寒冷地区的露天环境; 非严寒和非寒冷地区与无侵蚀性的水或土壤直接接触的环境; 严寒和寒冷地区的冰冻线以下与无侵蚀性的水或土壤直接接触的环境
二(b)	干湿交替环境; 水位频繁变动的环境; 严寒和寒冷的露天环境; 严寒和寒冷地区的冰冻线以上与无侵蚀性的水或土壤直接接触的环境
三(a)	严寒和寒冷地区冬季水位区变动环境; 受除冰盐影响的环境; 海风环境

137

环 境 类 别	条 件
三(b)	盐渍土环境； 受除冰盐作用影响的环境； 海岸环境
四	海水环境
五	受人为或自然侵蚀性物质影响的环境

注：1. 室内潮湿环境是指结构表面经常处于结露或潮湿状态的环境。

2. 严寒和寒冷地区的划分应符合国家现行标准《民用建筑热工设计规范》(GB 50176—2016)的相关规定。

3. 海岸环境和海风环境宜根据当地环境，考虑主导风向及结构所处迎风，背风部位等因素的影响，由调查研究和工程经验确定。

4. 受除冰盐影响环境为受到除冰盐盐雾影响的环境；受除冰盐作用环境指被除冰盐溶液溅射的环境以及使用除冰盐地区的洗车房、停车楼等建筑。

混凝土的最大水胶比和最小胶凝材料用量   表 5-17

环 境 等 级	最大水胶比	最低强度等级	最小胶凝材料用量(kg/m³)		
			素混凝土	钢筋混凝土	预应力混凝土
一	0.60	C20	250	280	300
二(a)	0.55	C25	280	300	300
二(b)	0.50(0.55)	C30(C25)	320		
三(a)	0.45(0.50)	C35(C30)	330		
三(b)	0.40	C40			

注：1. 素混凝土构件的水胶比及最低强度等级的要求可适当放松。

2. 有可靠工程经验时，二类环境中的最低混凝土强度等级可降低一个等级。

3. 处于严寒和寒冷地区二(b)、三(a)类环境中的混凝土应使用引气剂，并可采用括号内的有关参数。

(3)选定单位用水量。

①水胶比在0.40～0.80范围时，根据粗集料的品种、最大粒径及施工要求的混凝土拌和物稠度，其用水量可按表5-18、表5-19选取。

干硬性混凝土的用水量(kg/m³)   表 5-18

拌 和 稠 度		卵石公称最大粒径(mm)			碎石公称最大粒径(mm)		
项目	指标	10.0	20.0	40.0	16.0	20.0	40.0
维勃稠度 (s)	16～20	175	160	145	180	170	155
	11～15	180	165	150	185	175	160
	5～10	185	170	155	190	180	165

塑性混凝土的用水量(kg/m³)   表 5-19

拌 和 稠 度		卵石最大粒径(mm)				碎石最大粒径(mm)			
项目	指标	10.0	20.0	31.5	40.0	16.0	20.0	31.5	40.0
坍落度 (mm)	10～30	190	170	160	150	200	185	175	165
	35～50	200	180	170	160	210	195	185	175
	55～70	210	190	180	170	220	205	195	185
	75～90	215	195	185	175	230	215	205	195

水胶比小于0.40的混凝土以及采用特殊成型工艺的混凝土用水量通过试验确定。

②水胶比大于0.40的流动性和大流动性混凝土的用水量以表5-18、表5-19中坍落度为90mm的用水量为基础,按坍落度每增大20mm用水量增加5kg,计算混凝土的用水量,当坍落度增大到180mm以上时随着坍落度相应增加的用水量可以减少。采用细砂可以增加5~10kg的用水量,采用粗砂可以减少5~10kg的用水量。

当掺外加剂时,混凝土单位用水量按式(5-10)计算。

$$m_{w,ad} = m_{w0}(1 - \beta_{ad}) \tag{5-10}$$

式中:$m_{w,ad}$——掺外加剂混凝土的单位用水量(kg/m³);

β_{ad}——所用外加剂的实测减水率(%)。

(4)计算单位胶凝材料用量。

①单位用水量确定后,按式(5-11)计算胶凝材料用量。

$$m_{b0} = \frac{m_{w0}}{\dfrac{W}{B}} \tag{5-11}$$

②计算单位掺合料用量:

$$m_{f0} = m_{b0}\beta_f \tag{5-12}$$

③计算单位水泥用量:

$$m_{c0} = m_{b0} - m_{f0} \tag{5-13}$$

④按耐久性校核:在确定采用的单位胶凝材料用量时,还应根据混凝土所处环境条件、耐久性要求的最小胶凝材料用量进行校核(表5-16、表5-17)。

(5)选定砂率。

①坍落度为10~60mm的混凝土的砂率,可根据粗集料品种、最大公称粒径及混凝土拌和物的水胶比按表5-20选取。

②坍落度大于60mm的混凝土的砂率,可按经验确定,也可在表5-20的基础上,按坍落度每增加20mm,砂率增大1%的幅度予以调整。

③坍落度小于10mm的混凝土,其砂率应经试验确定。

混凝土的砂率(%)   表5-20

水胶比 W/B	卵石最大公称粒径(mm)			碎石最大公称粒径(mm)		
	10.0	20.0	40.0	16	20.0	40.0
0.40	26~32	25~31	24~30	30~35	29~34	27~32
0.50	30~35	29~34	28~33	33~38	32~37	39~35
0.60	33~38	32~37	31~36	36~41	35~40	33~38
0.70	36~41	35~40	34~39	39~44	38~43	36~41

注:本表数值是中砂的选用砂率,对细砂或粗砂可以相应地减小或增大砂率;只用一个单粒级粗集料配制混凝土时,砂率应适当增加;采用人工砂配制混凝土时,砂率可适当增大。

(6)计算粗、细集料单位用量。

①质量法。质量法又称假定密度法。该方法是假定混凝土拌和物的表观密度为一固定值,混凝土拌和物各组成材料的单位用量之和即为其表观密度。在砂率为已知的条件下,粗集料、细集料的单位用量可按式(5-14)计算。

$$\begin{cases} m_{c0} + m_{f0} + m_{s0} + m_{g0} + m_{w0} = \rho_{cp} \\ \dfrac{m_{s0}}{m_{s0} + m_{g0}} = \beta_s \end{cases} \quad (5\text{-}14)$$

式中： β_s ——混凝土的砂率(%)；

m_{c0}、m_{f0}、m_{s0}、m_{g0}、m_{w0} ——每立方米混凝土中的水泥、掺合料、细集料、粗集料和水的用量(kg/m³)；

ρ_{cp} ——每立方米混凝土拌和物的表观密度(kg/m³)，其值可根据施工单位积累的试验资料确定。如缺乏资料时，可根据集料的表观密度、粒径以及混凝土强度等级，在 2350 ~ 2450kg/m³ 范围内选定。

②体积法。该法是假定混凝土拌和物的体积等于各组成材料绝对体积及混凝土拌和物中所含空气体积之和。在砂率为已知的条件下，粗集料、细集料的单位用量可按式(5-15)计算。

$$\begin{cases} \dfrac{m_{c0}}{\rho_c} + \dfrac{m_{f0}}{\rho_f} \dfrac{m_{w0}}{\rho_w} + \dfrac{m_{s0}}{\rho_s} + \dfrac{m_{g0}}{\rho_g} + 0.01\alpha = 1 \\ \dfrac{m_{s0}}{m_{s0} + m_{g0}} = \beta_s \end{cases} \quad (5\text{-}15)$$

式中：ρ_c ——水泥的密度(kg/m³)；

ρ_f ——掺合料的密度(kg/m³)；

ρ_w ——水的密度(kg/m³)；

ρ_g、ρ_s ——粗、细集料的表观密度(kg/m³)；

α ——混凝土的含气量百分数，不使用引气型外加剂时，取值为1。

2. 试拌调整提出基准配合比

1) 试配

(1) 试配材料要求。试配混凝土所用各种原材料，要与实际工程使用的材料相同，粗、细集料均应是干燥状态。如用不干燥的集料配制，称料时应在用水量中扣除集料中的水，集料也应相应增加。

(2) 搅拌方法和拌和物数量。混凝土的搅拌方法，应尽量与生产时使用方法相同。试拌时，每盘混凝土最小搅拌量应根据粗集料的最大粒径来确定(参照表5-21)。采用机械搅拌时，拌和量不应小于搅拌机额定搅拌量的1/4。

混凝土试配的最小搅拌量   表 5-21

粗集料的最大公称粒径(mm)	31.5 及以下	40
拌和物数量(L)	20	25

2) 校核工作性，确定基准配合比

按初步配合比计算出试配所需的各种材料用量，配制混凝土拌和物。通过坍落度(或维勃稠度)试验测定混凝土的流动性，同时观察拌和物的黏聚性和保水性。当不符合要求时，应进行调整。最终确定出满足工作性要求的基准配合比($m_{ca} : m_{fa} : m_{wa} : m_{sa} : m_{ga}$)。

3. 检验强度，确定试验室配合比

(1) 制作试件、检验强度。经过混凝土工作性试验得出的混凝土基准配合比，其强度不一定符合要求，所以应对混凝土的强度进行复核。混凝土强度试验时，至少采用三个不同的配合比,其中一个是基准配合比,另两组的水胶比则分别增加及减小 0.05,用水量应与基准配合比相同,砂率可分别增加 1% 和减小 1%。

在制作混凝土强度试件时,应检验混凝土拌和物的工作性。每种配合比至少制作一组(三块)试件,按标准条件养护 28d,用标准的方法进行抗压强度试验,得出混凝土抗压强度与其相对应的水胶比关系,用作图法或计算法求出满足混凝土配制强度的水胶比,如图 5-9 所示。

(2)根据配制强度确定的水胶比和砂率,重新计算混凝土的配合比(既满足强度要求,又满足工作性要求),即 $m_{cb}:m_{fb}:m_{wb}:m_{sb}:m_{gb}$。

(3)根据实测拌和物湿表观密度修正配合比。由强度复核之后的配合比,还应根据实测的混凝土拌和物的表观密度作校正。

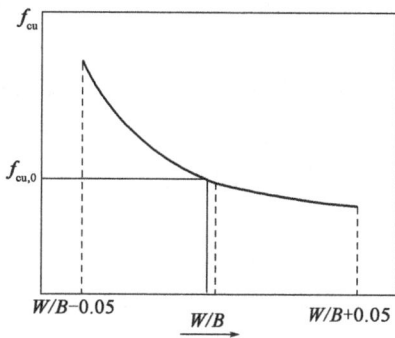

图 5-9 试验确定水胶比

校正系数的确定步骤如下:

① 计算混凝土拌和物的"计算表观密度",可按式(5-16)计算。

$$m_c + m_f + m_s + m_g + m_w = \rho_{c,c} \tag{5-16}$$

② 计算混凝土修正系数 δ,可按式(5-17)计算。

$$\delta = \frac{\rho_{c,t}}{\rho_{c,c}} \tag{5-17}$$

式中:$\rho_{c,c}$——混凝土表观密度计算值(kg/m^3);

$\rho_{c,t}$——混凝土表观密度实测值(kg/m^3)。

当混凝土表观密度计算值与实测值之差的绝对值不超过计算值的 2% 时,按以上原则确定的配合比即为试验室配合比($m_{cb}:m_{fb}:m_{wb}:m_{sb}:m_{gb}$),不需要修正;当两者之差的绝对值超过计算值的 2% 时,应给配合比中每项材料用量均乘以修正系数 δ,即为修正后的试验室配合比($m'_{cb}:m'_{fb}:m'_{wb}:m'_{sb}:m'_{gb}$)。

4. 施工配合比换算

试验室最后确定的配合比,是按干燥状态集料计算的,而施工现场的砂、石材料为露天堆放,都含有一定的水分,因此,应根据现场砂、石的实际含水率,将试验室配合比换算为施工配合比($m_c:m_f:m_w:m_s:m_g$)。

设施工现场实测砂、石含水率分别为 $a\%$、$b\%$,施工中配制 $1m^3$ 混凝土各种材料的用量为:

$$\begin{cases} m_c = m'_{cb} \\ m_f = m'_{fb} \\ m_s = m'_{sb}(1 + a\%) \\ m_g = m'_{gb}(1 + b\%) \\ m_w = m'_{wb} - (m'_{sb}a\% + m'_{gb}b\%) \end{cases} \tag{5-18}$$

【例题 5-1】 试设计涵洞用钢筋混凝土配合比。

原始资料:

(1)已知混凝土设计强度等级为 C25,要求由机械拌和、振捣,施工要求混凝土拌和物坍落度为 30~50mm,涵洞所在地区属有冻害地区。

（2）组成材料：复合硅酸盐水泥，强度等级为 32.5，密度为 3050kg/m³，富余系数为 1.12；砂为粗砂，表观密度为 2664kg/m³，施工现场砂的含水率为 5%；卵石最大粒径为 31.5mm，表观密度为 2653kg/m³，施工现场卵石的含水率为 1%；水为自来水。

设计要求：

（1）按所给资料计算初步配合比。

（2）按初步配合比在试验室进行试拌，调整得出试验室配合比。

（3）根据现场砂、石实际含水率，将试验室配合比换算为施工配合比。

设计步骤：

1）计算初步配合比

（1）确定混凝土配制强度（$f_{cu,0}$）

$$f_{cu,0} = f_{cu,k} + 1.645\sigma = 25 + 1.645 \times 5 = 33.2(\text{MPa})$$

（2）计算水胶比（W/B）

①计算水泥实际强度。由题意已知采用强度为 32.5MPa 的复合硅酸盐水泥，水泥的富余系数 $\gamma_c = 1.12$。水泥的实际强度为：

$$f_{ce} = \gamma_c \cdot f_{ce,g} = 1.12 \times 32.5 = 36.4(\text{MPa})$$

②计算水胶比。已知混凝土的配制强度为 33.2MPa，水泥的实际强度为 36.4MPa。无混凝土强度回归系数统一资料，查表 5-12，回归系数为 $\alpha_a = 0.48$、$\alpha_b = 0.33$，则水胶比为：

$$\frac{W}{B} = \frac{0.48 \times 36.4}{33.2 + 0.48 \times 0.33 \times 36.4} = 0.45$$

③按耐久性复核水胶比。根据已知资料，混凝土所处环境条件属于寒冷地区，查表 5-16 和表 5-17，允许最大水胶比为 0.55。按强度计算的水胶比为 0.45，符合耐久性要求，采用计算水胶比 0.45。

（3）确定单位用水量（m_{w0}）

由题已知，要求混凝土拌和物坍落度为 30～50mm，卵石最大粒径为 31.5mm。查表 5-19，选用混凝土用水量为 170kg/m³。

（4）计算单位胶凝材料用量（m_{b0}）

①计算单位胶凝材料用量。已知混凝土单位用水量为 170kg/m³，水胶比为 0.45，混凝土单位胶凝材料用量为：

$$m_{b0} = m_{w0} \times \frac{B}{W} = 170 \times \frac{1}{0.45} = 378(\text{kg/m}^3)$$

②计算单位水泥用量。

$$m_{c0} = m_{b0} - m_{f0} = 378(\text{kg/m}^3)$$

③按耐久性校核：根据题意，混凝土所处环境属于有冻害地区，查表 5-16 和表 5-17，最小胶凝材料用量不得小于 320kg/m³，符合耐久性要求。采用单位胶凝材料用量 378kg/m³。

（5）选定砂率（β_s）

按已知资料，集料采用卵石，最大粒径 31.5mm，水胶比为 0.45，查表 5-20，选定混凝土砂率为 30%。

（6）计算砂石用量

①采用质量法。已知单位水泥用量为 378kg/m³，单位用水量为 170kg/m³，混凝土拌和物表观密度取 2375kg/m³，砂率为 30%，即：

$$m_{s0} + m_{g0} = \rho_{cp} - m_{c0} - m_{w0} = 2375 - 378 - 170$$

$$\frac{m_{s0}}{m_{s0} + m_{g0}} = \beta_s = 30\%$$

解方程得:砂的用量 $m_{s0} = 548\text{kg/m}^3$,卵石的用量 $m_{g0} = 1279\text{kg/m}^3$。

按质量法计算得出的初步配合比为 $m_{c0} : m_{w0} : m_{s0} : m_{g0} = 378 : 170 : 548 : 1279$。

②采用体积法。已知水泥密度为 $\rho = 3050\text{kg/m}^3$,砂的密度为 $\rho_s = 2664\text{kg/m}^3$,卵石密度为 $\rho_g = 2653\text{kg/m}^3$。

$$\frac{m_{s0}}{2664} + \frac{m_{g0}}{2653} = 1 - \frac{378}{3050} - \frac{170}{1000} - 0.01 \times 1$$

$$\frac{m_{s0}}{m_{s0} + m_{g0}} = \beta_s = 30\%$$

解方程得:砂的用量 $m_{s0} = 559\text{kg/m}^3$,卵石的用量 $m_{g0} = 1304\text{kg/m}^3$。

按体积法计算得出的初步配合比为 $m_{c0} : m_{w0} : m_{s0} : m_{g0} = 378 : 170 : 559 : 1304$。

2)调整工作性,提出基准配合比

(1)计算试拌材料用量

按初步配合比试拌 20L 混凝土拌和物,则各组成材料的用量为:

水泥: $378 \times 0.02 = 7.56(\text{kg})$

水: $170 \times 0.02 = 3.4(\text{kg})$

砂: $559 \times 0.02 = 11.18(\text{kg})$

碎石: $1304 \times 0.02 = 26.08(\text{kg})$

(2)调整工作性

按照计算的各材料用量拌制混凝土拌和物,测定其坍落度为 25mm,不满足资料所给的施工工作性的要求,需要调整。保持水胶比不变,增加 5% 水泥浆,重新搅拌后再测定其坍落度为 40mm,满足施工和易性要求,黏聚性、保水性均良好。此时混凝土拌和物各组成材料的实际用量为:

水泥: $7.56 \times (1 + 5\%) = 7.94(\text{kg})$

水: $3.4 \times (1 + 5\%) = 3.57(\text{kg})$

砂: 10.8kg

石: 25.2kg

(3)提出基准配合比

调整工作性后,混凝土拌和物的基准配合比为:

$$m_{ca} : m_{wa} : m_{sa} : m_{ga} = 397 : 178 : 540 : 1260$$

3)检验强度,测定试验室配合比

(1)检验强度

以基准配合比的水灰比 0.45 为基准,选用 0.40、0.45 和 0.50 三个水胶比,分别拌制三组混凝土拌和物。砂、卵石用量不变,用水量亦保持不变,则三组水泥分别为 8.92kg、7.97kg、7.14kg。除基准配合比一组外,其他两组经测定混凝土工作性均符合要求。

按三组配合比经拌制成型,在标准条件下养护 28d 后,按规定方法测定其立方体抗压强度值,列于表 5-22。

水胶比 W/B	胶水比 B/W	28d 立方体抗压强度 $f_{cu,28}$（MPa）
0.40	2.50	35.8
0.45	2.22	32.2
0.50	2.00	29.3

根据表 5-22 的试验结果,绘制混凝土 28d 立方体抗压强度与胶水比关系曲线(图 5-10),确定相应混凝土配制强度 33.2MPa 的胶水比为 2.33,即水胶比为 0.43。

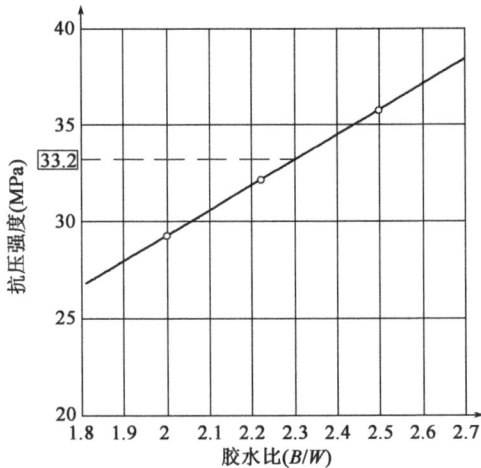

图 5-10　混凝土 28d 抗压强度与胶水比关系曲线

（2）混凝土试验室配合比

①按强度试验结果计算配合比。

1m³ 混凝土中各材料用量为:

水:　　　170(1 + 5%) = 178(kg)

水泥:　　178 ÷ 0.43 = 419(kg)

按质量法计算得:砂 533kg、碎石 1245kg。

②根据实测拌和物表现密度修正配合比。

计算湿表观密度:

　419 + 178 + 533 + 1245 = 2375(kg/m³)

实测湿表观密度:

　　　　　　2440kg/m³

修正系数:

　　　　　　2440/2375 = 1.03

因为混凝土表观密度计算值与实测值之差的绝对值超过计算值的 2%(为 2.73%),则按实测湿表观密度修正后各种材料用量为:

水:　　　　　　　419 × 1.03 = 432(kg/m³)

水泥:　　　　　　178 × 1.03 = 183(kg/m³)

砂:　　　　　　　533 × 1.03 = 549(kg/m³)

碎石:　　　　　　1245 × 1.03 = 1282(kg/m³)

因此,试验室配合比为 $m_{cb} : m_{wb} : m_{sb} : m_{gb}$ = 432:183:549:1282 或 1:1.27:2.97;0.42。

4)换算施工配合比

根据工地实测,砂的含水率为 5%,卵石的含水率为 1%,则各材料的用量为:

水泥:　　　　　　　432kg/m³

砂:　　　　　　549(1 + 5%) = 576(kg/m³)

卵石:　　　　　1282(1 + 1%) = 1295(kg/m³)

水:　　　183 − (549 × 5% + 1282 × 1%) = 143(kg/m³)

施工配合比为 $m_c : m_w : m_s : m_g$ = 432:143:576:1295 或 1:1.33:3.00;0.33。

第三节　路面水泥混凝土

根据《公路水泥混凝土路面施工技术细则》(JTG/T F30—2014)的定义,路面水泥混凝土是指满足混凝土路面摊铺工作性(和易性)、弯拉强度、耐久性与经济性要求的水泥混凝土材料。

由于路面水泥混凝土直接承受车辆荷载的反复作用,因此,它的组成材料的选择,配合比设计的标准都应根据路面的交通等级确定。《公路水泥混凝土路面设计规范》(JTG D40—2011)规定,按设计基准期内设计车道所承受的标准荷载累计作用次数,将路面所承受的交通轴载作用分为 5 级,分级范围见表 5-23。

交通荷载分级   表 5-23

交通等级	极重交通	特重交通	重交通	中交通	轻交通
设计基准期内设计车道承受设计轴载(100kN)累计作用次数 $N_e \times 10^4$	$>1 \times 10^6$	$1 \times 10^6 \sim 2000$	$100 \sim 2000$	$3 \sim 100$	<3

一、路面水泥混凝土的组成材料

(一)水泥

水泥是路面混凝土的重要组成材料,直接影响混凝土的强度、早期干缩、温度变形和抗磨性。冬季施工、有快凝要求的路段可采用 R 型早强水泥,一般情况宜采用普通型水泥。各级交通路面混凝土用水泥的强度要求,水泥的化学成分、物理性能等品质要求应符合《公路水泥混凝土路面施工技术细则》(JTG/T F30—2014)的规定,见表 5-24 和表 5-25。

面层水泥混凝土用水泥各龄期的实测强度值   表 5-24

交通等级	特重交通		重交通		中、轻交通	
龄期(d)	3	28	3	28	3	28
抗压强度(MPa)	≥25.0	≥52.5	≥22.5	≥52.5	≥16.0	≥42.5
抗折强度(MPa)	≥4.5	≥7.5	≥4.0	≥7.0	≥3.5	≥6.5

各交通荷载等级公路面层水泥混凝土用水泥的成分和物理性质指标要求   表 5-25

项次	水泥成分和物理性质指标	极重、特种、重交通荷载等级	中、轻交通荷载等级
1	铝酸三钙含量(%)	≤7.0	≤9.0
2	铁铝酸四钙含量(%)	≥15.0	≥12.0
3	游离氧化钙含量(%)	≤1.0	≤1.5
4	氧化镁含量(%)	≤5.0	≤6.0
5	三氧化硫含量(%)	≤3.5	≤4.0
6	碱含量($Na_2O + 0.658K_2O$)(%)	≤0.6	怀疑有碱活性集料时取 0.6;无碱活性集料时取 1.0
7	氯离子含量(%)	≤3.5	≤4.0
8	混合材料种类	不得掺窑灰、煤矸石、火山灰和烧黏土,有盐冻要求时,不得掺石灰岩粉	
9	出磨时安定性	雷氏夹和蒸煮法检验均必须合格	蒸煮法检验必须合格
10	标准稠度用水量(%)	≤28	≤30
11	比表面积(m^2/kg)	300 ~ 450	300 ~ 450
12	细度(80μm 筛筛余量)(%)	≤10	≤10

项次	水泥成分和物理性质指标	极重、特种、重交通荷载等级	中、轻交通荷载等级
13	初凝时间（h）	≥1.5	≥1.5
14	终凝时间（h）	≤10	≤10
15	28d 干缩率（%）	≤0.09	≤0.10
16	耐磨性（kg/m²）	≤3.6	≤3.6

（二）粉煤灰

水泥混凝土路面中可以掺用技术指标符合表 5-26 规定的电收尘Ⅰ级、Ⅱ级干排或磨细粉煤灰，Ⅲ级粉煤灰需经试验论证后，才可以用于路面混凝土中，不得使用高钙粉煤灰。在湿粉煤灰中会有搅拌不开的粉煤灰小块，它与泥块或高度风化岩石破碎的集料一样，会严重影响混凝土强度，并使路面出现许多坑洞，影响道路行驶质量和路面耐久性。所以在路面混凝土中，不得使用湿排或潮湿粉煤灰，严禁使用已经结块的湿排干粉煤灰。

低钙粉煤灰分级和质量指标　　　　　　　　表 5-26

粉煤灰等级	细度（45μm 气流筛筛余量）（%）	烧失量（%）	需水量比（%）	含水率（%）	SiO₂（%）	混合砂浆活性指数 *	
						7d	28d
Ⅰ	≤12.0	≤5.0	≤95.0	≤1.0	≤3.0	≥75	≥85（75）
Ⅱ	≤20.0	≤8.0	≤105.0	≤1.0	≤3.0	≥70	≥80（62）
Ⅲ	≤45.0	≤15.0	≤115.0	≤1.5	≤3.0	—	—

注：* 混合砂浆的活性指数为掺粉煤灰的砂浆与水泥砂浆的抗压强度比的百分数，不带括号者适用于所配制混凝土强度等级大于或等于 C40 的混凝土，当配制的混凝土强度等级小于 C40 时，混凝土砂浆的活性指数要求应满足 28d 括号中的数值要求。

（三）粗集料

1. 质量要求

粗集料应使用质地坚硬、耐久、洁净的碎石、碎卵石和卵石，并应符合表 4-1、表 4-3 的规定。高速公路、一级公路、二级公路及有抗（盐）冻要求的三、四级公路混凝土路面使用的粗集料技术等级不应低于Ⅱ级。无抗（盐）冻要求的三、四级公路混凝土路面、碾压混凝土及贫混凝土基层可使用Ⅲ级粗集料。有抗（盐）冻要求时，Ⅰ级集料吸水率不应大于 1.0%；Ⅱ级集料吸水率不应大于 2.0%。

2. 最大公称粒径和级配

路面混凝土中粗集料的最大公称粒径规定为：碎石 31.5mm，碎卵石 26.5mm，卵石 19.0mm。贫混凝土基层粗集料最大公称粒径不应大于 31.5mm；钢纤维混凝土与碾压混凝土粗集料最大公称粒径不宜大于 19.0mm。碎卵石或碎石中粒径小于 0.075mm 的石粉含量不宜大于 1%。

为了保证施工质量，路面混凝土中不得使用没有级配的统料。按照最大公称粒径的不同，采用 2～4 个粒级的集料进行掺配，合成级配应符合《公路水泥混凝土路面施工技术细则》（JTG/T F30—2014）的规定，见表 5-27。

级 配 类 型		方筛孔尺寸（mm）							
		2.36	4.75	9.50	16.0	19.0	26.5	31.5	37.5
		累计筛余（以质量计）（%）							
合成级配	4.75～16mm	95～100	85～100	40～60	0～10	—	—	—	—
	4.75～19mm	95～100	85～95	60～75	30～45	0～5	0	—	—
	4.75～26.5mm	95～100	90～100	70～90	50～70	25～40	0～5	0	—
	4.75～31.5mm	95～100	90～100	75～90	60～75	40～60	29～35	0～5	0
单粒级	4.75～9.5mm	95～100	80～100	0～15	0	—	—	—	—
	9.5～16mm	—	95～100	80～100	0～15	0	—	—	—
	9.5～19mm	—	95～100	85～100	40～60	0～5	0	—	—
	16～26.5mm	—	—	95～100	55～100	25～40	0～10	0	—
	16～31.5mm	—	—	95～100	85～100	55～70	25～40	0～10	0

（四）细集料

1. 质量要求

细集料应采用质地坚硬、耐久、洁净的天然砂、机制砂或混合砂，并应符合表 4-2、表 4-4 的技术要求。高速公路、一级公路、二级公路及有抗（盐）冻要求的三、四级公路混凝土路面使用Ⅱ级以上砂，无抗（盐）冻要求的三、四级公路混凝土路面、碾压混凝土及贫混凝土基层可使用Ⅲ级砂。特重、重交通混凝土路面宜使用河砂，砂的硅质含量不应低于 25%。

2. 级配和细度

细集料的级配应符合规定要求，路面和桥面宜使用为中砂的天然砂，细度模数宜在 2.0～3.5 之间。同一配合比用砂的细度模数变化范围不应超过 0.3，否则，应分别堆放，并按细度模数调整配合比中的砂率后使用。

（五）水

饮用水可以直接作为混凝土搅拌和养护用水，水中不得含有油污、泥及其他有害杂质。对水质有疑问时，应检验表 5-28 中的指标，合格者方可使用。

路面混凝土用水的质量要求　　　　　　　　　表 5-28

指　　标	要　　求	指　　标	要　　求
pH 值	≥4	含盐量（mg/mm³）	≤0.005
硫酸盐含量（按 SO₄²⁻ 计）（mg/mm³）	<0.0027		

（六）外加剂

路面混凝土中，加入外加剂可以改善混凝土的某些性能。使用的外加剂种类有减水剂、引气剂、缓凝剂等，其主要功能为：减少用水量、适当引气、提高抗折强度、延长凝结时间、提高早期强度等。路面混凝土宜选用减水率大、坍落度损失小、可调控凝结时间的复合型减水剂。高温施工时可选用引气缓凝减水剂，低温时使用引气早强减水剂。在路面混凝土中所使用的高效减水剂,其减水率应达到15%,引气减水剂的减水率应达到12%。

不管选用何种外加剂,都应根据设计要求和现场具备的材料品质及施工条件,选用适当的外加剂品种及合适的掺量。

二、路面水泥混凝土的技术性质

路面水泥混凝土的技术性质包括弯拉强度、施工的和易性和耐久性。

（一）弯拉强度

路面水泥混凝土中以28d的弯拉强度为依据,各级交通要求的路面水泥混凝土弯拉强度标准值应符合《公路水泥混凝土路面设计规范》(JTG D40—2011)的规定,见表5-29。

水泥混凝土弯拉强度标准值 表5-29

交通等级	极重、特重、重	中等	轻
水泥混凝土弯拉强度标准值 f_{cm} (MPa)	≥5.0	4.5	4.0

（二）工作性（和易性）

路面混凝土的工作性是指水泥混凝土拌和物在施工拌和、运输、浇筑、捣实和抹平等过程中不分层、不离析、不泌水,能均匀密实填充在结构物模板内的性能。

路面混凝土通常采用滑模摊铺机、轨道摊铺机、三辊轴机组及小型机具等对混凝土拌和物进行施工。路面混凝土拌和物的施工工作性要求取决于施工方式,具体要求应符合《公路水泥混凝土路面施工技术细则》(JTG/T F30—2014)的规定,见表5-30和表5-31。

路面滑模施工的混凝土最佳坍落度、允许范围及最大单位用水量 表5-30

集料品种	卵石混凝土	碎石混凝土
坍落度(mm)	5~20	10~30
振动黏度系数(N·s/m²)	200~500	100~500
最大单位用水量(kg/m³)	155	160

注:滑模摊铺机适宜的摊铺速度在0.5~2.0m/min之间。

不同路面施工方式混凝土坍落度及最大单位用水量 表5-31

摊铺方式	轨道摊铺机摊铺		三辊轴机组摊铺		小型机具摊铺	
现场坍落度(mm)	—		20~40		5~20	
最大单位用水量(kg/m³)	碎石 156	卵石 153	碎石 153	卵石 148	碎石 150	卵石 145

注:1.表中的最大单位用水量系采用中砂、粗细集料为风干状态的取值,采用细砂时,应使用减水率较大的(高效)减水剂。
    2.使用碎卵石,最大单位用水量可取碎石与卵石的中值。

（三）耐久性

路面混凝土与大自然接触,受到干湿、冷热、水流冲刷、行车磨耗和冲击、腐蚀等作用,要求混凝土具有良好的耐久性。根据《公路水泥混凝土路面施工技术细则》(JTG/T F30—2014)的要求,在不同环境条件下使用的路面混凝土中的含气量宜符合表5-32的规定。当含气量不符合要求时,应使用引气剂,在确定严寒和寒冷地区路面混凝土配合比前,应检验所配制混凝土的抗冻性,严寒地区路面混凝土抗冻等级不宜小于F_{250},寒冷地区不宜小于F_{200}。

路面混凝土适宜含气量及允许偏差 表5-32

集料公称最大粒径(mm)	无抗冻性要求(%)	有抗冻性要求(%)	有抗盐冻性要求(%)
19.0	4.0±1.0	5.0±0.5	6.0±0.5
26.5	3.5±1.0	4.5±0.5	5.5±0.5
31.5	3.5±1.0	4.0±0.5	5.0±0.5

此外,路面混凝土采用限制最大水灰(胶)比和最小水泥用量来满足耐久性的要求,见表5-33。

混凝土满足耐久性要求的最大水灰(胶)比和最小单位水泥用量 表5-33

公路技术等级			高速公路、一级公路	二级公路	三、四级公路
最大水灰(胶)比	无抗冻性要求		0.44	0.46	0.48
	有抗冰冻要求		0.42	0.44	0.46
	有抗盐冻性要求		0.40	0.42	0.44
最小单位水泥用量(不掺粉煤灰时)(kg/m³)	无抗冻性要求	52.5	300	300	290
		42.5	310	310	300
		32.5	310	310	315
	有抗冰(盐)冻要求	52.5	310	310	300
		42.5	330	330	315
		32.5	320	320	325
最小单位水泥用量(掺粉煤灰时)(kg/m³)	无抗冻性要求	52.5	250	250	245
		42.5	260	260	255
		32.5	280	270	265
	有抗冰(盐)冻要求	52.5	265	260	255
		42.5	280	270	265

注:1.计算水灰(胶)比时,砂石材料以自然风干状态为准(砂含水率≤1.0%;石子含水率≤0.5%)。

　　2.处在除冰盐、海风、酸雨或硫酸盐等腐蚀性环境中,或在大纵坡等加减速车道上的混凝土,最大水灰(胶)比可比表中数值降低0.01~0.02。

在海风、酸雨、除冰盐或硫酸盐等腐蚀性环境影响范围内的混凝土路面和桥面,在使用硅酸盐水泥时,应掺加粉煤灰、磨细的矿渣或硅灰掺合料,不宜单独使用硅酸盐水泥,可使用矿渣水泥或普通水泥。

三、路面水泥混凝土的配合比设计

水泥混凝土路面配合比设计的目的是确定出满足工程技术经济指标的混凝土各组成材料的用量。配合比设计的依据是《公路水泥混凝土路面设计规范》(JTG D40—2011)、《公路水泥混凝土路面施工技术细则》(JTG/T F30—2014)。

水泥混凝土配合比设计方法采用抗折强度(弯拉强度)或抗压强度为指标。下面介绍以抗弯拉强度为指标的检验公式法。

路面水泥混凝土配合比设计应满足施工工作性、抗弯拉强度、耐久性、经济性的基本要求。

路面水泥混凝土配合比设计步骤如下：

(一)初步配合比设计

1. 确定配制弯拉强度

$$f_c = \frac{f_{cm}}{1 - 1.04C_v} + ts \qquad (5\text{-}19)$$

式中：f_c——混凝土 28d 配制弯拉强度均值(MPa)；

$\quad f_{cm}$——混凝土设计弯拉强度标准值(MPa)；

$\quad s$——混凝土弯拉强度试验样本的标准差；

$\quad t$——保证率系数，按样本数 n、判别概率 p 参照表 5-34 确定；

$\quad C_v$——混凝土弯拉强度变异系数，应按照统计数据在表 5-35 的规定范围中取值；当无统计数据时，应按照设计取值；如果施工配制弯拉强度超出设计给定的弯拉强度变异系数上限，则必须改变施工机械装备，提高施工控制水平。

保证率系数 t 表 5-34

公 路 等 级	判别概率 p	样 本 数 n			
		6 ~ 8	9 ~ 14	15 ~ 19	≥20
高速公路	0.05	0.79	0.61	0.45	0.39
一级公路	0.10	0.59	0.46	0.35	0.30
二级公路	0.15	0.46	0.37	0.28	0.24
三级和四级公路	0.20	0.37	0.29	0.22	0.19

各级公路混凝土路面弯拉强度变异系数 表 5-35

公路等级	高速公路		一级公路	二级公路		三、四级公路
变异水平等级	低	低	中	中	中	高
变异系数允许范围	0.05 ~ 0.10	0.05 ~ 0.10	0.10 ~ 0.15	0.10 ~ 0.15	0.10 ~ 0.15	0.15 ~ 0.20

2. 计算水灰(胶)比并校核

(1)根据混凝土弯拉强度计算水灰(胶)比。

碎石或碎卵石混凝土：

$$\frac{W}{C} = \frac{1.5684}{f_c + 1.0097 - 0.3595f_s} \qquad (5\text{-}20)$$

卵石混凝土：

$$\frac{W}{C} = \frac{1.2618}{f_c + 1.5492 - 0.4709f_s} \qquad (5\text{-}21)$$

式中：f_s——水泥实测抗折强度(MPa)。

(2)水胶比 $W/(C+F)$ 的计算。水胶是指水泥与粉煤灰质量之和，如果将粉煤灰作为掺合料时，应计入超量取代中代替水泥的那一部分粉煤灰用量 F，代替砂的超量部分不计入，用水胶比 $W/(C+F)$ 代替水灰比 W/C。

(3)耐久性校核。据路面混凝土道路等级和环境条件查表 5-33，得到满足要求的最大水灰比(或水胶比)。在满足弯拉强度和耐久性要求的水灰比(或水胶比)中取小值作为路面混凝土的设计水灰比(或水胶比)。

---

3. 选择砂率 β_s

根据砂的细度模数和粗集料品种,查表5-36选取砂率 β_s。表5-36适用条件为水灰比在 0.35~0.48之间,使用外加剂,集料级配良好,卵石最大粒径19.0mm,碎石最大粒径31.5mm, 碎卵石可在碎石和卵石之间内插取值。

砂的细度模数与最优砂率关系　　　　　　　表5-36

砂细度模数		2.2~2.5	2.5~2.8	2.8~3.1	3.1~3.4	3.4~3.7
砂率 β_s(%)	碎石混凝土	30~34	32~36	34~38	36~40	38~42
	卵石混凝土	28~32	30~34	32~36	34~38	36~40

4. 计算单位用水量 m_{w0}

(1)不掺外加剂时的单位用水量按下列公式计算。

碎石混凝土:

$$m_{w0} = 104.97 + 0.309S_L + 11.27\frac{C}{W} + 0.61\beta_s \qquad (5\text{-}22)$$

砾(卵)石混凝土:

$$m_{w0} = 86.89 + 0.370S_L + 11.24\frac{C}{W} + 1.00\beta_s \qquad (5\text{-}23)$$

式中: m_{w0} ——不掺外加剂时的单位用水量 (kg/m^3);

$\quad\quad S_L$ ——混凝土拌和物坍落度 (mm);

$\quad\quad \beta_s$ ——砂率(%);

$\quad\quad \dfrac{C}{W}$ ——灰水比,即水灰比的倒数。

按上述公式计算得到的用水量是集料为自然风干状态下的用水量。

(2)掺外加剂的混凝土单位用水量按式(5-23)计算。

$$m_{w,ad} = m_{w0}(1 - \beta_{ad}) \qquad (5\text{-}24)$$

式中: $m_{w,ad}$ ——掺外加剂混凝土的单位用水量 (kg/m^3);

$\quad\quad \beta_{ad}$ ——所用外加剂的实测减水率(%)。

单位用水量应取计算值与表5-30或表5-31中规定值两者中的较小值,如果仅掺引气剂时 的混凝土拌和物不能满足坍落度要求,应掺引气剂复合(高效)减水剂。对于三、四级公路,可 采用真空脱水工艺。

5. 单位水泥用量 m_{c0} 的确定

(1)计算单位水泥用量 m_{c0}。单位水泥用量按式(5-25)计算。

$$m_{c0} = m_{w0} \times \frac{C}{W} \qquad (5\text{-}25)$$

式中: m_{c0} ——单位水泥用量 (kg/m^3)。

(2)耐久性校核。根据道路等级和环境条件,查表5-33,得到满足耐久性要求的最小水泥 用量,取两者中的大值。

6. 单位粉煤灰用量

路面混凝土中掺用粉煤灰时,其配合比应按照超量取代法进行。代替水泥的粉煤灰掺量:

Ⅰ型硅酸盐水泥≤30%；Ⅱ型硅酸盐水泥≤25%；道路水泥≤20%；普通水泥≤15%；矿渣水泥不得掺粉煤灰。粉煤灰的超量部分应代替砂，并折减用砂量。

7. 计算单位砂石材料用量 m_{s0} 和 m_{g0}

单位砂石材料用量可按普通水泥混凝土讲述的绝对体积法或质量法确定。将上述所确定的单位水泥用量、单位用水量和砂率代入绝对体积法或质量法公式中，即可计算出单位砂石材料用量。

经计算得到的配合比应验算单位粗集料填充体积率，且不宜小于70%。

（二）配合比调整

混凝土的初步配合比确定后，应对该配合比进行试配、调整，确定其设计配合比，有关方法与本章普通混凝土配合比设计方法相同，此处不再赘述。

【例题5-2】 某一级公路拟采用水泥混凝土路面，试设计路面用混凝土的配合比。

设计要求：

一级公路路面工程用水泥混凝土（无抗冰冻性要求）设计弯拉强度为5.0MPa，施工单位混凝土弯拉强度样本的标准差为0.4MPa（$n=9$），混凝土变异水平等级为"低"。机械搅拌，采用滑模摊铺机摊铺，施工要求的坍落度为20～40mm，试确定该路面混凝土配合比。

设计资料：

（1）水泥：P·Ⅱ52.5级硅酸盐水泥，密度为3100kg/m³，实测水泥28d抗折强度为8.3MPa。

（2）碎石：最大粒径为37.5mm，级配合格，表观密度为2650kg/m³，振实密度为1700kg/m³。

（3）砂：中砂，表观密度为2640kg/m³，细度模数为2.70，其他各项指标均符合技术要求。

（4）水：饮用水。

设计步骤：

1）确定配制弯拉强度

查表5-34知，当一级公路路面混凝土样本数为9时，保证率系数t为0.46。

按照表5-35，当一级公路路面混凝土变异水平等级为"低"时，混凝土弯拉强度变异系数C_v为0.05～0.10，取中值0.075。

根据设计要求，$f_{cm}=5.0$MPa，将上述参数代入配制弯拉强度公式，即式（5-19），得：

$$f_c = \frac{f_{cm}}{1-1.04C_v} + ts = \frac{5.0}{1-1.04\times0.075} + 0.46\times0.4 = 5.61(\text{MPa})$$

2）计算水灰比

粗集料为碎石，代入式（5-16），计算水灰比。

$$\frac{W}{C} = \frac{1.5684}{f_c + 1.0097 - 0.3595f_s} = 0.43$$

耐久性校核，查表5-33，耐久性允许最大水灰比为0.44。故取计算水灰比为0.43。

3）选择砂率β_s

根据砂的细度模数为2.70，粗集料为碎石，查表5-34，取砂率$\beta_s=34\%$。

4）计算单位用水量

坍落度要求为20～40mm，取30mm，水灰比$W/C=0.43$，$\beta_s=34\%$，代入式（5-22），得：

$$m_{w0} = 104.97 + 0.309S_L + 11.27\frac{C}{W} + 0.61\beta_s = 141(\text{kg/m}^3)$$

查表5-30,得最大单位用水量为160kg/m³,故取计算单位用水量为141kg/m³。

5)计算单位水泥用量

$$m_{c0} = m_{w0} \times \frac{C}{W} = 328(\text{kg/m}^3)$$

耐久性校核,查表5-33,满足耐久性要求的最小水泥用量为300kg/m³,故取水泥用量为328kg/m³。

6)计算砂(m_{s0})、石用量(m_{g0})。

将上面的计算结果代入式(5-15),得:

$$\frac{m_{s0}}{2640} + \frac{m_{g0}}{2650} = 1 - \frac{328}{3100} - \frac{141}{1000} = 0.753$$

$$\frac{m_{s0}}{m_{s0} + m_{g0}} = 0.34$$

解得:砂用量$m_{s0} = 678\text{kg/m}^3$,碎石用量$m_{g0} = 1315\text{kg/m}^3$。

验算:碎石的填充体积 $= 2650/1700 = 77.3\%$,符合要求。

由此确定路面混凝土的初步配合比为$m_{c0}:m_{w0}:m_{s0}:m_{g0} = 328:141:678:1315$。

因为路面混凝土的基准配合比、试验室配合比与施工配合比设计内容与普通混凝土相同,此处不再赘述。

第四节 水泥混凝土质量评定

一、普通水泥混凝土强度的评定方法

普通水泥混凝土的质量以标准试件、标准养护28d的抗压强度来评定。《公路工程质量检验评定标准 第一部分 土建工程》(JTG F80/1—2017)规定,混凝土强度应分批进行检验评定。一个验收批的混凝土应由强度等级相同、龄期相同以及生产工艺条件和配合比基本相同的混凝土组成。评定方法如下:

(1)同批试件组数大于或等于10组时,应以数理统计方法评定,并满足下述条件:

$$m_{f_{cu}} - \lambda_1 S_{f_{cu}} \geq 0.9f_{cu,k} \tag{5-26}$$

$$f_{cu,min} \geq \lambda_2 f_{cu,k} \tag{5-27}$$

式中:λ_1、λ_2——合格判定系数,按照表5-37选取;

$S_{f_{cu}}$——验收批混凝土强度的标准差(MPa),当$S_{f_{cu}} < 0.06f_{cu,k}$时,取$S_{f_{cu}} = 0.06f_{cu,k}$。

混凝土强度合格判定系数   表5-37

试件组数	10 ~ 14	15 ~ 19	>20
λ_1	1.15	1.05	0.95
λ_2	0.90	0.85	0.85

验收批混凝土强度的标准差$S_{f_{cu}}$可按式(5-28)计算。

$$S_{f_{cu}} = \sqrt{\frac{\sum_{i=1}^{n} f_{cu,i}^2 - nm_{f_{cu}}^2}{n-1}} \qquad (5-28)$$

式中:$f_{cu,i}$——验收批第 i 组混凝土强度值(MPa);

n——验收批混凝土试件的组数。

【例题5-3】 现场集中搅拌水泥混凝土,强度等级为 C25,其同批强度值见表5-38,试评定该批水泥混凝土是否合格。

评定批混凝土强度值 表 5-38

$f_{cu,i}$(MPa)							
28.5	30.2	29.3	31.5	29.8	24.8	28.8	24.5
29.2	32.4	25.0	26.0	30.4	27.6	26.9	27.5
$n=16, m_{f_{cu}} = 28.3$MPa							

解:①根据式(5-28)计算该批混凝土的标准差:

$$S_{f_{cu}} = \sqrt{\frac{\sum_{i=1}^{n} f_{cu,i}^2 - nm_{f_{cu}}^2}{n-1}} = 2.0(\text{MPa}) > 0.06f_{cu,k} = 1.5(\text{MPa})$$

②计算验收界限:

$$[mf_{cu}] = \lambda_1 \cdot S_{f_{cu}} + 0.9f_{cu,k} = 1.65 \times 2 + 0.9 \times 25 = 25.8(\text{MPa})$$

$$[f_{cu,min}] = \lambda_2 \cdot f_{cu,k} = 0.85 \times 25 = 21.3(\text{MPa})$$

③评定该批混凝土强度:

$$m_{f_{cu}} = 28.3\text{MPa} > [m_{f_{cu}}] = 25.8\text{MPa}$$

$$f_{cu,min} = 24.5\text{MPa} > [f_{cu,min}] = 21.3\text{MPa}$$

所以,该批混凝土合格。

(2)同批试件组数少于 10 组时,按非统计方法评定混凝土强度,并满足下述条件:

$$m_{f_{cu}} \geq \lambda_3 f_{cu,k} \qquad (5-29)$$

$$f_{cu,min} \geq \lambda_4 f_{cu,k} \qquad (5-30)$$

式中:λ_3、λ_4——合格判定系数,见表5-39;

其余符号意义同前。

混凝土强度合格判定系数 表 5-39

混凝土强度等级	< C60	≥ C60
λ_3	1.15	1.10
λ_4	0.95	

【例题5-4】 某预制厂生产水泥混凝土构件,强度等级为 C30,其同批强度见表5-40,试评定该批混凝土是否合格。

评定该批混凝土强度值 表 5-40

$f_{cu,i}$(MPa)								
32.4	33.6	33.8	38.6	40.2	38.8	32.4	37.2	36.5
$n=9, m_{f_{cu}} = 35.9$MPa								

解: 按式(5-29)和式(5-30)计算验收界限:

$$m_{f_{cu}} = 35.9\text{MPa} > 1.15 f_{cu,k} = 1.15 \times 30 = 34.5 (\text{MPa})$$

$$f_{cu,min} = 32.4\text{MPa} > 0.95 f_{cu,k} = 0.95 \times 30 = 28.5 (\text{MPa})$$

所以,该批混凝土合格。

(3)普通水泥混凝土强度的合格性判断

当检验结果能满足上述规定时,则该批混凝土强度判为合格;当不满足上述规定时,则该批混凝土强度判为不合格。

由不合格批混凝土制成的结构或构件,应进行鉴定。若鉴定为不合格的结构或构件,必须及时处理。

当对混凝土试件强度的代表性有怀疑时,可采用从结构或构件中钻取芯样的方法或采用非破损检验方法,按有关标准的规定对结构或构件中混凝土的强度进行推定。

二、路面水泥混凝土强度的评定方法

路面水泥混凝土强度以弯拉(抗折)强度进行评定。

(1)当试件组数大于10组时,平均弯拉强度合格判定值按式(5-31)进行。

$$f_{cs} > f_r + k\sigma \tag{5-31}$$

式中: f_{cs} ——混凝土平均弯拉强度合格判定值(MPa);

f_r ——设计弯拉强度标准值(MPa);

k ——合格判定系数,见表5-41;

σ ——弯拉强度标准差(MPa)。

合格判定系数 表5-41

试验组数 n	11 ~ 14	15 ~ 19	≥20
k	0.75	0.70	0.65

当试件组数为11 ~ 19组时,允许有一组最小弯拉强度小于 $0.85 f_r$,但不得小于 $0.80 f_r$。当试件组数大于20组时,其他等级公路允许有一组最小弯拉强度小于 $0.85 f_r$,但不得小于 $0.75 f_r$;高速公路和一级公路均不得小于 $0.85 f_r$。

(2)试件组数等于或少于10组时,试件平均强度不得小于 $1.10 f_r$,任一组强度均不得小于 $0.85 f_r$。

(3)当标准小梁平均弯拉强度合格判定值 f_{cs} 和最小弯拉强度 f_{min} 中有一个不符合上述要求时,应在不合格路段每公里每车道钻取3个以上直径不小于150mm的芯样,实测劈裂强度,通过各自工程的经验统计公式换算弯拉强度,其平均弯拉强度合格判定值 f_{cs} 和最小弯拉强度 f_{min} 必须合格,否则应返工重铺。

第五节　其他功能混凝土

在道路与桥梁工程中,除了普通水泥混凝土材料以外,高强混凝土、流态混凝土以及新型混凝土具有特殊的性能和施工方法,适用于某些特殊领域,在国内外已得到广泛应用,现将这几种混凝土简述如下。

一、高强混凝土

强度等级不低于 C60 的混凝土称为高强混凝土。它是用优质集料、高强度水泥、较低水胶比、在强烈振动密实作用下制取的。为了减轻自重、增大跨径，现代高架公路、立体交叉和大型桥梁等混凝土结构均采用高强混凝土。

（一）组成材料

1. 优质高强水泥

并非所有高强度等级水泥都能配制出高强混凝土。高强度混凝土用水泥的矿物成分中 C_3S 和 C_3A 含量应较高，特别是 C_3S 含量要高。

2. 采用磁化水拌和

磁化水是普通的水以一定速度流经磁场，由于磁化作用提高水的活性.用磁化水拌制混凝土，水容易进入水泥颗粒内部，使水泥水化更完全、充分，混凝土强度可提高 30% ~ 50%。

3. 硬质高强的集料

粗集料应使用质地坚硬、级配良好的碎石，岩石强度应为混凝土强度等级的两倍以上。碎石形状宜接近正立方体，针片状颗粒应减至最少。碎石表面应粗糙，使其与水泥石具有优良的黏结力。集料的最大粒径宜小于 26.5mm。细集料宜采用细度模数大于 2.6 的砂，其含泥量应符合要求。

4. 高效外加剂

高强混凝土均采用减水剂及其他外加剂。应选用优质高效的减水剂。

（二）技术性能

（1）高强度混凝土可有效地减轻自重。
（2）可大幅度地提高混凝土的耐久性。
（3）在大跨度的结构物中采用高强度混凝土，可大大减少材料用量及成本，获得显著的经济效益。

（三）工程应用

高强度混凝土已在我国黄石长江公路大桥、杨浦大桥等工程中得以成功应用。

二、流态混凝土

由于预拌混凝土迅速发展，泵送混凝土大规模推广，大流动性、流态混凝土的研究和开发也迅速崛起。它是在预拌的坍落度为 80 ~ 120mm 的基体混凝土拌和物中，加入外加剂——流化剂，经过二次搅拌，使基体混凝土拌和物的坍落度增加至 180 ~ 220mm，能自流填满模型或钢筋间隙的混凝土，又称超塑性混凝土。

（一）流态混凝土的组成材料

流态混凝土是由基体混凝土和流化剂组成的混凝土。

1. 基体混凝土组成

为适应流态混凝土的坍落度要求,基体混凝土中的水泥用量一般不低于 $300kg/m^3$,粗集料最大粒径不大于 20mm,细集料含有一定数量小于 0.3mm 的粉料,砂率通常可达 45% 左右。

2. 流化剂

流化剂属高效减水剂。流化剂的用量一般为水泥用量的 0.5% ~ 0.7%,如超过 0.7%,坍落度并无明显增加,且易产生离析现象。

3. 掺合料

在流态混凝土中常掺加优质粉煤灰,可改善流动性、提高强度、节约水泥。

(二)技术性能

1. 抗压强度

一般情况下,流态混凝土与基体混凝土相比较,同龄期的强度无甚差别。但是由于有些流化剂可起到一定早强作用,因而使流态混凝土的强度有所提高。

2. 弹性模量

掺加流化剂后,混凝土的弹性模量与抗压强度一样,未见有明显差别。

3. 与钢筋的黏结强度

由于流化剂使混凝土拌和物的流动性增加,所以流态混凝土较普通混凝土与钢筋的黏结强度有所提高。

4. 徐变和收缩

流态混凝土的徐变较基体混凝土稍大,而与普通大流动性混凝土接近。流态混凝土收缩与流化剂的品种和掺加量有关。掺加缓凝型流化剂时,其收缩比基体混凝土大。

5. 抗冻性

流态混凝土的抗冻性比基体混凝土稍差,与大流动性混凝土接近。

6. 耐磨性

试验证明,流动性混凝土的耐磨性较基体混凝土稍差,作为路面混凝土应考虑提高耐磨性措施。

(三)工程应用

流态混凝土的流动性好,能自流填满模型或钢筋间隙,适于泵送,施工方便。由于使用流化剂,可大幅度降低水胶比而不需多用水泥,避免了水泥浆多带来的缺点,可制得高强、耐久、不渗水的优质混凝土,一般有早强和高强效果;流态混凝土流动度大,但无离析和泌水现象。由于流态混凝土坍落度损失很快,故宜在施工现场拌制,同时应尽量快速浇筑完毕,避免延误停顿。如果发生流动性降低的现象,可以添加辅助超塑化剂,再拌制成流态混凝土。流态混凝土在道路与桥梁工程中的应用日益广泛。例如,越江隧道的水泥混凝土路面、斜拉桥的混凝土主塔,以及地铁的衬砌封顶等均须采用流态混凝土。

三、钢纤维混凝土

钢纤维混凝土是以水泥混凝土为基材与不连续而分散的纤维为增强材料所组成的一种复合材料。掺入的钢纤维可以改善混凝土的脆性，从而提高混凝土的抗拉强度和韧性。

（一）钢纤维混凝土技术性能

（1）弯拉强度和抗拉强度较高；

（2）抵抗动载振动冲击能力很强；

（3）具有极高的耐疲劳性能；

（4）是有柔韧性的复合材料；

（5）有抗冻胀和抗盐冻脱皮性能，但不耐锈蚀，用量大、价格高，热传导系数大，不适用于隔热要求的混凝土路面。

（二）工程应用

钢纤维与混凝土组成复合材料后，可使混凝土的抗弯拉强度、抗裂强度、韧性和冲击强度等性能得到改善，所以钢纤维混凝土广泛应用于道路与桥隧工程中，如机场道面、高等级路面、桥梁桥面铺装和隧道衬砌等工程。

四、碾压式水泥混凝土

碾压式水泥混凝土是以级配集料和较低的水泥用量与用水量以及掺合料和外加剂等组成的超干硬性混凝土拌和物，经振动压路机等机械碾压密实而形成的一种混凝土。这种混凝土铺筑成的路面具有强度高、干缩率小、密度大、耐久性好等技术性能，同时可节约水泥、提高工效、提早通车和降低投资成本。

（一）材料组成

1. 水泥

在路面碾压式混凝土中应选用弯拉强度高、凝结时间稍长、强度发展快、干缩性小及耐磨性好的水泥。矿渣水泥和含火山灰材料的普通水泥不宜用于高等级公路碾压式混凝土路面。

2. 矿质混合料

粗、细集料的技术性能应符合路面普通混凝土对粗、细集料的有关要求。为达到密实结构，砂率宜较高。

3. 掺合料

为节约水泥，改善混凝土和易性和提高耐久性，通常应掺加粉煤灰。

4. 外加剂

为改善混凝土和易性及有足够的碾压时间，可掺加缓凝型减水剂。

（二）技术性能

1. 强度高

碾压式混凝土的矿质混合料组成为连续密级配，经过振动压路机和轮胎压路机等的碾压，使各种集料排列为骨架密实结构,这样不仅节约水泥,而且混凝土具有较高的强度,使早期强度提高明显。

2. 干缩率小

碾压式混凝土由于其组成材料配合比的改进,使拌和物具有优良的级配和很低的含水率,这种拌和物在碾压机械的作用下,才有可能使矿质集料形成包裹一层很薄水泥浆互相靠拢的骨架。碾压式混凝土的干缩率较普通混凝土也大大减小。

3. 耐久性好

由于在形成这种密实结构的过程中,拌和物中的空气被碾压机械所排出,所以碾压式混凝土中的空隙率大为降低,这样抗水性、抗渗性和抗冻性等耐久性指标都有所提高。

(三)工程应用

碾压式混凝土主要用于大坝、道路及机场路面混凝土等工程中,若应用于水泥混凝土路面,可以做成一层式或两层式;亦可作为底层,面层采用沥青混凝土为抗滑、磨耗层。

特别应指出的是,碾压式混凝土路面的质量,不仅取决于材料的组成配比,更主要的取决于路面的施工工艺。

五、彩色水泥混合料

彩色水泥混合料是由普通硅酸水泥或白色硅酸盐水泥、砂、碎石以及颜料、外加剂拌和而成的混合料。

(一)原材料组成

1. 水泥

水泥作为胶凝材料,是保证强度、耐久性和胶结颜料、集料的主要原料。应用的水泥品种有白色硅酸盐水泥、矿渣硅酸盐水泥、普通硅酸盐水泥。上述水泥经测试,各项品质指标均应符合国家规定。

2. 集料

采用的集料有常规砂和规格碎石。集料在彩色混合料中起骨料作用,但集料本身色泽深浅及表面粗糙程度还将直接影响彩色混合料中颜料的用量、效果和着色程度。

3. 颜料

颜料是彩色水泥混合料区分于普通水泥混合料的特征材料。要求有优异的染色、遮盖性能和分散性,而且在碱性条件下不得褪色、变色,当用于长年经受风吹、日晒、雨淋的部位,还要求颜料有较好的耐水、耐候性。

(二)工程应用

彩色水泥混合料及其制品应用于城镇道路、建筑物面墙和室内地坪装饰,住宅区道路,名胜古迹、园林等游览区道路,停车场、游泳场休息地坪,或作为安全设施标志使用。也可用作桥面铺装、隧道路面或码头、港口、机场地坪,并可采用其多种色彩拼成图案,用以美化城市和层围环境。

六、超塑早强混凝土

超塑早强混凝土是指水泥、黄砂、碎石和水等在适当配合比下用搅拌机搅拌一定时间,掺入适量早强剂、高效减水剂,经规定时间搅拌均匀而成的混凝土。

（一）组成材料

1. 水泥

对于超塑早强路面混凝土,它要求选择具有早强及后期强度发展保持稳定的水泥,且水泥的各项品质指标不低于国家的有关规定。

2. 细集料

混凝土用砂应具有高的密度和小的比表面积,以保证混凝土混合料有适宜的工作性,硬化后有足够的强度和耐久性,同时又能达到节约水泥的目的。超塑早强路面混凝土宜采用中砂。

砂的质量必须符合《建筑用砂》（GB/T 14684—2011）的规定。

3. 粗集料

粗集料的粒形以接近正立方体为佳。表面粗糙且多棱角的碎石集料,与水泥的黏结性能好。粗集料的级配可采用连续级配或间断级配。选用集料时应避免含有非晶体活性二氧化硅的岩石,防止产生碱-集料反应。

粗集料的质量必须符合《建筑用卵石、碎石》（GB/T 14685—2011）的质量指标。

4. 外加剂

外加剂也是提高混凝土早期强度的一种有力措施。可以掺入各种外加剂,如早强减水剂、早强剂、缓凝剂、引气剂等。

5. 水

用于拌制和养护混凝土的水,不应含有影响水泥正常凝结硬化的有害物质。

（二）技术性能

超塑早强混凝土具有早期强度高、路面致密性好、施工和易性好等特点,有利于改善施工操作,并在节能、降低劳动强度和机械损耗等方面均有良好效果。对要求早强的混凝土路面修补工程,可达到缩短工期,提前开放交通的目的。一般 3~6d 就能开放交通。

（三）工程应用

超塑早强水泥混凝土广泛应用于道路新修建工程、市区道路改造工程以及桥梁抢修工程的桥面铺装等。它具有显著的技术经济效益。

七、特快硬水泥混凝土

特快硬混凝土是由硫铝酸盐超早强水泥、砂、石及掺加一定量减水剂和其他外加剂复合配制而成的,它具有快硬、凝结时间短,早期强度发展快（4h 强度达 20MPa 左右）的特性。它可以作为一种紧急抢修工程的理想材料。

（一）组成材料

1. 硫铝酸盐超早强水泥

硫铝酸盐超早强水泥具有速凝、快硬、早强、微膨胀、大水灰比、低温性能好、抗硫铝酸盐侵蚀等性能。超早强水泥凝结时间,初凝一般为 3～9min,终凝为 20min 左右。

2. 高效低泡减水剂

高效低泡减水剂在掺入混凝土后,可以大幅度降低用水量,同时,由于不会引入过量空气,可以配制密实性、和易性、耐久性以及早强性能均好的混凝土。

（二）技术性能

1. 强度

特快硬混凝土具有较高的抗压、抗折强度,特别是早期强度较高,多用于混凝土抢修工程。

2. 耐久性和耐磨性

对特快硬混凝土应进行抗冻性、抗渗性、抗硫铝酸盐侵蚀性、耐锈蚀性及抗磨性能测试。

（三）工程应用

由于超早强水泥水化热高,而且放热集中,抗负温性能良好,在 －10℃ 气温环境中强度仍能继续增长,适宜于严寒季节和冷冻地区施工,具有良好的抗冻性和耐磨性。特快硬混凝土作为一种可供选择的路面修补材料,特别适用于应急抢修工程和快速施工工程。

八、滑模混凝土

滑模混凝土是采用滑模摊铺机摊铺的,能满足摊铺工作性、强度及耐久性等要求的较低塑性的水泥混凝土材料。

（一）原材料技术要求

1. 水泥

特重、重交通水泥混凝土路面采用旋窑生产的道路硅酸盐水泥、硅酸盐水泥或普通硅酸盐水泥。中、轻交通的路面,可采用旋窑生产的矿渣硅酸盐水泥,冬季施工、有快速通车要求的路段可采用快硬早强 R 型水泥,一般情况宜采用普通型水泥。

2. 粉煤灰

滑模混凝土可掺入规定的电厂收尘的 I 级、II 级干排或磨细粉煤灰,但宜采用散装干粉煤灰。

3. 粗集料

粗集料的级配应符合规范的要求,质地坚硬、耐久、洁净。

4. 细集料

细集料采用质地坚硬、耐久、洁净的河砂、机制砂、沉积砂和山砂,宜控制通过 0.15mm 筛的石粉含量不大于1%。滑模混凝土用砂宜为细度模数在2.3~3.2范围内的中砂或偏细粗砂。

5. 水

所用水的硫酸盐含量小于$2.7kg/cm^3$,含盐量不得超过$5mg/cm^3$。pH值不得小于4,不得含有油污。不得使用海水。

6. 外加剂

可使用引气剂、减水剂等,其他外加剂品种可视现场气温、运距和混凝土拌和物振动黏度系数、坍落度及其损失、抗滑性、弯拉强度、耐磨性等需要选用。

7. 养护剂

养护剂的品种主要有水玻璃型、石蜡型和聚合物型三大类。

8. 钢筋

使用的钢筋应符合技术要求。钢筋应顺直,不得有裂纹、断伤、刻痕、表面油污和锈蚀。

9. 填缝材料

常用填缝材料有:常温施工式填缝料、加热施工式填缝料、预制多孔橡胶条制品等。高速公路、一级公路宜使用树脂类、橡胶类的填缝材料及其制品,二级及二级以下公路可采用各种性能符合要求的填缝材料。

(二)滑模混凝土的技术性能

1. 优良的工作性

新拌滑模混凝土坍落度较低(坍落度损失小),具有与摊铺机械振捣能力和速度相配的最优振动黏度系数、匀质性和稳定性。

2. 高抗折强度

用滑模摊铺机铺筑路面混凝土,可以提高其抗折强度,使其具有足够的抗断裂破坏能力。

3. 高耐疲劳极限

抗折疲劳循环周次由500万次提高到1000万次或更大,保障滑模摊铺水泥混凝路面的使用寿命延长1倍以上。

4. 小变形性能

滑模混凝土较低的抗折弹性模量、较小的温度变形系数和较低的干缩变形量,保证接缝具有较小的温、湿度变形伸缩量和完好的使用状态。

5. 高耐久性

滑模混凝土具有良好的抗磨性、抗滑性及其保持率、抗冻性和抗渗性,以及高耐油类的侵蚀、耐盐碱蚀、耐海水侵蚀的能力。

6. 经济性

在满足所有路面混凝土工程性能的条件下尽可能就地取材,经济实用,特别是可使单位质量水的强度贡献率最大。

（三）工程应用

滑模混凝土广泛使用在水泥混凝土路面、大型桥面以及机场跑道、城市快车道、停车场地坪和广场混凝土道面上,具有良好的使用效果。

第六节　建　筑　砂　浆

砂浆是由胶结材料、细集料和水配制而成的建筑工程材料,为了改善砂浆的工作性,可掺入适量的外加剂和混合材料。在道路和桥隧工程中,砂浆主要用于砌筑挡土墙、桥涵或隧道等圬工砌体及砌体表面的抹面,因此,根据用途不同,可分为砌筑砂浆、抹面砂浆和防水砂浆等。

一、砌筑砂浆

砌筑砂浆是将砖、石或砌块等黏结成为整体的砂浆,又分为水泥砂浆和水泥混合砂浆。水泥砂浆是由水泥、细集料和水配制而成的砂浆;水泥混合砂浆是由水泥、细集料、掺合料和水配制成的砂浆。现就其组成材料的要求、技术性质以及配合组成简述如下。

（一）组成材料

建筑砂浆的组成材料除了不含粗集料外,基本上与混凝土的组成材料要求相同,但也有其差异之处。

1. 水泥

建筑砂浆用水泥的强度等级应根据砂浆要求进行选择。砂浆的强度等级较低,所选水泥的强度等级不宜太高,否则会由于水泥用量不足导致砂浆的保水性差。一般 M15 以下强度等级的砂浆采用 32.5 级通用硅酸盐水泥,M15 以上强度等级的砂浆采用 42.5 级通用硅酸盐水泥。

2. 掺合料

为了节约水泥并提高砂浆的和易性,除水泥外,还掺加各种掺合料（如石灰、黏土和粉煤灰等）作为结合料。

3. 细集料

细集料为砂浆的骨料,由于砂浆多铺成薄层,因此对砂的最大粒径应予以限制。砌筑砂浆用砂宜选用中砂,其中毛石砌体宜选用粗砂,砂子最大粒径应小于砂浆层厚度的 1/5～1/4;对于砖砌体使用的砂浆,宜选用中砂,其最大粒径不大于 2.5mm;对于石砌体,砂的最大粒径为5.0mm。

4. 水

拌制砂浆用水与混凝土用水相同。

（二）技术性质

新拌砂浆应保证有较好的和易性且硬化后有足够的强度。

163

1. 新拌砂浆的和易性

砂浆的组成中没有粗集料,因此和易性包括流动性及保水性两方面。和易性良好的砂浆,不仅在运输和施工过程中不易产生分层、析水现象,而且能与基底紧密黏结。

1) 流动性

流动性又称为稠度,是指新拌砂浆在自重或外力作用下,易于产生流动的性质。砂浆的流动性是以沉入度或稠度(mm)表示的。沉入度越大,说明流动性越大。砂浆流动性的选择与砌体种类、施工方法以及天气情况有关,可参考表5-42。

砌筑砂浆的稠度

表 5-42

砌 体 种 类	施工稠度(mm)	砌 体 种 类	施工稠度(mm)
普通砖、粉煤灰砖砌体	70 ~ 90	混凝土砖砌块、灰砂砖砌体	50 ~ 70
烧结多孔砖、空心砖、轻集料混凝土小型空心砌块	60 ~ 80	石砌体	30 ~ 50

2) 保水性

砂浆保水性是指砂浆在运输和施工过程中保持水分不流失和各组分不分离的能力。保水性差的砂浆,在运输过程中容易泌水离析,砌筑时容易被基面所吸收,砂浆变得干涩,难于铺摊均匀,同时也影响胶凝材料的正常硬化,从而影响了砌筑的工程质量。

砂浆的保水性用保水率表示。水泥砂浆保水率不小于80%,水泥混合砂浆保水率不小于84%,预拌砂浆保水率不小于88%。

影响保水性的主要因素是胶结材料的种类、用量和用水量,以及砂的品种、细度和用量等。实践表明:为保证砂浆的和易性,水泥砂浆的最小水泥用量不宜小于200kg/m³,混合砂浆中胶结材料总用量应在300 ~ 350kg/m³ 以上。另外,掺加适量的石灰和黏土的混合砂浆具有较好的保水性。

2. 抗压强度

砌筑砂浆在砌体中要承受和传递荷载,并要经受周围环境介质的作用,因此砂浆硬化后应具有足够的抗压强度。砂浆抗压强度是确定其强度等级的重要依据。

砂浆抗压强度等级是以边长 70.7mm × 70.7mm × 70.7mm 的立方体试件,一组 3 块,按规定方法成型并在标准条件下养护至 28d 龄期后测得的单位承压面积上的破坏荷载。

$$f_{m,cu} = \frac{F_u}{A} \tag{5-32}$$

式中:$f_{m,cu}$——砂浆立方体抗压强度(MPa);

F_u——破坏荷载(N);

A——承压面积(mm²)。

《砌筑砂浆配合比设计规程》(JGJ 98—2010)规定,水泥砂浆分为 M30、M25、M20、M15、M10、M7.5、M5 共 7 个强度等级。

3. 黏结力

由于砖石等砌体是依靠砂浆黏结成整体的。砂浆应具有较强的黏结力,以便将砌体材料

牢固黏结成为一个整体。砂浆的黏结力与其强度密切相关。通常砂浆强度越高则黏结力越大。此外,砌体表面粗糙程度、清洁程度、潮湿状态及施工养护条件也对黏结力有一定的影响。

4.耐久性

圬工砂浆经常受环境水的作用,故除强度外,还应考虑抗冻、抗渗、抗侵蚀等性能。提高砂浆的密度可提高其耐久性。

(三)砌筑砂浆的配合比计算

砌筑砂浆配合比设计应满足以下要求:

砂浆拌和物的和易性应满足施工要求;砌筑砂浆的强度、耐久性应满足设计的要求;经济上应合理,水泥、掺合料的用量应较少。

1.水泥混合砂浆配合比计算

1)计算砂浆试配强度 $f_{m,0}$

$$f_{m,0} = k\bar{f} \tag{5-33}$$

式中:$f_{m,0}$——砂浆的试配强度(MPa);

   $\bar{f}$——砂浆抗压强度平均值(MPa);

   k——系数。

(1)当有统计资料时,按式(5-34)计算。

$$\sigma = \sqrt{\frac{\sum\limits_{i=1}^{n} f_{m,i}^2 - n\mu_{f_m}^2}{n-1}} \tag{5-34}$$

式中:$f_{m,i}$——统计周期内同一品种砂浆第 i 组试件的强度(MPa);

   μ_{f_m}——统计周期内同一品种砂浆 n 组试件强度的平均值(MPa);

   n——统计周期内同一品种砂浆试件的总组数,$n \geqslant 25$。

(2)当没有近期统计资料时,砂浆现场强度标准差 σ 可按表5-43取用。

试件强度标准差 σ 及 k 值   表5-43

施工水平	砂浆强度等级							k
	M5	M7.5	M10	M15	M20	M25	M30	
优良	1.00	1.50	2.00	3.00	4.00	5.00	6.00	1.15
一般	1.25	1.88	2.50	3.75	5.00	6.25	7.50	1.20
较差	1.50	2.25	3.00	4.50	6.00	7.50	9.00	1.25

2)确定水泥用量

每立方米砂浆中的水泥用量按式(5-35)计算。

$$Q_c = \frac{1000(f_{m,0} - \beta)}{\alpha \cdot f_{ce}} \tag{5-35}$$

式中:Q_c——每立方米砂浆中的水泥用量(kg);

   $f_{m,0}$——砂浆的试配强度(MPa);

$\alpha \text{、} \beta$——砂浆的特征系数,可参考表 5-44 选用;

f_{ce}——水泥的实测强度(MPa),在无法取得水泥的实测强度值时,可按式(5-36)计算。

$\alpha \text{、} \beta$ 系数值　　　　　　表 5-44

砂 浆 品 种	A	B
水泥混合砂浆	3.03	−15.9
水泥砂浆	1.03	3.50

注:各地区也可用本地区试验资料确定 $\alpha \text{、} \beta$ 值,统计用的试验组数不得少于 30 组。

$$f_{ce} = \gamma_c \cdot f_{ce,k} \tag{5-36}$$

式中:$f_{ce,k}$——水泥强度等级对应的强度值(MPa);

γ_c——富余系数,该值应按实际统计资料确定,无统计资料时 γ_c 可取 1.0。

3)确定掺合料用量

应按式(5-37)计算。

$$Q_D = Q_A - Q_C \tag{5-37}$$

式中:Q_D——每立方米砂浆的掺加料用量(kg);

Q_C——每立方米砂浆的水泥用量(kg);

Q_A——每立方米砂浆中水泥和掺加料的总用量(kg),宜在 300~350kg 之间。

所用的石灰膏的稠度应为 120mm,黏土的稠度为 140~150mm。当石灰膏的稠度不为 120mm 时,可按表 5-45 进行换算。

石灰膏不同稠度时的换算系数　　　　　　表 5-45

石灰膏稠度(mm)	120	110	100	90	80	70	60	50	40	30
换算系数	1.00	0.99	0.97	0.95	0.93	0.92	0.90	0.88	0.87	0.86

4)确定砂子用量

砂浆中的水、胶结料和掺合料用于填充砂子的空隙,因此 $1m^3$ 干燥状态的砂子的堆积密度值也就是 $1m^3$ 砂浆所用的干燥砂子质量。所以必须以砂子的干燥状态为基准进行计算。

5)确定用水量

应根据施工工作性所需稠度选择用水量,参照表 5-46 砂浆用水量范围可选用 240~310kg/m^3;水泥混合砂浆用水量通常小于水泥砂浆用水量。

砂　浆　用　水　量　　　　　　表 5-46

砂浆种类	水泥混合砂浆	水泥砂浆
用水量(kg/m^3)	260~300	270~330

2. 水泥砂浆配合比确定

若按照水泥混合砂浆配合比设计方法计算水泥砂浆配合比,由于水泥强度太高,而砂浆强度太低,会造成计算水泥用量偏少,因此通过计算得到的配合比不太合理。为了避免计算带来的不合理情况,水泥砂浆的配合比可以根据工程类别及砌体部位确定砂浆的设计强度等级,查阅表 5-47 选用。用水量的选用原则见水泥混合砂浆。

强 度 等 级	砂浆水泥用量(kg)	砂子用量(kg)	砂浆用水量(kg)
M5	200~230		
M7.5	230~260		
M10	260~290		
M15	290~330	砂子的堆积密度值	270~330
M20	340~400		
M25	360~410		
M30	430~480		

3. 配合比试配、调整与确定

与混凝土配合比设计一样,无论是查表还是通过计算所得到的砂浆初步配合比,都需要经过试配,然后进行必要的调整,最后选定符合强度要求的且水泥用量较少的砂浆配合比。

(1)试拌调整。试配时应用工程中实际使用的材料,按计算配合比进行试拌,测定其拌和物的稠度和分层度。若不能满足要求,应调整材料用量,直到符合要求为止。此稠度和分层度符合要求的配合比即为砂浆基准配合比。

(2)强度校核。砂浆强度试验至少应采用三个不同的配合比,其中一个按上述试拌调整所得出的基准配合比,另外两个配合比的水泥用量按基准配合比分别增加和减少10%,在保证稠度和分层度合格的条件下,可将用水量或掺合料用量作相应调整。

(3)对3个不同的配合比进行调整后,按照《建筑砂浆基本性能试验方法》(JGJ/T 70—2009)的规定分别成型试件,测砂浆强度等级,并选定符合强度要求而且水泥用量较少的砂浆配合比。

砂浆配合比确定后,当原材料有变更时,其配合比必须重新通过试验确定。

4. 砌筑砂浆配合比计算实例

【例题 5-5】　砌浆配合比设计。

原始资料:

某工程砌筑用混合砂浆,强度等级为 M7.5,稠度为 70~100mm。采用强度等级为32.5 的矿渣硅酸盐水泥,其富余系数为 1.03;含水率为 2%的中砂,堆积密度为 1450kg/m³;石灰膏稠度为 100mm。施工水平一般。

设计步骤:

1)确定砂浆的试配强度 $f_{m,0}$

已知 $f_m = 7.5$ MPa,查表 5-43,得 $\sigma = 1.88$ MPa。

$$f_{m,0} = kf_2 = 8.7 (\text{MPa})$$

2)确定水泥用量

水泥的实际强度 $f_{ce} = \gamma_c \cdot f_{ce,k} = 1.03 \times 32.5 = 33.5 (\text{MPa})$

查表 8-44,得 $A = 3.03, B = -15.09$,则:

$$Q_c = \frac{1000(f_{m,0} - \beta)}{\alpha \cdot f_{ce}} = \frac{1000 \times (8.7 + 15.9)}{3.03 \times 33.5} = 234 (\text{kg/m}^3)$$

3)确定石灰膏用量 Q_D

$$Q_D = Q_A - Q_C = 350 - 234 = 116 (\text{kg/m}^3)$$

石灰膏稠度为100mm,查表5-45,换算系数为0.97,则：
$$116 \times 0.97 = 112.52 (\text{kg/m}^3)$$

4）确定砂用量 Q_s

砂的堆积密度为 1450kg/m³,砂的含水率为2%,砂的用量为：
$$Q_s = 1450 \times (1 + 0.02) = 1479 (\text{kg/m}^3)$$

5）选择用水量 Q_w

查表5-46,用水量 $Q_w = 300\text{kg/m}^3$。

6）砂浆初步配合比

水泥：石灰膏：砂：水 = 234：116：1479：271 = 1：0.50：6.32：1.16

二、抹面砂浆

凡涂抹于建筑物或建筑构件表面的砂浆可统称为抹面砂浆。根据抹面砂浆功能不同,一般可将抹面砂浆又分为普通抹面砂浆、防水砂浆、装饰砂浆等。

抹面砂浆常分层施工,第一层称为底层,第二层称为垫层,第三层称为面层。各层砂浆的稠度不同,底层较稀,垫层和面层较稠。

由于抹面砂浆常用于桥涵圬工砌体和地下物的表面,一般对抹面砂浆的强度要求不高,要求有良好的和易性,容易抹成均匀平整的薄层,便于施工。还要有较高的黏结力,砂浆层要能与底面黏结牢固、长期不开裂或脱落。

普通抹面砂浆可对砌体起保护作用,抵御自然环境对建筑物的侵蚀,提高建筑物或构筑物的耐久性。通常分两层或三层施工。要求砂浆具有较高的流性和保水性。

三、防水砂浆

制作防水层的砂浆叫作防水砂浆,防水砂浆又称为刚性防水层。防水砂浆主要用于具有一定刚度的混凝土或砖石砌体的表面,在路桥工程中,常用于隧道和地下工程。

防水砂浆可用普通水泥砂浆制作,也可在水泥砂浆中掺入防水剂。常用的防水剂有氯化物金属盐类防水剂、水玻璃防水剂和金属皂类防水剂等。近年来,多掺加高聚物涂料,使之尽快形成密实的刚性砂浆防水层。

防水砂浆的配合比,一般采用1：(2~3)的富水泥砂浆,水灰比应在0.40~0.50之间。水泥应选用强度等级32.5以上的普通硅酸盐水泥,砂子最好使用中砂或粗砂,要求级配良好。

防水砂浆的防渗效果在很大程度上取决于施工质量,因此施工时要严格控制原材料质量和配合比。防水砂浆层一般分4层或5层施工,每层约5mm厚。砂浆防水层做完后,要加强养护,以防止出现干缩裂缝,降低防水效果。

本 章 小 结

水泥混凝土是道路路面、机场道路、桥梁工程结构及其附属构造物的重要的建筑材料之一。普通水泥混凝土由水泥、水、粗集料和细集料组成,必要时掺加一定质量的外加剂。新拌混凝土得工作性和硬化后混凝土的力学强度和耐久性是普通混凝土的主要技术性质。

水泥混凝土的强度有抗压强度、抗拉强度及抗折强度等。混凝土的强度等级是桥梁混凝土结构设计的最主要的强度指标,抗折强度是道路路面及机场道面结构设计指标。影响混凝土强度的主要因素有材料组成、试验条件、环境条件。

水泥混凝土的耐久性包括抗冻性、抗磨性、抗腐蚀性等，与混凝土的密实度有关，也与水泥用量和水胶比密切相关，因此在水泥混凝土配合比设计时，应按照水泥混凝土的使用条件对最大水胶比和最小水泥用量进行校核。

水泥混凝土的组成设计内容包括原材料的选择及配合比的确定。在水泥混凝土组成材料中：应根据工程使用条件及混凝土的设计强度选择水泥品种和强度等级；粗集料的强度、坚固性、颗粒级配、最大粒径和形状应符合设计要求；细集料应坚固，并符合级配和细度模数的要求。应限制粗、细集料中的有害杂质含量，在路面及机场道路混凝土中不得使用具有碱活性的集料。

混凝土配合比设计的主要参数有水胶比、单位用水量、砂率及外加剂或掺合料(如粉煤灰)数量。计算出的材料初步配合比，应经试拌、试配验证后方可确定。路面混凝土配合比设计的基本原理和计算步骤基本相同，但是具体参数选用上稍有差别。

外加剂和掺合料的应用是现代普通混凝土的新技术，科学地应用才可达到提高工程质量和降低成本等技术经济效益。

高强混凝土、流态混凝土、纤维混凝土和碾压混凝土等在路桥工程中应用很广泛。

砂浆是一种细集料混凝土，在建筑结构中起黏结、传递应力、衬垫、防护和装饰作用。对砂浆的技术要求主要有施工和易性和抗压强度。

练习题

一、名词解释

水泥混凝土；砂浆；坍落度；和易性；徐变

二、填空题

1. 常用水泥混凝土外加剂主要有_____、_____、_____、_____4种类型。

2. 水泥混凝土用粗集料的主要技术要求包括_____、_____、_____、_____。

3. 水泥混凝土的耐久性包括_____、_____、_____。

4. 影响水泥混凝土混合料和易性的主要因素有_____、_____、_____、_____、_____、_____。

5. 水泥混凝土的和易性是由_____、_____、_____等性能组成，评价和易性的指标为_____。

6. 现行规范中对水泥混凝土耐久性主要从_____和_____两方面控制。

7. 按用途分类，砂浆可分为_____和_____。

三、选择题

1. 对于大体积混凝土工程，不宜采用_____混凝土。
   A. 硅酸盐水泥　　　　　　　　　B. 矿渣水泥
   C. 火山灰水泥　　　　　　　　　D. 粉煤灰水泥

2. 测定水泥混凝土抗压强度,其标准试件尺寸为_____。

    A. 100mm×100mm×100mm   B. 150mm×150mm×150mm

    C. 200mm×200mm×200mm

3. 测定砂浆抗压强度,其标准试件尺寸是_____。

    A. 50mm×50mm×50mm   B. 150mm×150mm×150mm

    C. 70.7mm×70.7mm×70.7mm

4. 通过试验测得一组混凝土试件破坏荷载 680kN、720kN、850kN,则该组试件抗压强度值为_____。

    A. 33.3MPa   B. 32.0MPa   C. 31.1MPa   D. 37.8MPa

5. 若采用 200mm×200mm×200mm 的立方体试件测定普通混凝土的抗压强度,则试验结果应乘以换算系数_____。

    A. 0.85   B. 0.95   C. 1.00   D. 1.05

四、判断题

(   )1. 水泥混凝土中由于胶凝材料自身水化引起的体积变形称为水泥混凝土干缩变形。

(   )2. 普通水泥混凝土强度的增大一般与龄期的对数成正比。

(   )3. 水泥混凝土的徐变是指水泥混凝土在固定荷载作用下的瞬时变形。

(   )4. 水泥强度等级愈大,强度愈高,故工程中应尽量采用高强度等级水泥。

(   )5. 为了提高水泥混凝土耐久性,应控制水泥混凝土的最小水胶比与最大水泥用量。

(   )6. 绝对体积法配合比中计算理论砂率的原则是砂子的松装体积恰好填满石子空隙。

(   )7. 坍落度与工作性之间无确切的关系。

(   )8. 坍落度和维勃稠度间无确切的关系。

(   )9. 其他条件相同时,集料的最大粒径愈小,流动性愈好。

五、问答题

1. 在混凝土工程中,根据什么选用水泥的品种与强度等级?

2. 在配制混凝土时为什么水泥强度等级与混凝土强度等级相差不宜过大?

3. 影响水泥混凝土和易性的主要因素有哪些?

4. 水泥混凝土的强度等级如何确定?

5. 影响混凝土强度的主要因素有哪些?

6. 简述水泥混凝土配合比的设计步骤。

7. 水泥混凝土耐久性包括哪几方面?

8. 粉煤灰对水泥混凝土的性质有何影响?

9. 碾压混凝土在材料组成方面与普通水泥混凝土有何不同?

10. 什么是新拌砂浆的和易性?

11. 砂浆的保水性不良对工程质量有何影响?

12. 拟采用下述几个方案提高水泥混凝土混合物的流动性(不改变水泥混凝土其他技术

性质),试问哪几个方案可行？哪几个不可行？并说明理由。

(1)保持水灰比不变,增加水泥浆用量;

(2)增加单位用水量;

(3)加入 $CaCl_2$;

(4)加入减水剂;

(5)加强振捣。

六、计算题

1. 按强度等级为 C20 混凝土配合比制成一组 150mm×150mm×150mm 的试块,在标准养护条件下养护28d,做抗压强度试验,其破坏荷载分别为 $5.5×10^5N$、$5.2×10^5N$、$4.8×10^5N$,问该组混凝土实测强度为多少？

2. 某公路修建钢筋混凝土梁式桥,要求混凝土设计强度等级为 C20,受一般自然条件影响,配筋中等疏密程度,坍落度要求 30~50mm,机械搅拌,求该混凝土的初步配合比。

原材料:强度等级为 42.5 的矿渣水泥,密度为 $\rho_c = 3000kg/m^3$,富余系数 $\gamma_c = 1.1$;河砂,细度模数 $M_x = 2.5$,表观密度 $\rho_s = 2650kg/m^3$,级配良好;卵石,公称最大粒径 $d_{max} = 40mm$,表观密度 $\rho_g = 2700kg/m^3$;水:自来水。

3. 现在试验室求得一立方米混凝土的各种材料用量为水泥 360kg、砂 612kg、碎石 1241kg、水 187kg,求该混凝土的试验室配合比,如工地所用砂含水率为 3%,碎石含水率为 2%,求该混凝土的施工配合比。

4. 已知某水泥混凝土配合比为 1:1.76:3.41;0.50,用水量为 180kg/m³,水泥强度等级为 42.5,中砂,粗集料采用碎石。

求:(1)一次拌制 25L 水泥混凝土,各材料各取多少千克？

(2)配制出来水泥混凝土密度应是多少？配制强度多少？

5. 设计强度为 C30 的水泥混凝土,施工抽检了 10 组试件,其 28d 的抗压强度(标准尺寸试件、标准养护)如下:

30.5、28.4、36.0、35.5、36.0、38.0、35.0、29.0、38.0、33.8,单位为 MPa。

试评定该结果是否满足设计要求。

第六章 沥青材料

1. 了解石油沥青的分类和组成结构;
2. 掌握石油沥青的技术性质和技术标准;
3. 了解其他沥青的性质、技术标准和应用。

沥青材料是一种非常重要的有机胶凝材料,广泛应用于工程建设中。沥青材料是路面及桥面铺装的重要组成部分,在房建工程中常用作屋顶及地下室的防水材料。

第一节 石油沥青

沥青材料属于有机结合料,它是由一些十分复杂的碳氢化合物及其非金属的衍生物组成的混合物。沥青在常温下呈黑色或黑褐色固态、半固态,也有一些沥青以气态、液态形式存在,能溶解于二硫化碳、四氯化碳、三氯甲烷等有机溶剂。

沥青材料是一种黏-弹性体,具有良好的憎水性、黏结性和塑性,因而用于道路、水利及防水、防潮工程中。

根据沥青材料按照来源不同,可分为地沥青和焦油沥青两大类。

地沥青是由原油演变或加工得到的沥青材料。按产源不同分为天然沥青(图6-1)和石油沥青(图6-2)。天然沥青是石油在自然界长期受地壳挤压、变化,并与空气、水接触逐渐变化而形成的,以天然状态存在的沥青,其中常混有一定量的矿物质,按其形成的环境又分为湖沥青、岩沥青、海底沥青等;石油沥青是石油经过常压、减压蒸馏后,深拔、氧化等工艺得到的产品。

焦油沥青是干馏煤、页岩、木材等有机物得到的焦油经再加工得到的产物。

图6-1 天然沥青

图6-2 石油沥青

一、石油沥青的生产和分类

(一)石油沥青的生产

从油井中开采出来的石油称为原油,原油经分馏而提取出汽油、煤油、柴油和润滑油等石油产品后所剩残渣,经再加工后制成石油沥青。石油沥青生产工艺流程见图6-3。

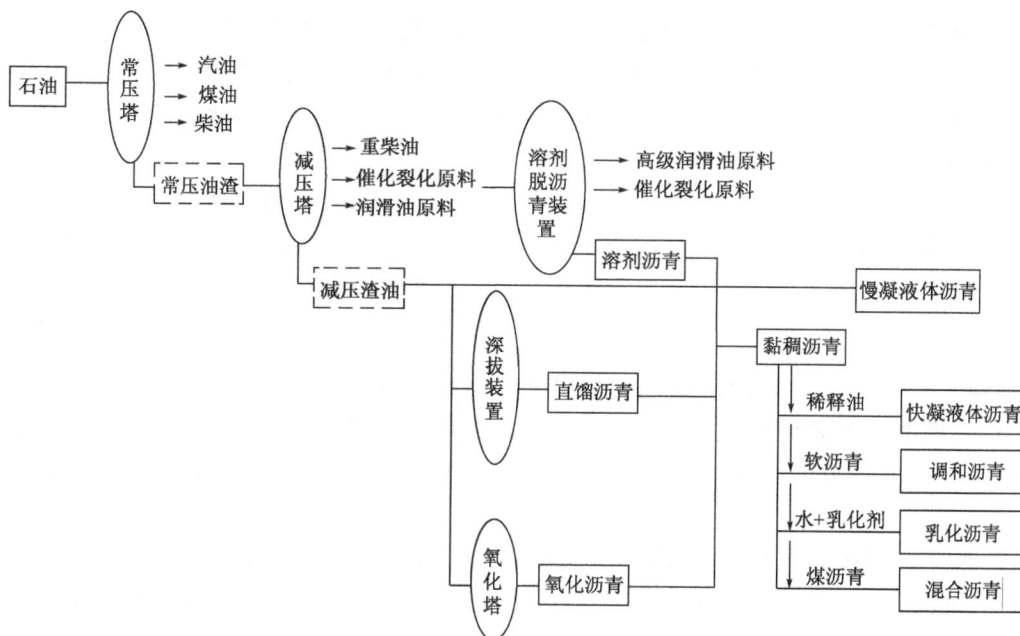

图6-3　石油沥青生产工艺流程示意图

在常压塔底收集的常压渣油,能否直接加工成沥青,主要取决于原油的稠度。我国开采大部分原油的稠度均较低,所得的常压渣油需要进入减压塔经减压蒸馏后,再进入氧化塔、深拔装置或溶剂脱沥青装置,经过进一步加工而得到沥青。也有少量原油稠度较大,其常压渣油稠度也较大,直接经过减压蒸馏或深拔后得到直馏沥青。

常用石油沥青主要是由氧化装置、深拔装置和溶剂脱沥青装置所生产的黏稠沥青。为了改善黏稠沥青的使用性能,采取各种方式将其加工成液体沥青、调和沥青、乳化沥青、混合沥青及其他改性沥青。

(二)石油沥青的分类

1. 按原油成分分类

所采用的原油不同,提炼后沥青的成分也不同。原油的组成直接影响着沥青的成分,根据"关键馏分特性"分石蜡基原油、环烷基原油和中间基原油;按"含硫量"不同分为高硫原油(含硫量>2%)、含硫原油(含硫量0.5%~2%)和低硫原油(含硫量<0.5%)。由不同基属原油炼制的石油沥青有石蜡基沥青、环烷基沥青和中间基沥青。

(1)石蜡基沥青:由石蜡基原油制成,这种沥青原油中含有大量烷烃,沥青中含蜡量一般大于5%,有的高达10%以上。蜡的存在降低了沥青的黏结性和塑性。

（2）环烷基沥青：又称沥青基沥青，由环烷基原油制成，含有较多的环烷烃和芳香烃，含蜡量一般小于2%，其黏结性和塑性较高。

（3）中间基沥青：又称混合基沥青，由中间基原油制成，它的特征介于石蜡基沥青和环烷基沥青之间。我国开采的原油多为石蜡基和中间基原油。

2. 按加工方法分类

（1）直溜沥青：是由原油经过常减压蒸馏方法或深拔装置提取后得到的产品，在常温下是黏稠液体或半固体。一般情况下，低稠度原油生产的直馏沥青温度稳定性不好。

（2）氧化沥青：是由减压渣油（或加入其他组分）为原料经吹风氧化得到的产品，在常温下是固体。氧化沥青具有良好的温度稳定性，在道路工程使用的沥青，氧化程度不能太深，称为半氧化沥青。

（3）溶剂沥青：是减压渣油经溶剂沉淀法得到的脱油沥青产品或半成品，在常温下是半固体或固体。在溶剂萃取过程中，一些石蜡成分溶解在萃取溶剂中随之被拔出，因此，溶剂沥青中石蜡成分相对较少。其性质较之由石蜡基原油生产的渣油或氧化沥青有很大改善。

3. 按常温下稠度分类

常温下按稠度一般将石油沥青分为黏稠沥青和液体沥青两大类。

（1）黏稠沥青在常温下呈固态或半固态，按针入度分级，针入度小于40（0.1mm）为固体沥青；针入度在40～300（0.1mm）之间为半固体沥青；针入度大于300（0.1mm）为黏稠液体状态沥青。

（2）液体沥青在常温下多呈黏稠液体或液体状态，按标准黏度分级划分为慢凝、中凝和快凝液体石油沥青。在生产应用中，常在黏稠沥青中掺入一定比例的溶剂，得到稠度较低的液体沥青。

4. 按用途分类

根据用途可分为道路石油沥青和建筑石油沥青。

二、石油沥青的组成与结构

（一）石油沥青的元素组成

石油沥青是由多种复杂的碳氢化合物及其非金属（氧、硫和氮）的衍生物所组成的混合物。其主要组成元素为碳、氢，通常在石油沥青中碳含量为80%～87%，氢为10%～15%，其次是非烃元素，如氧、硫和氮等，它们的含量少于3%，此外，还含有一些微量的金属元素，如镍、钒、铁、锰、钙、镁、钠、铜等，含量为几个至几十个ppm（百万分之一）。

试验表明，沥青元素组成基本与渣油相同。从表6-1中可以看出，不同产地的沥青中，碳、氢元素的比例相近，从组成元素及其数量看与沥青的性质相关性不大，这主要是由于沥青化学组成结构的复杂性。

渣油的元素组成 表6-1

渣 油 名 称	C（%）	H（%）	S（%）	N（%）
大庆渣油	86.43	12.27	0.17	0.29
胜利渣油	85.50	11.60	1.26	0.85

渣油名称	C(%)	H(%)	S(%)	N(%)
沙中渣油	84.00	9.95	5.30	0.58
科威特渣油	83.97	10.12	5.05	0.31
伊朗重质渣油	85.04	10.24	3.60	0.70

(二)石油沥青的化学组分

由于石油沥青中的化学元素很难与其技术性质相关性,因此必须寻找其他的分析方法进行研究。为了使沥青的化学组成和其路用性能有一定的联系,常将沥青中物理和化学性质相近的化合物归类分析,划分出若干组,这些组称为组分。沥青中各组分的含量与沥青的技术性质有直接的关系。

沥青组分的分析方法有许多种,目前常用的有三组分法和四组分法。

1. 三组分分析法

三组分分析法是将沥青分离为沥青质、树脂和油分三个组分。图 6-4 是我国现行石油沥青三组分分析法原理图解。我国富产石蜡基或中间基沥青,在油分中往往含有蜡,分析时还应将油蜡分离。

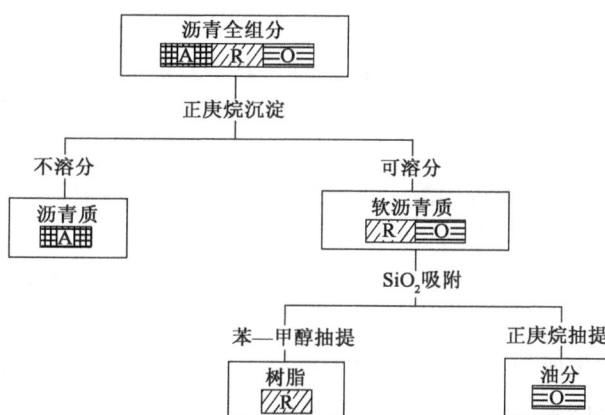

图 6-4 我国现行石油沥青三组分分析法原理图解图

三组分中各组分的主要特性如下:

(1)沥青质:沥青质是深褐色至黑色的固态物质,分子量为 1000 ~ 5000,相对密度 1.1 ~ 1.5,是沥青中分子量最高的组分,含量为 5% ~ 30%。沥青质决定沥青的热稳定性和黏结性,其含量越高,沥青软化点越高,黏性越大,但也越硬越脆。

(2)树脂:树脂为红褐色至黑褐色的黏稠状半固体物质,含量为 15% ~ 30%,分子量为 800 ~ 3000,相对密度 1.0 ~ 1.1。树脂中绝大部分属于中性树脂,其含量高沥青品质较好,另有少量 1% 的酸性树脂(即沥青酸和沥青酸酐),是沥青中的表面活性物质,能增强沥青与矿料的黏结力。树脂使沥青具有良好的塑性和黏结性。

(3)油分:油分是淡黄色或红褐色透明黏性液体,在沥青中含量为 45% ~ 60%,分子量为 200 ~ 700,相对密度 0.910 ~ 0.925。加热可以发挥,能溶于大多数有机溶剂,不溶于酒精。油分是沥青具有流动性的主要因素,其含量越多沥青的软化点越低。

2.四组分分析法

四组分分析法是将沥青分离为沥青质、胶质、芳香分和饱和分四个组分,如图6-5所示。

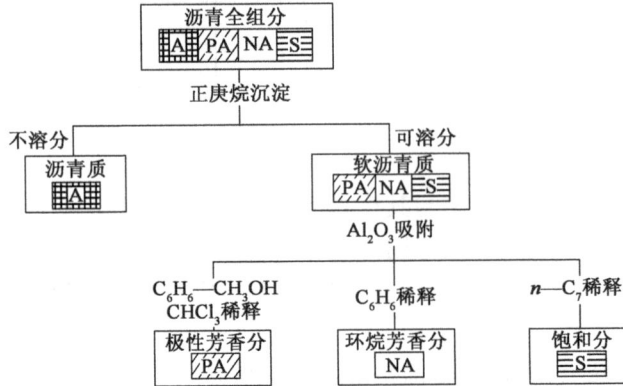

图6-5　我国现行石油沥青四组分分析法原理图解

四组分中各组分的主要特性如下:

(1)沥青质:沥青中不溶于正庚烷而溶于甲苯中的物质,呈黑色或棕色的固体。其分子量很大,极性很强,它的含量对沥青的流变特性有很大的影响。

(2)胶质:又称极性芳香分,沥青经上一步处理后为苯—乙醇或苯—甲醛所溶解脱附的物质,呈深棕色固体或半固体。其极性很强,使沥青具有很好的黏附性。

(3)芳香分:又称芳香烃,沥青经上一步处理后为甲苯所溶解脱附的物质,呈深棕色的黏稠液体。

(4)饱和分:又称饱和烃,沥青中溶于正庚烷、吸附于 Al_2O_3 谱柱下,为正庚烷或石油醚溶解脱附的物质,呈稻草色或白色的稠状油类。

饱和分和芳香分在沥青中主要使胶质和沥青质软化,使沥青胶体体系保持稳定。

此外,沥青中还含有2%的沥青碳和似碳物,它是沥青在高温裂化过程中或在过度加热或深度氧化过程中脱氢而生成的,是沥青中分子量最大的固体物质,相对密度大于1,受热不熔化。它的存在降低沥青的黏结力,加速沥青的老化。

3.沥青中的蜡

沥青中的蜡是指在油分中含有的、经冷冻能析出结晶的,熔点在25℃以上的混合成分。沥青中蜡存在对沥青的路用性能有一定的影响,主要是高温时融化,使沥青的黏度降低,沥青的温度敏感性增大,导致沥青路面的高温稳定性降低,出现车辙。低温时易析出结晶,使沥青的低温延展能力降低,沥青变得脆硬,导致沥青路面的低温抗裂性降低,出现裂缝。此外,蜡还会使沥青与石料的黏附性降低,导致集料与沥青产生剥落现象。含蜡沥青还能降低路面的抗滑性,影响行车的安全,所以蜡是沥青中的有害成分。《公路沥青路面施工技术规范》(JTG F40—2004)中对沥青的蜡含量有明确规定。

(三)石油沥青的结构

1.胶体理论

现代胶体理论的研究认为,大多数沥青属于胶体结构,沥青中沥青质是分散相,芳香分和饱和分是分散介质,但分子量很大的沥青质不能直接分散在分子量较小的芳香分和饱和分中,沥青质吸附了极性较强的胶质在周围而形成胶团,由于胶团的胶溶作用,而使胶团弥散和溶解于分子量较低、极性较弱的芳香分和饱和分中,形成稳定的胶体结构。

2. 胶体结构类型

石油沥青中各组分的数量比例不同,可以形成不同的胶体结构,沥青的性质也随之发生变化。沥青的胶体结构类型分为三种(图6-6)。

a)溶胶型结构　　　　　　b)凝胶型结构　　　　　　c)溶-凝胶型结构

图6-6　沥青胶体结构示意图

(1)溶胶型结构:当沥青质含量很少(<10%),油分、树脂含量较多时,胶团外膜较厚,胶团相对运动较自由,就形成了溶胶型结构。这类沥青的流动性、塑性较好,开裂后自行愈合能力较强,但温度稳定性较差,如直馏沥青。

(2)溶-凝胶型结构:当沥青质含量适当(15% ~25%)时,胶团的浓度增加,胶团间具有一定的吸引力,它介于溶胶型结构和凝胶型结构之间,称为溶-凝胶型结构。这类沥青在高温时温度稳定性好,低温时的变形能力也较好,现代高级沥青路面所用的沥青,都应属于这类胶体结构类型,如半氧化沥青等。

(3)凝胶型结构:当沥青质含量很高(>30%),而油分、树脂含量不多时,胶团外膜较薄,胶团靠近团聚,其相互吸引力增大,就形成了凝胶型结构。这类沥青的弹性、黏性和温度稳定性较高,但流动性和塑性较低,如氧化沥青。

3. 胶体结构类型的判定

胶体结构类型与沥青路用性能之间有密切的关系,一般工程中常采用针入度指数 PI 划分沥青的胶体结构类型,见表6-2。

沥青的针入度指数和胶体结构类型　　　　　　　　　表6-2

沥青的针入度指数 PI	沥青的胶体结构类型	沥青的针入度指数 PI	沥青的胶体结构类型
< -2	溶胶	> +2	凝胶
-2 ~ +2	溶-凝胶		

三、石油沥青的技术性质

沥青的性质对沥青路面的使用性质影响很大,用于现代沥青路面的沥青材料,应具备下列主要技术性质。

(一)沥青的物理性质

沥青的物理性质可用一些物理常数来表示。主要有密度、介电常数和热胀系数。

1. 密度

沥青密度是指在规定的温度(15℃)下,单位体积的质量,单位为 g/cm³,通常黏稠沥青的密度多在 0.96~1.04g/cm³ 范围内。也可用相对密度表示,相对密度是指在规定的温度下,沥青质量与同体积的水的质量之比值。

沥青的密度与沥青的化学组成有密切的关系,它取决于沥青各组分的含量及排列紧密程度。沥青中沥青质及芳香族含量高、含硫量大,相对密度就大;蜡含量较多,相对密度就小。

沥青的密度是沥青在质量与体积之间相互换算、沥青混合料配合比设计时不可缺少的参数。

2. 热膨胀系数

沥青在温度上升1℃时的长度或体积的变化,分别称为线膨胀或体膨胀,统称热膨胀。热膨胀系数与沥青路面的路用性能有密切地联系,热膨胀系数越大,沥青路面在夏季因膨胀出现泛油,在冬季因收缩产生开裂。

3. 介电常数

介电常数是指沥青作为介质时平行板电容器的电容比上真空作介质时相同平行板电容器的电容。沥青的介电常数与沥青使用的耐久性有关,英国道路研究所研究认为,沥青的介电常数与沥青路面的抗滑性有很好的相关性。

(二)黏滞性

沥青的黏滞性(又称黏性)是指沥青材料在外力作用下抵抗剪切变形的能力。各种石油沥青的黏滞性变化很大,这种变化主要是由沥青中各组分的含量和温度决定的,当沥青质含量较高,又有适量的树脂和少量的油分时,沥青的黏滞性就大。在一定的温度范围内,当温度升高时,黏滞性降低,反之则增大。

沥青的黏滞性是与沥青路面力学性质联系最密切的一种性质。在现代交通条件下,为防止路面车辙,沥青的黏度是首要考虑的参数,沥青的黏滞性通常用黏度来表示。

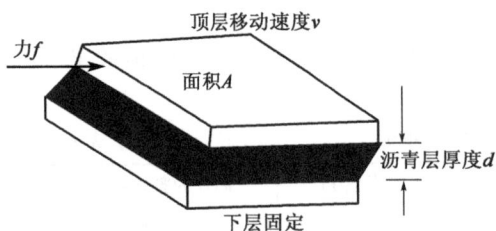

图6-7 沥青绝对黏度示意图

1. 沥青的绝对黏度(又称动力黏度)

如果采用一种剪切变形的模型来表示沥青混合料中沥青的作用,取一对互相平行的金属板,中间夹一层沥青薄膜,下层金属板固定,外力作用于上层金属板,由于沥青薄膜与金属板之间的吸附力远大于薄膜内部胶团之间的作用力,故沿着薄膜层发生位移,见图6-7。

按牛顿定律得到下列方程:

$$F = \eta \cdot A \cdot \frac{v}{d} \tag{6-1}$$

式中:F——移动顶层平面的力(即等于沥青薄膜内部胶团抵抗变形的能力);

A——沥青薄膜层的面积(即接触平面的面积)(cm²);

v——顶层位移的速度(m/s);

η——反映沥青黏滞性的系数,即绝对黏度(Pa·s)。

178

《公路沥青路面施工技术规范》(JTG F40—2004)规定,60℃动力黏度可作为 A 级沥青的选择性指标,用来评价沥青高温性能。由于沥青黏度受温度影响很大,只有在高温情况下才接近牛顿液体,故一般不用动力黏度表示,而用相对黏度表征沥青的黏滞性。

2.沥青的相对黏度(又称条件黏度)

沥青的相对黏度反映沥青材料在温度条件下表现出的性质。测定沥青相对黏度的方法主要是针入度仪法和标准黏度法。

1)针入度

黏稠石油沥青的相对黏度用针入度仪测定的针入度来表示(图6-8)。《公路工程沥青及沥青混合料试验规程》(JTG E20—2011)规定,针入度是指在规定的温度和时间内,附加一定质量的标准针垂直贯入试样的深度,以 0.1mm 计。针入度试验条件以 $P_{T,m,t}$ 表示。P 表示针入度,T 为试验温度,m 表示试验荷载,t 为贯入时间。其中标准针和连杆组合件总质量为 50g±0.05g,另加 50g±0.05g 砝码一只,试验时总质量为 100g±0.05g,试验温度为 25℃(当计算针入度指数 PI 时,可采用30℃、25℃、15℃或5℃),标准贯入时间为5s。例如某一沥青在上述条件下测得针入度为55(0.1mm),可表示为 $P_{25℃,100g,5s}=55(0.1mm)$。

我国现行使用的黏稠沥青技术标准中,针入度是划分黏稠石油沥青技术等级的主要指标。针入度值越大,表明沥青越软(黏度越小)。

2)黏度

黏度又称黏滞度,液体状态的沥青材料的黏度用标准黏度计测定的黏度来表示(图6-9)。《公路工程沥青及沥青混合料试验规程》(JTG E20—2011)规定,沥青的黏度是指在标准黏度计中,在规定温度条件下,通过规定的流孔直径,流出 50mL 体积时所需的时间,单位为秒(s)。黏度试验条件以 $C_{T,d}$ 表示,C 表示黏度,T 表示试验温度(规定的温度 20℃、25℃、30℃或60℃),d 表示流孔直径(规定的直径 3mm、4mm、5mm、10mm)。

图6-8 针入度测定黏稠沥青针入度示意图

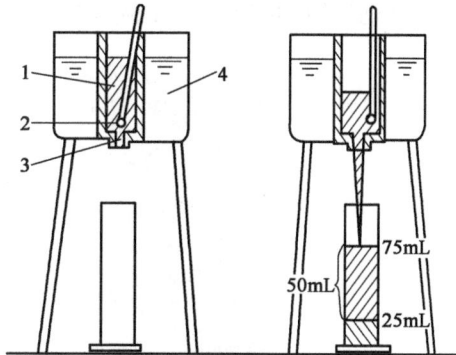

图6-9 标准黏度计测定液体沥青示意图
1-沥青试样;2-活动球杆;3-流孔;4-水

例如,某一沥青在温度 60℃、流孔直径 5mm 的条件下测得黏度为 60s,则可表示为 $C_{60,5}=70s$。在相同温度和流孔条件下,黏度值越大,表明沥青黏度越大。

(三)塑性

塑性是指沥青在外力作用下发生变形而不破坏的能力。沥青的塑性与沥青的化学组分及温度有关。沥青中树脂含量高,其他成分适当时,塑性好;温度升高,沥青薄膜厚,塑性好;沥青中含蜡量高,塑性差。塑性好的沥青能减少开裂。沥青的塑性用延度表示,《公路工程沥青及沥青混合料试验规程》(JTG E20—2011)规定,沥青的延度用延度仪(图6-10)测定(**资源14**)。延度是指将沥青试样制成八字形标准试模,在规定速度和规定温度下拉断时的长度,以厘米(cm)表示。试验条件以 $D_{v,T}$ 表示,D 表示延度,v 表示规定速度(5cm/min ± 0.25cm/min),T 表示规定温度(15℃或10℃)。

图6-10　延度仪

(四)温度稳定性(感温性)

温度稳定性是指沥青黏结性和塑性随温度升降而变化的性能。当温度升高时,沥青由固态或半固态逐渐软化成黏流状态,但温度降低时,沥青由黏流状态转变固态或半固态。通常用高温稳定性和低温抗裂性来表征。

1.高温稳定性用软化点表示

软化点是指沥青材料由固化点到滴落点的温度间隔的87.21%,以℃表示。《公路工程沥青及沥青混合料试验规程》(JTG E20—2011)规定,沥青的软化点采用环球法软化点仪测定(图6-11),试验条件是规定的升温速度(每分钟上升5℃ ±0.5℃)。(**资源15**)

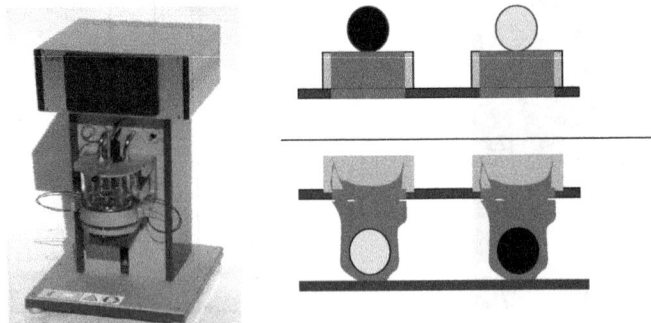

图6-11　沥青软化点测定示意图

研究认为:多数沥青在软化点时的黏度约为1200Pa·s,或相当于针入度值为800(0.1mm)。软化点试验实际上是测量沥青在一定外力(钢球)作用下开始流动并达到一定变形时的温度,可以认为软化点是一种人为的"等黏温度"。由此可见,针入度是在规定温度下测定沥青的条件黏度,而软化点则是在达到规定条件黏度时的温度。所以软化点既是反映沥青材料热稳定性的一个指标,也是沥青条件黏度的一种度量。

以上所讲的针入度、延度、软化点是评价黏稠石油沥青路用性能最常用的经验指标,通称沥青三大指标。

2.低温抗裂性用脆点表示

脆点是指沥青材料由黏塑状态转变为固体状态达到条件脆裂时的温度。《公路沥青及沥青混合料试验规程》(JTG E20—2011)规定,采用弗拉斯法测定沥青脆点。弗拉斯脆点仪见图6-12。

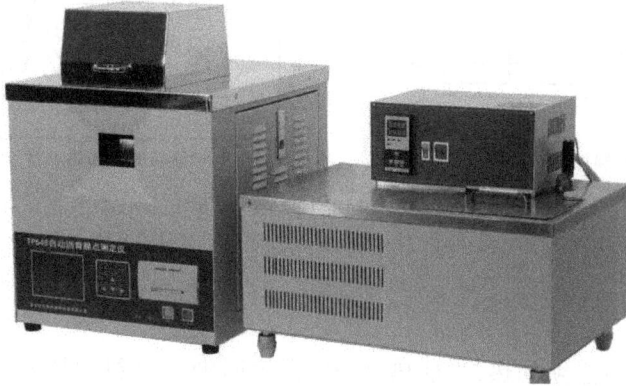

图6-12　弗拉斯脆点仪

在工程实际应用中,要求沥青具有较高的软化点和较低的脆点,否则容易发生沥青材料夏季流淌或冬季变脆甚至开裂等现象。

(五)加热稳定性

加热稳定性是指沥青在过热或过长时间加热过程中,会发生轻质馏分挥发、氧化、裂化、聚合等一系列物理及化学变化,使沥青的化学组成及性质相应地发生变化的性能。

《公路沥青及沥青混合料试验规程》(JTG E20—2011)规定,沥青材料要进行加热质量损失和加热后残渣性质的试验,用以评定沥青在路面施工及使用过程中的耐久性。对于道路石油沥青采用沥青薄膜加热试验和沥青旋转薄膜加热试验,对于液体石油沥青采用蒸馏试验。

沥青薄膜加热试验(简称TFOT)是将50g沥青试样放入直径为140mm、深9.5mm的不锈钢盛样皿中,沥青膜的厚度为3.2mm,在163℃烘箱[图6-13a)]中以5.5r/min的速率旋转5h,然后测定沥青的质量损失和针入度等指标的变化。

沥青旋转薄膜加热试验(简称RTFOT)是将35g沥青试样放入高140mm、直径为64mm的开口玻璃瓶中,盛样瓶在旋转烘箱中,一边接受以4000mL/min流速进入的热空气,一边在163℃的温度下以15r/min的速度旋转,经过75min后,测定沥青的质量损失率及针入度等指标的变化。

薄膜加热后的性质与沥青在拌和机中热拌和后的性质有很好的相关性,加热后的性质相当于在150℃拌和机中拌和1.0~1.5min后的性质。

液体石油沥青蒸馏试验是测定试样受热时,在规定的温度范围内蒸出的馏分含量,以占试样的体积百分率表示,除非特殊需要,各馏分蒸馏的标准切换温度为225℃、316℃、360℃。通过此试验了解液体沥青含各温度范围内轻质挥发油的数量,并可根据残留物的性质测定、预估液体石油沥青在道路路面中的性质。

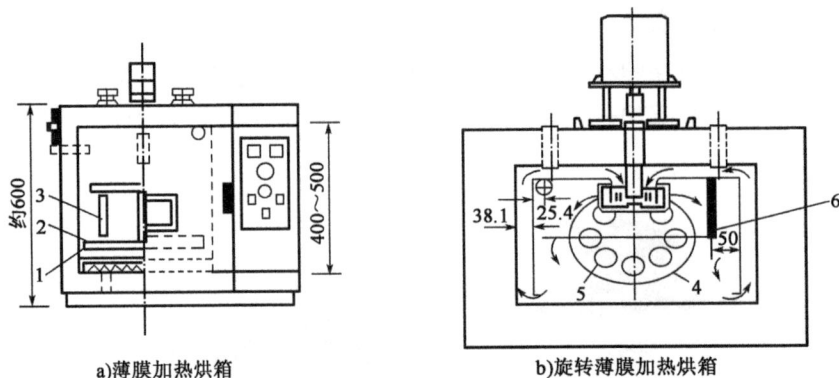

a)薄膜加热烘箱　　　　　　　b)旋转薄膜加热烘箱

图6-13　沥青薄膜加热烘箱(尺寸单位:mm)

1-转盘;2-试样;3-温度计;4-垂直转盘;5-盛样瓶插孔;6-试验温度计

(六)安全性

沥青材料在使用时必须加热,当加热至一定温度时沥青材料中挥发的油分蒸汽与周围空气组成混合气体,此混合气体遇火焰易发生闪火。若继续加热,油分蒸汽的饱和度增加,由于此种蒸汽与空气组成的混合气体遇火焰极易燃烧,而引起溶油车间发生火灾或使沥青烧杯损坏。为此,必须测定沥青加热闪火和燃烧的温度,即闪点和燃点。

闪点是指加热沥青挥发出可燃气体与空气组成混合气体在规定条件下与火接触,产生闪光时的沥青温度。燃点是指沥青加热产生的混合气体与火接触能持续燃烧5s以上时的沥青温度。闪点和燃点的温度相差10℃左右。闪点和燃点是保证沥青加热质量和施工安全的一项重要指标。《公路沥青及沥青混合料试验规程》(JTG E20—2011)规定,对沥青采用克利夫兰开口杯法测定沥青的闪点和燃点。克利夫兰开口杯式闪点仪见图6-14。

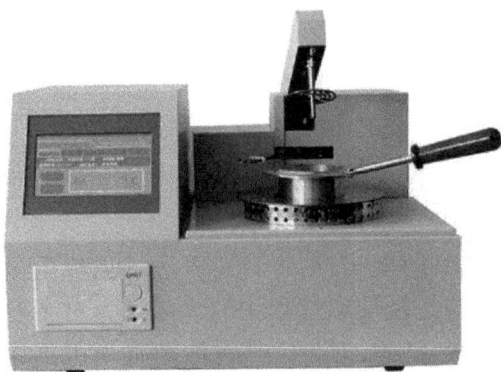

图6-14　克利夫兰开口杯式闪点仪

(七)溶解度

沥青的溶解度是指石油沥青在三氯乙烯中溶解的百分率(即有效物质含量)。那些在三氯乙烯中不溶解的物质为有害物质(沥青碳、似碳物),会降低沥青的性能,应加以限制。

(八)含水量

沥青中如果含有水分,在施工过程中水分挥发的速度比较慢,影响到施工的进度。在加热过程中若含有较多的水分,容易产生"溢锅"现象,引起火灾,使材料受到损失。因此,在溶化沥青时要控制加热温度,加快搅拌速度,促进水分的蒸发。

(九)沥青非常规的其他性质

1. 针入度指数(PI)

针入度指数是应用经验的针入度和软化点试验结果,提出一种能表征沥青感温性和胶体结构的指标。由费普等经过大量的试验研究发现,沥青的针入度随温度不同而变化,若以对数纵坐标表示针入度,以横坐标表示温度,可以得到如图6-15所示的线性关系,即:

$$\lg P = AT + K \tag{6-2}$$

式中:P——沥青的针入度(0.1mm);

A——针入度温度感应系数,由针入度和软化点确定;

K——回归系数。

根据试验研究,认为沥青达到软化点时,针入度在 $600 \sim 1000(0.1mm)$ 之间,假定为 $800(0.1mm)$,因此针入度温度感应系数 A 可由式(6-3)表示。

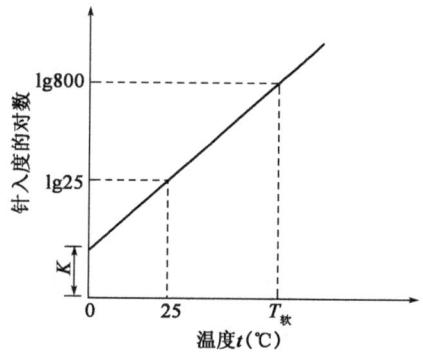
图6-15 针入度-温度关系图

$$A = \frac{\lg 800 - \lg P_{25℃,100g,5s}}{T_{R\&B} - 25} \tag{6-3}$$

式中:$P_{25℃,100g,5s}$——在 25℃,100g,5s 条件下测定的针入度值(0.1mm);

$T_{R\&B}$——环球法测定的软化点温度(℃)。

因为达到软化点时的针入度常与 $800(0.1mm)$ 相距甚大,因此斜率 A 应根据不同温度的针入值确定,常采用的温度为 15℃、25℃、30℃(或5℃),由式(6-4)计算。

$$A = \frac{\lg P_1 - \lg P_2}{T_1 - T_2} \tag{6-4}$$

通过回归求取 A 值,由 3 个温度的针入度回归的相关系数 R 应在 0.997 以上,由 4 个温度的针入度回归的相关系数应不小于 0.995;否则说明试验误差太大,试验结果不能采用。

针入度指数可以通过式(6-5)计算,也可以通过针入度指数诺模图(图6-16)得到。

$$PI = \frac{30}{1 + 50A} - 10 \tag{6-5}$$

式中:PI——针入度指数。

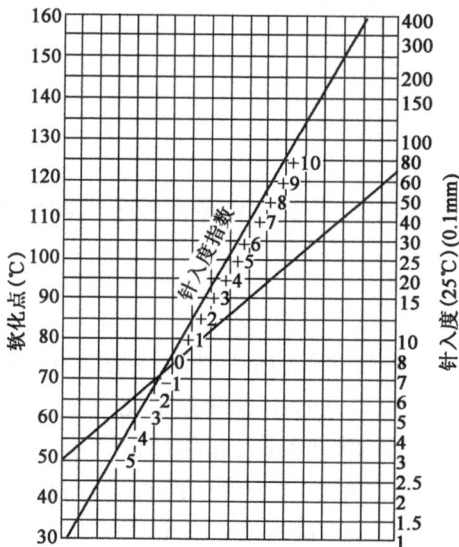
图6-16 确定沥青针入度指数用诺模图

根据针入度指数可将沥青划分为三种胶体结构类型。

2. 劲度模量

路用沥青大多数为溶-凝胶结构,在低温时表现为弹性,高温时表现为黏性,在相当宽的范围内表现为黏性和弹性共存,是一种典型的黏弹性物体。劲度模量就是表示沥青的黏性和弹性联合效应的指标。范·德·波尔在论述黏-弹性材料(沥青)的抗变形能力时,以荷载作用时间 t 和温度 T 作为应力与应变之比的函数。在一定荷载作用时间和温度条件下,应力与应变的比值称为劲度模量 S_b(简称劲度),劲度模量可表示为:

$$S_b = \left(\frac{\sigma}{\varepsilon}\right)_{t,T} \tag{6-6}$$

式中：S_b——沥青的劲度模量（Pa）；

σ——应力（Pa）；

ε——应变；

t——荷载作用时间（s）；

T——温度（℃）。

沥青的劲度模量（S_b）与温度（T）、荷载作用时间（t）和沥青流变类型（针入度指数 PI）等参数有关[如式（6-7）所示]。

$$S_b = f(T,t,PI) \tag{6-7}$$

沥青材料的劲度模量可以采用"微膜滑板黏度计"或"微弹性仪"等仪器来测定，也可以通过图表确定。范·德·波尔等根据上述关系绘制成可以应用于实际工程的劲度模量诺模图（图6-17），利用此诺模图计算沥青的劲度模量时，需要知道 3 个参数，即荷载作用时间或频率、路面温度差、沥青的胶体结构类型。应用诺模图时，荷载作用时间可根据汽车交通作用时间确定，通常用停车站的停车时间进行校核。路面温度差是指当地平均最低气温时，路面面层5cm 深度的温度与软化点温度的差值（即软化点温度 – 路面温度）。

【例题6-1】 已知沥青软化点为64℃，针入度指数为0，路面温度为11℃，荷载作用时间为 0.02s，求该沥青在上述工作条件下的劲度模量。

解：第一步，在 A 线上找到荷载作用时间为 0.02s 的点 a。

第二步，在 B 线上找到温度差53℃（ =64℃ –11℃）的点 b。

第三步，在针入度指数的标尺上找到0，作一水平线。

第四步，连接 a、b 并与针入度指数 PI = 0 所作的水平线相交，从劲度模量曲线上端即可查到 $S_b = 2 \times 10^8 N/m^2 = 200MPa$。

3. 黏附性

沥青与集料的黏附性直接影响到沥青路面的使用质量和耐久性，所以黏附性是沥青材料的重要性能之一。沥青裹覆集料后的抗水性（即抗剥性）不仅与沥青本身的黏结能力有关，还与集料本身的性质有关。当采用一种固定的沥青时，集料的酸碱度不同，黏附性也有所不同，从碱性、中性到酸性集料，随着 SiO_2 含量的增加，剥落度也随之增加。为保证沥青混合料的强度，在选择集料时应优先选择碱性集料，当地缺乏碱性集料而必须选择酸性集料时，可掺加各种抗剥材料以提高沥青与集料的黏附性。

《公路沥青及沥青混合料试验规程》（JTG E20—2011）规定，评价沥青与集料黏附性的方法有水煮法和水浸法，即将裹覆了沥青的集料，经过沸煮或浸水，按沥青膜剥落的情况来评价沥青与集料的黏附性。评价等级分为 5 级，5 级最好，1 级最差。

4. 耐久性

沥青在使用过程中受到储运、加热、拌和、摊铺、碾压、交通荷载以及自然因素的作用，使沥青发生了一系列的物理化学变化，逐渐改变了其原有的性能，导致路用性能劣化，通常称为老化。沥青路面应有较长的使用年限，因此要求沥青材料有较好的抗老化性，即耐久性。

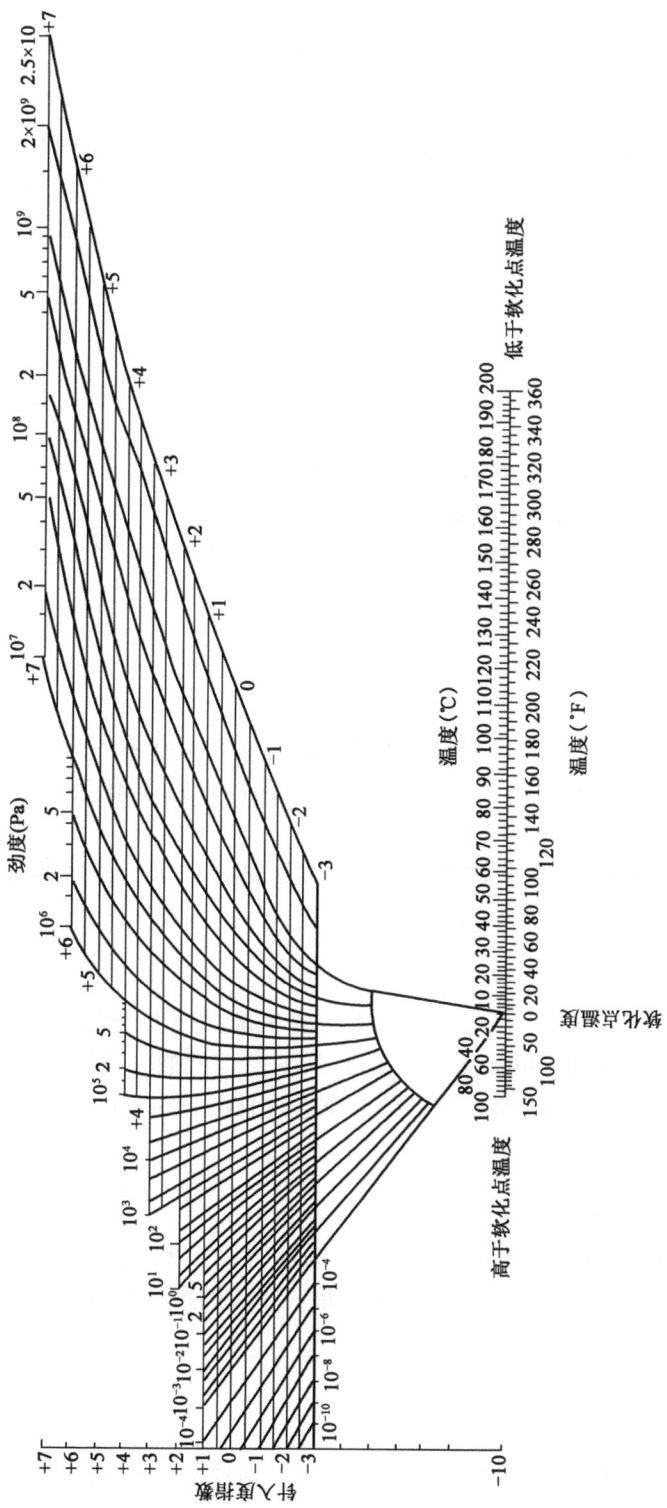

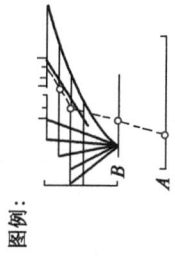

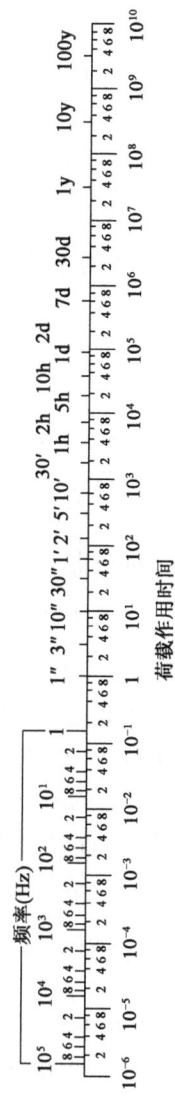

图6-17 沥青劲度模量诺模图

劲度(Pa)

温度(℃)

温度(°F)

针入度指数

高于软化点温度

低于软化点温度

软化点

频率(Hz)

荷载作用时间

图例:

影响沥青耐久性的因素主要有大气（氧）、日照（光）、温度（热）、雨雪（水）、环境（氧化剂）以及交通（应力）等。

此外，工业环境中的臭氧以及交通因素等对沥青的耐久性也有影响，这些都是近代工业与交通发展中出现的一些影响因素。

沥青老化后，在物理力学性质方面，表现为针入度减小，延度降低，软化点升高，绝对黏度提高，脆点升高等。在化学组分含量方面，表现为饱和分变化较少，芳香分明显转变为胶质（速度较慢），而胶质又转变为沥青质（速度较快），由于芳香分转变为胶质，不足以补偿胶质转变为沥青质，所以最终胶质明显减少，而沥青质显著增加。

四、道路黏稠石油沥青的技术标准

1. 道路石油沥青分级

道路石油沥青分为 A 级、B 级、C 级三个等级，各自的适用范围如下：

A 级沥青：各个等级的公路，适用于任何场合和层次。

B 级沥青：高速公路、一级公路下面层及以下层次，二级及二级以下公路的各个层次；用作改性沥青、乳化沥青、改性乳化沥青、稀释沥青的基质沥青。

C 级沥青：三级及三级以下公路的各个层次。

2. 道路石油沥青的技术标准

道路石油沥青按针入度划分为 160 号、130 号、110 号、90 号、70 号、50 号、30 号等标号，对各标号的延度、软化点、闪点、含蜡量等技术指标有不同的要求。《公路沥青路面施工技术规范》（JTG F40—2004）规定，其各项质量应符合表 6-3 的规定。

在同一品种黏稠石油沥青中，标号愈大，沥青愈软，此时针入度、延度愈大，软化点降低；标号愈小，沥青愈硬，则针入度、延度愈小，软化点升高。

3. 道路液体石油沥青的技术标准

道路液体石油沥青适用于透层、黏层及拌制冷拌沥青混合料。按其凝结速度分为快凝、中凝和慢凝三个标号，每个标号按照黏度又分为不同等级。除黏度外，对蒸馏的馏分及残留物性质、闪点和水分等也提出相应的要求。《公路沥青路面施工技术规范》（JTG F40—2004）规定，其各项质量应符合表 6-4 的规定。

4. 美国 Superpave 沥青结合料的技术要求

美国 Superpave 提出了一个按照路用性能分级（PG 分级）的沥青结合料技术要求，见表 6-5。PG 分级直接表示适用的温度范围。其中最高温度为 7d 最高平均路面温度，最低温度为年极端最低温度。

五、石油沥青的掺配

施工中，若采用一种沥青不能满足配制沥青所要求的软化点，可用两种或三种不同标号的沥青按线性比例进行估算，然后经过试配与调整，按照计算的掺配比例和其邻近的比例（5%～10%）进行试配（混合熬制均匀），测定掺配后沥青的软化点，绘制"掺配比-软化点"曲线，即可根据曲线的变化来初步确定所要求的掺配比例。

道路石油沥青技术要求

表6-3

指　标	单位	等级	160号④	130号④	110号	90号	70号③	50号	30号④	试验方法①
针入度(25℃,5s,100g)⑥	0.1mm		140～200	120～140	100～120	80～100	60～80	40～60	20～40	T 0604
适用的气候分区⑥			注④	注④	2-1 2-2 3-2	1-1 1-2 1-3 1-4 2-2 2-3 2-4	1-3 1-4 2-2 2-3 2-4	1-4	注④	附录A⑥
针入度指数PI②		A				-1.5～+1.0				T 0604
		B				-1.8～+1.0				
软化点(R&B)　≥	℃	A	38	40	43	45	46	49	55	T 0606
		B	36	39	42	43	44	46	53	
		C	35	37	41	42	43	45	50	
60℃动力黏度②　≥	Pa·s	A	—	60	120	160	180	200	260	T 0620
10℃延度②　≥	cm	A	50	50	40	45 30 20	30 20 20 15	15	10	T 0605
		B	30	30	30	30 20 15	20 15 15 10	10	8	
15℃延度②　≥	cm	A、B	100	100	100	100	100	80	50	
		C	80	80	60	50	40	30	20	
蜡含量(蒸馏法)　≤	%	A				2.2				T 0615
		B				3.0				
		C				4.5				
闪点　≥	℃		230	230	245	245	260	260	260	T 0611
溶解度　≥	%					99.5				T 0607
密度(15℃)	g/cm³					实测记录				T 0603
TFOT(或RTFOT)后⑤										
质量变化　≤	%					±0.8				T 0610 或 T 0609
残留针入度比(25℃)　≥	%	A	48	54	55	57	61	63	65	T 0604
		B	45	50	52	54	58	60	62	
		C	40	45	48	50	54	58	60	

指标	单位	等级	160号④	130号④	110号	90号	70号③	50号	30号④	试验方法①
残留延度(10℃) ≥	cm	A	12	12	10	8	6	4	—	T 0605
		B	10	10	8	6	4	2	—	
残留延度(15℃) ≥	cm	C	40	35	30	20	15	10	—	T 0605

注：①表中试验方法按照《公路工程沥青及沥青混合料试验规程》（JTG E20—2011）规定的方法执行。用于仲裁试验求取 PI 时的 5 个温度的针入度关系的相关系数不得小于 0.997。

②经建设单位同意，表中 PI 值、60℃动力黏度、10℃延度可作为选择性指标，也可不作为施工质量检验指标。

③70 号沥青可根据需要求供应商提供针入度范围为 60～70 或 70～80 的沥青，50 号沥青可提供针入度范围为 40～50 或 50～60 的沥青。

④30 号沥青仅适用于沥青稳定基层。130 号沥青和 160 号沥青除应用于中低级公路上直接应用外，通常作为乳化沥青、改性沥青、稀释沥青的基质沥青。

⑤老化试验以 TFOT 为准，也可以 RTFOT 代替。

⑥气候分区参照《公路沥青路面施工技术规范》（JTG F40—2004）规定，见表 7-8。

道路用液体石油沥青技术要求

表 6-4

试验项目	单位	快凝		中凝						慢凝						试验方法
		AL(R)-1	AL(R)-2	AL(M)-1	AL(M)-2	AL(M)-3	AL(M)-4	AL(M)-5	AL(M)-6	AL(S)-1	AL(S)-2	AL(S)-3	AL(S)-4	AL(S)-5	AL(S)-6	
黏度 $C_{25,5}$	s	<20	—	<20	—	—	—	—	—	<20	—	—	—	—	—	T 0621
黏度 $C_{60,5}$	s	—	5～15	—	5～15	16～25	26～40	41～100	101～200	—	5～15	16～25	26～40	41～100	101～200	
蒸馏体积 225℃前	%	>20	>15	<10	<7	<3	<2	0	0	—	—	—	—	—	—	T 0632
蒸馏体积 315℃前	%	>35	>30	<35	<25	<17	<14	<8	<5	—	—	—	—	—	—	
蒸馏体积 360℃前	%	>45	>35	<50	<35	<30	<25	<20	<15	<40	<35	<25	<20	<15	<5	
蒸馏后残留物 针入度(25℃)	0.1mm	60～200	60～200	100～300	100～300	100～300	100～300	100～300	100～300	100～300	100～300	100～300	100～300	100～300	100～300	T 0604
蒸馏后残留物 延度(25℃)	cm	>60	>60	>60	>60	>60	>60	>60	>60	—	—	—	—	—	—	T 0605
蒸馏后残留物 浮漂度(5℃)	s	—	—	—	—	—	—	—	—	<20	20	30	40	45	<50	T 0631
闪点(TOC 法)	℃	>30	>30	>65	>65	>65	>65	>65	>65	>70	>70	>100	>100	>120	>120	T 0633
含水率 ≤	%	0.2	0.2	0.2	0.2	0.2	0.2	0.2	0.2	0.2	0.2	0.2	0.2	2.0	2.0	T 0612

注：1. 本表引自《公路沥青路面施工技术规范》（JTG F40—2004）。

2. 黏度使用道路黏度计测定。

3. 闪点(TOC)为泰格开口杯法。

Superpave 沥青胶结料 PG 等级的技术要求（ASTM D6373）

表 6-5

沥青使用性能等级	PG46			PG52							PG58					PG64						PG70						PG76					PG82				
	-34	-40	-46	-10	-16	-22	-28	-34	-40	-46	-16	-22	-28	-34	-40	-10	-16	-22	-28	-34	-40	-10	-16	-22	-28	-34	-40	-10	-16	-22	-28	-34	-10	-16	-22	-28	-34
7d平均最高设计温度①(℃)	<46			<52							<58					<64						<70						<76					<82				
最低设计温度(℃)	>-34	>-40	>-46	>-10	>-16	>-22	>-28	>-34	>-40	>-46	>-16	>-22	>-28	>-34	>-40	>-10	>-16	>-22	>-28	>-34	>-40	>-10	>-16	>-22	>-28	>-34	>-40	>-10	>-16	>-22	>-28	>-34	>-10	>-16	>-22	>-28	>-34
原样沥青																																					
闪点(ASTM D92)(℃) ≥	230																																				
黏度②(ASTM D4402),最大值3Pa·s,试验温度(℃)	135																																				
动态剪切③(AASHTO T315-02)$G^*/\sin\delta$,最小值1.00kPa@10rad/s,试验温度(℃)	46			52							58					64						70						76					82				
旋转薄膜烘箱试验RTFOT(ASTM D2872)残留沥青																																					
质量损失(%) ≤	1																																				
动态剪切③(AASHTO T315-02)$G^*/\sin\delta$,最小值2.20kPa@10rad/s,试验温度(℃)	46			52							58					64						70						76					82				
PAV残留沥青(ASTM D6521-00)																																					
PAV老化温度④(℃)	90			90							100					100						100(110)						100(110)					100(110)				
动态剪切(AASHTO T315-02)$G^*/\sin\delta$,最大值5.0MPa@10rad/s,试验温度(℃)	10	7	4	25	22	19	16	13	10	7	25	22	19	16	13	31	28	25	22	19	16	34	31	28	25	22	19	37	34	31	28	25	40	37	34	31	28
蠕变劲度⑤(ASTM D6648-01)S最大值300MPa,m最小值0.300@60s,试验温度(℃)	-24	-30	-36	0	-6	-12	-18	-24	-30	-36	-6	-12	-18	-24	-30	0	-6	-12	-18	-24	-30	0	-6	-12	-18	-24	-30	0	-6	-12	-18	-24	0	-6	-12	-18	-24
直接拉伸(ASTM D6723-02)破坏应变,最小值1.0%@1.0mm/min,试验温度(℃)	-24	-30	-36	0	-6	-12	-18	-24	-30	-36	-6	-12	-18	-24	-30	0	-6	-12	-18	-24	-30	0	-6	-12	-18	-24	-30	0	-6	-12	-18	-24	0	-6	-12	-18	-24

注：①设计温度由大气温度按 Superpave 程序中的方法计算，也可由指定的机构提供。

②如果供应商应能保证所有认为安全的温度下，沥青结合料都能很好地泵送或搅拌，此要求可由指定的机构确定放弃。

③为了控制非改性沥青结合料的质量，在试验温度下测定原样沥青结合料黏度，可以取代测定动态剪切的 $G^*/\sin\delta$。在此温度下，沥青多处于牛顿流体状态下，任何测定黏度的标准试验方法均可使用，包括毛细管黏度计或旋转黏度计（AASHTO T201 或 T202）。

④PAV 老化温度为模拟气候条件温度，从 90℃、100℃、110℃ 中选择一个温度，高于 PG64 时为 100℃，在沙漠条件下为 110℃。

⑤如果蠕变劲度小于 300MPa，直接拉伸试验可不要求，m 值在两种情况下都应满足。如果蠕变劲度在 300~600MPa 之间，直接拉伸试验破坏应变可代替蠕变劲度的要求，m 值在两种情况下都应满足。

$$较软沥青掺配量 = \frac{较硬沥青软化点 - 要求的软化点}{较硬沥青软化点 - 较软沥青软化点} \times 100\%$$

$$较硬沥青掺配量 = 100\% - 较软沥青掺配量$$

如用三种沥青调配,可先求出两种沥青的配合比,再与第三种沥青进行配合比计算。

【例题 6-2】 某工程需用软化点为 70℃ 的石油沥青,现有 30 号(软化点为 85℃)和 60 号(软化点为 45℃)两种石油沥青,计算这两种石油沥青的掺配量。

解:
$$60 \text{ 号石油沥青的掺配量} = \frac{85 - 70}{85 - 45} = 37.5\%$$

$$30 \text{ 号石油沥青的掺配量} = 100\% - 37.5\% = 62.5\%$$

第二节 其他沥青

一、煤沥青

煤沥青(俗称柏油)是指将烟煤在隔绝空气条件下进行干馏得到的副产品煤焦油再经过蒸馏后得到的产品。根据煤干馏的温度不同,分为高温煤焦油(700℃ 以上)和低温煤焦油(450~700℃)两类。路用煤沥青主要是由炼焦或制造煤气得到的高温煤焦油加工而得。

(一)煤沥青的化学组成和结构

煤沥青的组成主要是芳香族碳氢化合物及其氧、硫和氮的衍生物的混合物。煤沥青的化学结构极其复杂,其"碳氢比"比石油沥青大得多,详见表 6-6。

石油沥青和煤沥青的元素组成对比表   表 6-6

沥青名称	元素组成(%)					碳氢比 C/H
	C	H	O	S	N	
石油沥青	86.7	9.7	1.0	2.0	0.6	0.8
煤沥青	93.0	4.5	1.0	0.6	0.9	1.7

煤沥青的化学组分研究,与石油沥青的研究方法相同,也是采用选择性溶解等方法将煤沥青划分为几个化学性质相近且与路用性能有一定联系的组。目前我国采用葛氏法划分煤沥青组分,见图 6-18。其划分组分如下:

1. 游离碳

游离碳又称自由碳,是高分子的有机化合物的固态碳质微粒,不溶于任何有机溶剂。游离碳含量多,能提高煤沥青的黏度和热稳定性,但低温脆性亦随之增加。煤沥青中的游离碳相当于石油沥青中的沥青质。

2. 树脂

树脂分为硬树脂和软树脂。硬树脂类似石油沥青中的沥青质,固态晶体结构,能增加煤沥青的黏滞性;软树脂相当于石油沥青中的树脂,赤褐色黏塑状物质,溶于氯仿,使煤沥青具有塑性。

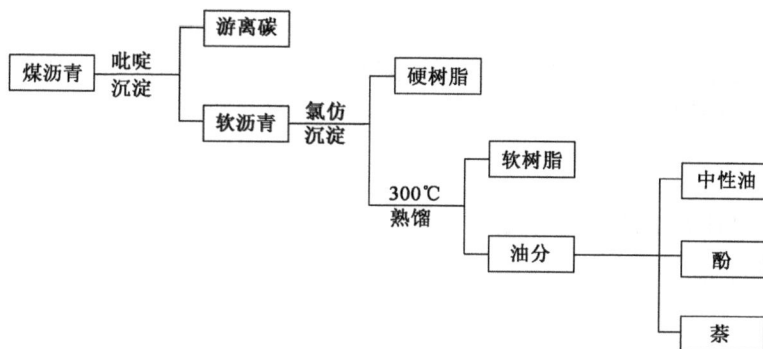

图6-18　B·O·葛列米尔德煤沥青化学组分分析

3.油分

油分主要由液体未饱和的芳香组碳氢化合物组成,使煤沥青具有流动性。

除了上述基本组成外,煤沥青的油分中还含有萘、蒽和酚等。萘和蒽能溶解于油分中,其含量较高或在低温时能呈固态晶体析出,影响煤沥青的低温变形能力。酚能溶于水,易被氧化。

煤沥青中的萘、酚和水都是有害物质,其含量必须加以限制。

道路煤沥青化学组分含量范围见表6-7。

道路煤沥青化学组分含量范围　　　　　　　　　　　表6-7

组分含量	油分	软树脂	硬树脂	游离碳	酚	萘	蒽
化学组成含量(%)	60~80	10~15	5~10	2~25	<5	<7	<10

煤沥青的胶体结构与石油沥青相似,也是复杂的胶体分散系,游离碳和硬树脂组成的胶体微粒为分散相,油分为分散介质,而软树脂吸附于固态分散胶粒周围,逐渐向外扩散,并溶解于油分中,使分散系形成稳定的胶体结构。

(二)煤沥青的技术性质

煤沥青与石油沥青相比,在技术性质上存在下列差异:

1.温度稳定性较差

由于煤沥青中可溶性树脂含量较多,受热容易软化,因此要严格控制加热温度和时间,不宜反复加热,否则引起煤沥青的性质急剧恶化。

2.气候稳定性差

由于煤沥青中含有较多不饱和芳香烃。在热、阳光、氧气等长期综合作用下,煤沥青易老化变脆。

3.塑性较差

煤沥青中因含有较多的游离碳,使用时受力易变形开裂。

4.煤沥青与矿料黏附性能好

煤沥青中含有酸碱等表面活性物质,与矿料黏结力较强。

5.防腐性能好

煤沥青中含有酚、蒽、萘油等成分,防腐性能好,但酚、萘为有毒成分,对人体有害,不宜用于城市道路和路面面层。

6.密度大

煤沥青的密度比石油沥青的密度大。

(三)煤沥青的技术指标

1.黏度

黏度表示煤沥青的黏结性。黏度与煤沥青的组分有关,煤沥青组分中油分含量减少、固态树脂及游离碳含量增加,则煤沥青的黏度增大。黏度是划分煤沥青标号的主要指标,它的测定方法与液体石油沥青相同,亦是采用道路沥青标准黏度计测定。

2.蒸馏试验的馏分含量及残渣性质

煤沥青中含有各沸点的油分,这些油分的蒸发将影响其性质。馏分含量的规定,控制了煤沥青由于蒸发而老化的安全性,残渣性质试验保证了煤沥青残渣具有适宜的黏结性,所以必须测定煤沥青在各馏程中所含馏分及其蒸馏后残留物的性质。

煤沥青蒸馏试验是测定试样受热时,在规定温度范围内蒸出的馏分含量,以质量百分率表示。除非特殊需要,一般分为170℃以前的轻油、270℃以前的中油、300℃以前的重油三个馏程。

3.酚含量

煤沥青中的酚(亦称焦油酸)含量是通过测定试样总的蒸馏馏分碱性溶液作用形成水溶性酚盐物质的含量求得,以体积百分率表示。

酚能溶解于水中,易导致路面强度降低,同时它有毒。因此,煤沥青中酚的含量必须加以限制。

4.萘含量

煤沥青中的萘含量是指试样馏分中萘的含量,以质量百分率表示。煤沥青中的萘在低温时易结晶析出,使煤沥青失去塑性,导致路面产生开裂;在常温下易升华,并促使老化加速;同时萘也有毒,故对其含量应加以限制。

5.甲苯不溶物

煤沥青的甲苯不溶物含量是指试样在规定的甲苯溶剂中不溶物(主要为游离碳)的含量,用质量百分率表示。不溶物的含量过多,会降低煤沥青的黏结性。

6.水分

与石油沥青一样,煤沥青中含有过量的水分会使煤沥青在施工加热时易产生泡沫或爆沸现象,甚至导致材料质量的劣化或造成火灾。

(四)道路用煤沥青技术要求

道路用煤沥青的质量应符合表6-8的要求。

试 验 项 目		T-1	T-2	T-3	T-4	T-5	T-6	T-7	T-8	T-9	试验方法①
黏度②(s)	$C_{30,5}$	5~25	26~70								T 0621
	$C_{30,10}$			5~25	26~50	51~120	121~200				
	$C_{50,10}$							10~75	76~200		
	$C_{60,10}$									35~65	
蒸馏试验,馏出量(%)	170℃前 ≤	3	3	3	2	1.5	1.5	1.0	1.0	1.0	T 0641
	270℃前 ≤	20	20	20	15	15	15	10	10	10	
	300℃前	15~35	15~35	30	30	25	25	20	20	15	
300℃蒸馏残留物软化点(环球法)(℃)		30~45	30~45	35~65	35~65	35~65	35~65	40~70	40~70	40~70	T 0606
水分(%) ≤		1.0	1.0	1.0	1.0	1.0	0.5	0.5	0.5	0.5	T 0612
甲苯不溶物(%) ≤		20	20	20	20	20	20	20	20	20	T 0646
萘含量(%) ≤		5	5	5	4	4	3.5	3	2	2	T 0645
焦油酸含量(%) ≤		4	4	3	3	2.5	2.5	1.5	1.5	1.5	T 0642

注:①表中试验方法按照《公路工程沥青及沥青混合料试验规程》(JTG E20—2011)规定的方法执行。

②黏度使用道路黏度计测定,$C_{T,d}$ 的脚标第一个字母 T 表示温度(℃),第二个字母 d 代表孔径(mm)。

(五)道路用煤沥青的适用范围

(1)各种等级公路基层上的透层,宜采用 T-1 或 T-2 级,其他不符合喷洒要求的等级可适当稀释使用。

(2)三级及三级以下的公路铺筑表面处治或贯入式沥青路面宜采用 T-5、T-6 和 T-7 级。

(3)改善其渗透性时,可与石油沥青、乳化沥青混合使用。

道路用煤沥青不得用于热拌热铺沥青混合料,作其他用途储存时,温度在 70~90℃,且不得长时间储存。

二、乳化沥青

乳化沥青是黏稠沥青经过热融和机械作用,使沥青以细小的微粒状态分散于含有乳化剂-稳定剂的水中,形成均匀稳定地乳状液,在常温下有较好的流动性。

(一)乳化沥青特点

乳化沥青具有很多优越性,其主要优点如下:

(1)可冷态施工,节约能源,保护环境。

(2)常温下有较好的流动性,能保证洒布的均匀性。

（3）与矿料表面具有良好的黏附性和工作性，可节约沥青用量。

（二）乳化沥青组成材料

1. 沥青

在乳化沥青中，沥青的比例占 50% ~ 70%。乳化沥青中使用的沥青材料基本是石油沥青，在选择时，首先考虑沥青的易乳化性。一般来说，针入度大的沥青易乳化，但是石油沥青是复杂的碳氢混合物，由于其油源和生产方法不同，其组分的胶体结构和特性有很大的区别，乳化的程度也不同，如低活性的石蜡基、中间-石蜡基沥青，通常要求乳化剂具有较长的烷基链，因此通过试验加以选择。根据工程需要也可采用改性沥青进行乳化。

制备乳化沥青用的基质沥青，高速公路和一级公路宜符合《公路沥青路面施工技术规范》（JTG F40—2004）中道路石油沥青 A、B 级的要求，其他情况可采用 C 级沥青。

2. 乳化剂

乳化剂在乳化沥青中用量很小，但乳化剂是乳化沥青形成的关键材料，乳化剂一般是表面活性物质，称为表面活性剂。从化学结构上看，它由极性部分和非极性部分组成，极性部分是亲水的，非极性部分是憎水的亲油部分。这两个基团具有使互不相溶的沥青与水连接起来的特殊功能。极性的亲水基团结构差异较大，因而乳化剂分类也是根据亲水基的结构而划分的，各类乳化剂具有不同的特点。图 6-19 是沥青乳化剂分子模型。

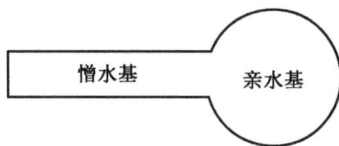

图 6-19　沥青乳化剂分子模型图

1）乳化剂分类

按其亲水基在水中是否电离而分为离子型乳化剂（阴离子、阳离子、两性离子）和非离子型乳化剂。分类如下：

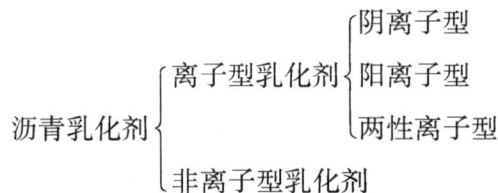

$$
沥青乳化剂
\begin{cases}
离子型乳化剂
\begin{cases}
阴离子型 \\
阳离子型 \\
两性离子型
\end{cases} \\
非离子型乳化剂
\end{cases}
$$

（1）阴离子型乳化剂。阴离子乳化剂是在水中溶解后其极性部分倾向解离成阴（负）离子的表面活性物质。其特征表现在它具有一个大的有机阴离子，能与碱作用形成盐。阴离子乳化剂常用的有三种。

有机羧酸盐：RCOONa，如硬脂酸钠 $C_{17}H_{35}COONa$，以及石油副产品环烷酸盐等。

有机硫酸盐（或脂）：如烷基硫钠 $ROSO_3Na$。

有机磺酸盐：如基磺酸钠 RSO_3Na。

（2）阳离子型乳化剂。阳离子乳化剂是在水中溶解后其极性部分离解成阳（正）离子的表面活性物质。由于能较好地与带有负电荷的湿润集料表面吸附，因而得到广泛的应用。常用的阳离子乳化剂有烷基胺或二胺类酰胺、季铵盐类、胺化木质素类等。

（3）两性离子型乳化剂。两性离子型乳化剂是在水中溶解后其极性部分（亲水基团）既带阴电荷又带阳电荷的表面活性物质。

按其两性离子的亲水基团的结构和特性,主要分为氨基酸型、甜菜型、咪唑啉等。

两性乳化剂可以吸附在带负电荷和带正电荷的物质表面,有良好的乳化性和分散性,但合成原料获取较困难,价格较高,目前在乳化沥青中的应用较少。

(4)非离子型乳化剂。这类乳化剂是在水中不能离解成离子状态而又具有亲油和亲水结构的化合物。非离子型乳化剂根据亲水基团结构分为醚基类、酯基类、酰胺类和杂环类等,应用最多的是环氧乙烷缩合物和一元醇或多元醇的缩合物。

非离子型表面活性剂在水介质中不会离解成水和离子了,由于无电荷,当形成沥青乳液时与集料的结合力较弱,是靠水分蒸发破乳后,才能使沥青附着在集料表面。单独作为沥青乳化剂的应用不多,而主要是与阳离子、阴离子乳化剂配合用于制造乳化沥青,有以下作用:加入非离子可以延长乳液与集料接触时的破乳时间;用于稀浆封层时,可以改善混合料的和易性;可以提高乳化力。

2)乳化能力 HLB

表面活性剂亲水基团和亲油基团的强弱,影响到乳化剂的表面活性作用,所以如何选择乳化剂是非常重要的。通常用亲水-亲油平衡(Hydrophilic-Lipophile Balance,HLB)值来表示乳化剂亲油亲水能力的相对大小,HLB 值越小越亲油,越大越亲水。通常以石蜡的 HLB 为 0,油酸钾为 20,烷基硫酸钠为 40 作为标准。HLB 与其化学结构有密切关系,可以通过乳化试验的乳化效果来确定,也可用有关公式计算出来。一般非离子型表面活性剂的 HLB 在 1 ~20 之间,阴离子和阳离子表面活性剂的 HLB 在 1 ~40 之间。

3. 稳定剂

为使乳液具有良好的储存稳定性和施工喷洒或拌和的机械作用下的稳定性,必要时加入适量的稳定剂。稳定剂分为无机稳定剂和有机稳定剂,无机稳定剂稳定效果较好的是氯化铵和氯化钙,加入量常为 0.2% ~0.6%,可节约乳化剂用量 20% ~40%;有机稳定剂主要有聚乙烯醇、聚丙烯酰胺等,在沥青表面可形成保护膜,有利于微粒的分散,加入量为 0.10% ~0.15%。

4. 水

水是乳化沥青的主要组成部分,在乳化沥青中起着湿润、溶解及化学反应的作用。水中含有的各种矿物质及其他对乳化沥青的形成具有一定的影响,因此,生产乳化沥青的水应为不含钙、镁等杂质的 pH 为 7.4 左右的纯净水。水的用量一般为 30% ~70%。

(三)乳化沥青的形成与分裂机理

1. 乳化沥青的形成机理

水是极性分子,沥青是非极性分子,两者的表面张力不同,在一般情况下不能相互溶解。沥青在水中能够形成稳定的体系,其主要原因有以下三点:

1)乳化剂降低界面能的作用

在沥青与水的体系中,乳化剂能有规律地定向排列在沥青-水界面上,从而降低了沥青和水之间的表面张力差。乳化剂是表面活性物质,它具有不对称的分子结构,分子一端的极性基团是亲水的,另一端非极性基团是亲油的。乳化剂的亲油基吸附于与沥青微粒的表面,亲水基朝向水溶液,从而将沥青颗粒与水连接起来,降低了沥青与水的界面张力。

2）界面膜的保护作用

乳化剂在沥青微粒周围形成界面膜,界面膜具有一定的强度,不仅可以降低沥青与水的界面张力,而且对沥青微滴起着保护作用,使沥青微滴在互相碰撞时不致产生聚结现象。界面膜的强度和稳定性取决于乳化剂的性能和用量。我国石油沥青的特点是,饱和分含量高,沥青质含量低,与水界面张力大,采用较长烷基链(16-18 烷基)的乳化剂,与沥青有较好的吸附作用。离子型表面活性剂,由于沥青微滴带有相同电荷,增加沥青微滴之间的排斥力,可提高沥青乳液的稳定性。

3）界面电荷的稳定作用

由于乳化剂的作用,沥青与水界面上形成双电层结构。第一层为单分子层,基本上固定在界面上,这层电荷与沥青微滴的电荷相反,称为吸附层;第二层吸附层向外,电荷向水介质中扩散,称为扩散层。在吸附层和扩散层界面上存在电动电位差,乳化沥青的稳定性取决于电动电位差的大小,电动电位差越大,微粒之间的排斥力越大,因此在沥青微粒相互碰撞时,由于排斥作用阻止了沥青微粒的聚集,保证了沥青乳液体系的稳定,双电层电位差的大小决定了扩散层的厚度,厚度越大,乳液的稳定性越好。由于每一沥青微滴界面都带相同电荷,并有双电层的作用,所以水-沥青体系成为稳定体系。

2. 乳化沥青的分裂机理

沥青微滴从乳液中分离出来,在集料表面凝结成一层连续的沥青薄膜的过程称为分裂(俗称破乳)。乳化沥青分裂的原因如下:

1）与集料的吸附作用

乳化沥青与集料接触后,乳液中沥青微粒所带电荷与集料表面所带电荷相互吸引,是乳液破乳的主要原因。阴离子乳液与带有正电荷的碱性集料(石灰岩、玄武岩等)有较好的吸附作用,阳离子乳液与带有负电荷的酸性集料(花岗岩、石英岩等)有较好的吸附作用。在潮湿状态下,集料表面普遍带有负电荷,因此阳离子沥青乳液与潮湿集料结合性较好。同时对碱性集料也具有较好的亲和力。

2）水的蒸发作用

乳液中的水分由于施工环境、风速等原因而蒸发或被集料吸收,破坏了乳化沥青的稳定性,造成分裂。

3）机械的激波作用

在施工过程中,压路机的碾压和开放交通后汽车的行驶,以及各种机械力对路面作用而产生的激波作用,也能促使乳化沥青的稳定性遭到破坏,产生分裂。

(四)乳化沥青技术性质和技术要求

1. 乳化沥青的技术性能及评价指标

1）筛上剩余量

检验乳液中沥青微粒的均匀程度,是确定乳化沥青质量的重要指标。检测方法为:待乳液完全冷却或基本消泡后,将乳液过 1.18mm 筛,求出筛上残留物占过筛乳液质量的百分比。

2）蒸发残留物含量及残留物性质

蒸发残留物含量是将一定量的乳液脱水后,求出其蒸发残留物占乳液的百分比,用以检验乳液中实际的沥青含量。乳液中沥青含量过高会使乳液黏度变大,储存稳定性不好,不利于施工和储存;乳液中沥青含量过低,则使乳液黏度较低,施工时容易流失,不能保证沥青用量的要求,同时增加乳液的运输成本,提高乳化剂用量。

蒸发残留物的性质以针入度、延度和软化点表征,比较沥青乳化后与原沥青相比在技术性能上有何变化。

3)黏度

不同的施工方法、施工季节和路面结构层次,对沥青乳液的黏度要求不同。乳液黏度不当就可能造成路面的过早损坏。

4)黏附性

阳离子乳化沥青的黏附性是将干净的集料在水中浸泡1min后,放入乳液中浸泡1min,取出后置于空气中存放20min,再于水中摆洗3min,然后观察集料颗粒表面沥青膜的裹覆面积。阴离子乳化沥青是将干净的 13.2～31.5mm 碎石 50g 排列在滤筛上,将滤筛连同集料一起浸入阴离子乳液1min后,取出在室温下置放24h,然后在40℃温水中浸泡5min,观察乳液与集料表面的黏附情况。

5)储存稳定性

储存稳定性是检验乳液的存放稳定性。将乳液在容器中置放规定的储存时间后,检测容器上下乳液的浓度变化。一般采用5d 的储存稳定性,如时间紧迫也可用1d 的稳定性。

6)低温储存稳定性

低温储存稳定性是检测乳液经受冰冻后,其状态发生的变化。将乳液加热到25℃,然后在 -5℃的温度下置放30min,再在25℃下放置10min,循环两次后,将试样过1.8mm 筛,如果筛上没有结块等残留物,则低温储存稳定性合格。

7)微粒离子电荷性

用于确定乳液是否属于阳离子或阴离子类型。在乳液中放入两块电极板,通入6V 直流电,3min 后观察电极板上沥青微粒的黏附量。如果负极板上吸附大量沥青微粒,表明沥青微粒带正电荷,则该乳液为阳离子型,反之亦然。

8)破乳速度

破乳速度试验是将乳液与规定级配的矿料拌和后,由矿料表面被乳液薄膜裹覆的均匀程度,判断乳液的拌和效果,并鉴别乳液属于快裂、中裂或慢裂类型。

9)水泥拌和试验与矿料的拌和试验

水泥拌和试验的目的是评定慢裂型乳液在与水泥的拌和过程中乳液的凝结情况,它是乳化沥青用于加固稳定砂石土基层、稀浆封层等施工的一项重要性能。将50g 水泥与50g 乳液试样拌和均匀后,加入150mL 蒸馏水拌匀,然后过1.18mm 筛,结果用筛上残留物占水泥和沥青总质量的百分比表示。

拌和试验是乳液试样与规定级配的混合料在室温下拌和后,以矿料裹覆乳液均匀状态来判断乳液类型的另一种试验方法,也是检验乳化沥青的拌和稳定性的方法。

2. 乳化沥青的技术要求

乳化沥青的质量应符合表6-9 的规定。在高温条件下宜采用黏度较大的乳化沥青,在寒冷地区宜采用黏度较小的乳化沥青。

试验项目		单位	阳离子				阴离子				非离子		试验方法
			喷洒用			拌和用	喷洒用			拌和用	喷洒用	拌和用	
			PC-1	PC-2	PC-3	BC-1	PA-1	PA-2	PA-3	BA-1	PN-2	BN-1	
破乳速度			快裂	慢裂	快裂或中裂	慢裂或中裂	快裂	慢裂	快裂或中裂	慢裂或中裂	慢裂	慢裂	T 0658
粒子电荷			阳离子(+)				阴离子(−)				非离子		T 0653
筛上残留物(1.18mm筛) ≤		%	0.1				0.1				0.1		T 0652
黏度	恩格拉黏度计 E_{25}	s	2~10	1~6	1~6	2~30	2~10	1~6	1~6	2~30	1~6	2~30	T 0622
	道路标准黏度计 $C_{25,3}$	s	10~25	8~20	8~20	10~60	10~25	8~20	8~20	10~60	8~20	10~60	T 0621
蒸发残留物	残留分含量 ≥	%	50	50	50	55	50	50	50	55	50	55	T 0651
	溶解度 ≥	%	97.5				97.5				97.5		T 0607
	针入度(25℃)	0.1mm	50~200	50~300	45~150	45~150	50~200	50~300	45~150	45~150	50~300	60~300	T 0604
	延度(15℃) ≥	cm	40				40				40		T0605
与粗集料的黏附性(裹覆面积) ≥			2/3			—	2/3			—	2/3	—	T 0654
与粗、细粒式集料拌和试验			—			均匀	—			均匀	—	均匀	T 0659
水泥拌和试验的筛上剩余 ≤		%	—				—				—	3	T 0657
常温储存稳定性	1d ≤	%	1				1				1		T 0655
	5d ≤	%	5				5				5		

注:1. P为喷洒型,B为拌和型,C、A、N分别表示阳离子、阴离子、非离子乳化沥青。

2. 黏度可选用恩格拉黏度计或沥青标准黏度计之一测定。

3. 表中的破乳速度与集料的黏附性、拌和试验的要求、所使用的集料品种有关,质量检验时应采用工程上实际的集料进行试验,仅进行乳化沥青产品质量评定时可不要求此三项指标。

4. 储存稳定性根据施工实际情况选用试验时间,通常采用5d,乳液生产后能在当天使用时也可用1d的稳定性。

5. 当乳化沥青需要在低温冰冻条件下储存或使用时,尚需按T 0656进行 −5℃低温储存稳定性试验,要求没有粗颗粒、不结块。

6. 如果乳化沥青是将高浓度产品运到现场经稀释后使用时,表中的蒸发残留物等各项指标指稀释前乳化沥青的要求。

(五)乳化沥青的生产工艺、储存与应用

1. 乳化沥青的生产工艺

1)沥青乳化工艺的确定

沥青的乳化工艺的确定是一项复杂的工作,一般有下面几个方面:

(1)沥青温度、流量的确定,应根据沥青品种、标号、季节和地区而定。

(2)乳化剂水溶液的配置和温度的确定,乳化剂水溶液流量的控制。

（3）乳化工艺流程的确定，根据工程需要确定是分批作业还是连续作业。

2）沥青乳化设备

沥青乳化设备是完成沥青液相破碎分散的装置，其性能对乳液的质量有重要影响。沥青乳化设备主要是利用剪切、挤压、摩擦、冲击和膨胀扩散等作用来对沥青进行破碎分散。目前，使用机械分散法制造乳化沥青的设备类型很多，归纳起来有下列三大类：

（1）搅拌式乳化机。搅拌机有两个以上的搅拌部分，中心轴以比较缓慢的速度旋转，偏心轴上装有叶片，除自身高速旋转外还绕中心轴旋转，是三种旋转的合成，具有很强的分散搅拌能力。搅拌式乳化机的特点是简单易行，但生产率较低。

（2）匀化器类乳化机。它的原理是使乳化的混合液在高压下从小孔中喷出，形成要求的均匀分散的乳液。匀化器类乳化机可实现连续生产，乳化效果比搅拌式乳化机高，缺点是容易堵塞、不耐用、易磨损、产量少。

（3）胶体磨类乳化机。它由高速转动的转子和固定的定子两个主要部分组成，转子和定子间有一定的间隙，间隙可以调节，一般在 $0.25 \sim 0.5$ mm 之间，最小间隙可调至 0.025 mm。混合液从进口流入，穿过转、定子间的缝隙，在此期间，沥青液相受到转子产生的离心力和摩擦力的作用，被磨碎成极细的颗粒在出口流出，即完成分散乳化。胶体磨类乳化机是最常见也是较理想的沥青乳化机，如图 6-20 所示。

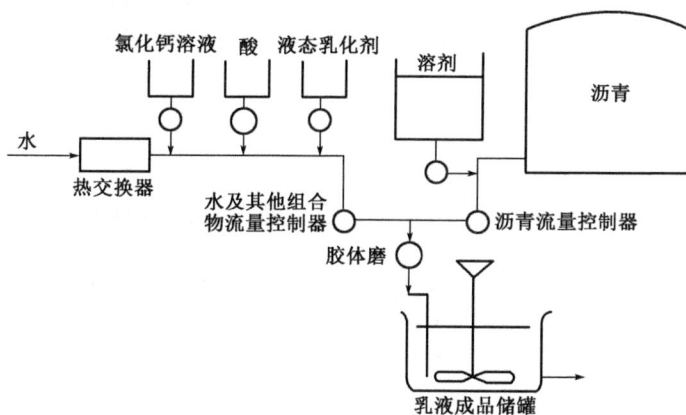

图 6-20　连续式乳化沥青生产设备流程图

2. 乳液的储存

乳液存放较长时间就会产生分层现象，为延缓分层的速度，应采用密封容器，减少水分蒸发，或在容器上加装搅拌设备，定期进行搅拌。长期储存的乳液应定期取样检验。

3. 乳化沥青的应用

乳化沥青适用于沥青表面处治路面、沥青贯入式路面、冷拌沥青混合料路面、修补裂缝、喷洒透层、黏层及封层等。乳化沥青的品种及适用范围宜符合表 6-10 的规定。

乳化沥青品种及适用范围　　　　　　　　　　表 6-10

分　类	品种及代号	适 用 范 围
阳离子乳化沥青	PC-1	表处、贯入式路面及下封层用
	PC-2	透层油及基层养护用
	PC-3	黏层油用
	BC-1	稀浆封层或冷拌沥青混合料用

分　　类	品种及代号	适　用　范　围
阴离子乳化沥青	PA-1	表处、贯入式路面及下封层用
	PA-2	透层油及基层养护用
	PA-3	黏层油用
	BA-1	稀浆封层或冷拌沥青混合料用
非离子乳化沥青	PN-2	透层油用
	BN-1	与水泥稳定集料同时使用(基层路拌或再生)

乳化沥青类型根据集料品种及使用条件选择。阳离子乳化沥青可适用于各种集料品种，阴离子乳化沥青适用于碱性集料。目前有些国家已不用阴离子乳化沥青，如美国、日本等。

三、改性沥青

改性沥青是指在沥青中掺加橡胶、树脂、高分子聚合物或其他填料等外掺剂(改性剂)，与沥青均匀混合，使沥青的性能得以改善而制成的沥青结合料。

使用改性沥青的目的是提高沥青路面的路用性能。通过对沥青材料的改性，表现在路用性能上的优越性有：提高高温抗变形能力；提高沥青的弹性性能；提高沥青与集料的黏附性；提高沥青的抗老化能力。

(一)改性沥青的分类

改性沥青按照改性剂所起的作用不同，从广义上划分如图 6-21 所示。

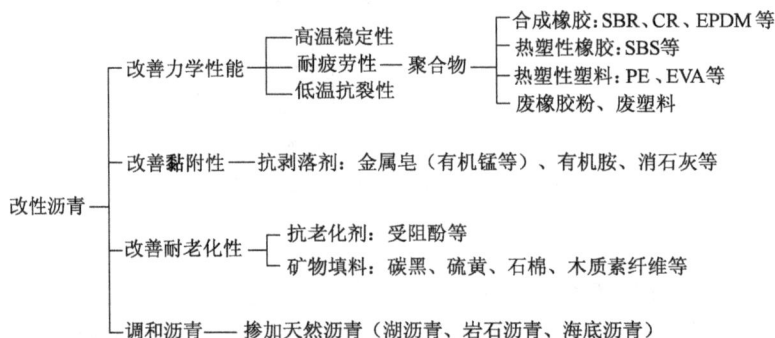

图 6-21　改性沥青分类

从图 6-21 中可以看出，不同的改性剂可以从不同的程度上改善沥青混合料的使用性能。由于聚合物的加入，明显地改善了沥青的高温、低温性能，提高了路面的使用寿命，因此在道路工程中被广泛使用。这里主要介绍聚合物改性沥青的类型及其特点。

1.热塑性橡胶类改性沥青

改性剂主要是苯乙烯嵌段共聚物，如苯乙烯—丁二烯—苯乙烯(SBS)、苯乙烯—异戊二烯—苯乙烯(SIS)、苯乙烯—聚乙烯/丁基—聚乙烯(SE/BS)。其中 SBS 常用于路面沥青混合料；SIS 用于热溶黏结料；SE/BS 用于抗氧化、抗高温变形要求高的道路。SBS 类改性沥青最大的特点是高温稳定性和低温抗裂性能都好,并具有良好的弹性恢复性能和抗老化性能。

2. 橡胶类改性沥青

橡胶类改性沥青使用最多的是丁苯橡胶(SBR)和氯丁橡胶(CR)。这类改性剂常以乳胶的形式加入沥青中,制成橡胶沥青,可以提高沥青的黏度、韧性、软化点,降低脆点,使沥青的延度和感温性得到改善。

SBR改性沥青最大特点是低温性能得到改善,但老化试验后其延度严重降低,所以主要在寒冷气候条件下使用。CR具有极性,常掺入煤沥青中使用,已成为煤沥青的改性剂。

3. 热塑性树脂类改性沥青

热塑性树脂类改性沥青常用的有聚乙烯(PE)、聚丙烯(PP)、聚氯乙烯、聚苯乙烯和乙烯—乙酸乙烯共聚物(EVA)等,这类沥青的共同特点是加热后软化,冷却时硬化变硬。在常温下使沥青混合料黏度增大,从而使高温稳定性增加,同时可增大沥青的韧性,但对沥青的低温性能改善有时不是很明显。

4. 掺加天然沥青的改性沥青

掺加天然沥青的改性沥青有湖沥青(如特立尼达湖沥青TLA)、岩石沥青和海底沥青(如BMA)。掺加TLA的混合沥青有良好的高温稳定性及低温抗裂性能,耐久性好;掺加岩石沥青的混合沥青有抗剥离、耐久性好、高温抗车辙、抗老化的特点;BMA适用于重交通道路、飞机场跑道、抗磨耗层等。

5. 其他改性沥青

其他改性沥青有掺多价金属皂化物的改性沥青、掺炭黑的改性沥青和加玻纤格栅的改性沥青等。

(二)改性沥青的评价指标

改性沥青的评价指标主要有4项:

1. 聚合物改性沥青的离析试验

聚合物改性沥青在停止搅拌,冷却过程中,聚合物可能从沥青中离析,当聚合物改性沥青在生产后不是立即使用,而需要经过储运再加热等过程后使用时,应进行离析试验。

聚合物改性沥青的离析试验按《公路工程沥青及沥青混合料试验规程》(JTG E20—2011)T 0661—2011进行。

2. 沥青弹性恢复试验

SBS等热塑性弹性体改性沥青,具有显著的弹性恢复能力,在路面使用过程中,对荷载作用下产生的变形具有良好的自愈性。试验方法见《公路工程沥青及沥青混合料试验规程》(JTG E20—2011)T 0662—2011。

3. 沥青黏韧性试验

沥青黏韧性试验是评价橡胶类改性沥青的一种较好方法,并已列入《公路沥青路面施工技术规范》(JTG F40—2004)中。试验方法见《公路工程沥青及沥青混合料试验规程》(JTG E20—2011)T 0624—2011。

4.测力延度试验

测力延度试验是在普通的延度仪上附加测力传感器,通过试验结果的曲线形状和面积对改性沥青的性能进行评价。试验方法见《公路工程沥青及沥青混合料试验规程》(JTG E20—2011)T 0605—2011。

(三)改性沥青的技术要求

聚合物改性沥青的技术要求见表6-11。

聚合物改性沥青技术要求 表6-11

指标	单位	SBS类(Ⅰ类)				SBR类(Ⅱ类)			EVA、PE类(Ⅲ类)				试验方法
		Ⅰ-A	Ⅰ-B	Ⅰ-C	Ⅰ-D	Ⅱ-A	Ⅱ-B	Ⅱ-C	Ⅲ-A	Ⅲ-B	Ⅲ-C	Ⅲ-D	
针入度(25℃,100g,5s)	0.1mm	>100	80~100	60~80	30~60	>100	80~100	60~80	>80	60~80	40~60	30~40	T 0604
针入度指数 PI ≥	—	-1.2	-0.8	-0.4	0	-1.0	-0.8	-0.6	-1.0	-0.8	-0.6	-0.4	T 0604
延度(5℃,5cm/min) ≥	cm	50	40	30	20	60	50	40					T 0605
软化点 $T_{R\&B}$ ≥	℃	45	50	55	60	45	48	50	48	52	56	60	T 0606
运动黏度①(135℃) ≤	Pa·s	3											T 0625 T 0619
闪点 ≥	℃	230				230			230				T 0611
溶解度 ≥	%	99				99			—				T 0607
弹性恢复25℃ ≥	%	55	60	65	75	—							T 0662
黏韧性 ≥	N·m	—				5							T 0624
韧性 ≥	N·m	—				2.5							T 0624
储存稳定性②(离析,48h 软化点差) ≤	℃	2.5				—			无改性剂明显析出、凝聚				T 0661
TFOT(或 RTFOT)后残留物													
质量变化 ≤	%	±1.0											T 0610 或 T 0609
针入度比(25℃) ≥	%	50	55	60	65	50	55	60	50	55	58	60	T 0604
延度5℃ ≥	cm	30	25	20	15	30	20	10	—				T 0605

注:①表中135℃运动黏度可采用《公路工程沥青及沥青混合料试验规程》(JTG E20—2011)中的"沥青布氏旋转黏度试验方法(布洛克菲尔德黏度计法)"进行测定。若在不改变改性沥青物理力学性质并符合安全条件的温度下易于泵送和拌和,或经证明适当提高泵送和拌和温度时能保证改性沥青的质量,容易施工,可不要求测定。
②储存稳定性指标适用于工厂生产的成品改性沥青。现场制作的改性沥青对储存稳定性指标可不作要求,但必须在制作后,保持不间断地搅拌或泵送循环,保证使用前没有明显的离析。

(四)改性沥青的应用

改性沥青可用于做排水或吸音磨耗层及其下面的防水层;在老路面上做应力吸收膜中间层,以减少反射裂缝;在重载交通的老路面上加铺薄沥青面层和超薄沥青面层,提高其耐久性;在老路面上或新建一般公路上做表面处治,能恢复路面使用性能或减少养护工作量等。

四、改性乳化沥青

改性乳化沥青是指在制作乳化沥青的过程中同时加入聚合物胶乳,或将聚合物胶乳与乳化沥青成品混合,或对聚合物改性沥青进行乳化加工得到的乳化沥青产品。

随着我国高速公路的迅速增长和使用年限的延长,高速公路路面的维修工作量也迅速增加,沥青稀浆封层的大量使用,使改性乳化沥青的用量将不断增加。

(一)改性乳化沥青稳定机理

改性乳化沥青制备过程中,乳化沥青和橡胶在机械的强烈的作用下,打破各自原来的平衡状态,建立了新的平衡。沥青微粒(A)界面膜上某些乳化剂分子脱离原来界面,而橡胶粒子(R)界面膜也发生破裂,沥青与橡胶有良好的相容性和亲和性,通过相互吸附,渗透而融为一体成为沥青橡胶微粒(A/R微粒)。A/R微粒在沥青和橡胶两种乳化剂水溶液的作用下形成新的界面膜。新的界面膜既有沥青乳化剂分子,又有橡胶乳化剂分子。

A/R微粒的形成,与乳化沥青一样,由于界面膜的保护作用和界面电荷的稳定作用,形成稳定的体系。

(二)改性乳化沥青的技术要求

《公路沥青路面施工技术规范》(JTG F40—2004)规定了改性乳化沥青的技术要求,见表6-12。

改性乳化沥青技术要求

表6-12

试验项目	品种及代号		喷洒型 PCR	拌和型 BCR
破乳速度			快裂或中裂	慢裂
筛上筛余量		≤	0.1	
黏度(s)	恩格拉黏度 E_{25}		1~10	3~30
	沥青标准黏度 $C_{25,3}$		8~25	12~60
蒸发残留物性质	残留物含量(%)	≥	50	60
	25℃针入度(0.1mm)		40~120	40~100
	软化点(℃)	≥	50	53
	5℃延度(cm)	≥	20	20
	溶解度(%)	≥	97.5	
与矿料的黏附性(裹覆面积)		≥	2/3	—
储存稳定性(%)	1d	≤	1	1
	5d	≤	5	5
用途			黏层、封层、桥面防水层	改性稀浆封层(微表处)

五、再生沥青

再生沥青是指已经老化的沥青,经掺加再生剂后,使其恢复到原来(甚至超过原来)性能的一种沥青。

（一）沥青材料的老化

沥青材料的老化是指沥青材料在路面使用过程中,受到交通荷载和各种自然因素(氧、光、热和水等)的作用,使沥青的性能产生"不可逆"的物理、化学、力学性质变化的过程。

1. 化学组分移行

沥青受到交通荷载和自然因素作用后,沥青的化学组分发生转变,不仅沥青中的轻质油分发生蒸发,还出现油分转变成树脂(速度较慢),树脂又转变成沥青质(速度较快),导致化学组分移行。由于油分转变成树脂,不足以补偿树脂转变为沥青质,最终树脂显著减少,而沥青质显著增加,导致沥青老化。

2. 物理-力学性质变化

由于沥青化学组分的移行,因而引起沥青物理-力学性质的变化。通常的规律是:针入度变小、延度降低,软化点和脆点升高。表现为沥青变硬、变脆、延伸性降低,导致路面产生裂缝、松散等破坏。

（二）沥青再生机理

沥青再生的机理目前有两种理论:一种理论是"相容性理论",该理论从化学热力学出发,认为沥青产生老化的原因是沥青胶体物系中各组分相容性的降低,导致组分间溶度参数差增大。如果能掺入一定的再生剂使其溶度参数差减小,则沥青即能恢复到(甚至超过)原来的性质。另一种理论是"组分调节理论"。该理论是从化学组分移行出发,认为由于组分的移行,沥青老化后,某些组分偏多,而某些组分偏少,各组分间比例不协调,所以导致沥青路用性能降低,如果能通过掺加再生剂调节其组分,则沥青将恢复原来的性质。实际上,这两个理论是一致的,前者是从沥青内部结构的化学性能来解释,后者是从宏观化学组成量来解释。

由此可知,废旧沥青(已老化的沥青)的再生就是把富含芳烃的软组分按一定比例调和到旧沥青中,使之建立新的沥青组分,并使其匹配更合理,即将沥青质借助于树脂更好地分散在油分中,形成稳定地胶体结构,从而改变沥青的流变性能,使沥青的性能达到要求。

沥青再生的步骤如下:

(1)掺入油分与较低分子量的沥青树脂混合液(再生剂),使其充分渗入已老化的旧沥青块中,并使其软化、分解。

(2)掺入含有较多高分子的石油沥青,用热拌法使它与已软化的旧沥青充分融合、拌匀,成为再生沥青。这样再生沥青组分接近与新沥青,从而恢复了它的路用性能。

本 章 小 结

石油沥青是石油(原油)经加工得到的一种具有胶结能力的建筑材料,在道路路面结构工程中应用非常广泛。

石油沥青是复杂的化合物,可分离成饱和分、芳香分、胶质和沥青质4个组分,由于这些组分的化学组成和相对含量不同,可将沥青分为溶胶、溶凝胶和凝胶三种胶体结构,沥青的胶体结构与沥青的路用性能密切相关。沥青中蜡的含量对沥青的高温稳定性、低温抗裂性、与集料的黏附性有较大的影响,同时与沥青路面抗滑性有关。

沥青具有黏滞性、感温性、塑性等一系列特性,了解和掌握沥青的技术性质及其指标的测定方法,才能更好地应用沥青材料。沥青的三大指标是指针入度、延度和软化点。

煤沥青与石油沥青相比,在性能上有其不同之处。

改性沥青随着现代交通的发展,成为较为热门的研究领域,其发展前景较广。

乳化沥青也是沥青路面工程中应用比较广泛的一种建筑材料,它具有可冷态施工、节约能源、保护环境等方面的优越性,应掌握它的组成、形成机理和用途。改性乳化沥青在沥青路面工程中也得到广泛应用。

再生沥青的组成、性能和制备,也是沥青应用中极为关注的课题。

练习题

一、名词解释

针入度;延度;软化点;沥青老化;黏滞性;塑性;温度稳定性

二、填空题

1. 沥青的黏滞性对于黏稠沥青用_____表示,液体沥青用_____表示。

2. 道路黏稠石油沥青三大指标是_____、_____、_____。它们表示沥青的_____、_____、_____。

3. 按胶体学说,石油沥青可分为_____、_____、_____三种结构,路用优质沥青属于_____结构。

4. 石油沥青的温度稳定性以_____与_____表示。

三、判断题

(　　)1. 黏稠石油沥青针入度越大,软化点越高,延度越大。

(　　)2. 当沥青质含量多,树脂油分含量少时,沥青的胶体结构为凝胶结构。

(　　)3. 测得两种沥青的黏滞度分别为:A. 沥青 $C_{60,5}=50s$,B. 沥青 $C_{60,5}=100s$,则 A 的黏结力大于 B。

(　　)4. 煤沥青的表面活性比石油沥青大。

(　　)5. 石油沥青中树脂含量增加,沥青的黏结力和塑性也增加。

四、选择题

1. 沥青针入度的单位为_____mm。
   A. 0.1　　　　　　B. 0.01　　　　　　C. 1.0　　　　　　D. 10

2. 沥青针入度试验属于条件黏度试验,其条件为_____。
   A. 温度　　　　　B. 时间　　　　　C. 针的质量　　　　D. A + B + C

3. 为保证沥青混合料中沥青与集料的黏附性,应优先选用_____集料。
   A. 酸性　　　　　B. 碱性　　　　　C. 中性　　　　　D. 无要求

4. 寒冷地区修建高速公路沥青路面,宜选用沥青标号是_____。
   A. 90 号　　　　B. 50 号　　　　C. 30 号　　　　D. 无要求

5. 石油沥青老化后,其软化点较原沥青将_____。

A. 保持不变 　　　　B. 升高 　　　　C. 降低 　　　　D. 先升高后降低

五、问答题

1. 目前我国石油沥青的化学组分分析方法可将沥青分为哪些组分？它们与沥青的路用性能有什么关联？

2. 石油沥青划分为几种胶体结构？不同的胶体结构类型在路用性能上有什么特点？

3. 石油沥青常有的技术指标有哪些？反映沥青的哪些性能？

4. 石油沥青的三大指标是什么？表征沥青的哪些性能？试验条件是什么？

5. 影响沥青与矿料黏附性的因素有哪些？

6. 煤沥青与石油沥青相比在性能上有什么不同？

7. 沥青为什么进行改性？常用的改性沥青有哪些？

8. 何为乳化沥青？简述乳化沥青的形成与分裂机理。

9. 何为再生沥青？

六、计算题

1. 现有一石油沥青盲样，通过试验测的各项指标结果见表6-13，请根据试验结果，参考相关技术标准，判定该沥青的类型及标号。

沥青试验记录表　　　　表6-13

规格型号		盲样	样品状态	黑色黏稠状	
检验项目	针入度(0.1mm)(25℃,100g,5s)	延度(cm)(5cm/min,15℃)	软化点(环球法)(5℃)	闪点(℃)	旋转薄膜加热质量损失(%)
检验结果	68	>100	48.0	290	-0.20

2. 某石油沥青在15℃和25℃下测定的针入度分别为45(0.1mm)和80(0.1mm)，求沥青的针入度-温度感温系数 A，由此计算沥青的针入度指数 PI，并判断沥青的胶体结构类型。

3. 已知某沥青的软化点为70℃，针入度指数为2，路面温度为-10℃，荷载作用时间为0.1s，求沥青的劲度模量。

4. 某工程需用软化点为70℃石油沥青，现有标号为10号（软化点为95℃）和60号（软化点为45℃）两种石油沥青，试计算这两种石油沥青的掺配量。

第七章 沥青混合料

1. 了解沥青混合料的结构类型和强度形成原理;
2. 掌握沥青混合料的技术性质和技术要求;
3. 掌握现行沥青混合料的组成设计方法;
4. 了解其他各类沥青混合料。

沥青混合料广泛应用于道路桥梁工程,主要用于公路与城市道路路面、桥面及隧道路面铺装。图 7-1、图 7-2 所示分别为沥青混合料拌和设备及沥青混合料施工。

图 7-1 沥青混合料拌和设备

图 7-2 沥青混合料施工

第一节 概 述

沥青混合料是指经人工合理组配的矿质混合料与适量沥青材料,在一定温度下经拌和而成的混合材料。

一、沥青混合料的特点

(1)沥青混合料是一种弹塑黏性材料,因而它具有一定的高温稳定性和低温抗裂性,无须设置施工缝和伸缩缝,路面平整且有弹性,行车比较舒服。

(2)沥青混合料路面有一定的粗糙度,雨天具有良好的抗滑性,而且沥青路面为黑色,无强烈反光,行车比较安全。

(3)施工方便,速度快,养护期短,能及时开放交通。

(4)沥青混合料路面可分期改造和再生利用。随着道路交通量的增大,可以对原有路面拓宽和加厚。对旧有的沥青混合料,可以运用现代技术,再生利用,以节约原材料。

(5)晴天无尘,雨天不泞,便于汽车高速行驶。

由于具有以上优点,沥青混合料广泛应用于各类道路路面。但是沥青混合料也有一些缺点,如老化现象引起路面破坏;另外,温度稳定性差,夏季高温时易软化,路面易产生车辙、波浪等现象。冬季低温时易脆裂,在车辆重复荷载作用下易产生裂缝。

二、沥青混合料的分类

(一)按矿质混合料级配类型分类

1. 连续级配混合料

沥青混合料中的矿料从大到小各级粒径都有,按比例相互搭配组成的混合料,称为连续级配混合料。

2. 间断级配混合料

矿料中缺少一个或者几个粒径而形成的沥青混合料,称为间断级配混合料。

(二)按结合材料分类

1. 石油沥青混合料

以石油沥青为结合料的沥青混合料,包括黏稠石油沥青、乳化石油沥青及液体石油沥青。

2. 煤沥青混合料

以煤沥青为结合料的沥青混合料。

(三)按集料公称最大粒径分类

1. 特粗式沥青混合料

集料公称最大粒径大于或等于31.5mm的沥青混合料。

2. 粗粒式沥青混合料

集料公称最大粒径大于或等于26.5mm的沥青混合料。

3. 中粒式沥青混合料

集料公称最大粒径为16mm或19mm的沥青混合料。

4. 细粒式沥青混合料

集料公称最大粒径为9.5mm或13.2mm的沥青混合料。

5. 砂粒式沥青混合料

集料公称最大粒径小于或等于4.75mm的沥青混合料。

(四)按混合料密实度分类

1. 密级配沥青混合料

按密实级配原理设计组成的各种粒径颗粒的矿料与沥青结合料拌和而成,设计空隙率较小的密实式沥青混凝土混合料(以 AC 表示)和密实式沥青稳定碎石混合料(以 ATB 表示)。按关键性筛孔通过率的不同又可分为粗型(C 型)和细型(F 型)密级配沥青混合料。

2. 半开级配沥青混合料

由适当比例的粗集料、细集料及少量填料与沥青结合料拌和而成,经马歇尔标准击实成型试件的剩余空隙率在 6% ~12% 的半开式沥青碎石混合料(以 AM 表示)。

3. 开级配沥青混合料

矿料级配主要由粗集料嵌挤组成,细集料及填料较少,设计孔隙率为 18% 的混合料。

(五)按沥青混合料拌和及铺筑温度分类

1. 热拌热铺沥青混合料

采用黏稠沥青作为结合料,将沥青与矿料在热态下拌和、热态下铺筑施工的沥青混合料。

2. 冷拌冷铺沥青混合料

采用乳化沥青或液体沥青作为结合料,将沥青与矿料在常温状态下拌制、铺筑的沥青混合料。

第二节 热拌沥青混合料

热拌沥青混合料是经人工组配的矿质混合料与黏稠沥青在专门设备中加热拌和而成,用保温运输工具运送至施工现场,并在热态下进行摊铺和压实的混合料,通称热拌热铺沥青混合料。

热拌沥青混合料适用于各种等级公路的沥青路面。其种类按集料最大公称粒径、矿料级配、空隙率划分,分类见表 7-1。

热拌沥青混合料类型 表 7-1

混合料类型	密级配			开级配		半开级配	公称最大粒径(mm)	最大粒径(mm)
	连续级配		间断级配	间断级配		沥青碎石		
	沥青混凝土	沥青稳定碎石	沥青玛蹄脂碎石	排水式沥青磨耗层	排水式沥青基层			
特粗式	—	ATB-40	—	—	ATPB-40	—	37.5	53.0
粗粒式	—	ATB-30	—	—	ATPB-30	—	31.5	37.5
	AC-25	ATB-25	—	—	ATPB-25	—	26.5	31.5
中粒式	AC-20	—	SMA-20	—	—	AM-20	19.0	26.5
	AC-16	—	SMA-16	OGFC－16	—	AM-16	16.0	19.0
细粒式	AC-13	—	SMA-13	OGFC-13	—	AM-13	13.2	16.0
	AC-10	—	SMA-10	OGFC－10	—	AM-10	9.5	13.2
砂粒式	AC-5	—	—	—	—	AM-5	4.75	9.5
设计空隙率(%)	3~5	3~6	3~4	>18	>18	6~12	—	—

热拌沥青混合料是沥青混合料中最典型的品种,其他各种沥青混合料均有其发展而来。本节主要详述它的组成材料、组成结构、技术性质和设计方法。

一、沥青混合料的组成材料

沥青混合料的技术性质决定于组成材料的性质、组成配合比的比例和混合料的制备工艺等因素。为保证沥青混合料的技术性质,首先是正确选择符合质量要求的组成材料。

1. 沥青材料

沥青是沥青混合料的重要组成材料,其性能直接影响沥青混合料的各种技术性质。沥青路面所用沥青应根据气候条件、道路等级、沥青混合料类型、交通条件、路面类型及在结构层中层位、施工方法等,结合当地的使用经验,经技术论证后确定。

(1)对于高速公路、一级公路、夏季温度高、高温持续时间长、重载交通、山区及丘陵区上坡路段、服务区、停车场等行车速度慢的路段,宜采用黏度大的沥青;对于冬季寒冷的地区或交通量小的公路、旅游公路宜采用稠度小、低温延度大的沥青;对于日温差、年温差较大的地区宜选用针入度指数较大、感温性较低的沥青。当高温要求与低温要求发生矛盾时应优先考虑满足高温性能的要求。

(2)当缺乏所需标号的沥青时,可采用不同标号掺配的调和沥青,其掺配比例由试验确定。

在沥青的使用上,一般上面层宜用较稠的沥青,下层或联结层宜用较稀的沥青。对于重载交通的情况,随着沥青用量的增加,矿料颗粒之间的相互位移越容易,则沥青混合料的内摩擦角也就越小。

2. 粗集料

粗集料通常采用碎石、卵石及冶金矿渣等。沥青混合料用粗集料应该洁净、干燥,无风化、无杂质,并且具有足够的强度和耐磨性,形状接近正立方体,且要求表面粗糙,有一定的棱角。粗集料应符合表 7-2 的质量要求,符合表 7-3 对磨光值和黏附性的要求。

沥青混合料用粗集料质量要求 表 7-2

技 术 指 标		高速公路、一级公路、城市快速路、主干路		其他等级的公路与城市道路
		表面层	其他层次	
石料压碎值(%)	≤	26	28	30
洛杉矶磨耗损失(%)	≤	28	30	35
视密度(t/m³)	≥	2.60	2.50	2.45
吸水率(%)	≤	2.0	3.0	3.0
坚固性(%)	≤	12	12	—
软石含量(%)	≤	3	5	5
颗粒含量(水洗法)(%)	≤	1	1	1
针片状颗粒含量(%) ≤	粒径 >9.5mm	12	15	—
	粒径 < 9.5mm	18	20	—
破碎砾石的破碎面积(%) ≥	1 个破碎面	100	90	80
	2 个破碎面	90	80	60

钢渣作为粗集料时,仅限于三级及三级以下公路,并应经过试验论证取得许可后使用。

碱性集料与沥青的黏附性较强。当使用花岗岩、石英岩等酸性岩石轧制的粗集料时,若达不到表7-3对粗集料与沥青黏附性等级的要求,必须采取抗剥落措施。

粗集料磨光值及其与沥青黏附性的技术要求　表7-3

技术指标　　　　　雨量气候分区		1(潮湿区)	2(湿润区)	3(半干区)	4(干旱区)
粗集料磨光值(PSV)		≥42	≥40	≥38	≥36
粗集料与沥青的黏附性(级)	高速公路、一级公路表层	≥5	≥4	≥4	≥3
	高速公路、一级公路其他层次及其他等级公路的各个层次	≥4	≥4	≥3	—

3.细集料

沥青混合料的细集料包括天然砂、机制砂或石屑。细集料同样应洁净、干燥,无风化、不含杂质,质地坚硬、有棱角,并有适当的级配,且与沥青具有良好的黏结力。细集料与粗集料及填料配制成矿质混合料,其级配应符合要求。当一种细集料不能满足级配要求时,可采用两种或两种以上的细集料掺和使用。细集料的质量应符合表7-4的规定,天然砂的规格应符合表7-5的规定,机制砂和石屑应符合表7-6的规定。

沥青混合料用细集料质量要求　表7-4

技 术 指 标		高速公路、一级公路	其他等级公路
坚固性(>0.3mm 部分)(%)	≥	12	—
视密度(t/m³)	≥	2.50	2.45
砂当量	≥	60	50

沥青混合料用天然砂规格　表7-5

分 类	通过各筛孔(mm)的质量百分率(%)								细度模数 M_x
	9.5	4.75	2.36	1.18	0.6	0.3	0.15	0.075	
粗砂	100	90~100	65~95	35~65	15~30	5~20	0~10	0~5	3.7~3.1
中砂	100	90~100	75~90	50~90	30~60	8~30	0~10	0~5	3.0~2.3
细砂	100	90~100	85~100	75~100	60~84	15~45	0~10	0~5	2.2~1.6

沥青混合料用机制砂或石屑规格　表7-6

规 格	公称粒径(mm)	通过各筛孔(mm)的质量百分率(%)							
		9.5	4.75	2.36	1.18	0.6	0.3	0.15	0.075
S15	0~5	100	90~100	60~90	40~75	20~55	7~40	2~20	0~10
S16	0~3	—	100	80~100	50~80	25~60	8~45	0~25	0~15

在高速公路、一级公路、城市快速公路、主干路沥青面层使用与沥青黏结性能差的天然砂或花岗岩、石英岩等酸性岩石破碎的人工砂及石屑时,应采取抗剥离措施对细集料进行处理。

在高速公路、一级公路、城市快速公路、主干路沥青路面面层及抗磨耗层中,所用石屑总量不宜超过天然砂或机制砂的用量。

4.填料

填料通常是矿粉。矿粉应具有足够的细度,并要求矿粉干燥、干净、疏松、不结团、含水率小于1%。具体要求应符合表7-7的规定。

沥青面层用矿粉质量要求

表7-7

指　　标		高速、一级公路、主干路、城市快速路	其他公路与城市道路
视密度(t/m³)　≥		2.50	2.45
含水率(%)　≤		1.0	1.0
粒度范围 (%)	<0.6mm	100	100
	<0.15mm	90~100	90~100
	<0.075mm	75~100	70~100
外观		无团粒结块	
塑性指数		<4	
亲水系数　≤		1.0	

用于沥青混合料的填料最好采用碱性岩石磨制,如石灰岩,也可以由石灰、水泥、粉煤灰代替,但用这些物质作填料时,其用量不宜超过规范规定的值。

二、沥青混合料组成结构

沥青混合料是由沥青、粗集料、细集料和矿粉以及外加剂所组成的一种复合材料。这些组成材料在混合料中,由于组成材料质量的差异和数量的多少,可形成不同的组成结构,并具有不同的力学性能。

(一)结构理论

目前沥青混合料组成结构理论有两种:

第一种为表面理论,指沥青混合料由粗集料、细集料和填料组成密实的矿质骨架,沥青分布在矿质骨架的表面,将它们胶结成为具有一定强度的整体型材料。

第二种为胶浆理论,指沥青混合料是多级空间网络状结构的多级分散系,主要分为三分散系。

(1)粗分散系:以粗集料为分散相,分散在沥青砂浆介质中。

(2)细分散系:以细集料为分散相,分散在沥青胶浆介质中。

(3)微分散系:以填料分散相,分散在高稠度的沥青介质中。

在这两种理论中,前一种强调的是矿质集料的骨架作用,起主导作用的是矿料的强度及其级配的密实度;后一种是强调沥青胶结物在混合料中的作用,起主导作用的是沥青与填料之间的关系。

(二)沥青混合料组成结构类型

沥青混合料组成结构可分为下列三种类型:

1. 悬浮-密实结构

悬浮-密实结构是指密级配的混合料结构。混合料中粒径较大的颗粒被较小的颗粒挤开,不能直接形成骨架结构,彼此分离悬浮于较小颗粒和沥青胶浆之间,而较小颗粒与沥青胶浆较为密实,形成了悬浮-密实结构,如图7-3a)所示。这种结构的沥青混合料密实度较大、水稳定性、低温抗裂性和耐久性较好,但是热稳定性差。

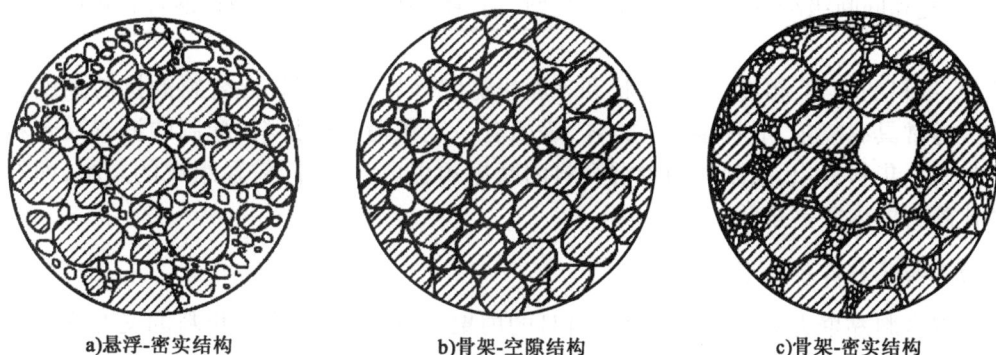

| a)悬浮-密实结构 | b)骨架-空隙结构 | c)骨架-密实结构 |

图 7-3 沥青混合料的典型组成结构

2. 骨架-空隙结构

骨架-空隙结构是一种连续开级配的混合料。混合料中粗集料较多,彼此接触可以形成骨架,细集料较少不足以填满骨架空隙,压实后混合料中的空隙较大,形成骨架-空隙结构,如图 7-3b)所示。该结构沥青混合料空隙率较大,渗透性较大,耐久性差,但是热稳定性好。

3. 骨架-密实结构

骨架-密实结构是一种间断级配的混合料。混合料中有足够的粗集料形成骨架,同时又有足够的细集料和沥青胶浆充填骨架空隙,形成骨架-密实结构,如图 7-3c)所示。该结构沥青混合料具有上述两种结构的优点,是一种较为理想的结构类型。

三、沥青混合料结构强度及影响因素

(一)沥青混合料结构强度的构成

沥青混合料的抗剪强度主要由集料颗粒之间嵌锁力(内摩阻角)以及沥青与集料之间产生的黏聚力及沥青自身的内聚力构成,一般采用库仑公式进行分析。

$$\tau = c + \sigma \tan\varphi \tag{7-1}$$

式中:τ——沥青混合料的抗剪强度(MPa);

c——沥青混合料的黏聚力(MPa);

φ——沥青混合料的内摩擦角(°);

σ——试验时的正应力(MPa)。

(二)影响沥青混合料抗剪强度的因素

1. 沥青黏度的影响

沥青混合料中的集料是分散在沥青中的分散系,因此它的抗剪强度与分散相的浓度和分散介质黏度有着密切的关系,在其他因素固定的条件下,沥青的黏度愈大,则沥青混合料黏聚力越大,沥青混合料的强度愈大,抗变形能力愈强。

2. 矿料的级配类型和表面性质的影响

沥青混合料的抗剪强度与集料在沥青混合料中的分布情况有密切关系。沥青混合料有密级配、开级配和间断级配等不同组成结构类型,集料级配类型是影响沥青混合料抗剪强度的因素之一。

此外,集料的种类、粗度、颗粒形状和表面粗糙度等特性对沥青混合料的抗剪强度也有较大影响。通常具有棱角,形状接近立方体,表面有一定粗糙度的集料,配制的沥青混合料的抗剪强度较高。集料愈粗,配制的沥青混合料内摩擦角也愈大,相同粒径组成的集料,卵石的内摩擦角比碎石的内摩擦角低。

3. 沥青与集料性质的影响

沥青混合料黏聚力除了与沥青材料自身的内聚力有关,还取决于集料的交互作用。集料颗粒对于包裹其表面的沥青分子具有一定的化学吸附作用,这种化学吸附比集料与沥青间的分子吸附作用要强得多,并使集料表面吸附沥青组分重新分布,形成一层结构膜,即"结构沥青"。"结构沥青"膜层较薄,黏度较高,与矿料之间有着较强的黏聚力。在"结构沥青"层之外未与矿料发生交互作用的是"自由沥青",保持沥青的内聚力。

沥青与集料相互作用不仅与沥青的化学性质有关,而且与集料的性质有关。不同性质集料表面形成不同组成结构和厚度的结构膜。石灰岩颗粒表面形成的结构膜较发育,而在石英岩颗粒表面形成的结构膜发育较差。所以在沥青混合料中,当采用石灰岩集料时,沥青混合料具有较高的黏结力。

沥青混合料的黏聚力既取决于"结构沥青"的比例,也取决于集料颗粒之间的距离。当集料之间距离很近,并由黏度增加的"结构沥青"相互黏结时,如图7-4所示,沥青混合料具有较高的黏聚力。反之,如果集料颗粒以"自由沥青"相互黏结,如图7-4所示,则沥青混合料的黏聚力较低。

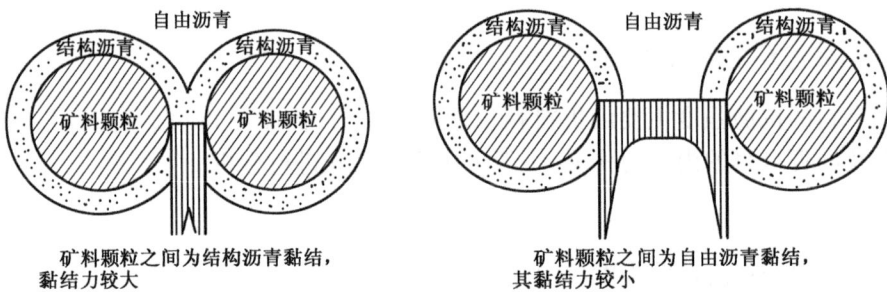

图7-4 沥青与矿料交互作用示意图

4. 沥青用量的影响

在沥青和集料的质量不变的情况下,沥青与集料的比例是影响沥青混合料抗剪强度的重要因素,不同沥青用量的沥青混合料结构图如图7-5所示。

沥青用量过少,沥青不足在集料颗粒表面形成结构沥青,沥青混合料的黏聚力较低。随着沥青用量的增加,逐渐形成结构沥青,沥青混合料的黏聚力随着沥青用量的增加而增大,当沥青用量适宜时,沥青混合料具有最大的黏聚力。随后,如沥青用量继续增加,由于沥青用量过多,逐渐将集料颗粒推开,在矿料颗粒之间形成"自由沥青",则沥青混合料的黏聚力随着"自由沥青"的增加而降低,此时,沥青不仅是黏结剂,而且起着润滑剂的作用,因此沥青混合料的黏聚力降低。

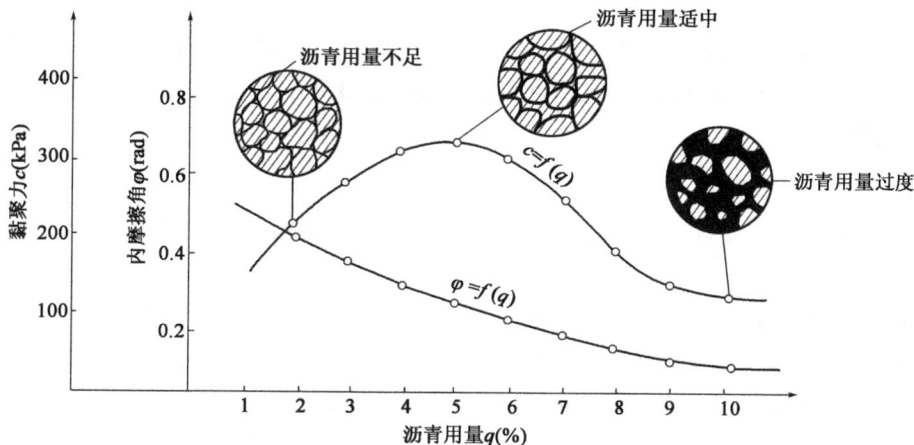

图 7-5 沥青用量对沥青混合料强度的影响

5.温度和荷载作用速率的影响

1)温度的影响

随着温度的升高,沥青的黏度降低,沥青混合料的黏聚力显著降低,内摩阻角同时也受温度变化的影响,但变化幅度小。

2)变形速率的影响

沥青的黏度随着变形速率的增加而增加,沥青混合料的黏结力也随着变形速率的增加而显著提高,而内摩阻角随变形速率的变化相对较小。

四、沥青混合料的技术性质

(一)高温稳定性

沥青混合料的高温稳定性是指混合料在夏季高温(道路表面温度通常可达60℃)的条件下,经车辆荷载长期重复作用后,不产生车辙和波浪等病害的性能。

1.高温稳定性的评价方法及评价指标

《公路沥青路面施工技术规范》(JTG F40—2004)规定:采用马歇尔稳定度试验来评价沥青混合料高温稳定性;对于高速公路、一级公路、城市快速路、主干路用沥青混合料,还应通过车辙试验检验其抗车辙能力。

1)马歇尔稳定度试验(资源16)

马歇尔稳定度试验用于测定沥青混合料试件在规定温度和荷载速度下的破坏荷载和抗变形能力。目前普遍测定马歇尔稳定度(MS)、流值(FL)两项指标。稳定度是指试件破坏时承受的最大荷载(kN),流值是指达到最大破坏荷载时试件的垂直变形(0.1mm)。

2)车辙试验

车辙试验是一种模拟车辆轮胎在路面上滚动形成车辙的工程试验方法,试验结果较为直观,且与沥青路面车辙深度之间有着较好的相关性。目前我国的车辙试验是用标准成型方法,制成300mm×300mm×50mm的沥青混合料试件,在60℃的温度条件下,以一定荷载的轮子在同一轨迹上做一定时间的反复行走,形成一定的车辙深度,然后计算产生1mm车辙变形所需要的行走次数,即得动稳定度(次/mm)。

《公路沥青路面施工技术规范》(JTG F40—2004)规定:对用于高速公路、一级公路的公称最大粒径小于或等于19mm的密级配沥青混合料,SMA、OGFC混合料,必须在规定的试验条件下进行车辙试验。

2.影响高温稳定性的主要因素

沥青混合料高温稳定性的形成主要来源于矿料颗粒间的嵌锁作用及沥青的高温黏度。

1)矿料的性质

矿料性质对沥青混合料高温性能影响至关重要。采用表面粗糙、有棱角、颗粒接近立方体的碎石集料,经压实后集料颗粒间能够形成紧密的嵌锁作用,增大沥青混合料的内摩阻角,有利于增强沥青混合料的高温稳定性。相反,采用表面光滑的砾石、卵石集料拌制的沥青混合料颗粒之间缺乏嵌锁力,在荷载作用下容易产生滑移,使路面出现车辙。

2)沥青的黏度

沥青的黏度越大,与集料的黏附性越好,沥青混合料的抗高温变形能力越强。可以采用合适的改性剂来提高沥青的高温黏度,从而改善沥青混合料的高温稳定性。

3)沥青的用量

随着沥青用量的增加,矿料表面的沥青膜增厚,自由沥青比例增加,在高温条件下,这部分沥青在荷载作用下发生明显的流动变形,从而导致沥青混合料抗高温变形能力降低。对于细粒式和中粒式密级配沥青混合料,适当减少沥青用量有利于抗车辙能力的提高。但对于粗粒式或开级配沥青混合料,不能简单地靠采用减少沥青用量来提高抗车辙能力。

(二)低温抗裂性

沥青混合料的低温抗裂性是指沥青混合料在低温下抵抗断裂破坏的能力。当冬季气温降低时,沥青面层将产生体积收缩,而在基层结构与周围材料的约束作用下,沥青混合料不能自由收缩。当降温速率较慢时,不会对沥青路面产生较大的危害。但当气温骤降时,会导致沥青路面出现裂缝造成路面的损坏。因此,要求沥青混合料具有一定的低温抗裂性。

注:依据《公路工程沥青及沥青混合料试验规程》(JTG E20—2011),采用沥青混合料弯曲试验测定。

影响沥青混合料低温性能的主要因素是沥青黏度和温度敏感性。因此,在沥青混合料组成设计中,应选用黏度和温度敏感性较低的沥青,以提高沥青混合料的低温抗裂能力。级配对沥青混合料的低温抗裂性能没有显著的影响。

(三)耐久性

沥青混合料的耐久性,是指其在长期使用过程中抵抗环境因素及行车荷载反复作用下保持正常使用状态而不出现剥落和松散等损坏的能力。

影响沥青混合料耐久性的因素很多,如沥青的化学性质、矿料的矿物成分、沥青混合料的组成结构(残留空隙率、沥青饱和度)等。沥青的化学性质和矿料的矿物成分对耐久性的影响如前所述。就沥青混合料的组成结构而言,影响其耐久性的首要因素是沥青混合料的空隙率。空隙率越小,越可以有效地防止水分渗入和日光紫外线对沥青的老化作用等,但一般沥青混合料中均应残留一定的空隙,以备夏季沥青材料膨胀。

《公路沥青路面施工技术规范》(JTG F40—2004)规定:采用空隙率、饱和度和残留稳定度等指标来表征沥青混合料的耐久性。

(四)抗滑性

沥青路面的抗滑性对于保障道路交通安全至关重要,沥青路面的抗滑性与所用矿料的表面性质、颗粒形状与尺寸、混合料的级配组成以及沥青用量等因素有关。为了提高沥青路面的抗滑性,配料时应选用表面粗糙、坚硬、耐磨、抗冲击性好、磨光值大的碎石和破碎砾石集料。此外,应严格控制沥青混合料中的沥青用量,特别是应选用含蜡量低的沥青,以免沥青表层出现滑溜现象。

我国现行规范采用磨光值、磨耗值、冲击值三指标来控制沥青路面的抗滑性。

(五)施工和易性

沥青混合料应具备良好的和易性,能够在拌和、摊铺与碾压过程中,集料颗粒保持分布均匀,表面被沥青膜完整的包裹,并被压实到规定的密度,这是保证沥青路面使用质量的必要条件。影响沥青混合料和易性的因素很多,如当地气温、施工条件及混合料性质等,主要从组成材料、施工条件两方面来分析。

1.组成材料的影响

当组成材料确定后,沥青混合料和易性的主要因素是矿料级配和沥青用量。在间断级配的矿质混合料中,粗细集料的颗粒尺寸相差过大,缺乏中间尺寸颗粒,沥青混合料容易离析。如果细集料太少,沥青层就不容易均匀地分布在粗颗粒表面;反之,则使拌和困难。当沥青用量过少,或矿粉用量过多时,混合料容易产生疏松且不易压实;反之,则容易使混合料黏结成团块,不易摊铺。

2.施工条件的影响

沥青混合料应在一定的温度下进行施工,以使沥青结合料达到要求的流动性,在拌和过程中能够充分均匀地黏附在矿料颗粒表面;沥青混合料需要一定的时间进行拌和,以保证各种组成材料在混合料中分布均匀,并使所有矿料颗粒全部被沥青所包裹。此外,拌和设备、摊铺机械和压实工具都对沥青混合料的施工和易性有一定的影响,应结合施工方式和施工条件考虑。

五、沥青混合料的技术标准

(一)沥青路面使用性能的气候分区

沥青混合料的技术性质与使用环境,如气温和湿度关系密切。因此,在选择沥青材料的等级,进行沥青混合料配合比设计,检验沥青混合料的使用性能时,应考虑沥青路面工程的环境因素,尤其是温度和湿度条件。所以,应按照不同的气候分区的特点对沥青混合料的技术性能提出相应要求。

沥青路面使用性能气候分区由一、二、三级区划组合而成,以综合反映该地区的气候特征,见表7-8。每个气候分区用三个数字表示:第一个数字代表高温分区;第二个数字代表低温分区;第三个数字代表雨量分区。每个数字越小,表示气候因素对沥青路面的影响越严重。如我国上海市属于1-3-1气候分区,为夏炎热冬冷潮湿区,对沥青混合料的高温稳定性和水稳定性要求较高。

沥青路面使用性能气候分区   表7-8

气候分区指标		气候分区			
按照高温指标	高温气候区	1	2	3	
	气候区名称	夏炎热区	夏热区	夏凉区	
	7月平均最高温度(℃)	>30	20～30	<20	
按照低温指标	低温气候区	1	2	3	4
	气候区名称	冬严寒区	冬寒区	冬冷区	冬温区
	极端最低温度(℃)	<-37.5	-37.5～-21.5	-21.5～-9.0	>-9.0
按照雨量指标	雨量气候区	1	2	3	4
	气候区名称	潮湿区	湿润区	半干区	干旱区
	年降雨量(mm)	>1000	1000～500	500～250	<250

(二)热拌沥青混合料的技术标准

《公路沥青路面施工技术规范》(JTG F40—2004)对热拌沥青混合料马歇尔试验的技术要求列于表7-9、表7-10。

热拌沥青混合料马歇尔试验技术标准   表7-9

沥青混合料类型 试验指标		高速公路、一级公路、城市快速路、主干道				其他等级公路	行人道路
		夏炎热区		夏热区及夏凉区			
		中轻交通	重载交通	中轻交通	重载交通		
击实次数(双面)		75				50	50
试件尺寸		φ101.6mm×63.5mm					
空隙率(%)	深90mm以内	3～5	4～6	2～4	3～5	3～6	2～4
	深90mm以下	3～6		2～4	3～6	3～6	—
沥青饱和度(%)		见表7-10的要求					
矿料间隙率(%)		见表7-10的要求					
稳定度(kN) ≥		8				5	3
流值(mm)		2～4	1.5～4	2～4.5	2～4	2～4.5	2～5

热拌沥青混合料的饱和度和矿料件隙率的要求   表7-10

集料公称最大粒径(mm)			26.5	19	16	13.2	9.5	4.75
矿料间隙率(%) ≥	空隙率(%)	2	10	11	11.5	12	13	15
		3	11	12	12.5	13	14	16
		4	12	13	13.5	14	15	17
		5	13	14	14.5	15	16	18
		6	14	15	15.5	16	17	19
沥青饱和度(%)			55～70		65～75		70～85	

六、热拌沥青混合料配合比设计

沥青混合料配合比设计包括三个阶段:目标配合比设计阶段、生产配合比设计阶段、生产配合比验证。后两个设计阶段是在目标配合比的基础上进行的,需借助施工单位的拌和设备、摊铺和碾压设备完成。此处主要介绍沥青混合料的目标配合比设计过程。

(一)目标配合比设计

目标配合比设计可分为矿质混合料组成设计和沥青最佳用量确定两部分。

1.矿质混合料组成设计

矿质混合料组成设计的目的是选用一个具有足够密实度和较大摩阻力的矿质混合料。

1)确定沥青混合料类型和矿质混合料的级配范围

根据道路等级、路面类型、所处结构层,按照表7-11选择沥青混合料类型,并按照表7-12确定相应的矿质混合料级配范围。

沥青混合料类型　　表7-11

结构层次	高速公路、一级公路、城市快速路、主干道		其他等级公路		一般城市道路及其他道路工程	
	三层式沥青混凝土路面	二层式沥青混凝土路面	沥青混凝土路面	沥青碎石路面	沥青混凝土路面	沥青碎石路面
上面层	AC-13 AC-16	AC-13 AC-16	AC-13 AC-16	AC-13	AC-5 AC-10 AC-13	AM-5 AM-10
中面层	AC-20 AC-25	— —	— —	— —	— —	— —
下面层	AC-25 AC-30	AC-20 AC-30	AC-20 AC-25 AC-30	AM-25 AM-30	AC-20 AC-25	AC-25 AM-30 AM-40

沥青混合料矿料级配表　　表7-12

级配类型	通过下列筛孔(方孔筛)(mm)的质量百分率(%)												
	31.5	26.5	19.0	16.0	13.2	9.5	4.75	2.36	1.18	0.6	0.3	0.15	0.075
AC-25	100	90~100	75~90	65~83	57~76	45~65	24~52	16~42	12~33	8~24	5~17	4~13	3~7
AC-20		100	90~100	78~92	62~80	50~72	26~56	16~44	12~33	8~24	5~17	4~13	3~7
AC-16			100	90~100	76~92	60~80	34~62	20~48	13~36	9~26	7~18	5~14	4~8
AC-13				100	90~100	68~85	38~68	24~50	15~38	10~28	7~20	5~15	4~8
AC-10					100	90~100	45~75	30~58	20~44	13~32	9~23	6~16	4~8
AC-5						100	90~100	55~75	35~55	20~40	12~18	7~18	5~10
AM-20			90~100	60~85	50~75	40~65	15~40	5~22	2~16	1~12	0~10	0~8	0~5
AM-16				100	90~100	60~85	18~40	6~25	3~18	1~14	0~10	0~8	0~5
AM-13					100	90~100	50~80	20~45	8~28	4~20	2~16	0~10	0~6
AM-10						100	90~100	35~65	10~35	5~22	2~16	0~12	0~9	0~6
SMA-20		100	90~100	72~92	62~82	40~55	18~30	13~22	12~20	10~16	9~14	8~13	8~12

级配类型	通过下列筛孔(方孔筛)(mm)的质量百分率(%)												
	31.5	26.5	19.0	16.0	13.2	9.5	4.75	2.36	1.18	0.6	0.3	0.15	0.075
SMA-16			100	90~100	65~85	45~65	20~32	15~24	14~22	12~18	10~15	9~14	8~12
SMA-13				100	90~100	50~75	20~34	15~26	14~24	12~20	10~16	9~15	8~12
SMA-10					100	90~100	28~60	20~32	14~26	12~22	10~18	9~16	8~13

注:沥青用量仅供学生练习参考。

  2)矿质混合料配合比计算

  (1)组成材料的原始数据测定。根据现场取样,对粗集料、细集料和矿粉进行筛分试验,确定各集料的级配组成,同时测出各组成材料的密度。

  (2)确定组成材料的用量比例。根据各组成材料的筛分试验资料,采用试算法或图解法(对于高速公路和一级公路沥青路面矿料配合比设计宜借助电子计算机的电子表格用试配法进行,其他等级公路也可以参照进行)计算出符合要求级配范围的各组成材料的用量比例。

  (3)调整配合比。计算的合成级配应根据下列要求作必要的配合调整:

  ①通常情况下,合成级配曲线宜尽量接近设计级配中值,尤其是 0.075mm、2.36mm 和 4.75mm 三个粒径,尽量接近设计级配范围中限。

  ②对高速公路、一级公路、城市快速路等交通量大、车辆载重大的道路,宜偏向级配范围的下限;对一般道路、中小交通量和人行道路等宜偏向级配范围的上限。

  ③合成级配曲线不得有过多的锯齿形交错,且在 0.3~0.6mm 范围内不出现"驼峰"。当反复调整仍不能满意时,宜更换原材料重新设计。

  2. 确定沥青混合料的最佳沥青用量

  《公路沥青路面施工技术规范》(JTG F40—2004)规定的方法是采用马歇尔试验法确定沥青的最佳用量。具体步骤如下:

  1)制备试样

  (1)按确定的矿质混合料配合比,计算各种矿质材料的用量

  (2)根据经验,估算适宜的沥青用量(或油石比)。以估计的沥青用量为中值或以推荐的沥青用量范围的中间值为中值,按 0.5% 或 0.3% 的间隔变化,取 5 个不同的沥青用量,拌制沥青混合料并按规定制备马歇尔试件。

  2)测定物理指标

  按规定的试验方法测定马歇尔试件的毛体积密度等,并计算空隙率、沥青饱和度、矿料间隙率等。**(资源 17)**

  3)测定力学指标

  用马歇尔稳定度仪测定沥青混合料的力学指标,如马歇尔稳定度、流值。

  4)确定最佳沥青用量

  (1)绘制沥青用量与物理-力学指标关系图。以沥青用量(或油石比)为横坐标,实测密度、空隙率、沥青饱和度、马歇尔稳定度和流值为纵坐标,将试验结果绘制成沥青用量与各项指标的关系曲线,如图 7-6 所示。

  (2)确定沥青混合料的最佳沥青用量 OAC_1。

  ①根据图 7-6 取与密度最大值、稳定度最大值相应的沥青用量 a_1 和 a_2,以及与空隙率范

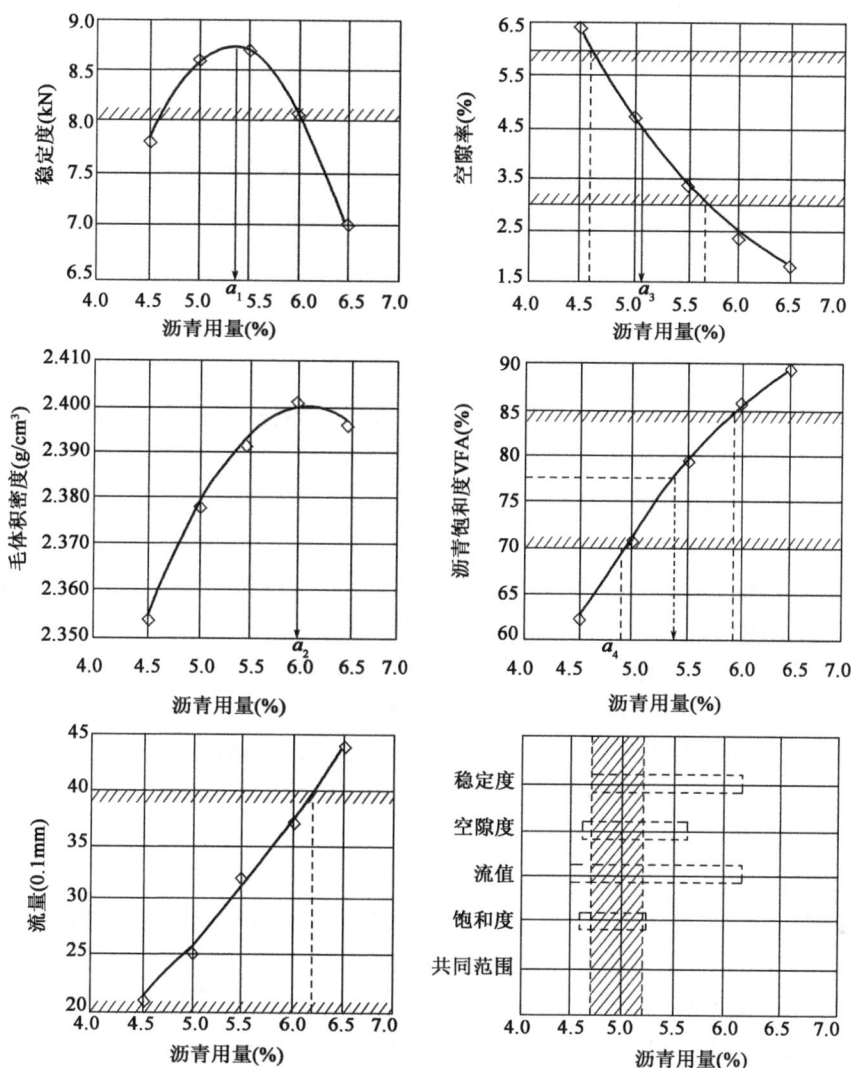

图 7-6 沥青用量与马歇尔试验结果关系图

围的中值、沥青饱和度范围的中值对应的沥青用量 a_3 和 a_4，由式(7-2)计算四者的平均值作为最佳沥青用量初始值 OAC_1：

$$OAC_1 = \frac{1}{4}(a_1 + a_2 + a_3 + a_4) \tag{7-2}$$

②如果在所选择的沥青用量范围未能涵盖沥青饱和度的要求范围，按式(7-3)取三者的平均值作为 OAC_1：

$$OAC_1 = \frac{1}{3}(a_1 + a_2 + a_3) \tag{7-3}$$

③对所选择试验的沥青用范围，密度或稳定度没用出现峰值，可直接以空隙率所对应的沥青用量作为 OAC_1（即 $OAC_1 = a_3$），但 OAC_1 必须介于 $OAC_{min} \sim OAC_{max}$ 的范围内，否则应重新进行配合比设计。

(3)确定沥青混合料的最佳沥青用量初始值 OAC_2。

按图 7-6 求出各项指标(不含 VMA)均符合沥青混合料技术标准的沥青用量范围

221

$OAC_{min} \sim OAC_{max}$ 的中值即为 OAC_2：

$$OAC_2 = \frac{1}{2}(OAC_{min} + OAC_{max}) \qquad (7-4)$$

（4）综合确定沥青混合料的最佳沥青用量 OAC。

检查初始值 OAC_1 是否符合规范规定的马歇尔试验技术标准。如符合，由 OAC_1 和 OAC_2 综合决定最佳沥青用量 OAC。如不符合，应调整级配，重新进行配合比设计，直至各项指标均符合要求为止。

通常情况下，可取 OAC_1 及 OAC_2 的平均值作为最佳沥青用量 OAC：

$$OAC = \frac{1}{2}(OAC_1 + OAC_2) \qquad (7-5)$$

（5）根据实践经验和公路等级、气候条件和交通情况，调整确定最佳沥青用量。

①调查当地各项条件相接近的工程的沥青用量及使用效果，论证适宜的最佳沥青用量。检查与计算得到的最佳沥青用量是否接近，如相差甚远，应查明原因，必要时重新调整级配，进行配合比设计。

②对热区及高速公路、一级公路的重载交通路段等，预计有可能出现较大车辙时，宜在空隙率符合要求的范围内，将计算的最佳沥青用量减少 0.1% ～0.5% 作为设计沥青用量。

③对寒区道路、旅游公路、交通量少的公路，最佳沥青用量可以在 OAC 的基础上增加 0.1% ～0.3%，以适当减小设计空隙率，但不得降低压实度的要求。

（6）按照《公路沥青路面施工技术规范》（JTG F40—2004）规定的方法检验最佳沥青用量时沥青被集料吸收的比例、有效沥青用量、粉胶比和有效沥青膜厚度等各指标是否符合要求。

5）沥青混合料的性能检验

（1）水稳定性检查。

按最佳沥青用量 OAC 制作马歇尔试件进行浸水马歇尔试验或冻融劈裂试验，检验试件残留稳定度或冻融劈裂试验的残留强度比是否满足要求。

当最佳沥青用量 OAC 与两个初始值 OAC_1、OAC_2 相差甚大时，宜将 OAC 与 OAC_1 或 OAC_2 分别制作试件进行浸水马歇尔试验或冻融劈裂试验，根据结果适当调整 OAC。

《公路沥青路面施工技术规范》（JTG F40—2004）规定，对用于高速公路和一级公路的热拌沥青混合料，必须在规定的条件下进行浸水马歇尔试验或冻融劈裂试验来检验沥青混合料的水稳性。水稳性应符合表7-13的要求。达不到要求时，应按规范要求采取抗剥落措施或调整最佳沥青用量后再次试验。

沥青混合料水稳定性检验技术要求　　　　　表7-13

气候条件与技术指标	相应于下列气候分区的技术要求（%）			
年降雨量(mm)及气候分区	>1000	500～1000	250～500	<250
	1. 潮湿区	2. 湿润区	3. 半干区	4. 干旱区
浸水马歇尔试验残留稳定度（%）≥				
普通沥青混合料	80		75	
改性沥青混合料	85		80	
冻融劈裂试验的残留强度比（%）≥				
普通沥青混合料	75		70	
改性沥青混合料	80		75	

（2）抗辙能力检验。

按最佳沥青用量 OAC 制作车辙试验试件，在道路表面温度 60℃ 的条件下进行车辙试验，检验其动稳定度是否合格。

当最佳沥青用量 OAC 与两个初始值 OAC_1、OAC_2 相差甚大时，宜将 OAC_1 或 OAC_2 分别制作试件进行车辙试验，根据结果是适当调整 OAC，如不符合要求，应重新进行配合比设计。

《公路沥青路面施工技术规范》（JTG F40—2004）规定，对于高速公路、一级公路最大粒径小于或等于 19mm 的热拌沥青混合料，必须在配合比的基础上，在规定的条件下进行车辙试验，其动稳定度应符合表 7-14 的要求。如不符合要求，应更新材料或重新进行配合比设计。其他公路也可参照此要求执行。

沥青混合料车辙试验动稳定度技术要求 　　　　表 7-14

气候条件与技术指标		相应于下列气候分区所要求的动稳定度（次/mm）								
7月平均最高气温（℃）及气候分区		>30℃				20~30℃				<20℃
		夏炎热区				夏热区				夏凉区
		1-1	1-2	1-3	1-4	2-1	2-2	2-3	2-4	3-2
普通沥青混合料 ≥		800		1000		600		800		600
改性沥青混合料 ≥		2400		2800		2000		2400		1800
SMA 混合料	非改性 ≥	1500								
	改性 ≥	3000								

（3）低温抗裂性检验。

对公称最大粒径小于或等于 19mm 的沥青混合料，应按照规定方法进行低温弯曲试验，检验其破坏应变是否符合表 7-15 的要求。

沥青混合料低温弯曲试验破坏应变技术要求 　　　　表 7-15

气候条件与技术指标	相应于下列气候分区所要求的破坏应变（μm）								
年极端最低温度（℃）及气候分区	<-37.0（冬严寒区）		-37.0~-21.5（冬寒区）			-21.5~-9.0（冬冷区）		>-9.0（冬温区）	
	1-1	2-1	1-2	2-2	3-2	1-3	2-3	1-4	2-4
普通沥青混合料 ≥	2600		2300			2000			
改性沥青混合料 ≥	3000		2800			2500			

（4）渗水系数检验。

利用轮碾机成型的车辙试验试件进行渗水试验，检验渗水系数是否符合要求。

经反复调整及综合以上试验结果，并参考以往工程实践经验，综合决定矿料级配合最佳沥青用量。

（二）生产配合比设计

在目标配合比确定之后，应利用实际施工的拌和机进行试拌以确定施工配合比。在试验前，应首先根据级配类型选择筛号，各级粒径筛孔通过量应符合设计范围要求。试验时，与目标配合比设计一样进行矿料级配计算，得出矿料用量比例，接着按此比例进行马歇尔试验。规范规定由此确定的最佳沥青用量与目标配合比设计的结果的差值,不宜超过±2%。

（三）生产配合比验证

此阶段即试拌试铺阶段。施工单位进行试拌试铺时,应报告监理部门和工程指挥部,会同设计、监理、施工人员一起进行鉴别。用拌和机按照生产配合比结果进行试拌,首先在场人员对混合料级配及沥青用量发表意见,如有不同意见,应适当调整再进行观察,力求意见一致。然后用此混合料在试验段上试铺,进一步观察摊铺、碾压过程和成型混合料的表面状况,判断混合料的级配和油石比。如不满意应适当调整,重新试拌试铺,直至满意为止。另一方面,试验室密切配合现场指挥在拌和厂或摊铺机房采集沥青混合料试样,进行马歇尔试验,检验是否符合标准要求。同时还应进行车辙试验及浸水马歇尔试验以及高温稳定性及水稳定性验证。在试铺试验时,试验室还应在现场取样进行抽提试验,再次检验实际级配和油石比是否合适。同时按照规范规定的试验段铺设要求,进行各种试验。当全部满足要求时,便可进入正常生产阶段。

【例题7-1】 试设计某一级公路沥青混凝土路面用沥青混合料的配合比组成。

原始资料:

(1)道路等级:一级公路。

(2)路面类型:沥青混凝土。

(3)结构层位:三层式沥青混凝土的上面层(细粒式沥青混凝土)。

(4)气候条件:最低月平均气温-8℃,最高月平均气温31℃。

(5)材料性能:

①沥青材料:可供应A级50号、70号和90号沥青,经检验技术性能均符合要求。

②矿质材料:石灰岩轧制碎石,饱水抗压强度120MPa,洛杉矶磨耗率12%、黏附性V级(水煮法),表观密度2700kg/m³;洁净砂,属中砂,含泥量及泥块量均小于1%,表观密度2650kg/m³;石灰岩磨细矿粉,粒度范围符合技术要求,无团粒结块,密度为2580kg/m³。

设计要求:

(1)根据道路等级、路面类型和结构层位确定沥青混凝土的矿质混合料的级配范围。根据现有各种矿质材料的筛分结果,用图解法确定各种矿质材料的配合比。

(2)根据选定的矿质混合料相应的沥青用量范围,通过马歇尔试验,确定最佳沥青用量。

(3)根据高速公路用沥青混合料要求,对矿质混合料的级配进行调整,沥青用量按水稳定性检验和抗车辙能力校核。

设计步骤:

1)矿质混合料配合组成设计

(1)确定沥青混合料类型

由于道路等级为一级公路,路面类型为沥青混凝土,路面结构为三层式沥青混凝土上面层,按表7-11选用细粒式AC-13沥青混凝土混合料。

(2)确定矿质混合料级配与范围

按表7-12将AC-13沥青混凝土的矿质混合料级配范围列于表7-16。

(3)矿质混合料配合比计算

①组成材料筛分试验。根据现场取样,各组成材料的筛分结果列于表7-17。

矿质混合料要求级配范围

表 7-16

级配类型 AC-13	筛孔尺寸(mm)									
	16.0	13.2	9.5	4.75	2.36	1.18	0.6	0.3	0.15	0.075
	通过百分率(%)									
级配范围	100	90~100	68~85	38~68	24~50	15~38	10~28	7~20	5~15	4~8
级配中值	100	95	76.5	53	37	26.5	19	13.5	10	6

组成材料筛分试验结果

表 7-17

材料名称	筛孔尺寸(mm)									
	16.0	13.2	9.5	4.75	2.36	1.18	0.6	0.3	0.15	0.075
	通过百分率(%)									
碎石	100	93	17	0						
石屑	100	100	100	84	14	8	4	0		
砂	100	100	100	100	92	82	42	21	11	4
矿粉	100	100	100	100	100	100	100	100	96	87

②组成材料配合比计算。用图解法计算组成材料配合比,如图 7-7 所示。由图解法确定各种材料用量为:碎石:石屑:砂:矿粉 =31%:30%:31%:8%。各种材料组成配合比计算见表 7-18。将计算得到的合成级配绘于矿质混合料级配范围(图 7-8)中。

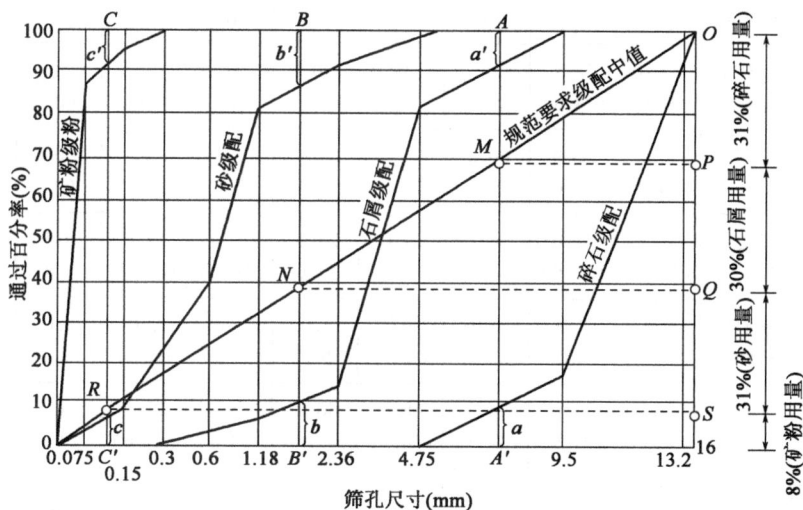

图 7-7 矿质混合料配合比计算图

③调整配合比。从图中可以看出合成级配中筛孔 1.18mm 通过量偏高,筛孔 2.36mm 的通过量偏低,筛孔 0.075mm 的通过量超出范围,整个曲线呈锯齿状,需要调整修正。

经过组成配合比的调整,各材料的用量为:碎石:石屑:砂:矿粉 =31%:26%:37%:6%。此计算结果见表 7-18 中括号内数字。将合成级配绘于图 7-8 中,从图中可看出,调整后的合成级配曲线为一光滑平顺接近级配范围中值的曲线。

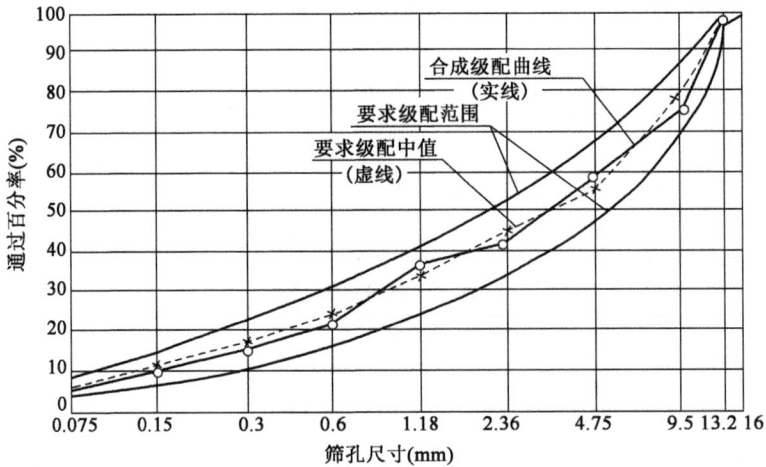

图 7-8　矿质混合料级配范围和合成级配图

矿质混合料组成设计计算　　　　　　　表 7-18

材料组成		筛孔尺寸(mm)									
		16.0	13.2	9.5	4.75	2.36	1.18	0.6	0.3	0.15	0.075
		通过百分率(%)									
原材料级配	碎石100%	100	93	17	0						
	石屑100%	100	100	100	84	14	8	4	0		
	砂100%	100	100	100	100	92	82	42	21	11	4
	矿粉100%	100	100	100	100	100	100	100	100	96	87
各矿质材料在混合料中的级配	碎石31% (31%)	31.0 (31.0)	28.8 (28.8)	5.3 (5.3)	0 (0)	0 (0)	0 (0)	0 (0)	0 (0)	0 (0)	0 (0)
	石屑30% (26%)	30.0 (26.0)	30.0 (26.0)	30.0 (26.0)	25.2 (21.8)	4.2 (3.6)	2.4 (2.1)	1.2 (1.1)	0 (0)	0 (0)	0 (0)
	砂31% (37%)	31.0 (37.0)	31.0 (37.0)	31.0 (37.0)	31.0 (37.0)	28.5 (34.0)	25.4 (30.3)	13.0 (15.5)	6.5 (7.8)	3.4 (4.1)	1.2 (1.5)
	矿粉8% (6%)	8.0 (6.0)	8.0 (6.0)	8.0 (6.0)	8.0 (6.0)	8.0 (6.0)	8.0 (6.0)	8.0 (6.0)	8.0 (6.0)	7.9 (5.8)	7.0 (5.2)
合成级配		100 (100)	97.8 (97.8)	74.3 (74.3)	58.8 (64.2)	40.7 (43.6)	35.8 (38.4)	22.2 (22.6)	14.5 (13.8)	11.3 (9.9)	8.2 (6.7)
级配范围		100	90~100	68~85	38~68	36~53	24~50	15~38	7~20	5~10	4~8

2)最佳沥青用量确定(最佳油石比)

(1)试件成型

根据当地气候条件属于 1-4 夏炎热冬冷区,采用 70 号沥青。以预估的油石比 4.7% 为中值,采用 0.3% 间隔变化制备试件,按规定每面击实 75 次。

(2)马歇尔试验

①物理指标测定。按上述方法成型的试件,经 24h 后测定其毛体积密度、空隙率、矿料间隙率、沥青饱和度等物理指标。

226

②力学指标测定。测定物理指标后的试件,在60℃下测定其马歇尔稳定度和流值。

马歇尔试验结果列于表7-19,并将规范要求的一级公路用细粒式沥青混凝土各项指标的技术标准列于表7-19中供对照评定。

马歇尔试验物理-力学指标测定结果汇总表　　表7-19

油石比（%）	技术性质					
	毛体积密度（g/cm³）	空隙率（%）	矿料间隙率（%）	沥青饱和度（%）	稳定度（kN）	流值（0.1mm）
4.1	2.456	5.1	13.8	63.0	10.3	16.9
4.4	2.458	4.5	14.0	67.9	11.4	19.5
4.7	2.452	4.3	14.4	70.1	10.8	22.0
5.0	2.450	4.0	14.7	72.8	10.5	22.2
5.3	2.448	3.7	15.1	75.5	10.0	23.2
技术标准	—	4~6	≥15	65~75	≥8	15~40

（3）马歇尔试验结果分析

①绘制油石比与物理-力学指标关系图。根据表7-19马歇尔试验结果汇总表,绘制沥青用量与毛体积密度、空隙率、饱和度、矿料间隙率、稳定度、流值的关系图,如图7-9所示。

②确定油石比初始值 OAC_1。由图7-9得,相应于毛体积密度最大值对应的油石比 $a_1=4.3\%$,相应于稳定度最大值对应的油石比 $a_2=4.45\%$,相应于空隙率范围的中值对应的油石比 $a_3=4.1\%$,相应于沥青饱和度范围的中值对应的油石比 $a_4=4.68\%$。

$$OAC_1=\frac{1}{4}(a_1+a_2+a_3+a_4)=\frac{1}{4}(4.3\%+4.45\%+4.1\%+4.68\%)=4.38\%$$

③确定油石比初始值 OAC_2。由图7-9得,各指标符合沥青混合料技术指标的油石比范围:

$$OAC_{min}=4.2\%,OAC_{max}=4.94\%$$

$$OAC_2=\frac{1}{2}(OAC_{min}+OAC_{max})=\frac{1}{2}(4.2\%+4.94\%)=4.57\%$$

④通常情况下取 OAC_1、OAC_2 的中值作为计算的最佳油石比 OAC。

$$OAC=\frac{1}{2}(OAC_1+OAC_2)=\frac{1}{2}(4.38\%+4.57\%)=4.48\%$$

⑤综合确定最佳油石比 OAC。

按上述办法确定的最佳油石比 $OAC=4.48\%\approx4.5\%$,检查各项指标均能符合要求,根据实践经验和公路等级、气候条件、交通情况,预估的油石比为4.7%。

（4）水稳定性检验

以油石比4.5%和4.7%制备试件,按规定的试验方法进行浸水马歇尔试验和冻融劈裂试验,试验结果列于表7-20。

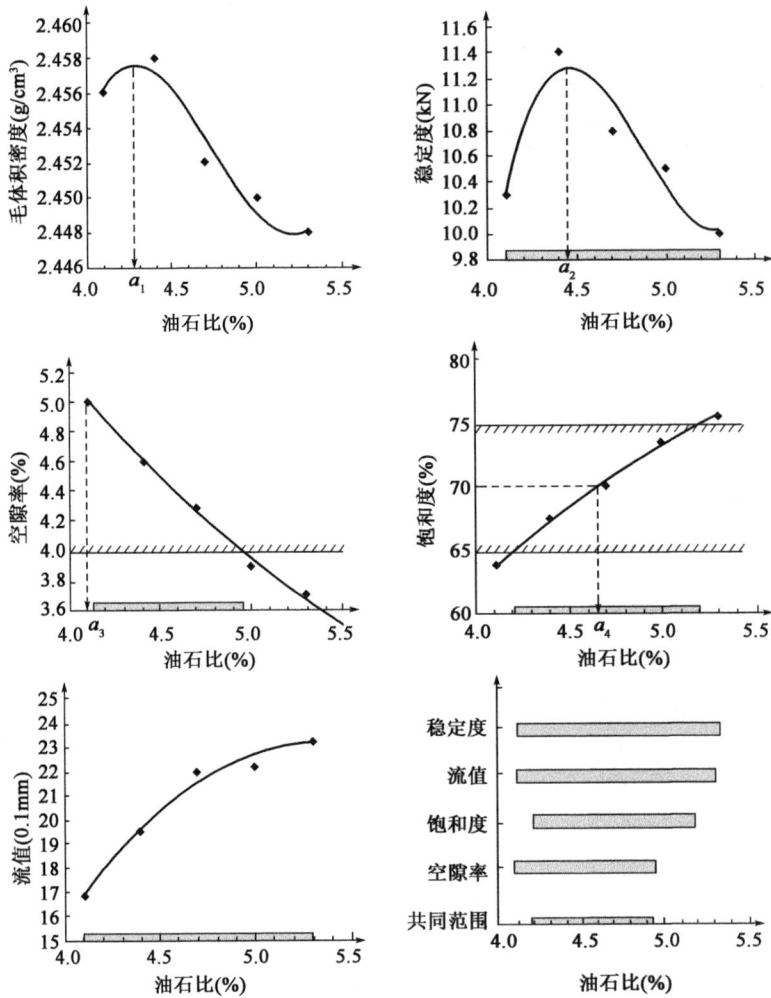

图 7-9　油石比与马歇尔试验物理-力学指标关系图

沥青混合料水稳定试验结果　　　　　　　　　　　　　　表 7-20

油石比(%)	浸水残留稳定度(%)	冻融劈裂强度比(%)
4.5	83.2	86.3
4.7	85.1	89

从表 7-20 的试验结果可知,OAC =4.5% 和 OAC =4.7% 两种油石比的浸水残留稳定度均大于 80%,冻融劈裂强度比均大于 75%,符合水稳定性的要求。

(5)抗辙能力校核

以油石比 4.5% 和 4.7% 制备试件,进行车辙试验,试验结果列于表 7-21。

沥青混合料水稳定试验结果　　　　　　　　　　　　　　表 7-21

油石比(%)	试验温度 T(℃)	试验轮压 P(MPa)	试验条件	动稳定度 DS(次/mm)
4.5	60℃	0.7	不浸水	3125
4.7	60℃	0.7	不浸水	3093

从表7-21试验结果可知,OAC = 4.5%和OAC = 4.7%两种油石比的动稳定度均大于1000次/mm,符合一级公路抗车辙的要求。

综上所述,油石比为4.5%时耐久性较佳,油石比为4.7%时抗车辙能力较强。根据以往工程实践经验综合确定该路面的最佳油石比取4.7%。

第三节　其他沥青混合料

一、沥青玛蹄脂碎石混合料

沥青玛蹄脂碎石(SMA)混合料是一种新型沥青混合料结构。SMA混合料是由沥青结合料与少量的纤维稳定剂、细集料以及较多的填料(矿粉)组成的沥青玛蹄脂填充于间断级配的粗集料骨架间隙中,组成一体的沥青混合料。

(一)SMA混合料的技术性质

1. 优良的温度稳定性

在SMA混合料的组成中,粗集料占到了70%以上,混合料中粗集料相互之间的接触面较多,其空隙主要由高黏度玛蹄脂填补。由于粗集料颗粒之间相互良好的嵌挤作用,传递荷载能力高,可以很快地把荷载传到下层,能承担较大轴载和高压轮胎;同时骨架结构增加了混合料的抗剪切能力。在高温条件下,即使沥青玛蹄脂的黏度下降,对路面结构的抵抗能力影响也会减小。因此,SMA混合料具有较强的抗车辙能力及良好的高温稳定性。

在低温条件下,沥青混合料的抗裂性主要由结合料延伸性能决定。由于SMA的集料之间填充了相当数量的沥青玛蹄脂,沥青膜较厚,温度下降时,混合料收缩变形使集料被拉开,此时,沥青玛蹄脂起到较好的黏结作用,使得混合料能够抵抗低温变形。

2. 良好的耐久性

SMA混合料中,粗集料骨架空隙被玛蹄脂密实填充,集料颗粒黏结在一起,沥青在集料表面形成较厚的沥青膜。较厚的沥青膜能减少氧化、水分渗透、沥青剥落和集料破碎,从而使面层有较长的使用寿命。

3. 优良的表面特性

SMA混合料的粗集料要求采用坚硬、粗糙、耐磨的优质石料,在级配上采用间断级配,抗滑性好;有良好的横向排水性能,雨天行车不会产生较大的水雾和溅水,能增加雨天行车的可见度;SMA路面行车时噪声低,提高了道路的行驶质量。

4. 投资效益高

由于SMA结构能全面提高沥青混合料的使用性能,使得SMA路面维修养护费用降低,使用寿命延长。尽管SMA初期费用比一般沥青混凝土高20%~25%,使用期延长2年左右才能补偿其初期投资。但是,由于SMA使用寿命的延长,增加了投资效益,道路使用期间维修和养护工作减少,降低了维护费用,提高了社会效益。

（二）SMA 的组成材料要求

1.沥青

SMA 混合料中,要求沥青具有较高黏度,与集料有良好的黏结性。一般采用针入度 90
(0.1mm)以下的道路石油沥青。对于高速公路、重交通路段、夏季特别炎热或冬季特别寒冷
地区的道路,最好采用改性沥青配制 SMA 混合料。

2.集料与填料

SMA 混合料中的粗集料应是高质量的轧制碎石,为不吸水的硬质集料,表面粗糙,以便更
好地发挥其骨架间的锁结摩擦作用及增强沥青与集料的黏结作用。应严格控制集料中的针片
状颗粒含量,集料的颗粒形状应接近立方体,富有棱角,纹理粗糙。粗集料与沥青的黏附性不
符合规范要求时,必须采用有效的抗剥落措施。

细集料最好选用坚硬的机制砂。当采用普通石屑作为细集料时,宜采用石灰岩石屑,且不
得含有泥土类杂质。当与天然砂混用时,天然砂的含量不宜超过机制砂或石屑的比例。

填料必须采用石灰岩等碱性岩石的矿粉。矿粉的质量应满足热拌沥青混合料对矿粉的要
求。粉煤灰不得作为 SMA 混合料的填料使用。

3.纤维稳定剂

SMA 混合料中的纤维稳定材料有木质素纤维、矿质纤维、腈纶纤维、涤纶纤维、玻璃纤维
等聚合物化学纤维。纤维在 SMA 混合料中的作用:一是稳定沥青,二是增强并提高沥青混合
料的抗拉强度和抗滑能力。

（三）SMA 的应用

SMA 混合料广泛地用于高速公路、城市快速路、干线道路的抗滑表层、公路重交通路段、
重载及超载车多的路段、城市道路的公交汽车专用道、城市道路交叉口、公共汽车站、停车场、
城镇地区需要降低噪声路段的铺装,特别是钢桥面铺装。

二、乳化沥青稀浆封层混合料

乳化沥青稀浆封层混合料是指用适当级配的石屑或砂、填料与乳化沥青、外加剂和水,按
一定比例拌和而成的流动状态的沥青混合料,将其均匀地摊铺在路面上形成的沥青封层。

（一）沥青稀浆封层混合料的类型及适用性

根据乳化沥青特性和使用目的,稀浆封层混合料分为普通乳化沥青稀浆封层(简称普通
稀浆封层,代号 ES)和改性乳化沥青稀浆封层(简称改性稀浆封层,代号 MS)。

1.普通沥青稀浆封层混合料

在我国现行技术规范中,按照矿料级配组成将普通沥青稀浆封层混合料分为 ES-1、ES-2
和 ES-3 三种类型。其中 ES-1 型为细粒式封层混合料,适用于一般交通道路路面上较大裂缝
的修补,以及中、轻交通道路的薄层处理,尤其适合寒冷地区道路及轻交通道路使用。ES-2 型
为中粒式封层混合料,适用于中等交通道路磨耗层最常用的类型,也适用于旧路面的修复罩
面。ES-3 型为粗粒式封面混合料,适用于一般道路的表层抗滑处理,铺筑高粗糙度的磨耗层。

2.改性乳化沥青稀浆封层(微表处)混合料

改性乳化沥青稀浆封层混合料分为 MS-1、MS-2 和 MS-3 三种类型。其中 MS-1 型适用于重要路段、桥面铺装的薄层微表处罩面。MS-2 型适用于高速公路、一级公路、城市快速路、主干路的较薄微表处。MS-3 型适用于在高速公路和一级公路上铺筑高粗糙度的磨耗层。高速公路与一级公路的养护维修宜采用改性乳化沥青稀浆封层,改性乳化沥青稀浆封层也可以作为新建道路的磨耗层。

(二)乳化沥青稀浆封层混合料的组成材料

1.乳化沥青

乳化沥青是稀浆封层混合料的黏结料,其质量直接影响稀浆封层的质量,各类乳化沥青质量必须符合相关的技术要求。

2.集料

集料应选择坚硬、耐磨、无风化、有良好的级配并且表面干净的碱性矿料。采用酸性矿料时,须掺加消石灰或抗剥离剂,以满足与沥青黏附性的要求。

3.填料

为提高集料的密实度,需掺加矿粉、石灰、粉煤灰或水泥等填料。稀浆混合料中填料不仅能够填充混合料的空隙,还可以改善稀浆混合料的施工和易性,提高稀浆混合料的强度和稳定性。

4.水

润湿集料,使稀浆混合料具有要求的流动度,需掺加适量的水。

5.外加剂

为调节稀浆混合料的工作性和凝结时间需添加各种外加剂,如氯化钙、氯化铵、氯化钠、硫酸铝等。

(三)沥青稀浆封层混合料的应用

沥青稀浆封层混合料具有防水、防滑、耐磨、平整及恢复路面功能的作用,因此它既可以用于旧路面病害的加铺层,亦可作为新建、改建路面磨耗层,处理路面早期病害如磨损、老化、细小裂缝、光滑、松散等,延长路面使用寿命。由于这种混合料施工方便,投资费用少,对路况有明显改观,所以得到广泛应用。

三、大孔隙沥青混合料

大孔隙沥青混合料压实后空隙率在 18% ~ 25% 之间,从而在层内形成一个水道网。

(一)大孔隙沥青混合料的技术性能

1.降低噪声

噪声水平降低是由于:层内孔隙吸声;消除了轮胎与路面接触面的吸气;有良好的平整度。噪声降低与空隙率大小密切相关,由于孔隙堵塞,减声效果随时间降低。

231

2. 改善抗滑能力

大孔隙沥青混合料的主要优点在于改善潮湿气候(降雨时)条件下和车辆高速行驶时的抗滑能力。新铺的大孔隙沥青混合料路面由于集料表面有沥青膜,其抗滑能力可能比预期的低,在一定时间后(普通沥青约三个月,改性沥青为 1 ~ 1.5 年)抗滑能力增加到正常水平。

3. 减少行车引起的水雾

在潮湿的道路上,高速行车由轮胎溅起的水雾所带来的危害人所共知,水雾阻碍视线,特别是使超车变得非常危险。大孔隙沥青混合料路面可以在相当程度上减少由行车引起的水雾现象,40mm 厚的大孔隙沥青混合料路面吸收 8mm 的雨量才会使内部空隙趋于饱和状态。

4. 耐久性较差

大孔隙沥青混合料路面的缺点是易剥落,如果掺加改性剂改善沥青性质则可以延长寿命。

5. 大孔隙沥青混合料沥青含量允许范围较小

如果沥青含量过低,则集料裹覆不够或是沥青膜太薄而很快地被氧化导致路面提早破坏,沥青含量过多又会导致沥青从集料中析出,摊铺时材料中沥青含量不均匀。

(二)大孔隙沥青混合料的组成和设计

大孔隙沥青混合料组成设计目标是:保证混合料压实后具有较大空隙率;结合料不被氧化,具有较高耐久性;易于拌和、摊铺和压实;与普通沥青混凝土同样要求强度、稳定性、表面抗滑性等指标。

1. 组成材料的选择

应采用坚固、耐久、高强度(集料压碎值不大于 20%)、高磨光值的碎石。结合料耐久性好,与填料和细集料混合后应有足够的黏度,以防施工中结合料流失。采用添加剂可加强耐久性、改善抗形变和抗疲劳能力并预防沥青流失。填料用熟石灰比用石灰岩粉更好。

2. 合适级配的选择

选定的矿料级配应使用空隙率大于 20% 的混合料。通常采用粒径在 2.36 ~ 9.5mm 之间的间断级配的矿料,间断的量值取决于所用结合料和设计的空隙率。为达到目标空隙率,级配中应含高比例的粗集料,具体取决于所用结合料。

因此,设计的主要目的之一,是利用足够的结合料含量和高空隙率得到耐久的混合料。对已知的集料类型,通过优化沥青膜的厚度,就能设计出耐久的大孔隙沥青混合料。

(三)大孔隙沥青混合料的应用

由于大孔隙沥青混合料既有利于环境保护,又有利于交通安全。一般要求低噪声的高速公路,都尽可能地使用大孔隙沥青混合料。

四、再生沥青混合料

再生沥青路面就是利用已破坏的旧沥青路面材料,通过添加再生剂、新沥青和新集料,合理设计配合比,重新铺筑的沥青路面。再生沥青混合料有表面处治型再生混合料、再生沥青碎石以及再生沥青混凝土三种形式;按集料最大粒径的尺寸,可以分成粗粒式、中粒式和细粒式三种;按施工温度分成热拌再生混合料和冷拌再生混合料两种。

（一）组成材料

再生沥青混合料由再生沥青和集料组成。再生沥青由旧沥青、添加剂以及新沥青材料组成,集料包括旧集料和新集料。

（二）技术要求

（1）必须具有足够的强度和热稳定性。

（2）应具有良好的低温抗裂性,低温下表现为较低的收缩系数,较高的抗弯强度和较低的弯拉模量。

（3）应具有足够的抗滑性和防渗性。

（4）具有良好的耐久性。

（5）尽可能地使用旧路面材料,最大限度地节约沥青和砂石材料。

五、常温沥青混合料

常温沥青混合料是指矿料与乳化沥青或液体沥青在常温状态下拌和、铺筑的沥青混合料。这种混合料一般比较松散,存放时间可达 3 个月以上,可随时取料施工。

（一）组成材料

常温沥青混合料中对矿料的要求与热拌沥青混合料大致相同。常温沥青混合料中的沥青可采用液体石油沥青、乳化沥青。

（二）技术性质

1. 混合料压实前的性质
（1）常温沥青混合料在道路铺筑前,常温条件下应保持疏松,易于施工,不易结团。
（2）常温沥青混合料不能在道路修筑时达到完全固结压实的程度,而在开放交通后,在车辆的作用下逐渐使路面固结起来,达到要求的密实度。

2. 铺筑压实后的性质
（1）抗压强度:以标准试件($h = 50\text{mm}, d = 50\text{mm}$)在温度 20℃ 的极限抗压强度表示。
（2）水稳定性:以标准试件在常温下,经真空抽气 1h 后的饱水率表示。饱水率应在 3% ~6%。

（三）应用

常温沥青混合料适用于三级及三级以下的公路的沥青面层、二级公路的罩面层,以及各级公路沥青路面的基层、联结层或整平层。常温沥青混合料也可用于路面的坑槽冷补。

六、桥面铺装材料

桥面铺装是铺筑与桥面板上的结构层,其作用是保护桥面板,防止车轮荷载直接磨耗桥面,并避免各种环境因素对桥面板的直接作用,以提高桥面板的耐久性,尤其是钢桥桥面板的耐久性。桥面铺装分水泥混凝土铺装和沥青混合料铺装两类,此处主要介绍沥青混合料铺装。

沥青混合料桥面铺装层由黏层、防水层、保护层及沥青面层组成(图7-10),总厚度为60~100mm。对潮湿多雨、纵坡度较大或设计车速较高的桥面还应加设抗滑表层。

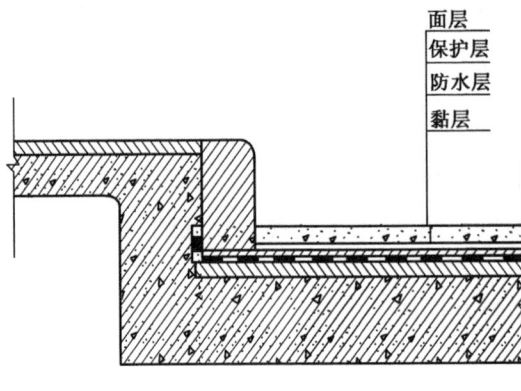

图7-10 桥面铺装构造

(一)黏层

黏结层沥青可采用快裂的洒布型乳化沥青,或快、中凝液体石油沥青、煤沥青,其种类、标号应与面层所使用沥青相同。

(二)防水层

防水层厚度为1.0~1.5mm,主要类型有沥青涂胶类防水层、高聚物涂胶类防水层、沥青卷材防水层、乳化沥青碎石防水层。

(三)保护层

为了保护防水层免遭损坏,在其上应加铺保护层。保护层厚度约10mm。

(四)面层

面层分承重层和抗滑层。承重层宜采用高温稳定性好的中粒式热拌沥青混凝土。为提高桥面铺装的高温稳定性,承重层和抗滑层结合料宜采用高聚物改性沥青。

七、水泥混凝土路面填缝材料

水泥混凝土路面板因受温度应力的影响或施工的原因,必须设置纵向和横向的接缝。为使表面水不致渗入接缝而降低路面基层的稳定性,必须在这些接缝处嵌填接缝材料。

(一)常用的接缝材料

水泥混凝土路面接缝材料包括接缝板和填缝料。
1)接缝板
接缝板有以下几种类型:
(1)木材类,如松木、杉木、桐木、白杨板等。
(2)合成板材类,如软木板、木屑板等。

(3)泡沫树脂类,如聚苯乙烯泡沫板等。

2)填缝料

填缝料分加热施工式填缝料和常温施工式填缝料。

(1)加热施工式填缝料有树脂沥青类填缝料,如聚氯乙烯胶泥;和橡胶沥青类填缝料,如氯丁橡胶沥青。

(2)常温施工式填缝料指聚氨酯类填缝料。

(二)填缝料的技术要求

作为水泥混凝土路面接缝的填缝料,要求它与混凝土板具有很好的黏结性;在低温时有较大的延性以适应混凝土板的收缩而不开裂;在高温时有较好的热温性,不软化、不流淌;具有一定的抗砂石嵌入能力,并且能抵抗自然因素所致的老化。

(三)填缝料的技术指标

(1)高温流动值。高温流动值表征填缝料在夏季高温时抗流动的能力。

(2)低温延伸量。低温延伸量是表征填缝料在低温时,能适应混凝土板的收缩变形且能与板保持黏结的最大延伸能力。

(3)弹性复原率。弹性复原率是表征填缝料适应混凝土板胀缩的弹性恢复能力。

(4)砂石嵌入度。砂石嵌入度是表征填缝料抵抗砂石嵌入的能力。

(5)耐久性。耐久性是表征填缝经受自然因素老化的性能。

本 章 小 结

沥青混合料是现代高等级路面最主要,也是最常用的一种路面材料,广泛应用于高速公路、城市快速路、主干路和其他各类道路的面层。

沥青混合料按密实度分为密级配、半开级配、开级配混合料;按组成结构分为悬浮-密实结构、骨架-空隙结构、密实-骨架结构三种类型,每一种结构分别具有不同性能,适用于不同的道路结构物。

沥青混合料抗剪强度主要材料参数为黏聚力和内摩擦角。影响沥青混合料抗剪强度的主要因素为沥青黏度、矿质混合料性能、沥青与矿料之间的吸附作用、沥青用量、矿粉比面、温度和荷载等。

沥青混合料的主要技术性质有高温稳定性、低温抗裂性、耐久性、抗滑性和施工和易性。

沥青混合料组成材料的技术要求为:沥青材料应根据道路等级、交通特性、气候条件、施工方法等因素选择沥青的类型和标号。粗集料的压碎值和磨耗值等应符合要求。细集料应洁净并注意与沥青的黏附性。填料应采用碱性集料磨制的矿粉,细度应符合要求。粗、细集料及矿粉组成的矿质混合料的级配,应符合规范的要求。

沥青混合料配合比设计采用马歇尔试验方法。主要指标有稳定度、流值、空隙率、沥青饱和度、残留稳定度、矿料间隙率等。配合比设计内容包括目标配合比设计、生产配合比设计、生产配合比验证三个阶段。目标配合比设计阶段包括矿料组成设计和最佳沥青用量确定两部分。

沥青玛蹄脂碎石(SMA)混合料是一种间断级配的沥青混合料,具有较好的高温稳定性、低温抗裂性、水稳定性和抗滑性等特性。因此,SMA混合料在我国的应用越来越受到重视。

稀浆封层混合料和常温沥青混合料都是用乳化沥青为结合料的沥青混合料。由于能节约能源、保护环境、施工方便，是具有发展前途的路面维修养护材料。

桥面铺装材料和水泥混凝土路面接缝材料的主要功能是保护并提高主体结构使用质量和使用寿命，这类材料要求较高，在使用时，应结合使用条件和试验结果进行选择。

练习题

一、名词解释

沥青混合料；高温稳定性；稳定度；车辙；最佳沥青用量

二、填空题

1. 在马歇尔试验中反映材料强度指标是 _____，反映混合料变形能力的指标是 _____。

2. 沥青混合料的目标配合比设计的内容包括：① _____，其方法有 _____ 与 _____；② _____，其方法是 _____。

3. 沥青混合料按矿料最大粒径分为 _____、_____、_____、_____。

4. 沥青混合料技术性质有 _____、_____、_____、_____、_____。

5. 沥青混合料的组成结构有 _____、_____、_____三个类型。

6. 沥青与矿料之间的吸附作用 _____ 与 _____。

7. 沥青混合料的强度主要取决于 _____ 与 _____。

三、选择题

1. 在沥青混合料组成设计中，检验其抗车辙能力的指标是 _____。
   A. 马歇尔稳定度　　　　　　　　　B. 残留稳定度
   C. 动稳定度　　　　　　　　　　　D. 耐久性

2. 动稳定度主要用来评价沥青混合料的 _____。
   A. 高温稳定性　　　　　　　　　　B. 低温抗裂性
   C. 耐久性　　　　　　　　　　　　D. 抗滑性

3. 为保证沥青混合料中沥青与集料的黏附性，应优先选用 _____ 集料。
   A. 酸性　　　　　B. 碱性　　　　　C. 中性　　　　　D. 无要求

4. 制备一组马歇尔试件的个数一般为 _____。
   A. 3 个左右　　　B. 4 个左右　　　C. 3 ~ 6 个　　　D. 4 ~ 6 个

四、判断题

（　　）1. 连续型密级配的沥青混合料的黏聚力和内摩阻角都较小。

（　　）2. 骨架-空隙结构的沥青混合料，其 c 值较大，φ 值较大。

（　　）3. 沥青混合料的温度稳定性，随用油量的增加而提高。

（　　）4. 沥青混合料加入的矿粉应是酸性矿粉为好。

（　　）5. 在沥青混合料中加入矿粉的目的是提高混合料的密实度和增大矿料的比表

面积。

（　　）6. 沥青碎石混合料与沥青混凝土混合料的区别就在于前者不含矿粉。

五、简答题

1. 沥青混合料按其组成结构可分为哪几种类型？各种结构类型沥青混合料各有什么优缺点？

2. 沥青混合料的抗剪强度取决于哪两个值？这两个值与哪些因素有关？

3. 试论述路面沥青混合料应具备的主要技术性能。

4. 简述沥青混合料高温稳定性的评定方法和评定指标。

5. 怎样提高沥青混合料的热稳定性？

6. 马歇尔试验的目的是什么？主要测定什么指标？各指标表征什么？

7. 简述沥青混合料组成材料的技术要求。

8. 试述我国热拌沥青混合料配合组成的设计方法。矿质混合料的组成和沥青最佳用量如何确定？

六、计算题

试设计某高速公路沥青面层用沥青混凝土混合料配合比组成。

设计资料：

(1) 道路等级：高速公路。

(2) 路面类型：沥青混凝土。

(3) 结构层位：三层式沥青混凝土的上面层，设计厚度4.5cm。

(4) 气候条件：最高月平均最高气温20～30℃，年极端最低气温 > -7℃。

(5) 材料性能：

① 沥青材料：可供应 A 级 50 号和 70 号沥青，经检验各项指标符合技术要求。

② 碎石和石屑：石灰岩轧制碎石，饱水抗压强度120MPa，洛杉矶磨耗率12%，黏附性 I 级，视密度2.70kg/m³。

③ 细集料：洁净河砂，属中砂，含泥量小于1%，视密度2.65kg/m³。

④ 矿粉：石灰岩磨细石粉，粒度范围符合要求，无团粒结块，视密度2.58kg/m³。

粗细集料和矿粉级配组成经筛析，试验结果见表7-22。

组成材料筛析结果　　　　表7-22

材料名称	筛孔尺寸(方筛孔)(mm)									
	16.0	13.2	9.5	4.75	2.36	1.18	0.6	0.3	0.15	0.075
	通过百分率(%)									
碎石	100	93	17	0						
石屑	100	100	100	84	14	8	4	0	0	0
砂	100	100	100	100	92	82	42	21	11	4
矿粉	100	100	100	100	100	100	100	100	96	87

设计要求：

(1) 根据道路等级、路面类型和结构层次确定沥青混凝土的类型和矿质混合料的级配范围。根据集料的筛析结果(表7-22),用图解法确定矿质混合料的配合比,根据高速公路路面用沥青混合料要求,对矿质混合料的级配进行调整。

(2)根据推荐的相应沥青混凝土类型的沥青用量范围,通过马歇尔试验物理和力学指标(表7-23),确定最佳沥青用量,并对沥青最佳用量按水稳定性和抗车辙能力进行校核。沥青混合料马歇尔试验结果汇总于表7-23,供分析评定参考用。

(3)重复性试验动稳定度变异系数的允许差为20%。

马歇尔试验物理-力学指标测定结果汇总表　　　　表7-23

沥青用量 (%)	技 术 性 质					
	表观密度 (g/cm³)	空隙率 (%)	矿料间隙率 (%)	沥青饱和度 (%)	稳定度 (kN)	流值 (0.1mm)
5.0	2.328	5.8	17.9	64.5	6.7	21
5.5	2.346	4.7	17.6	71.8	7.7	23
6.0	2.354	3.6	17.4	79.5	8.3	25
6.5	2.353	2.9	17.7	82.0	8.2	28
7.0	2.348	2.5	18.4	85.5	7.8	37
技术标准	—	3~6	≥15	70~85	>7.5	20~40

第八章 建筑钢材

学习目标

1. 了解建筑钢材的分类;
2. 掌握钢材的力学性能和工艺性能;
3. 掌握常用建筑钢材的类型和选用、检测方法;
4. 了解钢材中化学成分对钢材性能的影响;
5. 掌握建筑钢材的应用。

知识衔接

建筑钢材是指用于建筑工程中的各种钢材,如钢结构中使用的型钢(工字钢、角钢、槽钢等)、钢板(厚板、中板、薄板等)以及钢筋混凝土中的钢筋和钢丝等。

建筑钢材材质均匀密实,具有强度高、塑性和韧性好、耐冲击、易于加工等特点,因而广泛用于建筑、桥梁、铁路等工程中,是一种重要的建筑结构材料,如图8-1所示。

a)北京鸟巢

b)钢桥

c)隧道钢拱架施工

d)斜拉桥

图 8-1

e)郑西高速铁路钢筋混凝土桥　　　　　　f)法国埃菲尔铁塔和日本东京铁塔及建筑物

图 8-1　钢材的应用

第一节　概　述

一、钢材的冶炼

钢和铁的主要成分是铁和碳,含碳量大于 2% 的铁碳合金为生铁,小于 2% 的铁碳合金为钢。生铁中含有较多的碳以及硫、磷、硅、锰等杂质,杂质使得生铁硬而脆,塑性差,抗拉强度低,使用受到很大限制。炼钢的目的就是通过冶炼将生铁中的含碳量降至 2% 以下,其他杂质含量降至一定的范围内,以显著改善其技术性能,提高质量。金属铁和钢材特性对比见表 8-1。

金属铁和钢材特性对比　　　　　　　　　　　　　　表 8-1

特　　性	铁	钢　　材
主要杂质	硅、锰以及硫磷	适量硅、锰以及少量硫磷
机械加工性	可铸造不可锻造、延展	可浇铸、锻造,易延展
性能特征	受压能力远大于受拉能力、性脆	很高的抗拉能力,塑性显著

钢的冶炼方法主要有氧气转炉法、电炉法和平炉法三种。目前,氧气转炉法已成为炼钢的主要方法,而平炉法则已基本被淘汰。三种冶炼方法的特点和钢种见表 8-2。

三种冶炼方法的特点和钢种　　　　　　　　　　　　表 8-2

炉　种	原　料	特　点	生产的钢种
氧气转炉	铁水、废钢	冶炼速度快,生产效率高,钢质较好	碳素钢、低合金钢
电炉	废钢	容积小,耗电大,控制严格,钢制好,但成本高	合金钢、优质碳素钢
平炉	生铁、废钢	容量大,冶炼时间长,钢质较好且稳定,成本较高	碳素钢、低合金钢

二、建筑钢材的分类

钢材的品种繁多,为了便于管理和应用,对钢材进行分类,常用的分类方法如下:

（一）按脱氧程度分类

1. 沸腾钢[图 8-2a)]

一般用锰、铁脱氧,脱氧不充分,在浇铸及钢液冷却时,有大量的一氧化碳气体逸出,钢液呈剧烈沸腾状。沸腾钢内部气泡和杂质含量较多,化学成分和力学性能不均匀,钢的质量差,强度低,冲击韧性和可焊性差,但成本较低,可用于一般建筑结构中。

2. 镇静钢[图 8-2b)]

一般用硅脱氧,脱氧充分,钢水较纯净,浇铸钢锭时钢水平静。镇静钢材质均匀致密,质量高,机械性能好,但成本高,一般用于承受冲击荷载、预应力混凝土等的重要结构工程中。

a)沸腾钢　　　　　　　　　　　　　　　　b)镇静钢

图 8-2　脱氧程度不同

3. 半镇静钢

一般用少量的硅脱氧,脱氧程度及钢水质量介于上述两者之间,为质量较好的钢。

4. 特殊镇静钢

比镇静钢脱氧程度还要彻底。适用于特别重要的结构工程。

（二）按化学成分分类

1. 碳素钢

又称"碳钢",属于铁碳合金范畴。除铁、碳外,常含有如锰、硅、硫、磷、氧、氮等元素。碳素钢按含碳量多少可分为:

(1)低碳钢,含碳量小于 0.25%;

(2)中碳钢,含碳量为 0.30% ~0.60%;

(3)高碳钢,含碳量大于 0.60%。

2. 合金钢

为了改善钢材的性能,在碳素钢中加入一种或多种合金元素(如锰、硅、钒、钛等),使钢材在满足塑性、韧性、工艺性能的条件下,具有更高的强度、耐腐蚀性等特性。合金钢按合金元素含量可分为:

(1)低合金钢,合金元素总含量小于 5%;

（2）中合金钢,合金元素总含量5%~10%;

（3）高合金钢,合金元素总含量大于10%。

（三）按质量（有害杂质含量）分类

碳素钢按钢材化学成分中有害杂质的含量不同,又可分为:

1.普通钢

钢中磷含量不大于0.045%,硫含量不大于0.055%。

2.优质钢

钢中磷含量为0.035%~0.045%,硫含量不大于0.040%。

3.高级优质钢

钢中磷含量不大于0.035%,硫含量不大于0.030%。

4.特级优质钢

钢中磷含量不大于0.025%,硫含量不大于0.015%。

（四）按用途分类

1.结构钢

用于建筑结构、机械制造等,一般为低、中碳钢。

2.工具钢

用于各种工具,一般为高碳钢。

3.特殊钢

具有各种特殊物理化学性能的钢材,如不锈钢、耐磨钢、耐热钢等,一般为合金钢。

由于桥梁结构需要承受车辆等荷载的作用,同时需要经受各种大气因素的考验,对于桥梁用钢材要求具有高的强度、良好的塑性、韧性和可焊性。因此,桥梁建筑用的钢材、钢筋混凝土用的钢材,就其用途分类来说,均属于结构钢;就其质量（有害杂质含量）分类来说,都属于普通钢;按其化学成分分类来说,均属于低碳钢。所以,桥梁结构用钢和钢筋混凝土用钢筋属于碳素结构钢或低合金结构钢。

第二节 建筑钢材的技术性质

建筑钢材的技术性质包括力学性质、工艺性质、化学性质等。

一、力学性能

钢材的力学性质是钢材的重要性能,主要包括拉伸性能、塑性、冲击韧性、耐疲劳性、硬度等。

（一）拉伸性能

拉伸性能是钢材的主要性能之一。通过钢材的拉伸试验可绘制出应力-应变关系曲线图（图8-3）。

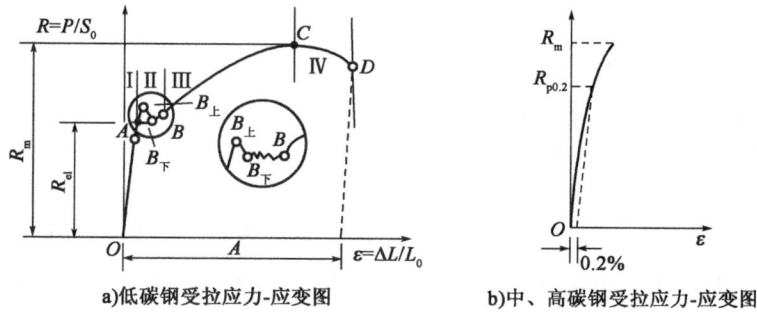

a)低碳钢受拉应力-应变图   b)中、高碳钢受拉应力-应变图

图 8-3　钢材受拉应力-应变图

根据低碳钢曲线特征可以看出,钢材在外力作用下的变形一般分为 4 个阶段:弹性阶段、屈服阶段、强化阶段和缩颈阶段。

1. 弹性阶段

图中 OA 段为弹性阶段,此时应力与应变成正比关系,若卸去荷载试件将恢复到原来的长度,称为弹性变形。A 点对应的应力称为弹性极限,用 R_e 表示。此阶段应力与应变的比值为一常数,称为弹性模量,用 E 表示,$E = R/\varepsilon$。弹性模量反映钢材的刚度,刚度指在弹性变形阶段钢材在受力作用时能抵抗弹性变形的能力。弹性模量是钢材在受力条件下计算结构变形的重要指标。

2. 屈服阶段

图中 AB 段,此时应力与应变不成正比关系,应变增加的速度大于应力增加的速度,即开始产生塑性变形,若卸去荷载,试件不能恢复到原来的长度。此阶段称为屈服阶段。在此阶段,锯齿形线段的最高点对应的应力称为屈服上限,锯齿形线段的最低点对应的应力称为屈服下限。由于屈服下限较稳定,故一般以此作为钢材的屈服点或屈服强度,用 R_{eL} 表示,按式(8-1)计算。

$$R_{eL} = \frac{P_{eL}}{S_0} \tag{8-1}$$

式中:R_{eL}——屈服强度(MPa);

　P_{eL}——相当于所求应力的荷载(N);

　S_0——试件的原横截面面积(mm^2)。

中碳钢和高碳钢的拉伸曲线没有明显的屈服点,通常以残余变形为原标距长度的 0.2% 时对应的应力作为屈服强度,用 $R_{p0.2}$ 表示,如图 8-3 所示。

钢材应力超过屈服强度后,虽然没有断裂,但会产生较大的塑性变形,将会使构件产生很大的变形和不可闭合的裂缝,以致无法使用,所以屈服强度是确定钢结构容许应力的主要依据。

3. 强化阶段

图中 BC 段,应力超过屈服点后,由于钢材内部组织的晶格发生了畸变,阻止了晶格进一步滑移,所以此阶段钢材又恢复了抵抗塑性变形的能力,曲线上升到最高点 C,C 点对应的应力称为极限抗拉强度,用 R_m 表示,按式(8-2)计算。

$$R_m = \frac{P_m}{S_0} \tag{8-2}$$

式中：R_m——极限抗拉强度（MPa）；

P_m——相当于所求应力的荷载（N）。

抗拉强度虽然是钢材抵抗断裂破坏能力的一个重要指标，不能满足使用需要，在结构设计中一般不直接利用，但屈服强度和抗拉强度的比值称为屈强比，它能反映钢材的安全可靠程度和利用率大小。屈强比越小，表示材料的安全度越高，不易发生脆性断裂和局部的破坏，但屈强比过小，钢材有效利用率太低造成浪费；屈强比越大，表示钢材的强度利用率偏低，不够经济合理。通常情况下，屈强比在 0.60~0.75 范围内比较合适。

4. 缩颈阶段

图中 CD 段，此阶段应变迅速增大而应力反而下降，钢材被拉伸，并在某一薄弱处断面开始缩小，产生缩颈现象，最后在 D 点断裂。

（二）塑性

钢材在受力破坏前可以经受永久变形的性能称为塑性。通常用断后伸长率和断面收缩率表示。

1. 断后伸长率

断后伸长率是指钢材发生断裂时标距长度的增加量与原标距长度的百分比，按式（8-3）计算。

$$A = \frac{L_1 - L_0}{L_0} \times 100\% \tag{8-3}$$

式中：A——断后伸长率（%）；

L_0——试件原始标距长度（mm）；

L_1——断裂试件拼合后标距的长度（mm）。

由于钢材断后伸长率的大小与原始标距长度 L_0 有关，所以国家规定取 $L_0 = 5a$ 或 $L_0 = 10a$（a 为钢材的直径或厚度），对应的伸长率记为 A_5 或 A_{10}。对同一种钢材，A_5 大于 A_{10}。

2. 断面收缩率

断面收缩率是指钢材试件拉断后，断面缩小面积与原横截面面积的百分比，按式（8-4）计算。

$$\psi = \frac{S_0 - S_1}{S_0} \times 100\% \tag{8-4}$$

式中：ψ——断面收缩率（%）；

S_0——试件原横截面面积（mm^2）；

S_1——试件拉断处横截面面积（mm^2）。

断后伸长率和断面收缩率是衡量钢材塑性的一个重要指标，A 和 ψ 越大说明塑性越好。钢材的塑性大，不仅便于进行各种加工，而且能保证钢材在建筑上的安全使用。因为钢材的塑性变形可将结构上的局部高峰应力重新分布，从而避免结构过早破坏；另外，钢材在塑性破坏前，有明显的变形和较长的变形持续时间，便于人们发现和补救。

屈服强度、抗拉强度、断后伸长率是钢材的主要技术指标。

注:依据《金属材料　拉伸试验　第 1 部分　室温试验方法》(GB/T 228.1—2010)测定。

(资源 18)

(三)冲击韧性

冲击韧性是指钢材抵抗冲击荷载作用的能力,通常用冲击韧性值 α_k 来度量。冲击韧性值 α_k 用标准试件以摆锤冲断 V 形缺口试件时,单位面积所消耗的功来表示(图 8-4),按式(8-5)计算。

$$\alpha_k = \frac{A_k}{A_0} = \frac{mg(H-h)}{A_0} \tag{8-5}$$

式中:α_k——钢材的冲击韧性;

A_k——试件击断时所消耗的冲击能(J);

A_0——试件槽口处原截面面积(mm^2);

m——摆锤质量(kg);

g——重力加速度;

h、H——摆锤冲击前后的高度(mm)。

α_k 越大,钢材的冲击韧性越好,抵抗冲击作用的能力越强。影响钢材冲击韧性的因素很多。如化学成分、质量、环境温度、冷加工及时效等,其中温度对钢材冲击韧性的影响很大。某些钢材在常温(20℃)条件下呈韧性断裂,而当温度降低到一定程度时,α_k 值急剧下降而使钢材呈脆性断裂,这一现象称为低温冷脆性,这时的温度称为脆性临界温度。脆性临界温度越低,说明钢材的低温冲击韧性越好。

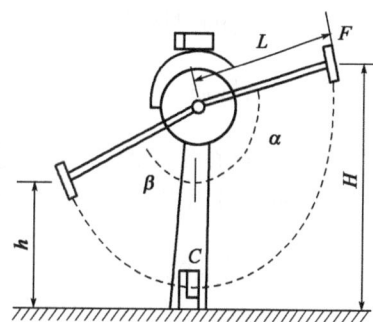

图 8-4　钢材冲击试验原理

对于重要的结构以及承受动荷载作用的结构,特别是处于负温条件下的结构,应保证钢材具有一定的冲击韧性。

(四)硬度

硬度是指钢材抵抗硬物压入表面的能力。钢材硬度值越大,表示它抵抗局部塑性变形的能力越大。测定硬度的方法有三种,即布氏硬度、洛氏硬度和维氏硬度,用 HB 表示。

1.布氏硬度(HB)

它的测定原理是利用直径为 D 的淬硬钢球或硬质合金球,以一定的荷载将其压入试件表面,保持一定时间后卸除荷载,压痕单位面积所承受的荷载值即为布氏硬度。该方法的特点是压痕较大,试验数据准确、稳定。

2.洛氏硬度(HR)

它的测定原理是用120°金刚石圆锥压头或淬火钢球对钢材进行压陷,通过测量压痕深度来计算硬度值。洛氏法操作简单迅速、压痕小,可测较薄材料硬度,但试验精确性较差。

3.维氏硬度(HV)

它的测定原理是用136°金刚石棱锥压头对钢材进行压陷以单位凹陷面积上所承受的压力表示的硬度作为维氏硬度。

试验证明,钢材的强度越高,塑性变形能力越小,硬度值越大。

注:根据布氏硬度可以估算碳素钢的抗拉强度。

当 HB < 175 时，$R_b = 0.36HB$；

当 175 < HB < 450 时，$R_b = 0.35HB$。

(五)耐疲劳性

钢材在交变(数值和方向都有变化)荷载的反复作用下，往往在应力远小于其抗拉强度时发生破坏，这种现象称为钢材的疲劳破坏。疲劳破坏的危险应力用疲劳极限(又称疲劳强度)来表示。疲劳极限是指疲劳试验中试件在交变力作用下，在规定的周期基数内不发生断裂所能承受的最大应力。它是表明钢材耐疲劳性的指标。

钢材的疲劳破坏，一般认为是由拉应力引起的。因此，钢材的疲劳极限与抗拉强度有关，钢材的抗拉强度高，其疲劳极限也高。在设计承受交变荷载作用的结构时，应了解所用钢材的疲劳极限。

钢材的疲劳极限高低与其组成成分、质量及各种缺陷有关，钢材的表面光洁程度及腐蚀状况都会影响它的耐疲劳性能。

二、工艺性质

建筑钢材在使用前，大多需进行一定形式的加工。良好的工艺性能是钢制品或构件的质量保证，而且可以提高成品率，降低成本。

(一)冷弯性能

冷弯性能是指钢材在常温下承受弯曲变形的能力，是钢材的重要工艺性能。衡量钢材冷弯性能的指标有两个，一个是试件的弯曲角度，另一个是弯心直径与钢材的直径或厚度的比值，见图8-5。钢材的弯曲角度越大，弯心直径与钢材的直径或厚度的比值越小，表示钢材的冷弯性能越好。

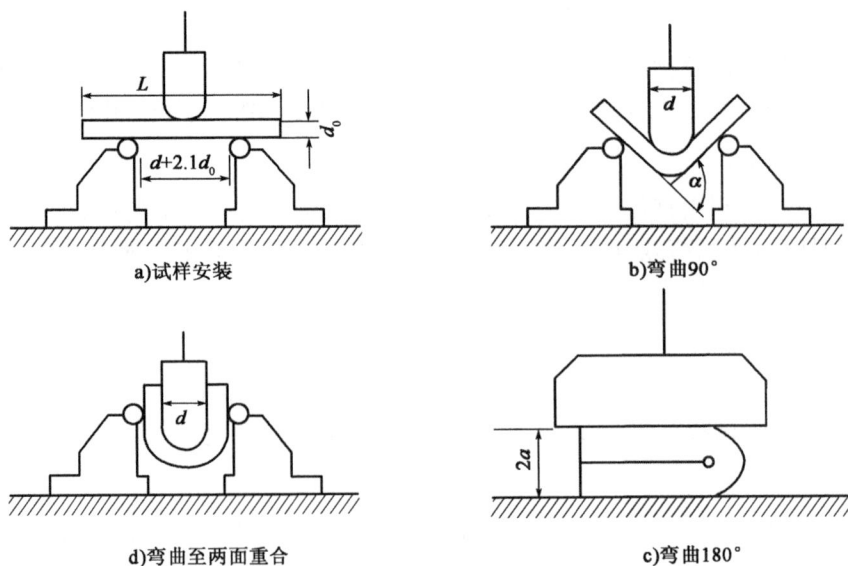

图 8-5　钢材冷弯示意图

建筑构件在加工和制造的过程中,常把钢筋、钢板等钢材弯曲成一定的形状,这就需要钢材有较好的冷弯性能。钢材在弯曲过程中,受弯部位产生局部不均匀塑性变形,这种变形在一定程度上比断后伸长率更能反映钢材内部的组织状态、夹杂物、内应力等缺陷。

注:依据《金属材料弯曲试验方法》(GB/T 232—2010)测定(**资源19**)。

(二)焊接性能

钢材的焊接性能(又称可焊性)是指钢材在通常的焊接方法和工艺条件下获得良好焊接接头的性能。可焊性好的钢材焊接后不易形成裂纹、气孔等缺陷,焊头牢固可靠,焊缝及其附近热影响区的性能不低于母材的力学性能。

钢材的化学成分影响钢材的可焊性。一般含碳量越高,可焊性越低。低碳钢具有优良的可焊性,高碳钢的焊接性能较差。钢材中加入合金元素如硅、锰、钛等,将增大焊接硬脆性,降低可焊性。焊接结构用钢,宜选用含碳量较低、杂质含量少的镇静钢。

注:依据《钢筋焊接接头试验方法标准》(JGJ/T 27—2014)测定。

三、钢材的化学成分对钢材性能的影响

钢材中所含的元素很多,除了主要成分铁和碳外,还含有少量的硅、锰、硫、磷、氧、氮以及一些合金元素等,它们的含量决定了钢材的性能和质量。

(一)碳

碳是钢材中的主要元素,含碳量的变化会导致钢材性能发生相应的变化。随着含碳量的增加,钢材的强度和硬度增加,塑性和冲击韧性降低。当含碳量超过1%时,随着含碳量的增加,除硬度继续增加外,钢材的强度、塑性、韧性都降低,冷脆性和时效敏感性增大,降低抗大气腐蚀性和可焊性。

(二)有益元素

1.锰

锰是炼钢时为了脱氧而加入的元素,是我国低合金结构钢的主要合金元素。锰具有很强的脱氧、硫能力,因此能够消除钢中的氧、硫,大大改善钢的热加工性能。同时能显著提高钢材的强度和硬度,改善钢材的热加工性能和可焊性。

2.硅

硅是炼钢时为了脱氧而加入的元素。硅的脱氧能力比锰还要强,当钢材中含硅量在1%以内时,它能增加钢材的强度、硬度、耐腐蚀性,但不明显地降低钢材的塑性、韧性、可焊性。当钢材中含硅量过高(大于1%)时,将会显著降低钢材的塑性、韧性、可焊性,并增大冷脆性和时效敏感性。

3.铝、钒、钛、铌

这四种元素都是炼钢时的强脱氧剂,也是最常用的合金元素。适当在钢内加入能改善钢材的组织,可细化晶粒,显著提高强度,改善韧性和可焊性。

(三)有害元素

1. 硫

硫是炼钢时由矿石与燃料带到钢中的杂质,多以 FeS 夹杂物的形式存在于钢中,由于 FeS 熔点低,使钢材在热加工中产生裂痕,引起脆裂,形成热脆现象。硫的存在,还会导致钢材的冲击韧性、可焊性、耐疲劳性及抗腐蚀性降低,故钢材中硫的含量应严格控制。为了消除硫的危害,可在钢中加入适量的锰。

2. 磷

磷也是炼钢时由矿石与燃料带到钢中的,以 FeP 夹杂物的形式存在于钢中,使钢在室温下产生冷脆现象。磷能使钢的强度和硬度增加,但会使钢材的塑性、韧性显著降低,冷弯性能降低,可焊性变差。

3. 氧、氮、氢

这三种元素都会显著降低钢材的塑性和韧性,应加以限制。氧大部分以氧化物夹杂物的形式存在于钢中,使钢的强度有所增加,但塑性和韧性降低,可焊性变差。随着氮含量的增加,钢的强度、硬度会随之增加,但使钢的塑性、韧性、可焊性大大降低,还会加剧钢的时效敏感性、冷脆性和热脆性。钢中溶氢会产生白点(圆圈状的断裂面)和内部裂纹,断口有白点的钢一般不能用于建筑结构。

第三节 建筑钢材的加工

一、钢材的冷加工处理和时效

钢材的冷加工是指在常温下进行冷拉、冷拔和冷轧等,使钢材产生塑性变形,从而提高屈服强度,塑性和韧性相应降低,这个过程称为钢材的冷加工。通常冷加工变形越大,强化越明显,即屈服强度提高越多,而塑性和韧性下降也越大。

(一)冷加工方法

1. 冷拉

将热轧钢筋用冷拉设备进行张拉,拉伸至产生一定的塑性变形后,卸去荷载。冷拉参数的控制直接关系到冷拉效果和钢材质量。一般钢筋冷拉仅控制冷拉率,称为单控,对用作预应力的钢筋,须采用双控,即既控制冷拉应力,又控制冷拉率。冷拉时,当拉至控制应力时可以未达到控制冷拉率,反之,钢筋应降级使用。钢筋冷拉后,屈服强度可提高 20% ~ 30%,可节约钢材 10% ~ 20%,钢材经冷拉后屈服阶段缩短,伸长率降低,材质变硬。

2. 冷拔

将直径为 6.5 ~ 8mm 的碳素结构钢的 Q235(或 Q215)盘条,通过拔丝机中钨合金做成的比钢筋直径小 0.5 ~ 1.0mm 的冷拔模孔,冷拔成比原直径小的钢丝,称为冷拔低碳钢丝。经过多次冷拔,可得规格更小的钢丝。冷拔作用比冷拉的作用强烈,钢筋不仅受拉,同时受挤压作用。经过一次或多次冷拔后得到的冷拔低碳钢丝,其屈服点可提高 40% ~ 60%,但失去软钢的塑性和韧性,而具有硬质钢材的特点。

3.冷轧

冷轧是将圆钢在轧钢机上轧成断面形状规则的钢筋,可以提高其强度和与混凝土的黏结力。钢筋在冷轧时,纵向与横向同时产生变形,因而能较好地保持其塑性和内部结构的均匀性。

(二)冷加工时效

钢材经过加工后,随着时间的延长,钢材的强度和硬度将进一步提高,塑性和韧性进一步下降,这种现象称为时效。时效是一个十分缓慢的过程,有些钢材即使未有经过冷加工,长期搁置后也会出现时效,但不如冷加工后表现明显。钢材冷加工后,由于产生塑性变形,使时效大大加快。

冷加工时效处理方法如下:

1.自然时效

经过加工后的钢材在常温下放置 15 ~ 20d,这一过程称为自然时效。

2.人工时效

经过加工后的钢材加热到 100 ~ 200℃ 保持一段时间,称为人工时效。

通常对强度较低的钢材采用自然时效,对强度较高的钢材采用人工时效。

钢材经冷拉前后及经过时效处理后的性能变化规律,可在拉伸试验的应力-应变图中得到反映,见图8-6。将钢筋拉伸超过屈服强度 R_B(B 点对应应力值)至冷拉控制应力 R_K(K 点对应应力值),使之发生一定的塑性变形,然后卸载即得到冷拉钢筋。如果卸载立即再拉伸时,曲线沿 $O'KCD$ 变化,屈服点提高至 R_K,表明冷加工对钢筋产生了强化作用。如果经过相当长的时间再拉伸,曲线沿 $O'K_1C_1D_1$ 变化,屈服点提高到 R_{K_1}(K_1 点对应的应力值),抗拉强度提高至 R_{C_1}(C_1 点对应的应力值),表明钢筋经冷加工处理和时效后屈服强度和抗拉强度都得到提高,塑性和韧性相应降低。

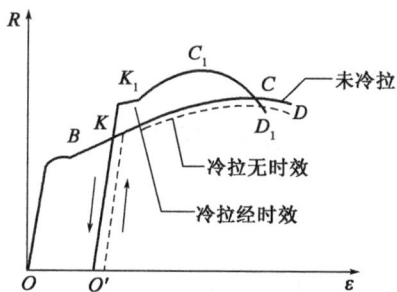

图 8-6　钢材冷拉及时效强化示意图

建筑工程中,常对钢材进行冷加工和时效处理来提高屈服强度,以节约钢材。冷拉和时效处理后的钢筋,在冷拉的同时还被调直和清除了锈皮,简化了施工工序。但对于受动荷载或经常处于负温条件下工作的钢结构,如桥梁、吊车梁、钢轨等结构用钢,应避免过大的脆性,防止出现突然断裂,应采用时效敏感性小的钢材。

二、钢材的热处理

钢材的热处理是指对钢材进行加热、保温和冷却的综合操作工艺。目的在于通过不同的工艺,改变钢的晶体组织,从而改变钢的性质。建筑钢材一般只在生产厂进行处理并以热处理状态供应。在施工现场有时需对焊件进行热处理。热处理的方式如下:

(一)退火

退火是将钢材加热到一定温度,保温一定时间后缓慢冷却(随炉冷却)的一种热处理工艺。退火的目的是细化晶粒,改善组织。退火可降低钢的硬度,提高塑性和韧性,并能消除加工处理所形成的缺陷和内应力,防止变形、开裂。

(二)正火

正火是将钢材加热到一定温度,保温一定时间后在空气中冷却的一种热处理工艺。正火的目的是使晶粒细化和碳化物分布均匀化。正火后钢材的硬度、强度较高,塑性减小。

(三)淬火

淬火是将钢材加热到基本组织转变温度以上(一般为900℃以上)保温,使组织完全转变,即放入水或油等冷却介质中快速冷却,使之转变为不稳定组织的一种热处理操作。其目的是得到高强度、高硬度的组织。淬火会使钢材的塑性和韧性显著降低,脆性增高。可在淬火后进行回火处理,以消除部分脆性。

(四)回火

回火是将钢材加热到基本组织转变温度以下(150~650℃内选定),保温后在空气中冷却的一种热处理工艺,通常和淬火是两道相连的热处理过程。其目的是促进不稳定组织转变为需要的组织,消除淬火产生的内应力和脆性,改善机械性能等。

第四节　建筑钢材在工程中的应用与技术要求

建筑钢材分为钢结构用钢、混凝土用钢及其他用途钢等。

一、建筑常用钢种

(一)普通碳素结构钢

普通碳素结构钢简称碳素结构钢,包括一般结构钢和工程用热轧型钢、钢板、钢带。

1. 牌号

根据《碳素结构钢》(GB/T 700—2006)的规定,碳素结构钢的牌号表示方法由屈服点的字母(Q)、屈服点数值(MPa)、质量等级(A、B、C、D,质量按顺序逐级提高,D 级质量最好)、脱氧程度(沸腾钢-F、半镇静钢-B、镇静钢-Z 和特殊镇静钢-TZ)四部分组成,碳素结构钢按屈服点的数值(MPa)划分为 Q195、Q215、Q235 和 Q275 四个牌号,牌号表示时,Z、TZ 可省略。例如:Q235-A · F 表示屈服点不低于 235MPa 的 A 级沸腾碳素结构钢;Q235-B 表示屈服点不低于 235MPa 的 B 级镇静钢碳素结构钢。

2. 技术性能

碳素结构钢的塑性、韧性好,适用于各种加工,在焊接、超载等不利条件下也能保证安全,它的化学性质稳定,对轧制、加热及骤冷的敏感性较小。

碳素结构钢的化学成分、力学性能应符合表8-3～表8-5的规定。从表8-3、表8-4中可见,碳素结构钢随牌号的增大,强度和硬度会增大,塑性、韧性和可加工性能将逐渐降低;同一牌号内质量等级越高,钢的质量越好。

碳素结构钢的牌号、等级和化学成分　　　　　　　表 8-3

牌号	同一数字代号[1]	等级	厚度或直径（mm）	脱氧方式	化学成分(质量分数)(%) ≤				
					C	Si	Mn	P	S
Q195	U11952	—	—	F、Z	0.12	0.30	0.50	0.035	0.050
Q215	U12152	A	—	F、Z	0.15	0.35	1.2	0.045	0.050
	U12155	B							0.045
Q235	U12352	A		F、Z	0.22	0.35	1.40	0.045	0.050
	U11952	B			0.20[2]				0.045
	U12358	C		Z	0.17			0.040	0.040
	U12359	D		TZ				0.035	0.035
Q275	U12752	A	—	F、Z	0.24	0.35	1.5	0.045	0.050
	U12755	B	≤40	Z	0.21			0.045	0.045
			>40		0.22				
	U12758	C	—	Z	0.20			0.040	0.040
	U12759	D		TZ				0.035	0.035

注：①表中为镇静钢、特殊镇静钢牌号的统一数字,沸腾钢牌号的统一数字代号为 Q195F-U11950；Q215AF-U12150,
　　Q215BF-U12153；Q235AF-U12350,Q235BF-U12353；Q275AF-U12353。
　　②经供需双方同意,Q235B 的碳含量可不大于 0.22% 。

碳素结构钢的拉伸和冲击力学性能　　　　　　　表 8-4

牌号	等级	拉伸试验													冲击试验(V 形缺口)	
		屈服强度[1] R_{eH} (MPa) ≥						抗拉强度[2] R_m (MPa)	断后伸长率(%) ≥						温度 (℃)	冲击吸收功(纵向)(J) ≥
		厚度(或直径)(mm)								厚度(或直径)(mm)						
		≤16	>16~40	>40~60	>60~100	>100~150	>150~200		≤40	>40~60	>60~100	>100~150	>150~200			
Q195	—	195	185	—	—	—	—	315~430	33	—	—	—	—	—	—
Q215	A	215	205	195	185	175	165	335~450	31	30	29	27	26	—	—
	B													20	27
Q235	A	235	225	215	215	195	185	370~500	26	25	24	23	22	—	—
	B													20	
	C													0	27[3]
	D													−20	
Q275	A	275	265	255	245	225	215	410~540	22	21	20	18	17	—	—
	B													20	
	C													0	27
	D													−20	

注：①Q195 的屈服强度值仅供参考,不做交货条件。
　　②厚度大于100mm 的钢材,抗拉强度下限允许降低 20N/mm。宽带钢(包括剪切钢板)抗拉强度上限不做交货
　　　条件。
　　③厚度小于25mm 的 Q235B 级钢材,如供方能保证吸收功值合格,经需方同意,可做检验。

碳素结构钢的冷弯性能指标 表 8-5

牌　　号	试样方法	冷弯试验180°,$B=2a$[①]	
		钢板厚度或直径[②]（mm）	
		≤60	>60~100
		弯心直径 d	
Q195	纵	0	
	横	0.5a	
Q215	纵	0.5a	1.5a
	横	a	2a
Q235	纵	a	2a
	横	1.5a	2.5a
Q275	纵	1.5a	2.5a
	横	2a	3a

注:①B 为试样宽度,a 为钢材厚度(或直径)。
　②钢材厚度(或直径)大于100mm时,弯曲试验由双方协商确定。

3. 性能及应用

Q195 号钢,强度低,塑性、韧性较好,加工性能和焊接性能较好,主要用于轧制薄板和盘条等。

Q215 号钢,强度较高,塑性、韧性较好,加工性能和焊接性能较好,常用于钢钉、铆钉、螺栓及钢丝等。

Q235 号钢,具有较高的强度,良好的塑性、韧性和可焊性。综合性能好,能满足一般钢结构和钢筋混凝土用钢要求,且成本较低。Q235 钢被大量制作成钢筋、型钢和钢板,用于建造房屋建筑、桥梁工程等,是建筑工程中应用最广泛牌号。

Q275 号钢,强度较高,但塑性、韧性较差,不易焊接和冷弯加工,主要用于机械零件和工具等。

(二)优质碳素结构钢

优质碳素结构钢根据含锰量不同分为普通含锰量（<0.80%）和较高含锰量（0.70%~1.20%）两大组。优质碳素结构钢对有害杂质的含量控制得很严格,质量稳定,综合性能好,但成本较高。

根据《优质碳素钢结构》（GB/T 699—2015）的规定,优质碳素结构钢牌号由平均含碳量（以0.01%为单位）表示。含锰量较高时,在牌号后加注"Mn"。例如:"45"表示平均含碳量为0.45%,锰含量为0.50%~0.80%的普通锰含量钢;"45Mn"表示平均含碳量为0.45%,Mn 含量为0.7%~1.0%的较高含锰量的钢。

优质碳素结构钢的性能主要取决于含碳量,含碳量越高,则强度越高,但塑性和韧性降低。在建筑工程中30~45 号钢主要用于重要结构的钢铸件和高强度螺栓等,45 号钢用于制作预应力混凝土中的锚具,65~80 号钢用于生产预应力混凝土用钢丝和钢绞线等。

(三)低合金高强度结构钢

低合金高强度结构钢是在碳素结构钢的基础上加入总量小于5%的合金元素形成的,用于提高钢材的强度、耐冲击韧性、耐磨性和耐腐蚀性等。常用的合金元素有锰、硅、钒、钛、铌、铬、镍等。

1. 牌号

根据《低合金高强度结构钢》(GB/T 1591—2018)的规定,低合金高强度结构钢的牌号表示方法为:以屈服点的字母 Q、屈服点数值(MPa)、质量等级(A、B、C、D、E)三部分按顺序排列。低合金高强度结构钢按屈服点的数值(MPa)划分为 Q345、Q390、Q420、Q460、Q500、Q550、Q620、Q690 八个牌号,质量按顺序逐级提高。例如:Q345A 表示屈服点不低于 345MPa 的 A 级低合金高强度结构钢。

2. 技术标准

低合金高强度结构钢的化学成分、力学性能应符合表 8-6、表 8-7 的规定。

低合金高强度结构钢的牌号及化学成分　　　　表 8-6

牌号	质量等级	化学成分[①][②](质量分数)(%)													
		C	Si	Mn	P	S	Nb	V	Ti	Cr	Ni	Cu	N	Mo	B	AIs
		≤														≥
Q345	A	0.20	0.50	1.70	0.035	0.035	0.07	0.15	0.20	0.30	0.50	0.30	0.012	0.10	—	—
	B	0.20			0.035	0.035										
	C				0.030	0.030										
	D	0.18			0.030	0.025										0.015
	E	0.18			0.025	0.020										
Q390	A	0.20	0.50	1.70	0.035	0.035	0.07	0.20	0.20	0.30	0.50	0.30	0.015	0.10	—	—
	B				0.035	0.035										
	C				0.030	0.030										
	D				0.030	0.025										0.015
	E				0.025	0.020										
Q420	A	0.20	0.50	1.70	0.035	0.035	0.07	0.20	0.20	0.30	0.80	0.30	0.015	0.20	—	—
	B				0.035	0.035										
	C				0.030	0.030										
	D				0.030	0.025										0.015
	E				0.025	0.020										
Q460	C	0.20	0.60	1.80	0.030	0.030	0.11	0.20	0.20	0.30	0.80	0.55	0.015	0.20	0.004	0.015
	D				0.030	0.025										
	E				0.025	0.020										
Q500	C	0.18	0.60	1.80	0.030	0.030	0.11	0.12	0.20	0.60	0.80	0.55	0.015	0.20	0.004	0.015
	D				0.030	0.025										
	E				0.025	0.020										
Q550	C	0.18	0.60	2.00	0.030	0.030	0.11	0.12	0.20	0.80	0.80	0.80	0.015	0.30	0.004	0.015
	D				0.030	0.025										
	E				0.025	0.020										
Q620	C	0.18	0.60	2.00	0.030	0.030	0.11	0.12	0.20	1.00	0.80	0.80	0.015	0.30	0.004	0.015
	D				0.030	0.025										
	E				0.025	0.020										
Q690	C	0.18	0.60	2.00	0.030	0.030	0.11	0.12	0.20	1.00	0.80	0.80	0.015	0.30	0.004	0.015
	D				0.030	0.025										
	E				0.025	0.020										

注:①材料及棒材 P、S 含量可提高 0.005%,其中 A 级钢上限为 0.045%。
　　②当细化晶粒元素组合加入时,20(Nb + V + Ti)≤0.22%,20(Mo + Cr)≤0.30%。

表 8-7

低合金高强度结构钢的拉伸性能

拉伸试验①②③

下列各组数值单位：下屈服强度 R_{eL}（MPa）按以下公称厚度（直径、边长）(mm)；抗拉强度 R_m（MPa）按以下公称厚度（直径、边长）(mm)；断后伸长率 A（%）按以下公称厚度（直径、边长）。

牌号	质量等级	R_{eL} ≤16	>16~40	>40~63	>63~80	>80~100	>100~150	>150~200	>200~250	>250~400	R_m ≤40	>40~63	>63~80	>80~100	>100~150	>150~250	>250~400	A ≤40	>40~63	>63~100	>100~150	>150~250	>250~400
Q345	A	≥345	≥335	≥325	≥315	≥305	≥285	≥275	≥265	—	470~630	470~630	470~630	470~630	450~600	450~600	—	≥20	≥19	≥19	≥18	≥17	—
Q345	B	≥345	≥335	≥325	≥315	≥305	≥285	≥275	≥265	—	470~630	470~630	470~630	470~630	450~600	450~600	—	≥20	≥19	≥19	≥18	≥17	—
Q345	C	≥345	≥335	≥325	≥315	≥305	≥285	≥275	≥265	—	470~630	470~630	470~630	470~630	450~600	450~600	—	≥20	≥19	≥19	≥18	≥17	—
Q345	D	≥345	≥335	≥325	≥315	≥305	≥285	≥275	≥265	—	470~630	470~630	470~630	470~630	450~600	450~600	—	≥21	≥20	≥20	≥19	≥18	—
Q345	E	≥345	≥335	≥325	≥315	≥305	≥285	≥275	≥265	≥265	470~630	470~630	470~630	470~630	450~600	450~600	450~600	≥21	≥20	≥20	≥19	≥18	≥17
Q390	A	≥390	≥370	≥350	≥330	≥310	—	—	—	—	490~650	490~650	490~650	490~650	470~620	—	—	≥20	≥19	≥19	≥18	—	—
Q390	B	≥390	≥370	≥350	≥330	≥310	—	—	—	—	490~650	490~650	490~650	490~650	470~620	—	—	≥20	≥19	≥19	≥18	—	—
Q390	C	≥390	≥370	≥350	≥330	≥310	—	—	—	—	490~650	490~650	490~650	490~650	470~620	—	—	≥20	≥19	≥19	≥18	—	—
Q390	D	≥390	≥370	≥350	≥330	≥310	—	—	—	—	490~650	490~650	490~650	490~650	470~620	—	—	≥20	≥19	≥19	≥18	—	—
Q390	E	≥390	≥370	≥350	≥330	≥310	—	—	—	—	490~650	490~650	490~650	490~650	470~620	—	—	≥20	≥19	≥19	≥18	—	—
Q420	A	≥420	≥400	≥380	≥360	≥340	—	—	—	—	520~680	520~680	520~680	520~680	500~650	—	—	≥19	≥18	≥18	≥18	—	—
Q420	B	≥420	≥400	≥380	≥360	≥340	—	—	—	—	520~680	520~680	520~680	520~680	500~650	—	—	≥19	≥18	≥18	≥18	—	—
Q420	C	≥420	≥400	≥380	≥360	≥340	—	—	—	—	520~680	520~680	520~680	520~680	500~650	—	—	≥19	≥18	≥18	≥18	—	—
Q420	D	≥420	≥400	≥380	≥360	≥340	—	—	—	—	520~680	520~680	520~680	520~680	500~650	—	—	≥19	≥18	≥18	≥18	—	—
Q420	E	≥420	≥400	≥380	≥360	≥340	—	—	—	—	520~680	520~680	520~680	520~680	500~650	—	—	≥19	≥18	≥18	≥18	—	—
Q460	C	≥460	≥440	≥420	≥400	≥380	—	—	—	—	550~720	550~720	550~720	550~720	530~700	—	—	≥17	≥16	≥16	≥16	—	—
Q460	D	≥460	≥440	≥420	≥400	≥380	—	—	—	—	550~720	550~720	550~720	550~720	530~700	—	—	≥17	≥16	≥16	≥16	—	—
Q460	E	≥460	≥440	≥420	≥400	≥380	—	—	—	—	550~720	550~720	550~720	550~720	530~700	—	—	≥17	≥16	≥16	≥16	—	—

拉伸试验①②③

牌号	质量等级	以下公称厚度（直径，边长）(mm) 下屈服强度 R_{eL} (MPa)									以下公称厚度（直径，边长）(mm) 下屈服强度 R_m (MPa)							公称厚度（直径，边长）断后伸长率 A(%)					
		≤16	>16~40	>40~63	>63~80	>80~100	>100~150	>150~200	>200~250	>250~400	≤40	>40~63	>63~80	>80~100	>100~150	>150~250	>250~400	≤40	>40~63	>63~100	>100~150	>150~250	>250~400
Q500	C	≥500	≥480	≥470	≥450	≥440	—	—	—	—	610~770	600~760	590~750	540~730	—	—	—	≥17	≥17	≥17	—	—	—
	D																						
	E																						
Q550	C	≥550	≥530	≥520	≥500	≥490	—	—	—	—	670~830	620~810	600~790	590~780	—	—	—	≥16	≥16	≥16	—	—	—
	D																						
	E																						
Q620	C	≥620	≥600	≥590	≥570	—	—	—	—	—	710~880	690~880	670~860	—	—	—	—	≥15	≥15	≥15	—	—	—
	D																						
	E																						
Q690	C	≥690	≥670	≥660	≥640	—	—	—	—	—	770~940	750~920	730~900	—	—	—	—	≥14	≥14	≥14	—	—	—
	D																						
	E																						

注：①当屈服不明显时，可测量 $R_{p0.2}$ 代替下屈服强度。
②宽度不小于600mm的扁平材，拉伸试验取纵向试样；宽度小于600mm的扁平材、型材及棒材取纵向试验横向试样，断后伸长率最小值相应提高1%（绝对值）。
③厚度>250~400mm的数值适用于扁平材材料。

3.性能及应用

从表8-7中可以看出,低合金高强度结构钢比碳素结构钢的强度高,并具有良好的塑性和韧性,其耐磨性、耐蚀性及耐低温稳定性等均较好。而且质量较轻,可减轻自重,节约钢材,有利于加工和施工。低合金高强度结构钢主要用于轧制型钢、钢板、钢筋及钢管,在建筑工程中广泛应用于钢筋混凝土结构和钢结构,特别是重型、大跨度、高层结构和桥梁等。

另外,当低合金高强度结构钢中的铬含量达11%时,铬就在合金金属的表面形成一种惰性的氧化铬膜,形成不锈钢。不锈钢可加工成钢板、钢管、型材等,表面可加工成无光泽和高度抛光发亮的材料,既可作为建筑装饰材料也可作为承重构件。

二、钢结构用钢

钢结构用钢主要是热轧成型的钢板和型钢等,薄壁轻型钢结构中主要采用薄壁型钢、圆钢和小角钢。钢材所用的母材主要是普通碳素结构钢及低合金高强度结构钢。碳素结构钢强度适中,塑性和可焊性较好,而且成本低,适用于一般结构工程。低合金高强度结构钢可用于大跨度、承受动荷载的结构中。

(一)热轧型钢

钢结构常用的型钢有工字钢、H形钢、T形钢、槽钢、等边角钢、不等边型钢等,如图8-7所示。型钢由于截面形式合理,材料在截面上分布对受力最为有益,且构件间连接方便,所以它是钢结构中采用的主要钢材。型钢的规格通常以反映其断面形状的主要轮廓尺寸来表示。

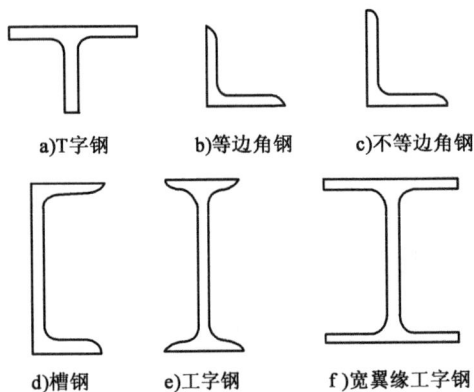

图 8-7 热轧型钢截面

a)T字钢 b)等边角钢 c)不等边角钢
d)槽钢 e)工字钢 f)宽翼缘工字钢

1.热轧工字钢

工字钢是截面为工字形、腿部内部有1:6斜度的长条钢材。工字钢广泛用于各种建筑结构和桥梁中,主要用于承受横向弯曲(腹板平面内受弯)的杆件,但不宜单独用作轴心受压构件或双向弯曲的构件。

2.热轧H形钢和T形钢

H形钢由工字钢发展而来,优化了截面的分布。H形钢截面形状经济合理,力学性能好,常用于要求承载力大、截面稳定性好的大型建筑(如高层建筑)。T形钢是由H形钢对半剖分而成。

3.热轧普通槽钢

槽钢是截面为凹槽性、腿部内侧有1:10斜度的长条钢材。规格以"腰高度(mm)×腿宽度(mm)×腰厚度(mm)"或"腰高度号(cm)"表示。槽钢的规格范围为5~40号。槽钢可用作承受轴向力的杆件、承受横向弯曲的梁以及联系杆件,主要用于建筑钢结构、车辆制造等。

4.热轧角钢

热轧角钢由两个互相垂直的肢组成,若两肢长度相等则称为等边角钢,若不等则称为不等边角钢。角钢的代号为∟,其规格用代号和"长肢宽度(mm)×短肢宽度(mm)×肢厚度(mm)"表示。角钢的规格∟20×20×3~∟200×200×24、∟25×16×3~∟200×125×18等。

(二)冷弯薄壁型钢

冷弯薄壁型钢有结构用冷弯空心型钢和通用冷弯开口型钢两大类。如图 8-8 所示。

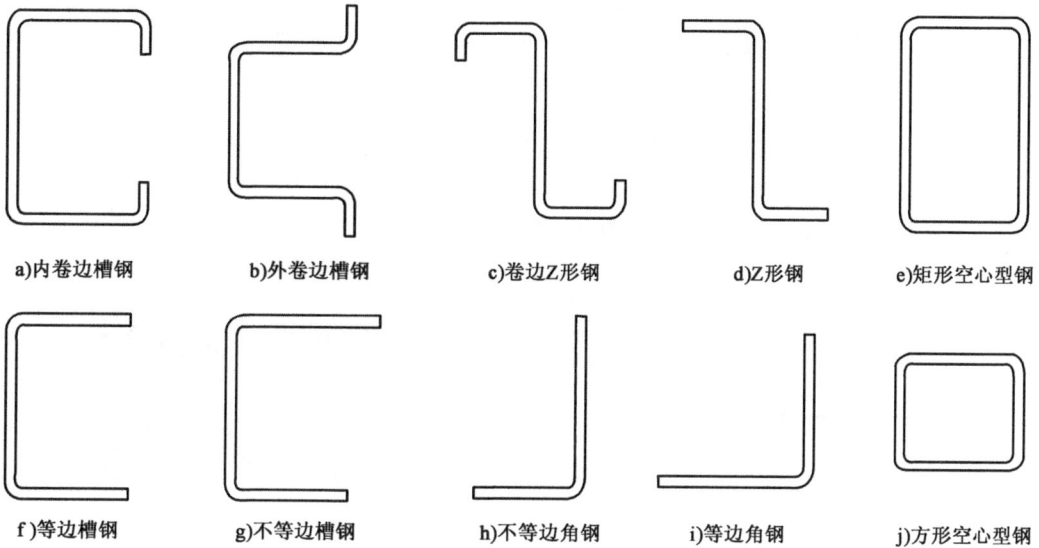

| a)内卷边槽钢 | b)外卷边槽钢 | c)卷边Z形钢 | d)Z形钢 | e)矩形空心型钢 |

| f)等边槽钢 | g)不等边槽钢 | h)不等边角钢 | i)等边角钢 | j)方形空心型钢 |

图 8-8　冷弯薄壁型钢

(三)棒材、钢管和板材

1. 棒材

常用的棒材有六角钢、八角钢、扁钢、圆钢和方钢(图 8-9)。建筑钢结构的螺栓常以热轧六角钢和八角钢为坯材。扁钢在建筑上用作房架构件、扶梯、桥梁和栅栏等。

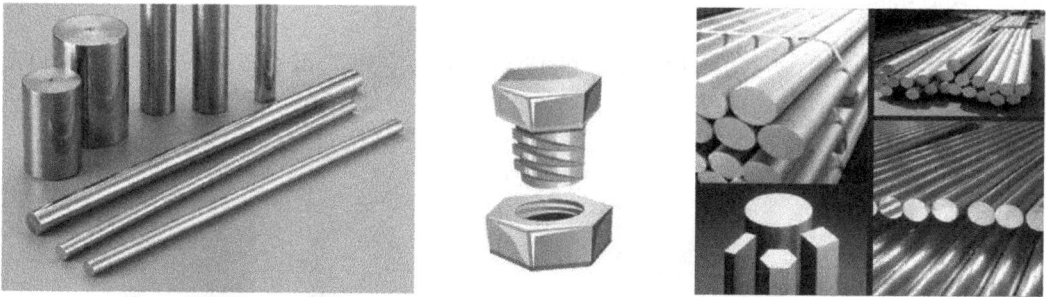

图 8-9　棒材

2. 钢管

钢结构中常用热轧无缝钢管和焊接钢管。钢管在相同截面面积下刚度较大,因而是中心受压杆的理想截面;流线型的表面使其承受风压小,用于高耸结构十分有利。在建筑结构上钢管多用于制作桁架、塔桅等构件。钢管混凝土是指在钢管内浇筑混凝土而形成的构件,可使构件承载力大大提高,且具有良好塑性、韧性和抗震性能。钢管混凝土可用于大跨度桥梁、厂房柱、构架柱、地铁站台柱、塔柱和高层建筑等。

3. 板材

板材有钢板、花纹钢板、压型钢板和彩色涂层钢板等。按轧制方式分为热轧钢板和冷轧钢板。钢板规格表示方法为宽度(mm)×厚度(mm)×长度(mm)。钢板按厚度分厚板(厚度 > 4mm)和薄板(厚度≤4mm)两种。厚板主要用于结构,薄板主要用于屋面层楼板和墙板等。在钢结构中,钢板必须用几块板组合而成工字形、箱形等结构来承受荷载。

钢管和钢板如图 8-10 所示。

钢管

钢板

图 8-10　钢管和钢板

三、混凝土结构用钢

混凝土具有较高的抗压强度,但抗拉强度很低。在混凝土中配置抗拉强度较高的钢筋,可大大扩展混凝土的应用范围,而混凝土又会对钢筋起保护作用。

钢筋混凝土中所用的钢筋及钢丝是用碳素结构钢或低合金结构钢经加工而成的,按加工的工艺不同有热轧钢筋、热处理钢筋、冷加工钢筋、钢丝和钢绞线等。

(一)热轧钢筋

热轧钢筋是经热轧成型并自然冷却的成品钢筋,按外形可分为光圆和带肋两种,见图 8-11。

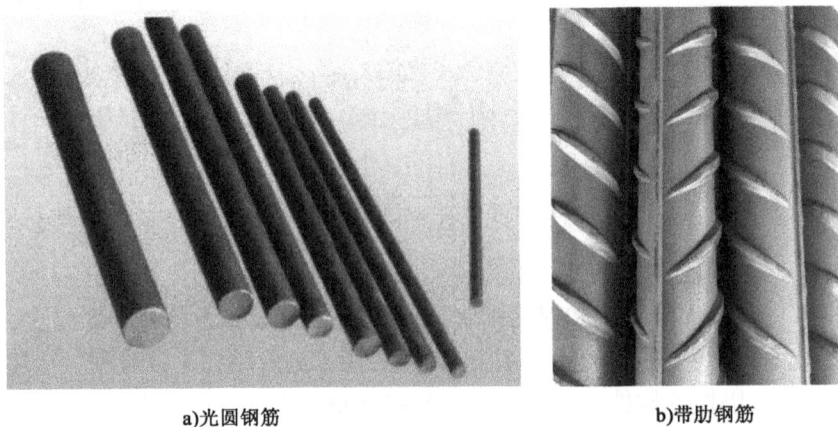

a)光圆钢筋

b)带肋钢筋

图 8-11　热轧光圆钢筋和带肋钢筋

1. 热轧光圆钢筋

热轧光圆钢筋横截面通常为圆形,钢筋的公称尺寸是与其截面面积相等的圆的直径。

《钢筋混凝土用钢　第 1 部分:热轧光圆钢筋》(GB/T 1499.1—2017)规定,热轧光圆钢筋公称直径范围为 6 ~ 22mm,推荐的钢筋公称直径为 6mm、8mm、10mm、12mm、16mm、20mm。牌号只有 HPB300 一个。热轧光圆钢筋牌号的构成和含义见表 8-8,化学成分见表 8-9,力学性能和工艺性能见表 8-10。

热轧光圆钢筋牌号的构成和含义　　　　表 8-8

产品名称	牌号	牌号组成	英文字母含义
热轧光圆钢筋	HPB300	由 HPB + 屈服强度特征值构成	HPB 为热轧光圆钢筋(Hot Rolled Plain Bars)缩写

热轧光圆钢筋的化学成分　　　　表 8-9

牌号	化学成分(质量分数)(%)≤				
	C	Si	Mn	P	S
HPB300	0.25	0.55	1.5	0.045	0.045

热轧光圆钢筋的力学性能和工艺性能　　　　表 8-10

牌号	下屈服强度 R_{el} (MPa)	抗拉强度 R_m (MPa)	断后伸长率 A (%)	最大力总延伸率 A_{gt} (%)	冷弯试验 180°,d = 弯心直径, a = 钢筋公称直径
HPB300	≥300	≥420	≥25.0	≥10.0	$d = a$

光圆钢筋主要是碳素结构钢,强度较低,但塑性和焊接性良好,可作为中、小型钢筋混凝土结构的主要受力钢筋、构件的箍筋,还可以作为冷轧带肋钢筋的原材料等。

2. 热轧带肋钢筋

带肋钢筋的表面形状通常呈月牙形,带肋钢筋表面轧有凸纹,可提高混凝土与钢筋的黏结力。

按照《钢筋混凝土用钢　第 2 部分:热轧带肋钢筋》(GB/T 1499.2—2018)的规定,热轧带肋钢筋分为普通热轧钢筋和细晶粒热轧钢筋两大类别,热轧带肋钢筋公称直径范围为 6 ~ 50mm,热轧带肋钢筋牌号的构成和含义见表 8-11,热轧带肋钢筋的化学成分见表 8-12,热轧带肋钢筋的力学和工艺性能见表 8-13、表 8-14。

热轧带肋钢筋牌号的构成和含义　　　　表 8-11

类别	牌号	牌号组成	英文字母含义
普通热轧钢筋	HRB400	由 HRB + 屈服强度特征值构成	HRB 为热轧带肋钢筋的英文(Hot Rolled Ribbed Bars)缩写 E 为"地震"的英文(Earthquake)首字母
	HRB500		
	HRB600		
	HRB400E	由 HRB + 屈服强度特征值 + E 构成	
	HRB500E		
细晶粒热轧钢筋	HRBF400	由 HRBF + 屈服强度特征值构成	HRBF 为在热轧带肋钢筋的英文缩写后加"细"的英文(Fine)首字母 E 为"地震"的英文(Earthquake)首字母
	HRBF500		
	HRBF400E	由 HRBF + 屈服强度特征值 + E 构成	
	HRBF500E		

表 8-12

热轧带肋钢筋的化学成分

牌 号	化学成分(质量分数)(%)≤					碳当量 C_{eq} (%)≤
	C	Si	Mn	P	S	
HRB400 HRBF400 HRB400E HRBF400E	0.25	0.80	1.60	0.045	0.045	0.54
HRB500 HRBF500 HRB500E HRBF500E						0.55
HRB600	0.28					0.58

热轧带肋钢筋的力学性能

表 8-13

牌 号	下屈服强度 R_{eL} (MPa)	抗拉强度 R_m (MPa)	断后伸长率 A (%)	最大力总延伸率 A_{gt} (%)	R_m^o/R_{eL}^o	R_{eL}^o/R_{eL}
	≥					
HRB400 HRBF400	400	540	16	7.5	—	—
HRB400E HRBF400E			—	9.0	1.25	1.30
HRB500 HRBF500	500	630	15	7.5	—	—
HRB500E HRBF500E			—	9.0	1.25	1.30
HRB600	600	730	14	7.5	—	—

注:1. R_m^o 为钢筋实测抗拉强度, R_{eL}^o 为钢筋实测下屈服强度。

2. 公称直径为 28~40mm 的各牌号钢筋的断后伸长率 A 可降低1%,公称直径大于 40mm 的各牌号钢筋的断后伸长率 A 可降低2%。

热轧带肋钢筋的工艺性能

表 8-14

牌 号	公称直径 d	弯曲压头直径
HRB400 HRBF400 HRB400E HRBF400E	6~25	4d
	28~40	5d
	>40~50	6d
HRB500 HRBF500 HRB500E HRBF500E	6~25	6d
	28~40	7d
	>40~50	8d
HRB600	6~25	6d
	28~40	7d
	>40~50	8d

碳当量 C_{eq}（%）按式（8-6）计算：

$$C_{eq} = C + \frac{1}{6}Mn + \frac{1}{5}(Cr + V + Mo) + \frac{1}{15}(Cu + Ni) \tag{8-6}$$

热轧带肋钢筋均采用低合金高强度钢,肋增加了钢筋与混凝土之间的黏结力。400 牌号强度高、塑性和可焊性较好,广泛用于大、中型钢筋混凝土结构的主要受力钢筋、箍筋,冷拉后,也可作为主要预应力钢筋;500、600 牌号强度高、但塑性和可焊性较差,一般冷拉后作预应力筋。

（二）冷轧带肋钢筋

热轧圆盘条经冷轧和冷拔减径后在其表面冷轧形成有两面、三面和四面月牙形横肋的钢筋即为冷轧带肋钢筋。《冷轧带肋钢筋》（GB/T 13788—2017）规定,冷轧带肋钢筋按延性高低分为两类:冷轧带肋钢筋 CBR 和高延性冷轧带肋钢筋 CBR + 抗拉强度特征值 + H。C、R、B、H 分别为冷轧（Cold rolled）、带肋（Ribbed）、钢筋（Bar）、高延性（High elongation）四个词的英文首字母。

钢筋分为 CRB550、CRB650、CRB800、CRB600H、CRB680H、CRB800H 六个牌号。CRB550、CRB600H 为普通钢筋混凝土用钢筋,CRB650、CRB800、CRB800H 为预应力混凝土用钢筋,CRB680H 既可作为普通钢筋混凝土用钢筋,也可作为预应力混凝土用钢筋使用。

CRB550、CRB600H、CRB680H 钢筋的公称直径范围为 4 ~ 12mm,CRB650、CRB800、CRB800H 钢筋的公称直径为 4mm、5mm、6mm。冷轧带肋钢筋的力学性能和工艺性满足表 8-15 的规定。

力学性能和工艺性能　　　　　　　　　　　　　　　　　表 8-15

分类	牌号	规定塑性延伸强度 $R_{P0.2}$（MPa）≥	抗拉强度 R_m（MPa）≥	$R_m/R_{P0.2}$ ≥	断后伸长率（%）≥		最大力总延伸率（%）≥	弯曲试验[①] 180°	反复弯曲次数	应力松弛初始应力应相当于公称抗拉强度的70%
					A	A	A			1000h（%）≤
普通钢筋混凝土用	CRB550	500	550	1.05	11.0	—	2.5	$D=3d$	—	—
	CRB600H	540	600	1.05	14.0	—	5.0	$D=3d$	—	—
	CRB680H[②]	600	680	1.05	14.0	—	5.0	$D=3d$	4	5
预应力混凝土用	CRB650	585	650	1.05	—	4.0	2.5	—	3	8
	CRB800	720	800	1.05	—	4.0	2.5	—	3	8
	CRB800H	720	800	1.05	—	7.0	4.0	—	4	5

注:①D 为弯心直径,d 为钢筋公称直径。
　　②当该牌号钢筋作为普通钢筋混凝土用钢筋使用时,对反复弯曲和应力松弛不作要求;当该牌号钢筋作为预应力混凝土用钢筋使用时应进行反复弯曲试验代替 180°弯曲试验,并检测松弛率。

（三）冷拔低碳钢丝

冷拔低碳钢丝是将直径为 6.5mm 及 8mm 的碳素结构钢的热轧盘条,在常温下通过拔丝机进行多次强力拉拔而成,拉拔后其直径缩减成的 3mm、4mm、5mm 钢丝,用作预应力筋、焊接网片、绑扎骨架、箍筋和构造钢筋等。

（四）预应力混凝土用钢丝和钢绞线

1. 预应力混凝土用钢丝

预应力混凝土用钢丝是用优质碳素结构钢盘条制成，依据《预应力混凝土用钢丝》（GB/T 5223—2014）的规定：按加工状态分为冷拉钢丝（代号 WCD）和消除应力钢丝（代号 WLR）；按外形分为光圆钢丝（P）、螺旋类钢丝（H）、刻痕钢丝（I）。钢丝的性能应符合有关规定。

预应力钢丝具有强度高、柔韧性好、无接头、质量稳定、施工简便等优点，使用时按要求的长度切割，主要用于大跨度、大荷载、曲线配筋的预应力钢筋混凝土结构。

2. 预应力混凝土用钢绞线

《预应力混凝土用钢绞线》（GB/T 5224—2014）规定：钢绞线按结构分为八类。
（1）用两根钢丝捻制的钢绞线　　　　　　　　代号 1×2
（2）用三根钢丝捻制的钢绞线　　　　　　　　代号 1×3
（3）用三根刻痕钢丝捻制的钢绞线　　　　　　代号 1×3I
（4）用七根钢丝捻制的标准型钢绞线　　　　　代号 1×7
（5）用六根刻痕钢丝和一根光圆中心钢丝捻制的钢绞线　代号 1×7I
（6）用七根钢丝捻制又经模拔的钢绞线　　　　代号（1×7）C
（7）用十九根钢丝捻制的 1+9+9 西鲁式钢绞线　代号 1×19S
（8）用十九根钢丝捻制的 1+6+6/6 瓦林吞式钢绞线　代号 1×19W
钢绞线的力学性能应符合有关规定的要求。

预应力钢绞线具有强度高、柔韧性好、无接头、质量稳定、易于锚固等优点，主要用于大跨度、大荷载的预应力钢筋混凝土结构。

四、其他用途钢

（一）桥梁用结构钢

1. 技术要求

桥梁结构钢根据使用条件和特点，必须具有良好的综合机械性能，良好的塑性、冷弯性、冲击韧性，良好的焊接性和良好的抗蚀性。

2. 牌号

根据《桥梁用结构钢》（GB/T 714—2015）的规定，钢的牌号由代表屈服强度的汉语拼音首字母、规定最小屈服强度值、"桥"字的汉语拼音首字母、质量等级符号等几部分组成。例如：Q420qD，其中 Q 为屈服强度的"屈"字汉语拼音的首字母、420 为规定最小屈服强度值、q 为"桥"字的汉语拼音首字母、D 代表质量等级为 D 级。当以热机械轧制状态交货的 D 级钢板，具有耐候性能及厚度方向性能时，在上述规定的牌号后分别加上耐候（NH）及厚度方向（Z向）性能级别的代号。例如：Q420qDNHZ15。

3. 技术标准

钢的力学性能与工艺性能应满足表 8-16、表 8-17 的规定。

钢材的力学性能

表 8-16

牌 号	质量等级	拉伸试验①②					冲击试验③	
		下屈服强度 R_{eL}(MPa)			抗拉强度 R_m（MPa）	断后伸长率 $A(\%)$	温度（℃）	冲击吸收能量（kV_2/J）
		厚度≤50mm	50mm<厚度≤100mm	100mm<厚度≤150mm				
		≥						≥
Q345q	C	345	335	305	490	20	0	120
	D						−20	
	E						−40	
Q370q	C	370	360	—	510	20	0	120
	D						−20	
	E						−40	
Q420q	D	420	410	—	540	19	−20	120
	E						−40	
	F						−60	47
Q460q	D	460	450	—	570	18	−20	120
	E						−40	
	F						−60	47
Q500q	D	500	480	—	630	18	−20	120
	E						−40	
	F						−60	47
Q550q	D	550	530	—	660	16	−20	120
	E						−40	
	F						−60	47
Q620q	D	620	580	—	720	15	−20	120
	E						−40	
	F						−60	47
Q690q	D	690	650	—	770	14	−20	120
	E						−40	
	F						−60	47

注:①当屈服不明显时,可测量 $R_{P0.2}$ 代替下屈服强度。
　　②拉伸试验取横向试样。
　　③冲击试验取纵向试样。

钢材的工艺性能

表 8-17

180°弯曲试验		
厚度≤16mm	厚度>16mm	弯曲结果
$D=2a$	$D=3a$	在试样外表不应有肉眼可见的裂纹

注:D 为弯曲压头直径,a 为试样厚度。

（二）钢轨钢

钢轨是轨道的主要组成部分,它的功能是引导机车车辆的车轮前进,承受车轮的巨大压力,并传递到轨枕上,如吊车轨道、铁道轨道、地铁轨道等。钢轨必须为车轮提供连续、平顺和阻力最小的滚动表面。

随着高速铁路和地铁的发展,对钢轨的要求可归纳为高安全性、高平直度、高几何尺寸精度等方面。高安全性不仅反映在要求钢质洁净、表面无缺陷、低轨底残余拉应力、优良的韧塑性及焊接性等方面,还反映在便于生产、质量稳定和高可靠性等方面。

1. 钢轨类型

钢轨的类型以每米钢轨大致质量千克数表示,钢轨每米长质量越大,则抗冲击、抗弯曲、抗振动的能力越强,承载力越大。《铁路用热轧钢轨》(GB 2585—2007)规定的类型有38kg/m、43kg/m、50kg/m、60kg/m、75kg/m 钢轨。标准轨定尺长度为 12.5m、25m、50m、100m 四种,目前38kg/m 钢轨生产量很少,随着重载高速铁路的迅速发展,钢轨趋于重型化,我国大量使用的是 60kg/m 钢轨,对于重载铁路和特别繁忙区段铁路,将逐步铺设75kg/m钢轨。

为了适应道岔、特大桥和无缝线路等结构需要,我国铁路还采用了特种断面(与中轴线不对称工字钢)钢轨。现采用较多的为矮型特种断面钢轨,简称 AT 轨。

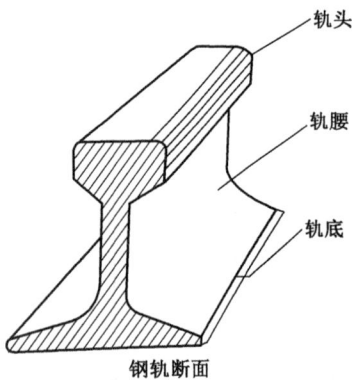

图 8-12　钢轨断面图

2. 钢轨的组成

钢轨主要由轨头、轨腰和轨底三部分组成,其断面如图 8-12 所示。钢轨断面采用工字形,受力好、省材料,具有最佳抗弯性能。

3. 技术性能

《铁路用热轧钢轨》(GB 2585—2007)规定,轨道钢的牌号、钢材的化学成分和力学性能应符合表 8-18、表 8-19 的要求。在热锯样轨上取样检验力学性能时,断后伸长率的结果允许比规定值降低1%(绝对值)。钢轨应进行落锤试验,试样经落锤打击一次后不得有断裂现象。应在质量证明书中记录挠度值供参考。钢轨接头处轮轨的冲击力很大,为提高接头处的耐磨性,应对钢轨两端进行轨顶淬火处理,淬火层形状应呈帽形,无淬火裂纹。轧制后的钢轨应尽量避免弯曲,钢轨表面不得有裂纹、线纹、折叠、横向划痕、缩孔残余、分层等缺陷。

钢轨的牌号及化学成分　　　　　　　　　　　　　　　　　　　　　　表 8-18

牌　号	化学成分(质量分数)(%)							
	C	Si	Mn	S	P	V*	Nb*	RE(加入量)
U74	0.68～0.79	0.13～0.28	0.70～1.00	≤0.030	≤0.030	≤0.030	≤0.010	—
U71Mn	0.65～0.76	0.15～0.35	1.10～1.40	≤0.030	≤0.030			
U70MnSi	0.66～0.74	0.85～1.15	0.85～1.15	≤0.030	≤0.030			—
71MnSiCu	0.64～0.76	0.70～1.10	0.80～1.20	≤0.030	≤0.030			
U75V	0.71～0.80	0.50～0.80	0.70～1.05	≤0.030	≤0.030	0.04～0.12		
U76NbNRE	0.72～0.80	0.60～0.90	1.00～1.30	≤0.030	≤0.030	≤3.030	0.02～0.05	0.02～0.05
U70Mn	0.61～0.79	0.10～0.79	0.85～1.25	≤0.030	≤0.030		≤0.010	

牌 号	抗拉强度 R_m（N/mm²）≥	断后伸长率 A（%）≥
U74	780	10
U71Mn	880	9
U70MnSi		
71MnSiCu		
U75V	980	9
U76NbNRe		
U70Mn	880	

注：＊除 U75V 牌号中的 V，U76NbRe 牌号中的加入元素外，其他牌号中的 Nb、V 为残解元素。

第五节　钢材的防锈和防火

一、建筑钢材的锈蚀与防护

（一）钢材锈蚀机理

钢材的锈蚀是指钢材表面与周围介质发生化学作用或电化学作用而引起破坏的现象。根据钢材锈蚀作用的机理不同，钢筋锈蚀分为化学锈蚀和电化学锈蚀两类。

1. 化学锈蚀

化学锈蚀是指钢材与周围介质（如氧气、二氧化碳、二氧化硫和水等）发生化学反应，生成疏松的氧化物而产生的锈蚀。一般情况下，钢材表面的 FeO 保护膜，可以防止钢材进一步锈蚀。在干燥环境中化学锈蚀速度缓慢，在温度和湿度较高的环境中化学锈蚀速度加快。

2. 电化学锈蚀

电化学锈蚀是指钢材与电解质溶液接触而产生电流，形成微电池而引起的锈蚀。电化学锈蚀是建筑钢材在存放和使用中发生锈蚀的主要形式。

影响钢材锈蚀的主要因素是环境中的湿度和氧，此外还有介质中的酸、碱、盐，钢材的化学成分及表面状况等。一些卤素离子，特别是氯离子能破坏保护膜，产生锈蚀反应，使锈蚀速度加快。

（二）钢筋混凝土中钢筋锈蚀

普通混凝土为强碱性环境，对埋入其中的钢筋形成碱性保护。在碱性环境中，阴极过程难以进行。即使有原电池反应存在，生成的 $Fe(OH)_2$ 也能稳定存在，并成为钢筋的保护膜。所以，普通混凝土制成的钢筋混凝土，只要混凝土表面没有缺陷，里面的钢筋是不会锈蚀的。但是，有时也会发生钢筋锈蚀现象。

（三）钢材锈蚀的防止

钢材的锈蚀有内因，也有外因，为了防止钢材生锈，保证钢材具有良好的性能，工程中必须对钢材做好防锈处理。常用的措施有以下两种：

1.表面加保护层(外部防止锈蚀)

1)表面刷漆

表面刷漆是钢结构防止锈蚀的常用方法。刷漆通常有底漆、中间漆和面漆三道。底漆要求有较好的附着力和防锈能力,常用的有红丹、环氧富锌漆、云母氧化铁和铁红环氧底漆等。

2)表面镀金属

表面镀金属是用耐腐蚀性好的金属,以电镀或喷镀的方法覆盖在钢材的表面,提高钢材的耐腐蚀能力。常用的方法有镀锌(如白铁皮)、镀锡(如马口铁)、镀铜和镀铬等。

2.采用耐候钢(内部防止锈蚀)

耐候钢是在碳素钢和低合金钢中加入少量的铜、铬、镍、钼等合金元素而制成的。耐候钢既有致密的表面防腐保护,又有良好的焊接性能,其强度级别与常用碳素钢和低合金钢一致,技术指标相近。

二、钢材的防火

钢材是不燃性材料,但是这并不代表钢材能抵抗火灾。建筑火灾发生的次数最多,损失最大,约占全部火灾的80%。在高温时,钢材的性能会发生很大的变化,温度在200℃以内,可以认为钢材的性能基本不变;当温度超过300℃以后,钢材的弹性模量、屈服点和极限强度均开始显著下降,而塑性伸长率急剧增大,钢材产生徐变;温度超过400℃时,强度和弹性模量都急剧下降;温度达到600℃时,弹性模量、屈服点和极限强度均接近于零,已失去承载能力。所以,没有防火保护层的钢材是不耐火的。

钢结构防火保护的基本原理是采用绝热或吸热材料,阻隔火焰和热量,推迟钢结构的升温速率。防火方法以包覆法为主,主要有以下三个方面:

1.防火涂料包裹法

此方法是采用防火涂料,紧贴钢结构的外露表面,将钢构件包裹起来,是目前最为流行的做法。

2.不燃性板材包裹法

常用的不燃性板材有防火板、石膏板、硅酸钙板、蛭石板、珍珠岩板和矿棉板等,可通过黏结剂或钢钉、钢箍等固定在钢构件上,将其包裹起来。

3.实心包裹法

此方法一般是将钢结构浇筑在混凝土中。

本 章 小 结

建筑钢材是指用于建筑工程中的各种钢材,建筑钢材的技术性质主要包括力学性质(拉伸性能、塑性、冲击韧性、硬度、耐疲劳性)、工艺性能(冷弯性能、焊接性能)以及化学性能。建筑钢材通过冷加工时效处理,可提高钢材的强度,但塑性和韧性降低。

建筑钢材分为钢结构用钢、钢筋混凝土用钢和其他用途钢,钢结构用钢包括碳素结构钢、优质碳素结构钢、低合金结构钢和各种类型的型钢;钢筋混凝土用钢可分为非预应力钢筋及预应力钢筋(常见的非预应力钢筋有热轧光圆钢筋、热轧带肋钢筋、冷轧带肋钢筋、冷拔低碳钢丝等;常见的预应力钢筋有预应力混凝土用钢丝、钢绞线、冷拉钢筋、冷拔钢筋等);其他用途钢这里主要讲的是桥梁用结构钢和钢轨钢。

钢材容易锈蚀,耐高温性能不好,在工程应用中要做好钢材的防锈和防火措施。

练习题

一、名词解释

屈服强度;抗拉强度;屈强比;断后伸长率;冷加工

二、填空题

1.低碳钢的拉伸试验过程中,可以分为_____、_____、_____、_____ 4个阶段。

2.钢材化学成分中_____与_____是有害元素,它们分别使钢材产生_____和_____。

3.钢筋经过冷拉后,产生_____、_____的效果。

4.通过冷加工处理方法,达到提高钢材的_____,降低钢材的_____和_____。

5.普通碳素钢牌号有_____个,随着牌号的增大,其_____和_____提高,_____和降低。

三、单选题

1.能反映钢筋内部组织缺陷,同时又能反映其塑性的试验是_____。

 A.拉伸试验   B.冷弯试验

 C.冲击试验   D.疲劳试验

2.桥梁用钢,要选用_____钢材。

 A.塑性较小,时效敏感性大 B.塑性较大,时效敏感性小

 C.韧性较小,时效敏感性大 D.韧性较大,时效敏感性小

3.能承受_____的冷弯试验条件而不破坏的钢材,其冷弯性能好。

 A.弯心角大,弯心直径小 B.弯心角大,弯心直径大

 C.弯心角小,弯心直径大 D.弯心角小,弯心直径小

4.热轧钢筋级别提高,则其_____。

 A.屈服强度、抗拉强度提高

 B.屈服强度、抗拉强度提高,断后伸长率下降

 C.抗拉强度下降,断后伸长率提高

 D.屈服强度、抗拉强度及冷弯性能提高

5.钢材随着时间延长而表现出强度提高,塑性和冲击韧性下降,这种现象称为_____。

 A.钢的强化   B.时效

 C.时效敏感性   D.钢的冷脆

四、多选题

1. 反映钢材变形性能的塑性指标有_____。
   A. 硬度
   B. 断后伸长率
   C. 断面收缩率
   D. 韧性

2. _____性能可以反映钢材加工的工艺性能。
   A. 拉伸
   B. 冷弯
   C. 冲击
   D. 焊接

3. 钢材的热处理方法有_____。
   A. 退火
   B. 正火
   C. 淬火
   D. 回火

4. 桥梁工程结构用钢,常按照钢材的用途分为_____。
   A. 混凝土结构用钢
   B. 钢结构用钢
   C. 普通低碳结构钢
   D. 普通低合金结构钢

5. 钢按化学成分分为_____。
   A. 碳素钢
   B. 合金钢
   C. 普通钢
   D. 优质钢

五、判断题

( )1. 沸腾钢脱氧程度不完全,杂质多,致密程度好,冲击韧性和可焊性差。
( )2. 钢筋的牌号是按其抗拉强度值划分的。
( )3. 断后伸长率大的钢材,其冷弯性能一定好。
( )4. 强度较高的钢筋应采用自然时效。
( )5. 钢筋的屈强比越大,说明钢筋在结构中的安全性和可靠性越高。

六、简答题

1. 牌号为 Q235AF 和 Q420qD 的钢材,它们的含义分别是什么?
2. 钢材冷加工强化有什么意义?
3. 硅、锰、硫、磷元素对钢材性能有什么影响?
4. 钢材锈蚀的类型有哪些?采取哪些防锈措施?
5. 为什么屈服强度、抗拉强度和断后伸长率是工程中用钢材的重要技术性能指标?

七、计算题

1. 今有一批直径为 12mm 的月牙肋钢筋,按规定方法截取两根试件进行检测,检测结果见表 8-20,计算该批钢筋的屈服强度、抗拉强度及断后伸长率。

钢筋力学性能试验记录表 表 8-20

检测项目	截面面积 (mm²)	屈服荷载 (N)	极限荷载 (N)	原标距 (mm)	断后标距 (mm)
试件一	113.1	42978	59943	120	161.4
试件二	113.1	41847	59940	120	163.2

2. 某工地有一批热轧钢筋,其标签看不清楚,取样做拉伸试验,结果见表8-21,试计算该钢筋的屈服强度、抗拉强度及断后伸长率,并判断该批钢筋的牌号。

钢筋力学性能试验记录表   表 8-21

检 测 项 目	直径 （mm）	屈服荷载 （kN）	极限荷载 （kN）	原标距 （mm）	断后标距 （mm）
试件一	12	33	61	60	72.0
试件二	12	32	60	60	74

第九章 工程高聚物材料

1. 了解工程聚合物材料的基本概念和常用种类;
2. 了解工程聚合物材料的特性及其应用;
3. 了解工程高聚物材料在公路工程中的应用。

📖 **知识衔接**

随着高等级道路的发展,对路面和桥梁建筑用的材料提出更高的要求。工程高聚物材料在道路工程中的应用,不仅可以代替传统材料,而且可以作为改性剂来改善和提高现有材料(图9-1)。为此,必须掌握高聚物材料的组成、性能和配制,以正确选择和应用这类材料。

a)土工布

b)SBS防水卷材

图9-1 高聚物材料在工程中的应用

第一节 工程聚合物材料的基础

一、聚合物材料概论

聚合物是由许多小分子物质通过聚合反应以链式结构形成的一类物质,由于这类物质聚合成的分子量很大,又称为高分子聚合物或高聚物。通常认为聚合物材料包括塑料、橡胶和纤维三类。

(一)聚合物的基本概念

构成聚合物基本单元的小分子称为单体;由单体形成的重复单元结构称为链节,一个聚合物链节的数目称为聚合度;当掌握某一聚合物的聚合度时,可依据结构单元的分子量的多少计算出某一聚合物的分子量。

尽管聚合物的分子量很大,但其化学结构却比较简单,大多是由一种或几种小分子物质聚合而成,所以聚合物分子结构是小分子物质结构的重复组合。如常见的日用工程塑料聚氯乙烯,就是由单个氯乙烯分子聚合在一起形成的。

(二)聚合物的命名和分类

1. 聚合物材料的命名

1)根据单体名称命名

如果聚合物由一种单体聚合而成,则在构成聚合物的单体前加"聚"字,如聚乙烯、聚氯乙烯、聚苯乙烯等;如果聚合物由两种或两种以上单体聚合而成,则将单体名称的缩写放在前面,在其后根据用途加上"树脂""橡胶"等名称,如酚醛树脂(由苯酚和甲醛聚合而成)、丁苯橡胶(由丁二烯和苯乙烯聚合而成)。

2)习惯命名和商品命名

在很多情况下,聚合物常采用习惯的方式或采用商品名称进行命名,如由己二酸类和己二胺聚合成的己二酰己二胺,常习惯称作聚酰胺66,或采用商品名称——尼龙66。类似的还有有机玻璃、环氧树脂等。为简化起见,聚合物在使用或文献中常采用英文缩写字母来表示,如聚乙烯表示为 PE、聚氯乙烯表示为 PVC、嵌段聚苯乙烯和丁二烯表示为 SBS 等。

2. 聚合物的分类

高聚物种类繁多,为便于研究和讨论它的性能,通常采用下列分类:

1)按材料的性能和用途分类

(1)塑料,具有可塑性的高聚物材料。可塑性是指当材料在一定温度和压力下受到外力作用时,可产生变形,而外力除去后仍能保持受力时的形状。

(2)橡胶,具有显著高弹性的高聚物材料。在外力作用下可产生较大的变形,当外力卸除后又能回复原来的形状。按其产源可分为天然橡胶和合成橡胶两类。

(3)纤维,是柔韧、纤细而且均匀的线状或丝状,并具有相当长度(约直径100倍以上)、强度和弹性的高聚物材料。纤维可分为天然纤维和化学纤维(包括人造纤维和合成纤维)两类。

(4)此外,还有胶黏剂、涂料等。

2)按化合物的分子结构分类

(1)线型高聚物。线型高聚物的分子为线状长链分子,具有良好的弹性、塑性、柔顺性,有一定的强度,但硬度小。

(2)支链型高聚物。分子在主链上带有比主链短的支链,可塑化、熔融,也能溶解于适当的溶剂,密度小、抗拉强度低,断裂伸长率较高。

(3)交联型高聚物,是由线型或支链型高聚物分子以化学键交联形成,呈空间网状结构。它无法溶解,不能熔融,具有较高刚性和良好的尺寸稳定性。

聚合物结构示意如图9-2所示。

3)按高聚物主链的结构分类

(1)碳链高聚物:主链完全由碳原子组成,而取代基可为其他原子。多为烯类高聚物。

(2)杂链高聚物:主链上除碳以外,还有氧、氮、硫等杂原子的高聚物。

(3)元素高聚物:主链上没有碳原子,而是由硅、氧、硼、氮等元素组成。其侧基可为含碳

| a)线型结构 | b)支链型结构 | c)交联型结构 |

图 9-2 聚合物结构示意图

氢的有机团。

4)按高分子化合物反应类别分类

分为加聚反应和缩聚反应,其反应产物为加聚物和缩聚物。

5)按应用功能分类

分为通用聚合物、特殊聚合物、功能聚合物、仿生聚合物等。

塑料、橡胶和纤维的产量占全部聚合物产量的90%以上,称为三大合成聚合物材料。

(三)聚合物的合成与结构

1. 聚合物合成反应

1)加聚反应

由带有双键的不饱和小分子物质通过加成反应合成聚合物,其中根据聚合时的参与反应的单体数目、种类和高聚物本身的构型,又分为均聚合和共聚合两种。

(1)均聚合反应。由一种单体进行聚合的过程,如由乙烯的均聚合过程得到聚乙烯:

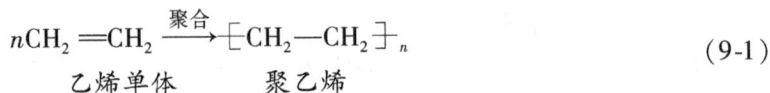

$$n\mathrm{CH_2}=\mathrm{CH_2} \xrightarrow{\text{聚合}} \underset{\text{聚乙烯}}{\vphantom{x}}\unicode{x2523}\mathrm{CH_2-CH_2}\unicode{x252B}_n \tag{9-1}$$
乙烯单体　　　　聚乙烯

(2)共聚合反应。由两种或两种以上单体共同聚合的过程,如由丁二烯和苯乙烯共聚合得到的嵌段聚合物,简称为SBS,是一种热塑性橡胶,其结构式如下:

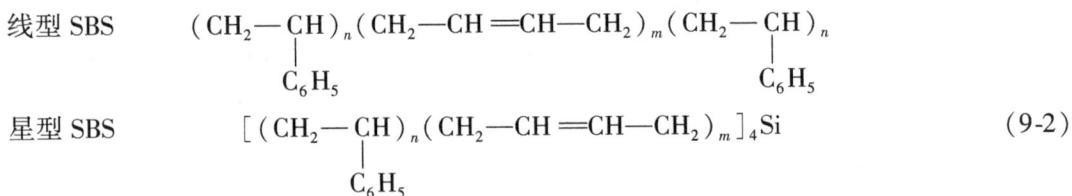

线型 SBS

$$(\mathrm{CH_2-CH})_n(\mathrm{CH_2-CH}=\mathrm{CH-CH_2})_m(\mathrm{CH_2-CH})_n$$
$$\quad\ \ |\qquad\qquad\qquad\qquad\qquad\qquad\qquad\quad\ |$$
$$\quad\ \mathrm{C_6H_5}\qquad\qquad\qquad\qquad\qquad\qquad\qquad\mathrm{C_6H_5}$$

星型 SBS

$$[(\mathrm{CH_2-CH})_n(\mathrm{CH_2-CH}=\mathrm{CH-CH_2})_m]_4\mathrm{Si} \tag{9-2}$$
$$\quad\ \ |$$
$$\quad\ \mathrm{C_6H_5}$$

2)缩聚反应

由带有两个或两个以上官能团的单体物质,通过自身或相互之间反复缩合反应生成聚合物,同时还析出诸如水、氨、醇、氯化氢等低分子副产物。如下列方程所示:

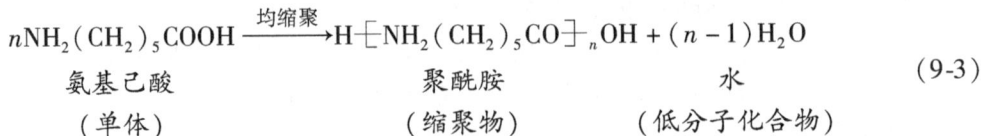

$$n\mathrm{NH_2(CH_2)_5COOH} \xrightarrow{\text{均缩聚}} \mathrm{H}\unicode{x2523}\mathrm{NH_2(CH_2)_5CO}\unicode{x252B}_n\mathrm{OH} + (n-1)\mathrm{H_2O} \tag{9-3}$$
氨基己酸　　　　　　　　聚酰胺　　　　　　　水
（单体）　　　　　　　（缩聚物）　　　　（低分子化合物）

按参加反应的单体不同分为均缩聚、混缩聚、共缩聚反应。

按产物的几何结构分为线型缩聚、体型(网状)缩聚。

2. 聚合物结构特征

聚合物具有一些特殊的性质,如高弹性、较好的耐候性以及良好的变形性等,之所以具有这些特性,关键在于聚合物具有特殊的结构特征。

由于聚合物的分子链很长,通常长链呈现卷曲状,在外力作用下分子链伸展开来,外力停止又重新收缩恢复卷曲状,从而表现出极好的弹性特点。同时在较长的分子链之间通过分子间力相互影响,相互作用,可抵御较大的拉力作用。所以在受拉时,即使是分子链被拉断,聚合物的分子链也难以滑脱。与小分子等其他物质不同,高聚物可以呈现三种不同结构状态:玻璃态、高弹态和黏流态。在温度较低时,聚合物分子链之间的作用力很大,分子链只能在原有的位置上振动,受到外力时只能发生瞬时的微小形变,外力卸除形变立即恢复,这种状态就是玻璃态。当温度升高时,高分子链有了较大的活动能力,分子链变得柔软可以旋转,在外力作用下可以产生较大变形,外力卸除后会逐渐恢复原状,呈现显著的弹性特点,此时的状态称为高弹态。随温度进一步的升高,聚合物分子链达到可以相互滑动、整体迁移的状态,受力时极易变形,外力卸除后形变无法恢复,此时称为黏流态。在三种状态变换过程中,存在两种温度,一种是从玻璃态到高弹态的玻璃化转变温度,简称玻璃化温度,另一种是从高弹态到黏流态的黏流温度。显然常温下,处于玻璃态的聚合物适宜作塑料或纤维使用,处于高弹态的聚合物适宜作橡胶使用,而利用聚合物的黏流状态易于生产加工。所以,用作塑料和纤维的聚合物,希望其玻璃化温度高一些,以保证在较宽的温度范围内使这两种材料具有良好的变形稳定性;而对于橡胶材料,却希望其玻璃化温度越低越好,这样可在严寒条件下,保持高弹态而具有优良的弹性。

二、常用的聚合物材料

主要讲几种高聚物的组成、性能和应用。

(一)塑料

塑料是指以树脂为主要成分,含有各种添加剂(如增塑剂、填充剂、润滑剂、颜料等),而且在加工过程中能流动成型的材料。

按其能否进行二次加工,又可分为热塑性塑料(线型结构高聚物材料)和热固性塑料(体型结构高聚物材料)两类。

塑料按其用途分为两种。①常用塑料:产量大、用途广、成型性好、价廉的塑料,如聚乙烯、聚丙烯、酚醛等。②工程塑料:能承受外力作用,有良好力学性能、尺寸稳定性好,在高温和低温下能保持良好性能,可作为工程构件的塑料,如 ABS 塑料。作为水泥混凝土或沥青混合料改性的均属于前类,直接作为桥梁或道路结构构件的属于后一类。

1. 聚乙烯

聚乙烯(PE)是由乙烯加聚得到的高聚物,无臭、无味、无毒,乳白色蜡状半透明材料,易燃烧,火焰上黄下蓝,燃烧时产生熔融滴落且有明显石蜡燃烧气味。

按密度可分为高密度($0.941 \sim 0.970 \text{g/cm}^3$)、低密度($0.910 \sim 0.940 \text{g/cm}^3$)聚乙烯。低密度聚乙烯较高密度聚乙烯具有较低的强度,但具有较大的伸长率和较好的耐寒性,故用于改性沥青多选用低密度聚乙烯。

按压力可分为低压、中压、高压聚乙烯,此外还有超高分子量聚乙烯、线形低密度聚乙烯。

聚乙烯的特点是强度较高、延伸率较大、耐寒性好(玻璃化温度可达 $-120 \sim 125℃$)。聚乙烯树脂是较好的沥青改性剂,由于它具有较高强度和较好的耐寒性,并且与沥青的相融性较好,在其他助剂的协同作用下,可制得优良的改性沥青。

聚乙烯塑料可制成薄膜,半透明、柔韧不透气,亦可加工成建筑用的板材或管材,成型加工性能良好,成型前无须干燥。

2. 聚丙烯

聚丙烯(PP)是以丙烯为单体聚合而成的高聚物,常温下呈乳白色至浅棕色橡胶状物质,密度较小,耐热性较好,透明性较高,力学强度较高,但耐低温性能、耐老化性能较聚乙烯差。

成型前一般不用干燥;成型温度范围宽(成型温度在 200 ~ 300℃),流动性好,熔点为160 ~ 175℃,分解温度为 350℃。PP 熔体的黏度对剪切速率的依赖性比对温度的依赖性大。

聚丙烯按其分子结构可分为无规聚丙烯、等规聚丙烯和间规聚丙烯三种。无规聚丙烯(APP)常用来作为道路和防水沥青的改性剂,APP 是生产等规聚丙烯的副产品,在常温下呈乳白色至浅棕色胶状物质,密度为 $0.85g/cm^3$。

聚丙烯经塑化加工后,常用于制成塑料薄膜或建筑钢板或管材,性能与聚乙烯相近。

聚丙烯纤维材料如图 9-3 所示。

图 9-3 聚丙烯纤维材料

3. 聚氯乙烯

聚氯乙烯(PVC)是由氯乙烯单体加聚合成而得到的热塑线型聚合物,是无毒、无臭的白色粉末,难燃,离火即熄,火焰上黄下绿,冒黑烟,燃烧时变软,发出刺激性酸味,滴下能拉丝的胶质。

PVC 在 65 ~ 85℃开始软化,170℃以上呈熔融状态,140℃以上即开始少量分解,190℃以上大量放出氯化氢,由于 PVC 的熔融温度接近分解温度,成型困难,故常需加入稳定剂以提高分解温度。PVC 的长期使用温度为 – 15 ~ 55℃。

聚氯乙烯的优点是具有较高力学性能和良好的化学稳定性,主要缺点是变形能力低和耐寒性差。

聚氯乙烯可制成聚氯乙烯塑料薄膜,建筑用塑料管材和板材,以及各种日用制品。

4. 聚苯乙烯

聚苯乙烯(PS)是以苯乙烯单体制得的聚合物,通常为硬、脆、透明的无定型热塑性塑料,无色、无味、无毒,易燃烧,燃烧时冒黑烟,有特殊气味,敲击时有金属声,断口出现光泽,易于染色。

PS 的熔融温度为 150 ~ 180℃,热分解温度为 300℃,长期使用温度为 60 ~ 80℃。PS 具有较好的流动性,成型性能良好,成型温度范围宽,热稳定性好,吸湿性低,成型前无须干燥。

5. 酚醛树脂

酚醛树脂(PF)是一种重要的热固性塑料,由苯酚和甲醛聚合得到。

PF 具有较好的电绝缘性,广泛应用于电器产品。木粉填充的酚醛塑料制品(俗称电木),电绝缘性能好,成型性能好。

6. 氨基树脂

氨基树脂也是一类热固性树脂。

氨基树脂突出的特点是可制成色泽鲜艳的制品,为塑料餐具和桌面装饰层压板的主要材料。

7. 环氧树脂

环氧树脂(EP)目前最重要的品种为双酚 A 和环氧氯丙烷合成的环氧树脂。

环氧树脂黏结力强,又能低温低压固化,因此广泛用作黏合剂,常用于桥面铺装防水层和桥面混凝土的修补。EP 固化后,可制作高强度的增强塑料,优良的电绝缘材料等。

8. 聚甲基丙烯酸甲酯

聚甲基丙烯酸甲酯(PMMA),俗称有机玻璃(亚克力),为目前透明性最好的聚合物,但其表面硬度较低。PMMA 常采用浇铸成型的方法制得厚度较大的板材。

9. 聚酰胺

聚酰胺(PA),俗称尼龙,根据合成单体的不同,可分为 PA66、PA6、PA1010、PA11 等,具有优良的力学性能:较高的冲击强度和拉伸强度、优良的耐磨性和自润滑性。

(二)常用的橡胶

橡胶是指在外力作用下可发生较大形变,外力撤除后又迅速复原,在使用条件下具有高弹性的高聚物。下面就几种传统的常用橡胶材料简要介绍如下:

1. 天然橡胶

天然橡胶(NR)是一种从天然植物中采集出来的高弹性材料。最有经济价值的含橡胶成分的植物主要包括:三叶橡胶树(巴西橡胶)、杜仲树(古塔波胶或马来树胶)、橡胶草等。其中,三叶橡胶树的产胶量最大,质量最好,工业上应用的天然橡胶的主要来源是三叶橡胶。

一般天然橡胶(三叶橡胶)的橡胶烃是由含 98% 以上的顺式聚异戊二烯组成,NR 的相对分子质量约为 70 万,相对分子质量分布范围较宽,这是它既有良好的物理机械性能,又有良好加工性能的原因。

2. 顺丁橡胶

顺丁橡胶(BR),又称聚丁二烯橡胶,主要采用阴离子和配位阴离子聚合反应制备。聚丁二烯橡胶根据其顺式结构的含量多少可分为高顺式聚丁二烯橡胶、中顺式聚丁二烯橡胶和低顺式聚丁二烯橡胶。

目前工业上常用的品种大多为顺丁橡胶,其弹性较高,生热小,工艺性能较好,主要用途是制造轮胎胎面。

塑料和橡胶制品的差别主要在于它们的玻璃化温度。通常,塑料的 T_g(由玻璃态向高弹态转变的温度)高于室温,在室温下通常处于玻璃态,呈现塑性;橡胶的 T_g 低于室温,在室温下通常处于高弹态,呈现弹性。

(三)塑料-橡胶共聚物

随着技术的发展,橡胶和塑料两种高聚物在结构上得到一定的融合,同时表现出两种聚合物的性质,以适应更加广泛用途的需要。典型的塑料-橡胶共聚物是采用嵌段共聚的方式合成的苯乙烯-丁二烯-苯乙烯聚合物(SBS),它兼具塑料和橡胶的特点,具有弹性好、抗拉强度高、低温变形能力好等优点,是优良的沥青改性剂。

（四）通用合成纤维

1. 聚酯纤维

聚酯纤维是产量最大的合成纤维品种，是由芳香二羧酸和二元醇缩聚制得的树脂经熔融纺丝和加工处理制成。

聚酯纤维即聚对苯二甲酸乙二醇酯纤维（涤纶），有长丝和短纤维之分。它是一种优良的纺织材料，其强度在大宗纤维品种中仅次于聚酰胺纤维，高温下强度降低较小，弹性接近羊毛，保形性好，耐皱性超过任何纤维，耐候性良好，但吸水性、染色性差，需进行改性。

2. 聚丙烯腈

聚丙烯腈纤维（腈纶）是合成纤维中的主要品种之一，由于纯聚丙烯腈所制成的纤维质脆且不易染色，因此一般所述聚丙烯腈纤维是指丙烯腈含量在85%以上的共聚纤维。

聚丙烯腈纤维的耐候和耐光性能优良，化学稳定性好，不发霉，不怕虫蛀。聚丙烯腈纤维膨松、卷曲、柔软，极似羊毛，强度高于羊毛，相对密度比羊毛低。其主要用途是代替羊毛，或与羊毛混纺。

第二节　高聚物材料在工程中的应用

由于高聚物材料优良的综合性能，随技术的发展这类材料在土木建筑和道路工程中得到大量应用。例如，采用聚合物对沥青进行改性、制作聚合物混凝土，并可用作胶结材料或嵌缝密封材料，以及用于加强土基和路面基层的聚合物土工布、土工格栅材料等。

一、防水材料

防水材料是能够防止雨水、地下水与其他水分渗透的重要建筑材料（图9-4）。防水是建筑物的一项主要功能，防水材料是实现这一功能的物质基础。防水材料的主要作用是防潮、防漏、防渗，避免水和盐分对建筑物的侵蚀，保护建筑构件。

图9-4　防水材料在隧道工程中的应用

（一）防水卷材

将防水材料制作成的防水材料产品，以卷材形式提供，称为防水卷材。

1.沥青防水卷材（图9-5）

沥青防水卷材是指以原纸、纤维织物及纤维毡等胎体材料浸涂沥青，表面撒布粉状、粒状或片状材料制成可卷曲的片状防水材料。沥青防水材料最具有代表性的是石油沥青纸胎油毡及油纸。

2.高聚物改性沥青防水卷材

高聚物改性沥青防水卷材是指以合成高分子聚合物改性沥青为涂盖层，纤维织物或纤维毡为胎体，粉状、粒状、片状或薄膜材料为覆盖材料制成可卷曲的片状防水材料。高聚物改性沥青防水卷材克服了沥青卷材温度稳定性差、延伸率低的不足，具有高温不流淌、低温不脆裂、拉伸强度较高、延伸率较大等优异性能。常见的改性沥青防水卷材有SBS（苯乙烯-丁二烯-苯乙烯共聚物）、APP（无规聚丙烯）等。

1）SBS改性沥青防水卷材（图9-6）

SBS改性沥青防水卷材是以聚酯纤维无纺布为胎体，以SBS弹性体改性沥青为浸渍涂盖层，以塑料薄膜或矿物细料为隔离层而制成的防水卷材。这类卷材具有较高的弹性、延伸率、耐疲劳性和低温柔性，主要用于屋面及地下室防水，尤其适用于寒冷地区。以冷法施工或热熔铺贴，适于单层铺设或复合使用。

图9-5　沥青防水卷材	图9-6　SBS改性沥青防水卷材

2）APP改性沥青防水卷材

APP改性沥青防水卷材是以APP树脂改性沥青浸涂玻璃纤维或聚酯纤维（布或毡）胎基，上表面撒以细矿物粒料，表面覆以塑料薄膜制成的防水卷材。这类卷材弹塑性好，具有突出的热稳定性和抗强光辐射性，适用于高温和有强烈太阳辐射地区的屋面防水。单层铺设，可冷、热施工。

3）铝箔塑胶改性沥青防水卷材

铝箔塑胶改性沥青防水卷材是以玻璃纤维或聚酯纤维（布或毡）为胎基，用高分子（合成橡胶或树脂）改性沥青为浸渍涂盖层，以银白色铝箔为上表面反光保护层，以矿物粒料和塑料薄膜为底面隔离层而制成的防水卷材。

这种卷材对阳光的反射率高，具有一定的抗拉强度和延伸率，弹性好，低温柔性好，在

-20~80℃温度范围内适应性较强,抗老化能力强,具有装饰功能,适用于外露防水面层,并且价格较低,是一种中档的新型防水材料。

3. 合成高分子防水卷材

合成高分子防水材料具有抗拉强度高、断裂延伸率大、抗撕裂强度好、耐热耐低温性能优良、耐腐蚀、耐老化、单层施工及冷作业等优点。合成高分子防水材料中常用的高分子有三元乙丙橡胶、氯丁橡胶、有机硅橡胶、聚氨酯、丙烯酸酯、聚氯乙烯树脂等。

1) 三元乙丙橡胶防水卷材

三元乙丙橡胶防水卷材是以由乙烯、丙烯和双环成二烯三种单体共聚合成的三元乙丙橡胶为主体,加入多种辅助材料,经多种工序加工制成的高弹性防水材料三元乙丙橡胶防水卷材。与传统的沥青防水材料相比,具有防水性能优异、耐候性好、耐臭氧和耐化学腐蚀性强、弹性和抗拉强度高、对基层材料的伸缩或开裂变形适应性强、质量轻、使用温度范围宽(-60~+120℃)、使用年限长(30~50年)、可以冷施工、施工成本低等优点。适用于高级建筑防水,单层或复合使用,施工用冷黏法或自黏法。

2) 聚氯乙烯防水卷材

聚氯乙烯(PVC)防水卷材是以聚氯乙烯树脂为主要原料,加入多种辅助材料,经多种工序加工制成的防水卷材,是我国目前用量较大的一种卷材。这种卷材具有较高的拉伸和撕裂强度,延伸率较大,耐老化性能好,耐腐蚀性强。其原料丰富,价格便宜,容易黏结。适用于屋面、地下防水工程和防腐工程,单层或复合使用,冷黏法或热风焊接法施工。

(二)防水涂料

防水涂料是指常温下呈黏稠状态,涂布在结构物表面,经溶剂或水分挥发,或各组分间的化学反应,形成具有一定弹性的连续、坚韧的薄膜,使基层表面与水隔绝,并能抵抗一定的水压力,起到防水和防潮作用的物质。

1. 聚氨酯防水涂料

聚氨酯防水涂料形成的薄膜与混凝土、马赛克、大理石、木材、钢材、铝合金黏结良好,具有优异的耐候性、耐油性、耐碱性、耐臭氧性、耐海水侵蚀性,使用寿命为10~15年,而且强度高、弹性好、延伸率大(可达350%~500%)。

聚氨酯防水涂料又分为有焦油型和无焦油型。有焦油型是以焦油等填充剂、改性剂组成固化剂的。无焦油型聚氨酯防水涂料综合性能优于焦油型聚氨酯防水涂料。无焦油聚氨酯防水涂料色浅,可制成铁红、草绿、银灰等彩色涂料,涂膜反应速度易于控制,属于高档防水涂料,主要用于中高级建筑的屋面、外墙、地下室、卫生间、储水池及屋顶花园等防水工程,如图9-7所示。焦油聚氨酯防水涂料,因固化剂中加入了煤焦油,使涂料黏度降低,易于施工,且价格相对较低,使用量超过无焦油聚氨酯防水涂料。但煤焦油对人体有害,不能用于冷库内壁和饮用水防水工程,其他适用范围同无焦油聚氨酯防水涂料。

2. 硅橡胶防水涂料

硅橡胶防水涂料是指以硅橡胶乳液以及其他乳液的复合物为基料,掺入无机填料及各种助剂配制而成的乳液型防水涂料。硅橡胶防水涂料兼有涂膜防水和渗透性防水材料的优良特性,具有良好的防水性、渗透性、成膜性、弹性、黏结性、延伸性、耐高低温性、抗裂性、耐氧化性和耐候性,并且无毒、无味、不燃、使用安全。适用于地下室、卫生间、屋面以及地上地下构筑物

图 9-7 防水涂料的应用

的防水防渗和渗漏水修补等工程。

3. 丙烯酸酯防水涂料

丙烯酸酯防水涂料是指以丙烯酸树脂乳液为主,加入适量的颜料、填料等配制而成的水乳型防水涂料。丙烯酸酯防水涂料具有耐高低温性好、不透水性强、无毒、无味、无污染、操作简单等优点,可在各种复杂的基层表面上施工,并具有白色、多种浅色、黑色等,使用寿命为 10 ~ 15 年。丙烯酸酯防水涂料广泛应用于外墙防水装饰及各种彩色防水层。丙烯酸酯涂料的缺点是延伸率较小,为此可加入合成橡胶乳液予以改性,使其形成橡胶状弹性涂膜。

(三)密封材料

密封材料是指用于填充工程中出现的施工缝、构件连接缝、变形缝等各种接缝,具有一定的弹性、黏结性,能够使接缝保持水密、气密性能的材料。

密封材料分为具有一定形状和尺寸的定型密封材料(如止水条、止水带等),以及各种膏糊状的不定型密封材料(如腻子、胶泥、各类密封膏等)。

性能要求:①优良的黏结性、施工性及抗下垂体;②良好的弹塑性;③较好的耐候和耐水性能。

密封材料的应用见图 9-8。

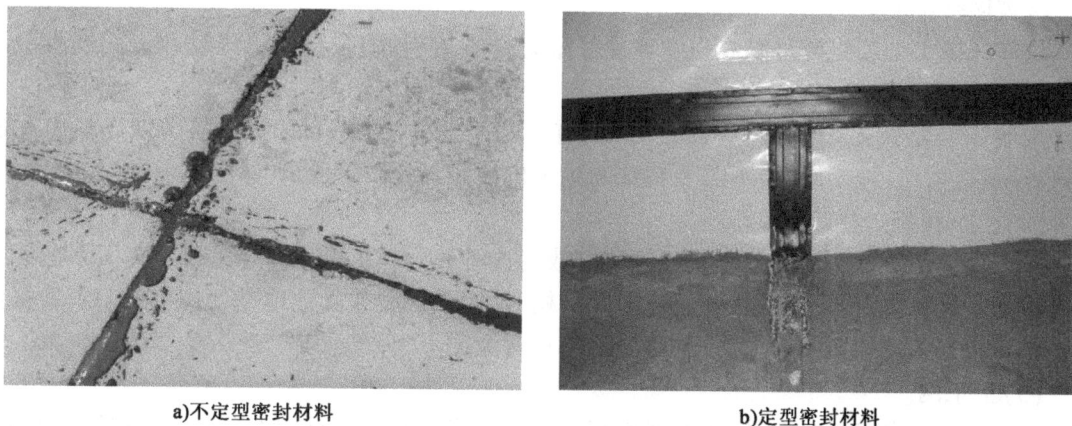

a)不定型密封材料   b)定型密封材料

图 9-8 密封材料的应用

二、土工合成材料

土工合成材料是以合成材料为原材料制成的各种产品的统称。它的种类很多，其中有一类具有透水性的布状织物，叫作"土工织物"，俗称"土工布"。织物的主要成分是人造聚合物，按照不同的制造工艺，可将土工布分为有纺、无纺、纺织和复合织物4种。

1. 土工合成材料的种类和特点

1）土工织物

土工织物是指首先把聚合物原料加工成丝、短纤维、纱或条带，然后制成平面结构的土工织物。土工织物按制造方法可分为有纺（织造）土工织物和无纺（非织造）土工织物。按照纤维联结的方式不同，可分为化学（黏结剂）联结、热力联结和机械联结三种联结方式。

土工织物突出的优点是质量轻，整体连续性好（可做成较大面积的整体），施工方便，抗拉强度较高，耐腐蚀和抗微生物侵蚀性好。缺点是未经特殊处理，抗紫外线能力低，如果暴露在外，受紫外线直接照射容易老化，但如果不直接暴露，则抗老化及耐久性能仍较高。

2）土工膜

土工膜一般可分为沥青和聚合物（合成高聚物）两大类。含沥青的土工膜目前主要为复合型的，沥青作为浸润黏结剂。聚合物土工膜又根据不同的主材料分为塑性土工膜、弹性土工膜和组合型土工膜。

土工膜的不透水性很好，弹性和适应变形的能力很强，能适用于不同的施工条件和工作应力，具有良好的耐老化能力，处于水下和土中的土工膜的耐久性尤为突出。

3）土工特种材料

（1）土工格栅。

土工格栅是一种主要的土工合成材料。土工格栅分为塑料类和玻璃纤维类两种类型。

①塑料类。

塑料类土工格栅是指经过拉伸形成的具有方形或矩形的聚合物网材，按其制造时拉伸方向的不同可分为单向拉伸和双向拉伸两种。它是在经挤压制出的聚合物板材（原料多为聚丙烯或高密度聚乙烯）上冲孔，然后在加热条件下施行定向拉伸。

塑料类土工格栅具有较好的耐酸、耐碱、耐腐蚀、较高强度和抗老化等耐久性能。

②玻璃纤维类。

玻璃纤维类土工格栅是以高强度玻璃纤维为材质，有时配合自粘感压胶和表面沥青浸渍处理，使格栅和沥青路面紧密结合成一体。

玻璃纤维类土工格栅是一种质量轻、具有一定柔性的塑料平面网材，易于现场裁剪和连接，也可重叠搭接，施工简便，不需要特殊的施工机械和专业技术人员。

（2）土工膜袋。

土工膜袋是一种由双层聚合化纤织物制成的连续（或单独）袋状材料，利用高压泵把混凝土或砂浆灌入膜袋中，形成板状或其他形状结构，常用于护坡或其他地基处理工程。膜袋根据其材质和加工工艺的不同，分为机制和简易膜袋两大类。

（3）土工网。

土工网是由合成材料条带、粗股条编织或合成树脂压制的具有较大孔眼、刚度较大的网状土工合成材料，用于软基加固垫层、坡面防护、植草以及用作制造组合土工材料的基材。

（4）土工网垫和土工格室。

土工网垫和土工格室都是用合成材料特制的三维结构。前者多为长丝结合而成的三维透水聚合物网垫，后者是由土工织物、土工格栅或土工膜、条带聚合物构成的蜂窝状或网格状三维结构，常用作防冲蚀和保土工程。刚度大、侧限能力高的土工格室多用于地基加筋垫层、路基基床或道床中。

（5）聚苯乙烯泡沫塑料。

聚苯乙烯泡沫塑料（EPS）是近年来发展起来的超轻型土工合成材料。它是在聚苯乙烯中添加发泡剂，用所规定的密度预先进行发泡，再把发泡的颗粒放在简仓中干燥后填充到模具内加热形成的。EPS 具有质量轻、耐热、抗压性能好、吸水率低、自立性好等优点，常用作铁路路基的填料。

4）土工复合材料

土工织物、土工膜和某些特种土工合成材料，将其中两种或两种以上的材料互相组合起来就成为土工复合材料。土工复合材料可将不同材料的性质结合起来，更好地满足具体工程的需要，起到多种功能的作用。如复合土工膜，就是将土工膜和土工织物按一定要求制成的一种土工织物组合物。其中，土工膜主要用来防渗，土工织物起加筋、排水和增加土工膜与土面之间摩擦力的作用。又如土工复合排水材，它是以无纺土工织物和土工网、土工膜或不同形状的合成材料芯材组成的排水材料，用于软基排水固结处理、路基纵横排水、建筑地下排水管道排水、集水井排水、支挡建筑物的墙后排水、隧道排水、堤坝排水等。路基工程中常用的塑料排水板就是一种土工复合排水材料。土工布、土工膜、土工格室分别见图 9-9 ~ 图 9-12。

图 9-9　土工布

图 9-10　土工膜

图 9-11　土工格室

图 9-12　土工格室的应用

2. 土工合成材料的作用

土工合成材料在公路、铁路、挡土墙、土坝等工程中广泛使用。其作用如下：

1）排水作用

作为多孔隙透水材料，埋在土中可以将吸收的水分，沿其平面的方向和垂直于其平面方向，将水排出土体。土工布常用于修建路面的排水设施、挡土墙、隧洞衬砌后排水系统。见图9-13。

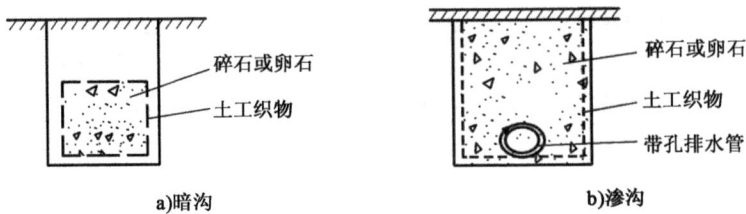

图9-13 排水作用

2）反滤作用

为防止土中细颗粒被渗流潜蚀（管涌现象），传统上使用级配粒料滤层。土工布铺设在边坡或堤岸上，水分顺其平面渗透通过，实现土工布下土粒的稳固性。而有纺和无纺织物都能取代常规的粒料，起反滤层作用。工程中往往同时利用织物的反滤和排水两种作用。

3）加筋作用

织物具有较高的抗拉强度和较大的破坏变形率，以适当方式将其埋在结构层中，可把荷载或应力均匀扩散在更大的面积范围内。土工布有助于软基处理、修筑加筋挡土墙及桥台、加固高填方土基或坡度很陡的边坡、滑坡处理、加固柔性路面、修补沥青路面、防止出现反射裂缝和车辙。见图9-14。

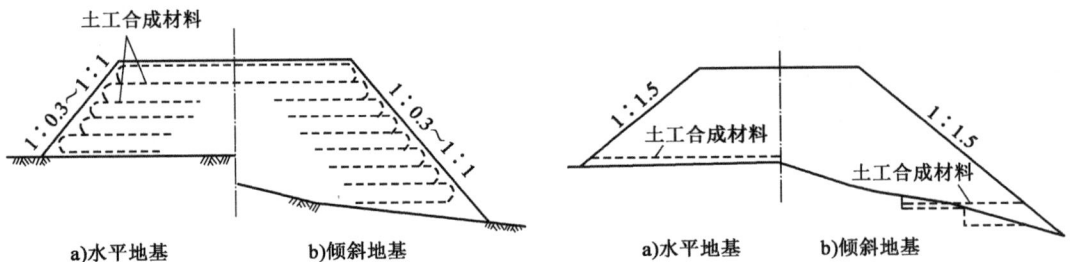

图9-14 加筋作用

4）分隔作用

在某些工程中，不同的粒料层之间经常发生相互混杂的现象，使各层失去应有的性能。将织物铺设在不同粒料层之间，可以防止因材料性质不同而发生相互渗透起到分隔作用。例如，在软弱地基上铺设碎石粒料基层时，在层间铺设织物，可有效地防止层间土粒相互贯入并控制不均匀沉降。土工布铺设在路面基层与土基之间，中断了土壤间毛细作用，防止路面翻浆。见图9-15。

5）防护作用

土工合成材料可用于道路边坡、泥石流和悬崖侧建筑物障墙防冲、涵洞工程护底、沙漠地区滞沙和固沙、防止土基冻害、防止道路盐渍化措施、边坡加固、防止沥青路面开裂，见图9-16。

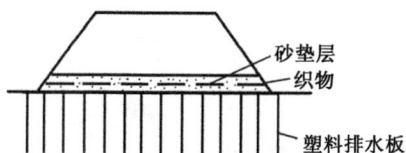

图 9-15　分隔作用

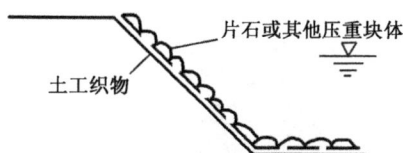

图 9-16　防护作用

织物在工程中的各种作用见表 9-1。

织物在工程中的各种作用　　　　　　　　　　表 9-1

主要作用	工程应用	次要作用	主要作用	工程应用	次要作用
分隔	道路和铁路路基	反滤、排水、加筋	加筋	沥青混凝土路面	—
	填土、预压稳定	排水、加筋		路面底基层	反滤
	边坡防护、运动场、停车场	反滤、排水、加筋		挡土结构	分隔、排水、反滤
排水	挡土墙、垂直排水	分隔、反滤		填土地基	排水
	横向排水	加筋		软土地基	排水
	土坝	反滤	反滤	沟渠、基层、结构和坡脚排水	分隔、排水
	铺在水泥板下	—		堤岸防护	分隔

三、橡胶支座

橡胶支座是由橡胶和薄钢板紧密结合而成,用于将支撑桥梁上部结构的反力可靠地传递给墩台,可有效适应梁端转动及通过橡胶支座的剪切变形来适应由温差引起的梁体伸缩变形。

(一)板式橡胶支座

板式橡胶支座是由多层天然橡胶与薄钢板镶嵌、黏合、硫化而成的一种桥梁支座产品。

板式橡胶支座按结构分类:①普通板式橡胶支座;②四氟乙烯滑板板式橡胶支座;③其他板式橡胶支座。按形状分类:①矩形;②圆形。按材料分类:①氯丁橡胶,适用温度为 +60 ～ -25℃;②天然橡胶,适用温度为 +60 ～ -40℃;③三元乙丙橡胶,适用温度为 +60℃ ～ -45℃。

1.普通板式橡胶支座(图 9-17)

1)性能

普通板式橡胶支座由多层橡胶片与薄钢板镶嵌、黏合,在一定压力、一定温度和一定时间内硫化压制而成。普通板式橡胶支座有足够的竖向刚度以承压垂直荷载,能将梁板上部构造的反力可靠地传递给墩台,有良好的弹性,以适应梁端的转动,有较大的剪切变形以满足上部梁体构造的水平位移。与钢支座相比,构造简单,安装方便;节约钢材,价格低廉;养护简便,易于更换;有良好的隔震作用,可减少活载与地震力对建筑物的冲击作用。

2)应用

普通板式橡胶支座在桥梁建筑、水电工程、房屋抗震设施上已广泛应用,适用于跨度小于30m、位移量较小的桥梁。不同的平面形状适用于不用的桥跨结构,正交桥梁用矩形支座,曲线桥、斜交桥及圆柱墩桥用圆形支座。

283

图 9-17 普通板式橡胶支座

2. 四氟乙烯滑板式橡胶支座(图 9-18)

1) 性能

四氟乙烯滑板式橡胶支座是在普通板式橡胶支座上黏结一层厚 1.5 ~ 3mm 的聚四氟乙烯板。除具有普通板式橡胶支座的竖向刚度与弹性变形,能承受垂直荷载及适应梁端转动外,因四氟乙烯与梁底不锈钢板间的低摩擦系数($\mu \leqslant 0.03$),可使桥梁上部构造的水平位移不受限制。

2) 应用

四氟乙烯滑板式橡胶支座适用于跨度大于 30m 的大跨度、多跨连续、简支梁连续板等结构的大位移量桥梁。它还可用作连续梁顶推及 T 形梁横移中的滑块。矩形、圆形四氟乙烯滑板式橡胶支座的应用分别与矩形、圆形普通板式橡胶支座相同。

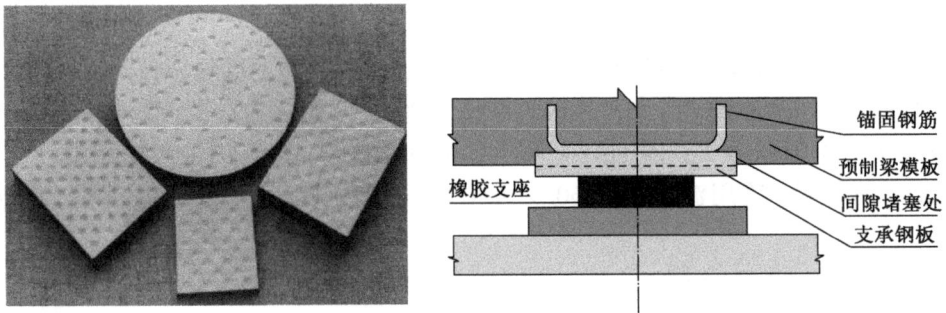

图 9-18 四氟乙烯滑板式橡胶支座

3. 其他板式橡胶支座

1) 球冠圆板式支座(图 9-19)

(1) 性能。

球冠圆板式支座是经由圆形板式支座改进而来的,其中间层橡胶和钢板布置与圆形板式橡胶支座完全相同,而在支座顶面用纯橡胶制成球形表面,球面中心橡胶最大厚度为 4 ~ 10mm。球冠圆板式橡胶支座传力均匀,可明显改善或避免支座底面产生偏压、脱空等不良现象。

支座顶面采用纯橡胶球形表面,支座底部加设一圈半径为 2.5mm 的半圆形圆环。它既保留了圆板支座变形各向同性的优点,又可克服安装后易产生的偏压、脱空等现象。

（2）应用。

球冠圆板式支座适用于一般小跨径桥梁，也适用于各种布置复杂的、纵坡较大的立交桥和高架桥，特别适用于纵横坡度较大（3%～5%）的立交桥和高架桥。根据不同坡度可以调整球冠半径和支座整体厚度。

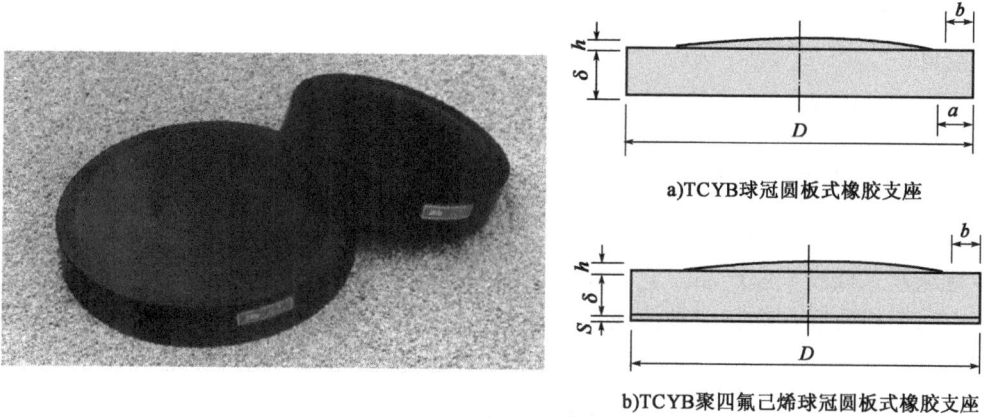

a)TCYB球冠圆板式橡胶支座

b)TCYB聚四氟己烯球冠圆板式橡胶支座

图9-19　球冠圆板式橡胶支座

2）坡形板式橡胶支座（图9-20）

（1）性能。

坡形板式橡胶支座是在普通圆板橡胶支座的基础上改制成的一种楔状坡形支座。斜坡的角度依据桥梁的纵横坡而制造，大大方便了桥梁的设计与施工，并有效地解除了梁、橡胶支座、墩台三者之间的脱空现象，与球冠圆板支座相比有不受桥梁纵横坡角度限制的特点。

（2）应用。

坡形板式橡胶支座可以适应各种桥梁的纵横坡。

（二）盆式橡胶支座（图9-21）

盆式橡胶支座是钢构件与橡胶组合而成的新型桥梁支座。

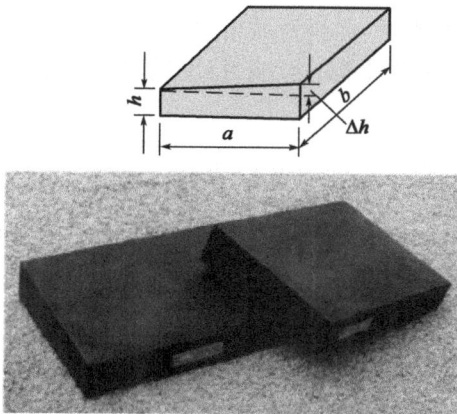

图9-20　坡形板式橡胶支座

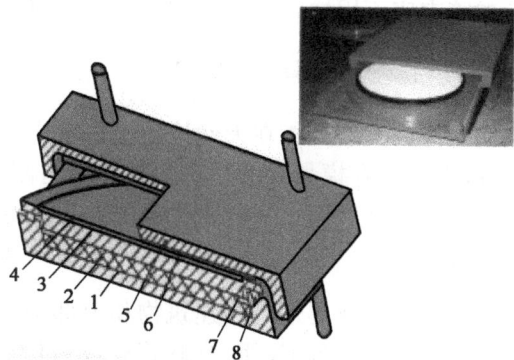

图9-21　盆式橡胶支座

1-钢盆；2-承压橡胶板；3-钢衬板；4-聚四氟乙烯板；
5-上支座板；6-不锈钢滑板；7-钢紧箍圈；8-密封胶圈

1. 性能

盆式橡胶支座利用橡胶的弹性,满足梁端的转动,通过焊接在上座板上的不锈钢板与聚四氟乙烯的自由滑移,完成桥梁上部构造的水平位移。它具有结构合理,承载能力大,变形小,水平位移量大,转动灵活,缓冲性能良好;质量轻,结构紧凑,构造简单,建筑高度低,加工制造方便,节省钢材,降低造价等优点。

2. 应用

盆式橡胶支座适用于大跨径桥梁,是连续式桥梁的最佳支座。

(三)QZ 系列球形橡胶支座(图9-22)

QZ 系列球形橡胶支座是由上支座板、下支座板、球形板、聚四氟乙烯滑板及橡胶挡圈组成的一种特殊盆式橡胶支座产品。它将盆式支座中的橡胶板改为球面四氟板因而得名,由于球形支座中间钢板及底盆亦相应地改成球面,减小了摩擦系数。其位移由上支座板与平面四氟板之间的滑动来实现。

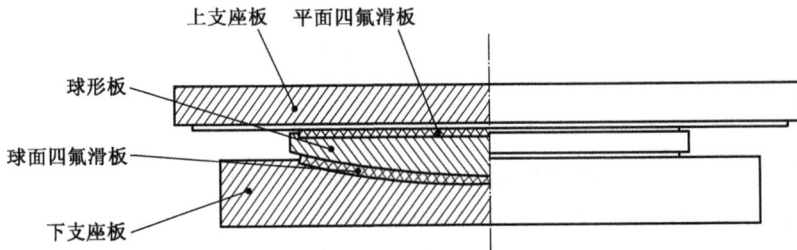

图 9-22　球形橡胶支座

1. 性能

QZ 系列球形橡胶支座有传力可靠、转动灵活、承载力大、容许位移量大等特点,而且能更好地适应支座大转角的需要。

2. 应用

球形橡胶支座各向转动性能一致,适用于曲线桥、直桥、斜桥及城市立交桥等桥梁工程中;球形橡胶支座不用橡胶承压,不存在橡胶老化对支座转动性能的影响,特别适用于低温地区。

(四)防震橡胶支座(图9-23)

防震橡胶支座是指在天然橡胶中加入各种配合剂,用来提高橡胶的阻尼性能(增加滞后损失,降低其储存模量),然后利用这种具有阻尼效果的橡胶制成的与普通橡胶支座结构近似的一种钢板和橡胶通过热硫化构成的叠层产品。

1. 性能

防震橡胶支座是通过在建筑物和上部构造之间设置橡胶支座,从而减轻上部结构的地震作用,达到减少震害的作用,维修管理成本低(无须其他阻尼装置),大震后残余变形极小,无须更换,具有更好的耐老化性,广泛用于不同气候地区,而且环保无污染。

2. 应用

隔震性能好,适用范围广,是一款性价比较高的新型桥梁和房屋建筑产品。

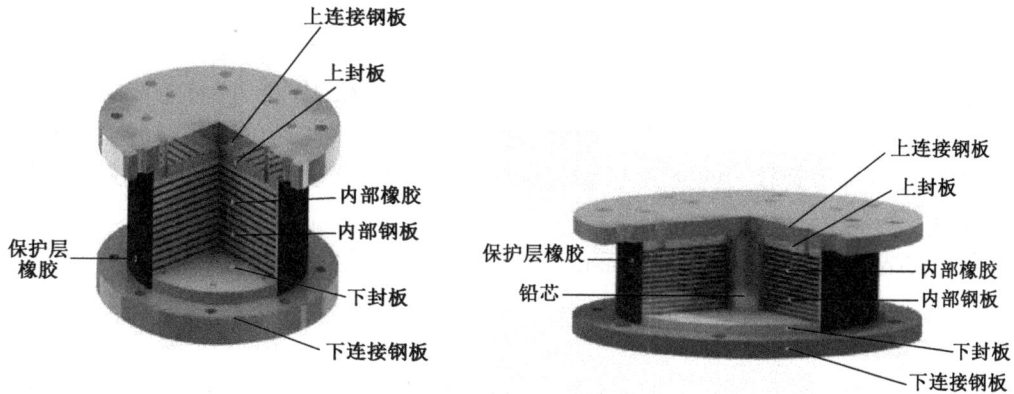

图 9-23　防震橡胶支座

四、高聚物改性混合料

(一)高聚物改性水泥混凝土

普通水泥混凝土硬化后内部存在着微孔隙,与自身的抗压强度相比,抗拉强度、抗折强度较小,脆性大,是一种典型的强而脆的材料。聚合物的介入,有助于减少混凝土中的微孔隙,降低混凝土的渗透性,从而改善混凝土的耐久性,并使混凝土成为一种强而韧的材料。聚合物混凝土是由有机、无机材料复合而成的混凝土。按照组成材料和制作工艺可分为三种。

1. 聚合物浸渍混凝土(PIC)

1)性能

聚合物浸渍混凝土是将硬化的混凝土加热、干燥、抽取孔隙中的空气,以有机单体(如甲基丙烯酸甲酯、丙烯腈等)浸渍,然后用加热或辐射等方法使孔隙中的单体聚合而成。

聚合物浸渍混凝土的抗压强度为普通混凝土的 3~4 倍,抗拉强度约提高 3 倍,抗弯拉强度约提高 2~3 倍,弹性模量约提高 1 倍,抗冲击强度约提高 0.7 倍。此外,徐变大大减少,抗冻性、耐硫酸盐、耐酸和耐碱等性能有很大改善。主要缺点是耐热性差,高温时聚合物易分解。

2)应用

聚合物浸渍混凝土适用于要求高强度、高耐久性的特殊构件,特别适用于输送液体的有筋管道、无筋管道和坑道。

2. 聚合物水泥混凝土(PCC)

1)性能

聚合物水泥混凝土是在拌和混凝土时掺加聚合物(如聚丙烯酸、乳胶等)或单体(如丙烯腈、苯乙烯等),通过聚合物与水泥水化产物相互穿透包裹,形成致密的网状结构,因而改善混凝土的性能,具有黏结性能好,抗拉强度高,耐久性、耐磨性和耐蚀性强的特点。

2)应用

聚合物水泥混凝土主要用于机场跑道、混凝土路面或桥梁面层等构造物。

---

3. 聚合物胶结混凝土(PC)

1)性能

聚合物胶结混凝土是完全采用聚合物(聚酯、聚甲基丙烯酸甲酯等)作为胶结材料的混凝土。聚合物胶结混凝土由于充分利用聚合物,使混凝土呈现一些新的特点,如抗拉强度、抗压强度、抗弯强度等都得到较大的提高,抗渗性、耐磨性、耐水性、耐腐蚀性都得到较大的改善。

2)应用

聚合物胶结混凝土可用于铺筑路面和桥面、修补路面坑槽、机场跑道等。

(二)高聚合物改性沥青

由于交通运输的飞速发展,对沥青材料高、低温性能和抗老化能力要求的日益提高,使得基质沥青越来越难以满足当今高等级公路通行需要,对基质进行改性成为必然。

目前沥青改性常用的方式之一是采用聚合物,通过聚合物优越的综合性能对沥青的高低温性能、耐久性等进行改善。目前常用的聚合物改性沥青类型有热塑弹性体改性沥青、橡胶类改性沥青和热塑性树脂改性沥青等,其中以采用 SBS 热塑弹性体聚合物进行沥青改性效果最为显著。

1)性能

SBS 用于沥青改性时,根据结构特点,当温度升高到超过玻璃化温度 T_{g2} 时(80℃),整个结构开始软化和流动,有利于改性沥青的拌和和施工;而在通常的沥青路面使用温度条件下,改性沥青仍呈现固体状态,可以产生高拉伸能力和良好的抗变形能力;当环境温度相对较低时,又由于 T_{g1} 非常低(-80℃),改性沥青能够始终保持较好的低温柔性,从而避免了沥青路面的低温开裂现象。

2)应用

改性沥青制备的混合料应用于高等级路面,对防止高温车辙和低温裂缝有一定的效果。

五、裂缝修补和嵌缝材料

裂缝修补和嵌缝材料是一种胶黏剂,用于修补水泥混凝土路面的裂缝、嵌缝结构、构件的接缝。其具备较好的黏结力、拉伸率、低温塑性、耐久性等。

1. 环氧树脂

环氧树脂作为主要成分的修补材料,主要分为两类:一类是缩水甘油基型环氧树脂,另一类是环氧化烯烃。修补水泥混凝土路面大多使用的是缩水甘油基型。环氧树脂的不足之处是延伸低、脆性大、耐久性弱,所以必须对其进行改性,可以加一组改性剂,如采用低分子液体改性剂、增柔剂、增韧剂等,进而增强其延伸性、耐久性、刚韧性。

2. 聚氨酯胶液

聚氨酯胶液的主体材料是多异腈酸酯与聚氨基甲酸酯,制备成两组进行固化弹性,其优势是具有极高的黏附性,良好的抗气候老化性能,与混凝土的黏固很牢且无须打底。聚氨酯类常用作房屋、桥梁的嵌缝密封材料。

3. 烯烃类裂缝修补材料

烯烃类裂缝修补材料主要由烯类聚合物配制而成,一般有两类:一类是用烯类单体或预聚体作胶黏剂,另一类是用高分子聚合物本身作胶黏剂。其优势是户外固化速度快,几分钟即可起效,经过 24~28h 达到最高抗拉强度,同时气密性能好,但价格较高,所以不适宜大面积采用。

4. 聚氨乙烯胶泥

聚氨乙烯胶泥是以煤焦油为基料,加入聚氨乙烯树脂、增塑剂、填充料、稳定剂等配制而成的黑色固体。使用时需加热至 130~140℃,采用填缝机进行灌注,冷却后成型。它具有良好的防水性、黏结性、柔韧性、抗渗性、耐寒性、耐热性、抗老化性能,与混凝土能够很好地黏结,常用于混凝土路面板的接缝。

5. 氯丁橡胶嵌缝材料

氯丁橡胶嵌缝材料是以氯丁橡胶与丙烯系塑料为主体材料,加入适量的增塑剂、硫化剂、增韧剂、防老剂、填充剂等配制而成的黏稠物。其优点是具有良好的黏结性能,施工便捷,常用作混凝土路面的嵌缝材料。

6. 硅橡胶

硅橡胶是优质的嵌缝材料,其优点是低温柔韧性好,耐 150℃ 的高温,耐腐蚀,但价格偏高。

7. 聚硫橡胶

聚硫橡胶嵌缝材料常温下不氧化,变形小、抗老化,适用于细小、多孔、暴露表面的接缝,但是价格偏高。

本 章 小 结

聚合物大多是由不饱和有机小分子或多官能团有机小分子经过聚合反应合成。

聚合物材料具有质轻、强度高、耐腐蚀、耐磨、绝缘性好的优点,在道路桥梁工程中得到越来越多的应用。

聚合物在道路工程中应用较成功的方法是采用 SBS 改性沥青、配制聚合物混凝土、基础工程中的土工合成材料等。

作为沥青改性剂的聚合物,主要有树脂类聚合物、橡胶类聚合物和树脂-橡胶聚合物三类。各类改性沥青均有其特点,树脂-橡胶聚合物改性沥青由于兼有树脂和橡胶的特性,易于兼具高温不发软和低温不脆裂两方面性能。采用这类改性沥青制备的混合料,用于高等级路面对防止高温车辙和低温裂缝有一定的效果。

聚合物改性水泥混凝土除了可用于铺筑路面或制备桥梁构件外,也可以用于路面和桥梁修补工程。

练习题

一、名词解释

聚合物;防水材料;土工合成材料;橡胶支座

二、填空题

1. 土工布是一类具有_____的布状织物。
2. 防水材料包括_____、_____、_____。
3. 板式橡胶支座包括_____、_____、_____。

三、选择题

1. 防水卷材根据其主要防水组成材料分为（   ）三大类。
   - A. 沥青类防水卷材
   - B. 改性沥青类防水卷材
   - C. 合成高分子类防水卷材
   - D. SBS 改性沥青类防水卷材
2. 土工布的种类包括（   ）。
   - A. 有纺织物
   - B. 无纺织物
   - C. 编织织物
   - D. 复合织物
3. 下列属于橡胶支座的是（   ）。
   - A. 板式橡胶支座
   - B. 盆式橡胶支座
   - C. 球形橡胶支座
   - D. 坡形橡胶支座
4. 土工合成材料的主要功能有（   ）。
   - A. 加筋作用
   - B. 分隔作用
   - C. 防护作用
   - D. 排水作用
   - E. 反滤作用

四、判断题

（   ）1. 土工合成材料没有透水性。
（   ）2. 土工织物厚度是指土工织物在承受一定压力时，正反两面之间的距离。
（   ）3. APP 改性沥青防水卷材尤其适用于寒冷地区。
（   ）4. 裂缝修补和嵌缝材料是一种具有较好黏结力的胶黏剂。

五、问答题

1. 什么是聚合物？聚合物材料主要有哪些类型？
2. 聚合物材料是如何命名的？
3. 简述土工合成材料在公路与桥梁工程中的具体应用。
4. 简述常用的橡胶支座类型及特点。

参 考 文 献

[1] 中华人民共和国行业标准.公路土工试验规程:JTG 3430—2020[S].北京:人民交通出版社股份有限公司,2020.

[2] 中华人民共和国行业标准.公路工程水泥及水泥混凝土试验规程:JTG 3420—2020[S].北京:人民交通出版社股份有限公司,2020.

[3] 中华人民共和国国家标准.水泥胶砂强度标准试验规程(ISO 法):GB/T 17671—1999[S].北京:中国标准出版社,1999.

[4] 中华人民共和国国家标准.混凝土强度检验评定标准:GB/T 50107—2010[S].北京:中国建筑工业出版社,2010.

[5] 中华人民共和国行业标准.公路路面基层施工技术细则:JTG/T F20—2015[S].北京:人民交通出版社股份有限公司,2015.

[6] 中华人民共和国行业标准.公路水泥混凝土路面施工细则:JTG/T F30—2014[S].北京:人民交通出版社,2014.

[7] 中华人民共和国行业标准.普通混凝土配合比设计规程:JGJ 55—2011[S].北京:中国建筑工业出版社,2011.

[8] 中华人民共和国行业标准.砌筑砂浆配合比设计规程:JGJ 98—2010[S].北京:中国建筑工业出版社,2011.

[9] 中华人民共和国行业标准.公路工程沥青与沥青混合料试验规程:JTG E20—2011[S].北京:人民交通出版社,2011.

[10] 中华人民共和国行业标准.公路沥青路面施工技术规范:JTG F40—2004[S].北京:人民交通出版社,2004.

[11] 中华人民共和国行业标准.公路桥涵施工技术规范:JTG/T 3650—2020[S].北京:人民交通出版社股份有限公司,2020.

[12] 中华人民共和国国家标准.钢筋混凝土用钢 第1部分:热轧光圆钢筋:GB/T 1499.1—2017[S].北京:中国标准出版社,2020.

[13] 中华人民共和国国家标准.钢筋混凝土用钢 第2部分:热轧带肋钢筋:GB/T 1499.2—2018[S].北京:中国标准出版社,2018.

[14] 严家伋.道路建筑材料[M].3版.北京:人民交通出版社,2001.

[15] 邹艳琴.道路建筑材料[M].3版.西安:西北大学出版社,2013.

[16] 覃峰,陈晓明.工程材料[M].北京:人民交通出版社,2013.

[17] 梅杨,夏文杰,于全发.建筑材料与检测[M].北京:北京大学出版社,2015.

[18] 王力艳,迟长玉.道路建筑材料[M].北京:北京大学出版社,2018.